KB260895

민족과 페미니즘

민족과 페미니즘

민족과 페미니즘

정현백 지음

당대

민족과 페미니즘
ⓒ 정현백

지은이/정현백
펴낸이/박미옥
펴낸곳/도서출판 당대

제1판 제1쇄 인쇄 2003년 4월 28일
제1판 제1쇄 발행 2003년 5월 13일

등록/1995년 4월 21일(제10-1149호)
주소/서울시 마포구 연남동 509-2 3층 ⊕ 121-240
전화/323-1315   팩스/323-1317
e-mail/dangbi@chollian.net
ISBN 89-8163-097-6 03330

머리말

21세기는 1999년 시애틀의 반(反)세계화 시위에서 시작되었다고 해도 과언이 아니다. 인류 역사에서 사회운동이 한번도 민족국가의 단위를 넘어선 적이 없다는 사실을 상기한다면, 시애틀에서 시작하여 제노아로 이어지는 반세계화 시위가 보여준 국제적인 연대는 역사학자의 눈에는 분명 새로운 시대의 시작을 알리는 것이다. 세계화의 폭력적인 물결이 21세기 인류가 겪는 공동의 운명이라면, 여성운동, 반핵 및 평화 운동, 생태운동, 참여민주주의의 등장과 활성화는 새로운 한국적인 현상들이다. 서구의 신사회운동과는 거의 20년의 편차를 두고 진행된 한국의 시민운동은 세계화의 도전 앞에서 더욱 복잡한 양상을 드러내고 있다. 세계화의 위협은 한편으로 국제적 연대의 중요성을 확인시키고 있고, 인터넷은 민족을 넘어선 저항운동의 현실적 가능성을 열어주고 있다. 그러나 다른 한편으로 탈냉전 이후 가속화된 금융·투기 자본의 제3세계에 대한 공세나 노동력의 급격하면서도 무차별적인 이동이 지구촌 곳곳에서 민족주의를 자극하고 있다.

국내적으로도 2000년 벽두에 성사된 '6·15공동선언' 이후 변화된 남북관계는 한국의 시민사회에 통일·민족 문제에 대해 좀더 능동적으로 대응할 것을 요구하고 있다. 더불어 해묵은 주제인 민족문제와 민족주의는 우리에게 여전히 논쟁적인 이슈로 남아 있다. 여기에 여성의 관점이 추가되면, 민족주의는 또 다른 모습을 드러낸다. 이 책의 의도는 이 시대의 중요한 화두인 민족주의, 세계화, 통일과 평화 그리고 저항의 주체와 전략의 문제를 여성의 시각에서 재해석하는 데에 있다.

『민족과 페미니즘』에는 독일사와 한국사 관련 논문이 섞여 있는데, 이는 이 주제들을 우리 사회의 '안'과 '밖'에서 교차적으로 관찰하려는 필자의 노력을 반영한다. 여기에 실린 글의 대다수, 특히 한국 관련 글들은 청탁에 따라 씌어진 글이어서, 글과 글 사이의 논리적 정합성을 따지기보다는 이들이 지닌 현실적 적실성에 주목해 주기를 기대한다. 게재된 글의 대다수는 계간지나 학술지 등에 실린 것이나, 미발간 논문은 프랑스와 독일의 국제학술대회 및 여성학회에서 발표된 글이다.

세계화, 민족주의 그리고 페미니즘을 다룬 제1부는 국제 페미니즘의 흐름에서 강력하게 대두되고 있는 '페미니즘과 민족주의의 결별 요구'가 한국적 맥락에서는 달리 해석되어야 함을 주장하고, 나아가 세계화의 격류 속에서 여성운동이 어떻게 양성평등과 대안사회 실현을 동시에 실천할 수 있을지를 고민하는 글로 구성되어 있다. 젠더(gender)와 역사, 이 두 주제를 결합하려는 제2부는 기왕의 역사학을 여성의 눈으로 다시 읽으려는 시도이다. 그간의 역사이론을 성찰하는 것뿐 아니라, 일본군위안부 문제를 통해서 그간 우리 사회에서 진

6

행된 과거청산 과정을 젠더의 관점에서 검토하고자 하였다. '시민사회와 섹슈얼리티'에서는 20세기 전환기 독일에서의 성담론 형성, 성도덕과 성에 대한 통제를 고찰하는 것을 통해서 우리 성윤리의 원류이기도 한 서구 시민사회의 근대성 속에 성차별이 안착하는 과정을 살펴보았다. '여성·평화·통일'을 다루는 제3부에서는 여성을 내부 식민지로 전락시킨 독일통일 과정을 분석하면서, 우리의 경우에도 왜 그리고 어떤 방식으로 통일과정에의 여성참여와 여성주의 관점의 결합이 필요한지를 알리고자 하였다. '역사교육과 평화교육의 만남'은 이 책의 맥락상 맞지 않는 부분이 있지만, 평화의 중요성에 못지않게 평화에 이르는 길을 안내하는 것 역시 역사가의 임무일 것이라는 일종의 강박관념 때문에 굳이 3부에 포함시켰다.

이 심상치 않은 시대에 교훈으로서의 역사학에 대한 회의가 점증하고 있지만, 예기치 않게도 사회는 역사가에게 실천적 역할을 기대하기도 한다. 이 책을 한 여성역사가가 이 사회의 요구에 대해 나름대로 책임을 다하려고 노력한 흔적으로 받아들여 주기 바란다. 이 책이 담고 있는 주제들에 대해 더욱 활발한 토론을 기대하며, 동시에 독자들의 다양한 비판을 부탁드린다. 마지막으로 이 책의 출간을 위해 애써준 당대출판사 가족 여러분에게도 감사의 마음을 전한다.

2003년 봄 명륜동 연구실에서
정현백

차례

제1부
세계화, 민족주의 그리고 페미니즘

민족주의와 페미니즘
21세기 한국 여성운동의 쟁점과 과제
세계화와 여성운동

민족주의와 페미니즘
비교사적 고찰을 중심으로

1. 머리말

지금 우리는 가공할 만한 세계화의 시대를 살아가고 있다. 이제 국민국가는 정치적 혹은 경제적 주체로서의 역할을 상실하고, 세계적 차원의 경쟁이나 행동논리에 종속당하는 존재로 전락한 것처럼 보인다. 그러나 다른 한편으로 마르크스와 울프의 선언에도 불구하고, 민족주의는 약화되기는커녕 더욱 강화되고 있는 추세다. 우리는 세계 곳곳에서 좀더 작은 민족국가로의 분열이 끊임없이 진행되고 있고, 민족주의적 갈등과 전쟁이 지난 10여 년 사이에 더욱 빈번해졌음을 확인하고 있다. 또 분쟁이 없는 국가에서도 세계화의 시대에 역행하여 민족주의적 분위기는 고조되고 있다.

그러나 페미니즘은 근대 민족주의 기획에서 여성이 배제되거나 남성과는 다른, 차별적인 방식으로 통합되었다는 문제를 제기하기 시작하였다. 특히 '상상적 공동체'(imagined community)로서의 민족주의가 거론되기 시작하고, 국가가 '숙명'이 아니라는 것을 깨달으면서, 여성들은 처음으로 '국민'이 만들어지는 방식을 문제삼기 시작하였다. 숙명으로 여겨진 젠더가 역사적 변화 속에서 탈자연화될 수 있고, 되어야 함을 인식하기 시작하였다.

이런 국제사회의 논쟁과 병행하여, 한국 여성학계 일각에서는 유난히도 강력한 민족주의 담론이 가부장제를 강화하고 있음을 지적하면서, 사실상 민족주의로부터 페미니즘의 결별을 요구하는 목소리도 나오고 있다. 이런 논의는 한국과 일본의 일부 여성학자들이 '군위안부 문제'와 관련하여 한국의 진보적 여성운동이 민족주의 언설로 성차별을 포괄하려 한다는 비판을 제기한 것이 그 발단이 되었다고 할 수 있다.[1] 이런 주장에 대해서는 반론도 만만치 않다. 즉 앞에서 언급한 페미니스트의 주장이 여성경험의 특수성을 강조하면서, 군위안부 문제 자체나 관련단체의 운동이 지닌 '역사적 맥락'을 도외시할 뿐 아니라, 서구나 일본 페미니즘이 지닌 문화제국주의적 함정을 제대로 간파하지 못하였다는 것이다.[2] 그러나 한국의 가부장적 민족주의 담론이 군위안부 문제를 수용하는 데 있어서, 민족문제를 앞세우면서 성적 억압의 측면을 소홀히 다루는 태도에 대해서는 혹독한 비판이

---

1) 김은실, 「민족주의 담론과 여성: 문화, 권력, 주체에 관한 비판적 읽기를 위하여」, 『한국여성학』 10집, 1994, 40~43쪽; 우에노 치즈코, 『내셔널리즘과 젠더』, 이선이 옮김, 박종철출판사, 1999, 99~100쪽.
2) 정진성, 「민족주의와 일본군위안부 문제」, 『한일여성 공동역사교재 편찬 제1회 공개심포지엄 자료집』, 2001, 41~45쪽.

필요함도 자명하다. 결과적으로 볼 때 정신대 문제를 둘러싼 논쟁은 여성주의자들에게 '민족주의와 페미니즘'의 문제를 성찰할 수 있는 기회를 제공하였다. 또한 국제학계에서 일어나고 있는 포스트식민주의 이론도 페미니즘과 민족주의의 관계를 성찰하는 데에 일익을 담당하였다.

남북공동선언 이후 통일과 남북의 사회·문화적 통합이 거론되면서, 한국 민족주의의 성격과 역할에 대한 다양한 비판도 일어나고 있다. "정치중심적 근대화와 저항민족주의의 해체 없이는 남북통일은 어려울 것"이라는 문제제기나,[3] 민족의 동질성이나 경제적 이득이라는 명분 아래 "보편적 가치를 희생하면서 통일은 반드시 해야 한다는 통일지상주의에는 동의하기 어렵다"는 주장[4] 등이 그것이다. 이런 주장들은 분단이 낳은 통일에의 열망이 폐쇄적인 민족주의와 결합할 수 있는 위험에 대한 경고일 것이고, 다른 한편으로는 분단극복이라는 과제를 안고 있으나 국제적 협력 없이는 살아갈 수 없는 세계화시대에, 대중동원력이 뛰어난 민족주의를 어떻게 수용해야 할 것인가에 대한 성찰의 요구다. 이런 시대적 요구에 대해 여성도 화답하지 않을 수 없게 되었다. 지금까지 분단은 가부장제를 강화하는 데 기여하였고, 통일정책과 통일운동에서 여성은 배제되있다. 이런 소외상태를 넘어서서, 여성은 통일과 민족국가의 형성에 어떤 형태로든 대응하지 않을 수 없게 되었다.

---

3) 조한혜정, 「남북통일의 문화적 차원: 북조선과 남한의 문화적 동질성/이질성 논의와 민족주의/진보주의 담론」, 『통일에 대비한 여성전문인력의 역할』, 전국여교수연합회 제5차 세미나 자료집, 2000, 30쪽.
4) 권혁범, 「통일교육에서 탈분단 시민교육으로: 평화, 인권 그리고 차이의 공존, 전환기의 민간 통일교육」, 『민족화해범국민협의회 심포지엄 자료집』, 2000, 7～30쪽.

이런 현실에 부응하여 이 글은 여성주의적 입장에서 민족주의와 페미니즘의 관계형성 과정을 역사적으로 고찰해 보면서, 양자 사이의 새로운 관계맺기를 시도해 보려는 문제의식에서 출발하였다. 글의 논리적 전개라는 측면에서는 다소 산만해질 소지가 있으나, 이 글에서는 민족주의와 페미니즘이 연루되는 방식을 지구적인(global) 시각에서 검토하려고 하고, 이를 위해서는 비교사적인 방법이 동원될 것이다. 이는 우선 민족주의 전개 자체가 시간·공간적 맥락에 따라 다양하였던 현실에 대한 고려에서 출발한 것이다. 그러나 이에 못지않게 지금까지 다소 감정적인 색채까지 띠었던 민족주의를 둘러싼 논쟁이 일국적인 경험의 한계 내에 갇히거나 혹은 역사적 맥락이 고려되지 않은 채 서구적 이론을 그대로 우리 현실에 대입하려는 경향을 보여왔기에, 이 글은 민족주의와 페미니즘이 연루되는 방식의 다양성을 보여줌으로써, 그간의 '페미니즘과 민족주의 논쟁'이 지녔던 편협성을 극복하고, 양자가 처한 복합적인 관련성을 드러내고자 한다.

2. 서구 민족주의, 국가 그리고 여성

서구의 근대 민족주의는 자본주의의 산물이다. 근대 국민국가 출발에는 시민계급의 시장권 확대 욕구가 큰 동력으로 작용하였다. 생산조직의 자본주의적 변화와 기계제 출현이 초래한 생산력의 비약적 발전에 조응하기 위해서 자본주의는 수많은 영방국가로 분할된 봉건적 분산을 넘어서서 중앙집권화된 국가가 제공하는 더 큰 시장을 필요로 하였던 것이다. 그 결과 근대국가는 가능한 정도까지 구성원의 단일화와 동질화를 시도한다. 이를 위해서 민족의식이 그 동력원으로 활용된다. 민족주의의 초기단계는 절대군주의 영토확장 야심과 앞서 말한 시장권 확대의 필요성이 결합하면서, 절대주의 중앙집권국가의 등장으로 시작된다. 이를 통해 군대 및 관료체제의 정비, 조세·화폐·도량형 제도의 통일, 단일 교통망, 그리고 통일된 언어 및 교육정책이 확립되자마자, 경제적 권력을 장악한 시민계급은 당연히 정치권력의 장악을 꿈꾸게 된다. 이러한 시민계급의 야심과 (경우에 따라서는) 대중의 열망이 결합된 사건이 시민혁명이고, 그 대변자 격인 프랑스혁명과 함께 근대적 민족주의가 출현하였다고 말한다.

이런 맥락에서 우리는 근대 민족주의의 동력이 '문명화와 계몽'이라는 근대적 가치체계 혹은 인종적·문화적 정체성에 대한 강한 열망에 못지않게, 부유한 국가의 생활수준을 추월해야 한다는 '따라잡기 신화'에 기초하고 있음을 알 수 있다. 이런 신화와 더불어 근대 민족국가가 출범하면서 여성은 식민화되었는데, 특히 민족국가가 여성의 성과 노동력을 통제하기 시작하면서, 여성은 가정주부로 식민화되었다는 것이다. 마리아 미스는 이런 '가정주부화'는 남성의 타고난 가학성의 결과이기보다는 무제한의 이윤확대를 목표로 삼는 자본주의 경제가 제한된 생활자원을 가진 지구 내에서 목표를 달성하기 위해 세계를 분할하여 각 부분을 식민화한 결과라고 말한다.[5] 다시 말하

---

5) 이런 미스의 주장은 이미 벨로프를 위시한 빌레펠트대학의 여성사회학자들이 제시한 '여성, 최후의 식민지' 테제를 원용한 것이다. 벨로프는 자본주의 세계체제의 유지를 위해 선진국 여성들에게는 가정주부화, 제3세계 여성들에게는 원시농경을 통한 생계유지적 생산(subsistence economy)이 강요되었음을 지적하고 있다. 마리아 미스·반다나 시바,『에코페미니즘』, 손덕수·이난아 옮김, 창작과비평사 2000, 155~68쪽(M. Mies/B. Shiva, *Ecofeminism*, London: Zedbooks 1992; 벨로프 편,『여성, 최후의 식민지』, 강정숙 외 옮김, 한마당 1987(C. von Werlhof ed., *Frauen, die letzte*

면 민족국가라는 경계를 통한 구획화, 다시 그 내부에서 이루어지는
여성의 식민화는 이런 자본주의 목적에 기여하였다는 것이다.

이런 일관된 목적에도 불구하고 민족주의 이념이나 양상이 나라에
따라 차이를 드러내었던 것은 각 국가가 처한 역사적 맥락이 달랐고,
'따라잡기 전략'에서도 민족주의 동원방식이 다양하였기 때문이다.
민족국가의 형성이 빨랐던 프랑스와 영국에서는 시민혁명이 조기에
완료되었고, 천부인권설에 기초한 대의제가 불완전 형태로나마 정착
해 갔다. 여기에서는 국민주권론이 강조되면서, 민족에의 귀속 여부
가 혈연·관습·언어·전통 등의 타고난 특성이 아니라, '신분해방
과 더불어 법적 동등권을 획득하면서 동시에 정치적으로 각성된 시
민의 공동체에 속하느냐' 여부에 달려 있었다. 이런 시민공동체는 적
어도 원칙적으로는 국방과 납세의 의무와 함께, 선거권을 행사할 수
있는 공간이 되어야 했다. 이런 '국가민족'은 한 개인이 민족을 자유
롭게 선택할 수 있는 주관적 의지나 신념을 가질 수 있다는 생각에서
생겨난 것이다.

그러나 다수의 소국가로 분열되어 민족국가로의 통일이 지연되었
던 독일 등의 후발공업국에서는 뒤늦은 자본주의 발전과 민족국가의
신속한 형성을 위해서, 신비적이고 관념적인 민족정신에 대한 호소가
더 강조되었다. 여기에서는 혈통과 언어를 강조하는 문화민족의 원
칙이 강조되고, 민족국가에의 귀속은 자연과 역사 혹은 신에 의해 규
정된 운명이었다. 그리고 '문화민족의 소명을 타고난 독일인이 세계
를 교화시킬 의무가 있다는 주장'도 첨부되었다.[6] 결국 이런 독일 민

Kolonie, Hamburg: Rowohlt 1983).

6) H. Mommsen/A. Martiny, "Natioanlismus und Nationalitätenfrage," C. D. Kernig ed.,

족주의 유형은 중·동부 유럽에서 하나의 전범이 되었다. 혈통의 순수성을 유지하고 있는 한국의 경우에도 오랜 역사적 경험을 통해 독일형의 민족주의 관념에 더 가까이 다가가 있다.[7] 이런 민족주의 유형이 지니는 위험성은 민족을 '형성중'인 것이 아니라, '이미 주어진 절대불변의 실체'로 바라본다는 점이다. 이는 당연히 민족에 대해 최상의 의미를 부여하려는 대중의 믿음에 잘 부합하는 것이었다.

그러나 오늘날 많은 학자들은 민족을 원초적이거나 불변의 사회적 실체로 보지 않는다. 오히려 근대민족은 상상의 공동체이다. 민족주의는 근대 이전에 존재했던 인간공동체와 그 네트워크의 부재 혹은 분열에 따른 감정의 공백을 메우는 그 어떤 메커니즘이다. 더불어서 국가 및 민족 운동은 기존의 집단적 소속감의 이런 변형을 얼마든지 동원할 수 있게 되었다. 이 상상의 공동체는 특정한 종류의 근대적 영토국가, 즉 민족국가에 관련될 때에만 사회적 실체이다. 따라서 홉스봄과 겔너는 민족형성에 개입된 가공, 발명, 그리고 사회공학(social engeneering) 등의 요인을 강조하였고, 그렇기 때문에 분석을 위해서는 민족주의가 민족을 앞서야 한다는 것이다.[8]

위에서 언급한 역사적 형성 때문에 근대국가는 점점 더 국민 또는 시민의 여론에 귀기울여야 한다는 압력을 받기 시작힌다. 납세자, 군인, 그리고 유권자로서의 시민의 역할이 중요해졌기 때문이다. 또한 노동운동과 사회주의 운동이 등장하면서, 국가는 시민으로부터 수동

Soujetsystem und Demokratische Gesellschaft IV, Freiburg: Herder 1971, pp. 623~39.

7) 박호성, 『남북한 민족주의 비교연구』, 당대 1997, 31~46쪽.

8) 에릭 홉스봄, 『1780년 이후의 민족과 민족주의』, 강명세 옮김, 창작과비평사 1994, 26쪽(E. Hobsbawm, *Nations and Nationalism since 1780*, The Press of Cambridge University 1990).

적인 애국심 이상을 요구하게 되었다. 시민종교(civil religion)로서의 민족주의가 더욱더 필요해졌고, 그래서 국가와 정권은 상상된 공동체의 감정과 상징 등을 국가애국주의를 강화하는 데 활용하였다. 또한 대규모 인구이동, 즉 1880년에서 1914년 사이의 대량 이민이나 제국주의적 팽창과 함께, 대중적인 민족주의자 혹은 외국인 혐오증이나 자국 우월감에 몰두하였던 사람들이 동원되기 쉬운 시대가 도래하였다. 이 과정에서 민족이나 전통이 발명되었다.[9] 결국 근대화는 민족어를 매개로 한 거주민의 동질화 및 표준화를 의미하는 것이었다.

프롤레타리아트에게는 조국이 없기에 민족주의는 소멸할 것이라는 마르크스주의자들의 예언과는 달리 20세기에 들어와서도 민족주의적 열광은 식지 않았다. 1918년 이후 신문·영화·라디오와 같은 매스컴을 통한 민족의식의 확산이 도드라졌고, 축구와 같은 스포츠 역시 상상의 공동체를 작동시키는 데 훌륭한 조력자 역할을 하였다. 뿐만 아니라 우리가 민족주의를 '상상의 공동체'일 뿐이라고 외치더라도, 단지 '인위적 형성물'만으로 치부하기에는 민족주의의 발현 형태가 너무나 복합적이고, 그 파급력은 엄청나다. 도처에서 국민국가가 민족주의라는 인위적 형성물을 만드는 데 기여했을지라도, 민족주의의 실체로서 한 민족이 지닌 동질적인 성향이나 민족적 정서 혹은 이런 것들이 장기간 쌓여 형성된 역사적 축적을 무시할 수는 없다. 특히 한민족과 같이 장구한 세월 동안 일관된 정치체를 유지해 왔고, 국민의 절대다수가 단일 혈통에 속한 민족국가에서는 축적된 문화적

---

9) 근대의 발명과정에서 전통이 날조되거나 재창조되었음은 홉스봄의 책, 『전통의 날조와 창조』에서 잘 드러난다(홉스봄·랑거 편, 『전통의 날조와 창조』, 최석영 옮김, 서경문화사 1995(E. Hobsbawm/T. Ranger eds., *The Invention of Tradition*, London: Cambridge Press).

정체성을 무시할 수 없다. 그런 점에서 민족주의는 겔너의 주장대로 '민족을 형성하고자 하는 의지'와 '축적된 문화' 양자를 축으로 삼고 있다고 파악하는 것이 타당하다.[10]

전승된 역사적 축적물이자 인위적 형성물인 서구 민족주의가 젠더와 관계맺는 방식은 한편으로는 자연스레 전승된 가부장제를 내면화한 것이면서, 동시에 서구의 시민계급을 매개로 성차별주의를 적극적으로 정착시켜 가는 과정이었다. 푸코가 『감시와 처벌』에서 언급한 그 혹독한 근대적 '규율화'의 과정에 젠더는 당연히 포괄되는 것이었다. 이러한 규율화 과정에 민족주의는 중요한 동력이었다.

흥미롭게도 모스는 근대의 가장 강력한 이념인 민족주의와 '예의 바르고 올바른' 매너·도덕·섹슈얼리티에 대한 적절한 태도를 가리키는 말인 체통(respectability) 사이의 관계를 추적하였다. 근대사회의 출현 이후 유럽에서 당연시되는 체통, 매너, 도덕과 규범적 성적 태도의 역사에서 민족주의는 두드러진 역할을 수행하였다. 특히 섹슈얼리티는 인간 행동의 기본을 이루며 체통과 관련된 도덕적 관심이 집중되었던 부분이어서, 민족주의와 체통의 관계 속에서 특별한 관심의 대상이 될 수밖에 없다. 섹슈얼리티는 시민사회와 민족주의가 어떤 형태로든 이에 개입하기를 강요하였다. 민족주의는 사나이다움과 남성적 인내와 같은 남성적 이상을 도입해 민족적 정형(streotype)을 구축시켰다. 이를 통해 신체적인 것으로부터 남성과 여성의 미에 대한 정형이 만들어졌다.

민족주의에 못지않게 근대 시민사회의 매너와 도덕은 그 상당 부

---

10) 엘네스트 겔너, 『민족과 민족주의』, 이재석 옮김, 예하 1983, 77~83쪽(E. Gellner, *Nations and Nationalism*, Oxford).

분이 지난 17~18세기의 종교적 부흥, 영국의 복음주의와 독일의 경건주의의 산물이었다. 경제적으로 승리해 가던 중간계급은 체통을 통해 자신들의 지위와 자존심을 유지하고자 하였다. 그들은 '게으른' 하층계급과 방탕한 귀족계급보다 절약, 일에 대한 헌신, 근검 그리고 열정의 억제에 기반을 둔 자신들의 우월한 생활방식을 자각하였다. 그 결과 남녀의 성관계에서 육욕적 감각이 배제되었고, 결혼과 가족의 경건함을 함께 실행해야 했다. 속죄는 자기 직업에 한결같은 마음으로 몰두하는 것을 통해서 이루어졌다.[11]

19세기에 성을 통제하려는 투쟁은 의사, 교사, 경찰의 실제적 테크닉을 강화시키는 것을 통해서 이루어졌다. 이들의 방법은 정상성을 지지하고 성적 열정을 통제하는 데 효율적인 하나의 이상을 만들어 내는 것이었는데, 여기에 민족주의가 하나의 구원책으로 등장하였다. 자위와 성적 탐닉은 비남성적이고 본질적으로 반사회적인 것으로 간주되면서, 19세기 초에 정상/비정상은 돌이킬 수 없을 만큼 고착화되었다. 민족은 아름다움의 이상을 인간의 저급한 열정으로부터 보호했고, 그것을 자기통제와 경건함의 상징으로 변화시키는 데 도움을 주었다. 이 과정에서 민족적 정형(定型)과 중간계급의 정형은 동일화되어 갔다. 또한 민족과 사회의 기초로서 남성성이 이상화되었다. 이에 비해 여성은 종종 그 천박함과 경박스러움으로 단죄되면서도, 동시에 도덕 그리고 공적·사적 질서의 수호자로서 이상화되었다. 또한 민족적 상징으로서의 여성은 전통적 질서의 수호자였다. 핵가

---

11) George L. Mosse, *Nationalism and Sexuality. Middle-Class Morality and Sexual Norms in Modern Europe*, London: University of Wisconsin Press 1985, pp. 4~5, 9~10. 이외에 이 책의 「시민사회와 섹슈얼리티」 참조.

족의 승리는 민족주의와 체통의 발흥과 시기상으로 일치하였다. 핵
가족은 남녀의 감정적 유대를 강화하였으나, 가족은 실제로 자기충족
적이지 못하였고, 국가는 결혼과 이혼을 위시한 다양한 분야를 통제
하였다. 민족적 자긍심을 체화하는 코드였던 체통의 유지는 마찬가
지로 가족을 관통하였다.

또한 섹슈얼리티의 역사는 개인적 관계의 역사, 특히 우정의 역사
로부터 분리될 수 없다. 남성간의 관계는 또한 민족주의와 체통의 역
사와 분리될 수 없다. 계몽시대 동안 개인주의와 개인적 관계의 자율
성에 관심이 집중되었다. 민족은 그 자체가 목적이 아니고, 서로 공
유하는 인류애, 즉 세계시민으로 나아가는 한 과정이었다. 그러나 19
세기에 들어서면 대중정치의 요구나 산업화와 함께 민족해방전쟁은
특히 독일에서 중요한 기능을 수행하였다. 이제 민족주의와 체통은
개인적 자율성을 제한하기 시작하였다. 18세기에는 우정이 개인의
도피처였다면, 이제는 민족적 이상이 사회적 압력으로부터의 휴식처
가 되었다. 우정과 감성 사이의 구별도 중요해졌다. 특히 독일에서
남성간의 우정은 예찬되면서, 애국주의에의 투신과 연결되었다. 우정
은 남성들의 (성적) 열정을 통제할 수 있고, 이성애적 사랑보다 우월
한 것이었다. 섹슈얼리티 역시 민속에 흡수되고 통제되어야 하는 열
정의 통합적인 부분이 되었다. 점점 남성의 개인적 열망은 민족적 이
상을 향하고, 남성성은 조국을 위해 어떻게 죽을지를 아는 것이었다.
그러면서 친구들간의 작은 집단들은 점점 더 호전적인 동맹으로 변
모되기 시작하였다.

독일보다는 덜 호전적이었지만, 영국에서도 지배계급 남성은 그들
의 인격형성기를 독자적인 남성사회, 즉 사립학교 등에서 보냈다. 우

정이 강조되는 이 집단 내에서는 성적 순결성이 강조되었다. 남성적인 것은 죄를 파기하는 것이나, 가장 나쁜 죄악은 성이라고 교육받았기에, 남성적인 것은 성을 경멸하는 것이어야 했다. 학교생활에서는 훈련과 자제가 강조되었다.[12] 학교를 떠나면 대영제국의 현실은 그들에게 위험한 식민지 통치의 역할을 맡겼다. 인도에서의 근무를 요구하는 대영제국의 현실은 자제, 훈련, 충성심의 배양을 가능케 하였고, 이런 덕목들은 성적 좌절에 대한 출구의 기능으로 적합하였다. 여기에서 제국의 젊은 지배자들은 남성간의 우정을 누렸다. 거침, 스파르타식 생활, 공정한 경기 등을 통해 팀이나 집단에의 충성이 강조되었고, 이는 젊은 남성들을 국가의 일부로 만들었다. 이런 과정에서 여성은 배제되었다.[13] 결국 민족주의는 남성성과 동일시되면서 이상화되었던 것이다.

민족주의가 시민사회를 관통하는 담론의 도움을 통해 젠더를 위계화시켰다면, 민족주의를 떠받치는 국민국가 역시 여성을 차별화하는 기제로 작동하였다. 여성이 국민국가와 결합하는 과정은 주로 다섯 가지 방식으로 분류될 수 있다. 첫째로, 여성은 민족 집단이나 구성원의 생물학적 재생산자로서의 역할을 담당하게 된다. 즉 여성은 인구의 증감에 직접적으로 연루되었다. 그래서 국민국가와 여성의 결합 이면에 놓인 논리는 서구 국가들에서의 이민자에 대한 엄격한 통제, 예를 들면 호주 원주민의 출산력이 통제되는 방식에서 잘 드러난다. 둘째로, 여성은 국가 내에서 민족적·인종적 경계선의 재생산자

---

12) 이런 생활환경은 청년들에게 동성애를 빈번하게 경험하게 했으나, 19세기 말 들어 남성 사이의 동성애는 탄압되기 시작하였다(Mosse, 앞의 책, pp. 23~47).

13) 같은 책, pp. 67~89.

가 된다. 여기에서 여성의 몸은 자신이 속한 집단의 정체성의 상징이 된다. 예를 들면 남아프리카연방공화국에서 백인여성과 흑인 사이의 성적 관계는 금지되며, 그 사이에서 출생한 혼혈아는 사회의 최하층이 되는 사실에서 집단적 정체성의 상징으로서의 여성의 역할이 잘 드러난다. 셋째로, 여성은 자신이 속한 민족집단의 이념적 재생산에 참여하면서, 동시에 전통문화의 담지자가 된다. 특히 여성은 자라나는 젊은 세대에게 그 집단의 전통과 문화유산을 전달하는 역할을 해야 한다. 넷째로, 여성은 인종적·민족적 차이의 기표(signifier)가 된다. 민족해방투쟁에서 위험에 빠진 조국은 '사랑받는 여성'으로 은유되고, 여성은 '사랑하는 아들을 전쟁에서 잃은 어머니'라는 독특한 민족주의 담론의 주인공이 된다. 이때 여성은 목숨을 걸고 지켜야 할 민족의 상징물이 된다. 다섯째로, 여성은 민족해방투쟁에서 적극적인 역할을 담당하는 주체가 될 수 있다.[14]

이렇게 국민국가의 정치에서 여성에게 특정한 과제가 부여되고 있지만, 실제로 국민국가에서의 여성의 역할은 잘 드러나지 않았다. 특히 국가의 정치기획은 고정된 실체이기보다는 끊임없이 시민사회(civil society)와 긴장과 갈등을 연출할 뿐 아니라, 특정 사회계급이나 기타 사회세력에 의해 이끌려졌다. 또한 여성은 국가를 통해 형성되기도 하지만, 동시에 여성은 국가에 저항하는 과정에 참여하기도 하였다. 마찬가지로 여성은 단지 여성으로서 단일한 방식으로 국가에 참여하지 않았다. 여성은 계급이나 연령 그리고 가족적 상황에 따라

---

14) Anthias Floya/Yuval-Davis Nira, "Women-Nation-State," J. Hutchinson/Anthony D. Smith eds., *Nationalism: Critical Concepts in Political Science* vol. 4, New York: Routledge 2000, pp. 1480~83.

자신의 모습을 달리 드러낸다. 국가의 여성정책이 일관성 있게 여성에게 적용되지도 않았다. 또 중요하게 강조되어야 할 것은 여성은 적극적인 참여 정도에 따라 자신의 역할을 주어진 대로 재생산하거나 바꿔갈 수도 있었다는 점이다. 따라서 국민국가와 여성의 관계는 다변적이고, 어떤 단일한 공식으로 규정하기는 어렵다.

이런 어려움을 감안하면서, 그래도 상대적으로 국민국가와 여성의 연결을 쉽게 측정할 수 있는 기준으로 '시민권'(citizenship) 개념을 활용할 수 있다. 시민권은 성중립적(性中立的)이지 않고 여성과 남성을 각기 다른 방식으로 구성하였다. 민족형성은 오랜 시간에 걸쳐 단계적으로 진행되었고, 많은 국가들에서 시민권은 모든 사람들에게 한 순간에 주어진 것은 아니었으므로, 여성의 시민권도 각기 다른 시기에, 각기 다른 방식으로 구성되었다. 이를 추적하기 위해서 19세기 이래 서구에서 여성에 대한 선거권 부여방식이나 '여성과 군사주의의 관련성'을 분석하는 것이 유용하다.

미국에서 백인남자의 선거권은 1840년대에 주어졌고, 이는 최소한 백인남성에게는 시민권과 민주주의가 실현되었음을 의미한다. 흑인남성의 선거권은 기술적으로는 1880년대에 주어졌지만, 짐 크로우법(Jim Crow Law)에 따라 실질적으로는 1960년대 말에 현실화되었다. 백인여성의 선거권은 1920년대에 주어졌다. 흑인여성에게는 형식적으로는 1920년대에 부여되었지만, 실제로는 1960년대 말에 현실화되었다. 마찬가지로 미국 원주민에 대한 정복은 이들의 시민권이 상실되어 가는 역사였다. 미국에서만 인종이나 성에 따라 시민권 부여가 거의 100년 이상의 시차를 두고 단계별로 허용되었고, 이를 통해 성, 인종이나 민족, 계급이 상호 교차하면서 국민국가에 포섭되는

방식을 확인할 수 있다.[15]

　마찬가지로 국민국가가 군사주의와 여성을 결합하는 방식도 매우 흥미롭다. 국민국가가 남성성을 중심으로 정의되었기에, '전시 총동원체제'와 '성별 역할지정'의 딜레마를 어떻게 풀어나갈 것인가의 문제에 부딪혔다. 이에 대한 해결방식은 파시스트 국가인 독일, 일본, 이탈리아와 영국·미국 사이에는 차이가 있었다. 분리형을 택한 독일이나 일본은 전쟁 초기부터 여성의 정치활동을 금지했을 뿐 아니라, 여성징병을 허용하지 않았다. 오키나와에 진주한 미군은 일본군 포로들 중 전투를 수행할 수 없는 고령자나 소년들이 많은 데에 경악하였다고 한다. 최후의 상황에서도 일본은 젠더 분리체제를 무너뜨리지 않았던 것이다. 이에 비해 참가형으로 분리되는 영국이나 미국의 경우에는 국가가 여성징병을 실시하면서, 여성들을 적극적으로 채용하였다. 참가형과 분리형 사이에 여성이 국민화되는 방식에 명백한 차이가 있기는 하지만, 어떤 형태든 여성은 '여성≠시민'이라는 모순을 안은 채 국민국가 내에서 살아가야 했다.[16]

　서구 국가들의 민족주의는 계몽주의가 만들어낸 자율적 인간주체가 지니는 보편적 권리에 기초를 두고 있었기에, 여성들은 국민국가의 건설이나 민족정체성의 확보에 한 역할을 담당코자 하였다. 그러나 국민국가의 형성과 발전과정에서 결코 남성과 여성에게 동일한 특권을 부여하지 않았다. 여성에게 있어서 민족에 대한 주장은 번번이 남성시민과 결혼하는 것을 통해서 이루어졌고, 여성은 단지 상징

---

15) S. Walby, "Women and Nation," J. Hutchinson/Anthony D. Smith eds., 앞의 책, p. 1517.

16) 우에노 치즈코, 앞의 책, 25〜27, 64〜65쪽.

적으로만 국민국가의 정치에 포함되었다.[17] 군사주의로 집결되는 정치로부터의 여성배제나 여성에 대한 선거권 거부로 인해, 미국이나 유럽의 중심부 국가에서는 페미니즘과 민족주의의 행복한 결합을 이루지 못하였다. 그러나 주어진 정치·사회·경제적 조건에 따라, 그리고 페미니즘의 대응방식에 따라, 민족주의와 페미니즘의 결합은 다양한 방식으로 그 모습을 드러내었다.

3. 서구 민족주의와 페미니즘

19세기 초까지 유럽의 여성은 선거권·피선거권은 물론이고, 공직에 참여할 수도 없었다. 특히 동·중부 유럽의 여성은 정치단체 가입이나 정치집회도 허용되지 않았으며, 경제적 제한 때문에 많은 고통을 겪었다. 여성은 재산을 보유할 수도 없었기 때문에 상속받은 재산은 남편에게 양도되었고 직업을 갖는 것 역시 허용되지 않았다. 대부분의 유럽국가에서 여성은 법률상 한 인격체로 인정받지 못했다. 여성은 교육에서도 차별을 받아서, 19세기 초까지도 중등교육은 소년에게만 개방되었다.

'진리는 자유롭고 합리적인 탐구를 통해서 찾을 수 있는 것이고, 진리의 발견을 가로막는 모든 장애물은 제거되어야 한다'는 계몽사상이나, '개개인들은 사회의 진보에 이바지하므로 국가의 간섭은 최

---

17) 윤택림, 「민족주의 담론의 해체: 탈식민지 여성주의 정치학을 향하여」, 『한국 여성학의 전망과 과제: 여성학과 여성운동』, 한국여성학회 10주년 기념 학술대회 논문집, 1994, 55~65쪽.

소한으로 되어야 하고, 타고난 신분에 기초한 불이익이나 제약은 소멸되어야 한다'는 자유주의사상은 여성에게 '왜 이런 신조가 우리에게 적용되지 않는가'에 대한 의문을 제기하도록 하였다. 따라서 초기의 페미니즘운동은 재산권, 중등교육의 기회, 직업을 가질 권리 그리고 참정권을 여성에게까지 확장하기를 시도하면서, 남성과 같은 법적 평등의 달성에 전념하였다. 이를 통해 여성은 새로이 형성되는 국민국가에 동등한 일원으로 참여하기를 기대하였다.

그러나 영국·프랑스와 같은 국민국가가 표방하는 자유주의는 페미니즘과 공존하기가 어려웠다. 육체의 중요성을 경시하면서, 이성이나 정신적 가치를 강조하던 자유주의는 '여성은 자연과 육체, 남성은 문명과 정신에 더 밀접히 연결되어 있다'는 결론을 유도하기 십상이었다. 또 자유주의는 섹슈얼리티를 사적인 영역으로 간주하였고, 사적인 영역에서는 개인의 자율성이 보장되는 공간이고, 국가의 간섭도 배제되어야 했다. 그러나 실제로는 가족은 국가의 간섭으로부터 자유로울 수 없었고, 그 안에서 여성은 자율성을 누리지도 못하였다. 여성의 제 권리에 대한 조금씩의 양보도 페미니스트의 기대에 훨씬 못 미치는 것이었다. 특히 여성참정권의 거부와 여성참정권론자들에 대한 정치적 탄압은 천부인권실과 대의제에 기초한 영국·프랑스형의 국민국가가 여성을 정치공동체의 동등한 시민으로 받아들이는 것을 거부하는 명백한 징표였다. 그런 점에서 여성학자들에게 근대 정치사상의 백미라 할 수 있는 사회계약이론은 여성에 대한 남성의 권력이 행사되는 성차별적인 계약이었고, 프랑스혁명이 표방하는 박애는 남성시민 사이의 형제애에 불과하였다. 결국 시민혁명과 함께 시민계급 남성이 누리는 권리에는 사적 영역인 가정에서의 여성에 대한 지배권도 포함되는 것이었고, 공적 영역으로부터 여성의 배제는 우연히 이루어졌다기보다는 새로운 체제와 남성시민 사이의 협상의 결과라 할 수 있다는 것이다. 국민국가에 참여하는 시민의 지위는 개인 그 자체로서가 아니라 능력을 갖춘 사회성원으로서의 남성 그리고 가족의 대표자로서의 남성에 해당하는 것이었다.[18] 그러나 자유주의는 이런 사실 모두를 은폐하고 있었다.

결국 서유럽이나 북미 국가들에서는 민족주의와 페미니즘의 결별이 거의 예외 없이 진행되었다. 우익 민족주의와 밀착된 일부 여성운동의 극단적 행동주의가 없었던 것은 아니지만, 이들의 슬로건은 여성주의적 문제해결과는 거리가 있었기에, 이들은 페미니즘운동에서 제외되어야 할 것이다. 물론 민족주의로부터 페미니즘의 결별은 한편으로는 지극히 당연한 처사로 여겨진다. 그러나 다른 한편으로는 이런 페미니스트들의 결단은 민족주의나 민족의 안위 문제에 설득당하고 있던 여성대중으로부터 그들을 격리시키는 결과를 가져오기도 하였다. 바로 이런 점들이 페미니즘이 부딪혔던 딜레마이다.

그러나 국민국가의 독립이나 그 형성이 지연되었던 유럽의 주변부 국가들에 이르면, 민족주의와 페미니즘의 관계는 또 다른 면모를 보여주었다. 이는 유럽 내에서조차도 페미니즘과 민족주의의 관계를 일원화시켜 언급할 수 없음을 의미한다. 핀란드, 노르웨이 그리고 아이슬란드와 같은 국가들에서 민족주의는 페미니즘 발생의 중요한 추동력이었다. 이 세 나라에서는 자유주의적 헌정체제를 도입하는 데 장애물이 적었고, 19세기 후반까지도 이민족의 지배하에 있었다. 여

---

18) Nira, "Gender Relations and The Nation," Alexander J. Motoyl ed., *Encyclopedia of Nationalism*, London: Academic Press 2001, p. 310.

기에서는 외국의 지배에서 벗어나 민족자결을 획득하기 위한 투쟁이 중간계급의 지배적인 정치운동이 되었고, 이 과정에서 남성들은 일찍부터 여성들을 후원자로 끌어들일 필요성을 느꼈기 때문이다. 이 나라들에서는 민족주의가 인민주권론에 뿌리를 두었다는 점이 중요한데, 이 개념은 현실적으로 의회정치와 선거권의 확장을 의미하였기 때문이다. 민족주의와 페미니즘의 결합이 가져다준 긍정적 효과는 민족주의와 페미니즘의 연대가 돈독하였던 노르웨이와 핀란드 두 나라가 유럽국가 중 1차대전 전에 여성이 선거권을 부여받았던 최초의 사례였다는 사실에서 잘 입증된다.

노르웨이는 스웨덴 왕조의 지배 아래 있었다. 20세기에 들어와서 달성되는 민족해방 과정에서 끈질기게 반(反)스웨덴을 표방하는 민족주의적 선전이 있었는데, 여기에는 남성들뿐 아니라 여성들 역시 동원되었다. 이 과정에서 여성들은 빨리 정치화될 수 있었고, 그래서 민족해방이 실현되자 여성들의 조직화에 박차가 가해졌다. 이 과정에서 급진적 자유주의자들도 여성참정권을 강령의 일부로 채택하였다. 이 나라들에서 남성들이 지향하는 민족주의는 국가의 도덕적 혁신을 향한 욕망과 밀접히 연결되었으므로, 민족주의는 도덕개혁과 여성참정권을 결합하는 촉매제 역할을 하였다.[19]

페미니즘과 민족주의의 더욱 밀접한 관련성은 핀란드에서 보여졌다. 핀란드는 스웨덴의 지배를 받았고, 인구의 약 12%가 스웨덴어를 사용하였으며, 이들은 주로 상류층에 속하였다. 1809년부터 핀란드는

---

19) 리차드 에번스, 『페미니스트: 비교사적 시각에서 본 여성운동 1840~1920』, 정현백 외 옮김, 창작과비평사 1997, 113~17쪽(R. Evans, *The Feminists*, London: Routledge 1973).

러시아의 지배하에 들어갔다. 바로 이런 현실 때문에 핀란드의 민족주의는 일차적으로 언어적인 것이었다. 민족주의 운동은 자신의 언어를 공식적으로 인정받기 위한 투쟁을 추구하는 과정에서 교육개혁과 문예부흥운동으로 나타났다. 여기에서 교육분야에서 여성이 맡고 있는 큰 역할 때문에 여성은 자연스럽게 민족주의 운동으로 깊이 빨려 들어갔다. 언어적 평등이 달성되던 1880년대 초반에 여성들은 민족주의에서 페미니즘으로 이행하였다. 또 1890년대에 러시아로부터 벗어나려는 민족주의 운동이 시작되고 여성들에게 지방선거에 입후보할 권리를 주는 법안이 러시아정부에 의해 기각되자, 여성은 다시 적극적으로 민족주의 운동에 참여하였다. 이런 일련의 과정에서 민족자결과 여성의 권리가 동일시되었고 엄격히 말하자면 급진주의적인 페미니스트조차도 민족자결을 지배적인 정치문제로 보았다.[20] 이런 경향은 체코 페미니즘운동에서도 마찬가지였다. 오스트리아의 합스부르크 왕조의 지배 아래에서 이등국민으로 대접받고 있던 체코에서도 페미니즘은 일찍부터 민족주의라는 틀에 맞추어 운동을 발전시켰다. 민족주의자와 페미니스트들의 결합은 페미니즘운동의 발전에 박차를 가하는 실리적인 측면이 있었지만, 민족주의 대의명분에 배치되는 여성운동의 이슈에 대해서는 조심해야 했기 때문에 페미니즘운동의 행동상의 자유를 제한하기도 하였다.[21] 여성은 민족국가 내에서 이전보다 높은 지위를 누리게 되었지만 더 급진적인 여성 이슈들은 제기하기가 어려워졌다는 점에서, 페미니즘은 그 대가를 지불해야 했던 것이다.

---

20) 같은 책, 118~23쪽.
21) 같은 책, 134~35쪽.

위에서 언급한 사례를 통해서, 우리는 유럽에서도 민족주의와 페미니즘의 관계는 다양한 역사적 맥락 속에서 단일한 형태로 진행되지 않았음을 알 수 있다. 그럼에도 불구하고 우리 사이에 민족주의와 페미니즘은 불화의 관계로 일관되었다는 논의가 무성한 것은 페미니즘이론 역시도 미국·영국·프랑스와 같은 선진 자본주의국가의 페미니즘 연구성과로 집중되었으며, 마치 이 대표적인 국가들의 페미니스트들이 선택하였던 태도가 절대적인 진리인 것처럼 보이게 하는 페미니즘 담론의 헤게모니가 존재하였기 때문일 것이다. 또한 우리 한국의 여성들이 처한 상황이 유럽 내 주변국이나 약소국의 처지에 더 근접해 있다는 사실도 인정할 필요가 있다. 물론 위에서 언급한 유럽의 주변국가들에서 페미니즘과 민족주의의 결합이 해당 사회 내에서 가부장제를 완전히 소멸시킨 것은 아니었다. 그러나 민족주의와 페미니즘의 연대가 해당 사회 여성들의 지위를 월등히 향상시키는 데 기여하였다는 점을 주목할 필요가 있다. 뿐만 아니라 늘 지적되듯이 약소국가로 갈수록 여성은 민족국가라는 공동운명체 내에서 그 지위 향상을 시도해야 한다는 목소리가 높을 수밖에 없다.

4. 식민지·탈식민지 국가의 민족주의와 페미니즘

제3세계 국가들의 경우에, 중국·한국·베트남 등 상대적으로 긴 역사적 전통을 지닌 몇몇 민족들을 제외하면, 이른바 민족운동이 그 독립을 이루려 애썼던 영토적 단일체나 확정된 영토는 대부분 제국주의 정복의 산물이었다. 그 결과 많은 제3세계 국가들이 지닌 민족

적 정체성은 정복과 식민통치에 의해 부과된 통일성인 경우가 적지
않다. 그럼에도 불구하고 제3세계 약소국이나 제국주의의 위협에 시
달리고 있는 식민지 혹은 반식민지 국가들에서 민족주의는 유럽에서
보다 훨씬 긍정적인 함의를 지닌다. 제3세계에서는 근대화의 필요성
을 절감하고, 전 자본주의적 구조를 탈피하고, 자율적인 국가를 구성
해야 하는 부담 때문에 민족주의가 서구에서와는 달리 훨씬 긍정적
인 의미를 지닌다. 여기에서 민족적 정체성을 발견하는 것이 지상의
과제로 대두된다. 또 민족주의자들은 서구의 경제적 발전을 따라가
기 위해 서구적인 문화적 가치들, 예를 들면 자연권·자유주의·의
회 민주주의 등을 성장의 기초로서 수용하고, 수구세력에 맞서면서
기존 사회구조나 문화, 종교전통을 개혁하려 하였다. 이들은 한편으
로는 다양한 형태의 외국의 간섭이나 제국주의에 저항해야 하고, 또
다른 한편으로는 전통적인 봉건군주나 가부장적 구조에 투쟁해야 하
는 이중과제를 넘겨 맡는다. 이 과정에서 여성해방을 위한 투쟁은 민
족해방을 위한 운동의 통합적인 일부가 된다.

민족부르주아 남성지도자들에게 근대화되고 해방된 국가 이미지
를 내세우기 위해서 여성은 서구화되거나 개화되어야 했다. 이는 다
음 세대를 양육하는 데도 바람직한 영향을 끼칠 것이었다. 뿐만 아니
라 자본주의 발전이 진전되면서 여성노동력은 민족 혹은 외국 자본가
에게 매우 중요해졌다. 새로이 등장하는 부르주아는 여성들에게 가해
지는 전통적인 억압을 타파하는 역할을 했다. 예를 들면 인도의 과부
화형, 베일, 다처제, 축첩, 중국에서의 전족 등이 철폐되었다. 그러나
다른 한편으로 서구화는 기독교 전통에 토대를 둔 일부일처제나 성적
통제와 상반되는 아시아 사회의 좋은 관습들도 없애는 결과를 가져왔

다. 또한 정형화된 서구의 부르주아가족 생활이나 고착된 보수적 편견이 함께 도입되었다. 여기에 서구화의 딜레마가 있었다.[22]

　그럼에도 불구하고 인도의 사례를 보면, 서구적인 여성상이 원형 그대로 도입된 것은 아니라는 것을 알 수 있다. 19세기 후반 인도에서 '신여성'은 민족주의 담론의 중심적 이슈였다. 인도인에게 서구적 가치는 '물질'영역의 한 부분을 구성하는 것으로 간주되었고, 이 영역에 맞서는 것이 '정신적' 영역이었는데, 이는 인도인의 진정한 정체성을 대표한다고 이해되었다. 여성은 이 정신적 영역의 수호자로 간주되었다. '신여성'이라는 새로운 개념 구성은 중간계급 여성과 관련된 것이었고, 이 구성물의 성공은 여성의 공식교육에 의거하고 있었다. 신여성의 정신적 역할은 힌두문화의 우수성의 표식일 뿐 아니라 여성들이 새로이 획득한 자유의 표시이기도 했다. 그러나 신여성의 개념 구성에는 '여성성'과 '모성'이라는 개념이 포함되어 있었다. 여성성은 남성적 사고의 지배에 위협을 가하지 않으면서 동시에 외형적으로 자신의 '남성성'을 입증하려는 인도 남성들의 노력을 촉진함으로써, 가족 내의 전통적 가부장적 관계를 고수할 수 있는 특정한 방식으로 기획되어야만 했다. 이는 남성성의 결여가 인도의 자치능력 부족과 영국인들의 지배의 필요성을 식민지 관료들에게 성낭화시키는 기능을 하였기에 더욱 그러하였다.[23] 이와 더불어 모성의 의미는

---

22) K. Jayawardena, *Feminism and Nationalism in the Third World*, London: Zedbooks 1986, pp. 3～5.

23) 그러나 이런 신여성의 개념 구성은 변화하는 정치환경에 맞추어 수정되기도 하였다. 1920년대 정치무대에 등장한 간디는 민족주의 운동에서 여성의 중요한 역할을 인식하기 시작하였다. 여성들을 집 밖으로 불러내기 위하여 그는 신여성의 개념을 어떻게 수정해야 할지를 깨달았다. 간디는 자기희생과 '말없이 고생을 참아내는' 속성이 인도여성에게 내재되어 있다고 주장하였는데, 이는 비폭력저항운동에 참여

더욱 확장되었다. 어머니에게는 이제 '문명의 수호자'라는 이상이 씌워졌고, 나아가서는 '모국'(Bharat mata)으로 표상되었다.

미스는 남성의 군사화와 전쟁논리를 정당화하는 아버지 국가와의 일체감을 불러일으키기 위해서 파괴되고 상실된 어머니 땅, 즉 고향 땅에 대한 동경이 강조되는 과정을 설명한다. 민족을 '어머니 땅'으로 부르는 것은 모처제와 모계를 중심으로 형성된 오래된 부족적 전통에 기인하는 것이기도 하지만, 다른 한편으로는 아버지 땅조차 자기 정당화를 위해서는 민족, 고향 땅, 어머니 땅이라는 정서적 일체감을 필요로 하였다는 것이다. '국가'라는 용어에 앞서 '민족'이라는 용어는 어머니의 이미지와 함께 친밀함, 아늑함, 자연과의 친화 등과 같은 유년기의 감정과 기억을 자극한다는 것이다. 그러나 인도의 사례에서처럼 독립운동이 진행되는 동안 '어머니 민족'에서 '아버지 국가'로의 강조점의 이동이 계획적으로 이루어진다는 것이다.[24]

결과적으로 식민지 국가에서 '조국'이라는 개념은 두 가지 목적에 기여하였다. 첫째로 어머니로서의 여성은 자신의 민족과 깊이 결합함으로써 아들이나 남편이 당하는 오랜 투옥 등과 같은 고통을 불평하지 못하고 이를 감내해야 했다. 둘째로 전체 민족이 공유하는 '어머니'라는 신성한 이미지는 모든 사람들의 민족감정을 고양시켰다.[25] 인도의 사례를 통해 알 수 있는 것은 민족주의 운동과 그 지도자들에

하기에 딱 알맞은 방식이었다. 특히 시민불복종운동의 정수를 보여주는 천(khadi) 짜기, 즉 손수 천을 짜는 것을 통해 외국의 천을 거부하는 운동에서 여성들은 큰 기여를 하였다. 또 1930년대에 들어서면서 인도여성들은 공적 공간으로 나갈 것을 강요당했는데, 그럼에도 불구하고 간디는 가정영역에서는 전통주의를 고수하였다.

24) 미스·시바, 앞의 책, 161~62쪽.

25) S. Thapar, "Women as Activist, Women as Symbol. A Study on the Indian National Movement," *Feminist Review* 44, Summer 1993, pp. 2, 4.

의해 중간계급 여성들의 민족주의 활동에 대해 하나의 본보기를 만들려는 시도가 있었다는 점이다. 그 결과 외부를 향한 배타성과 내부의 단일성을 특징으로 하는 민족주의 담론에서 여성들은 동질적이고도 단일한 범주로 제시되었다.[26] 결과적으로 민족주의 담론에서 여성은 찬미되면서도, 동시에 여성들의 활동은 주변화되었다.

일부 페미니스트들은 여성의 경험과 투쟁들이 헤게모니를 가진 집단이나 언설에 의해 점유당하고 있음을 지적한다. 식민주의와 마찬가지로 민족주의 역시 남성적 성을 주체로 가지는, 중요한 정치권력을 행사하는 담론이라는 것이다. 식민주의자에게 있어서 여성은 정복된 사회의 전리품이거나 사용 가능한 그 사회의 문화이거나 자원이라면, 식민지의 민족주의자에게 있어서 여성은 보호되어야 하는 민족의 도덕이고 자신이 보호해야 하는 민족의 자산이라는 것이다. 식민주의와 민족주의 담론 모두에서 중요한 지점은 여성과 도덕을 연결시키는 것이다. 여성의 도덕성이란 바로 여성의 규제된 성을 의미한다. 여기에서 우리는 국민국가 형성기의 유럽과 제3세계 사이의 공통점을 발견한다. 이들은 모두 사회의 도덕성 확보를 여성의 성적 규제와 연결짓고 있다. 단지 차이는 제3세계가 민족자결의 필요성 때문에 여성의 역할을 좀더 내세우는 성도나. 그래서 페미니스트들은 성도덕에 의해 억압당하는 여성들의 경험을 드러내고 해체하는 담론을 만들어낼 것을 제기하고 있다.

위에서 언급한 역사적 맥락 속에서 제3세계의 페미니즘은 근대화의 시도나 민족주의 운동과 부분적으로 결합하면서 선택되거나 제한

---

26) 윤택림, 앞의 글, 57쪽.

된 개혁만을 받아들이는 운동으로 발전하거나, 아니면 여성농민과 여성노동자를 포괄하면서 근본적인 사회개조에 치중하는 사회주의 운동으로 넘어가는 양자택일의 기로에 들어섰다.[27] 그러나 두 가지 접근 모두는 그 자체로 모순을 드러낼 수밖에 없었다. 전자의 경우 민족정체성을 추구하는 과정에서 페미니스트들은 민족문화 혹은 전통문화를 전적으로 거부할 수는 없었다. 여기에는 항상 먼 과거의 문화가 이상화되었고, 결과적으로 이는 핵가족을 강화하거나 여성의 전통적 복종이 그대로 유지되는 경향도 보였다. 마찬가지로 후자의 경우에서도 남성과 여성, 그리고 여성과 당(黨)의 관계에 있어 그 한계가 드러났다. 이미 서구의 사회주의 운동에서도 반(反)페미니즘 분위기가 강하게 드러났듯이, 식민지국가의 공산주의 운동에서도 계급담론이나 민족담론을 위해서 성담론은 번번이 희생되었다. 결과적으로 민족주의와 페미니즘의 결합은 제3세계에서 두 가지 상반되는 효과를 가져다주었다. 우선 양자의 결합은 민족주의 운동 내에서 여성의 중요성을 인지케 하거나 환기시키는 역할을 하였다. 그러나 다른 한편으로 이는 민족의 이익을 위해서는 여성의 이익을 희생할 수도 있다는 것을 은연중에 학습시켰다. 바로 이런 이율배반적인 측면 때문에 민족주의와 페미니즘의 관계는 복잡해질 수밖에 없었다.[28]

　여성의 현실은 식민지 독립과 함께 새로이 건설되는 민족국가에서도 크게 달라지지 않았다. 새로운 독립된 민족국가의 건설을 통해 부권이 회복되면서, 식민지 후기의 제3세계에서는 식민지 이전의 가부

---

27) 이 경우에는 대중의 삶에는 큰 영향력을 행사하지 못한 채 지식인 중심의 여성운동으로 남는 경우가 많았다.

28) A. Basu, "The Many Faces of Asian Feminism," *Asian Women* vol. 5, Seoul: Research Institute of Asian Women, The Sookmyung Women's University Press 1997, p. 7.

장적 제도와 식민지를 통해 들어온 근대적 제도가 결합하고, 이를 통해 더욱 공고해진 가부장제가 자리잡게 되는 과정을 보여주고 있다. 즉 식민지 후기의 제3세계에서는 근대적 국가경영의 경험이 없는 엘리트들이 불가피하게 식민지 종주국이 식민지 통치를 통해 구축한 법·관료·군대·교육 등의 근대적 제반 제도를 그대로 물려받기 때문에 탈식민의 기획은 실패한다. 동시에 식민지 통치에 대한 반감은 '민족문화 찾기'라는 명목 아래 식민지 이전 가부장제의 봉건적 유제를 다시 강화시키는 경향으로 드러난다.[29] 그래서 식민지적 유제와 봉건적 전통의 결합은 근대화 과정에서 기묘한 동력으로 작동하면서, 여성에 대한 노동착취와 성차별을 강화한다는 것이다. 식민지 지배가 끝나고 민족국가의 권력이 정착되자마자, 민족주의는 다시 여성을 억압하는 기제로 작동한다는 것이다. 이러한 포스트식민주의 여성학의 비판은 우리가 경청할 만한 올바른 지적이다.

그렇더라도 여전히 질문이 남는다. 페미니즘과 민족주의의 불행한 결합에도 불구하고, 왜 식민지나 탈식민지 국가에서 페미니즘은 민족주의 운동과의 결합을 시도하였는가? 민족주의 기획은 복잡하고, 다차원적이고 그리고 그 특유의 역사적 맥락을 지니고 있다. 많은 나라에서 민족주의는 가부장제를 강화시키는 방향으로 작동하였고, 그런 점에서 민족주의는 다분히 반(反)페미니즘적이었다고도 할 수 있다. 그러나 앞의 다양한 사례들이 보여주듯이, 개별국가에 따라, 주어진 조건에 따라 민족주의와 페미니즘은 각기 다른 방식으로 결합하기도 하였다. 예를 들면 오늘날 문제가 되고 있는 종교적 민족주의는 중·

---

29) 최정무, 「유색여성주의와 식민후기 문제」, 『역사 속의 페미니즘, 우리 곁의 페미니즘』, 서울대학교 여성학 협동과정 창립기념 심포지엄 자료집, 1999, 9쪽.

하층 여성 사이에서 주된 지지자를 발견할 수 있는데, 보수적인 성향에도 불구하고 이 운동은 여성들에게 공적 영역에 진입할 수 있는 기회를 제공하고 있다.[30] 또 민족주의 운동은 여성을 동원하거나 혹은 여성을 근대화의 주체로 끌어내는 데 일정 정도 역할을 담당하였다. 페미니스트들은 민족주의가 건강하면서도 동시에 병적인 것처럼 민족주의와 페미니즘의 결합 역시도 부정적인 동시에 긍정적인 측면을 지니는 구체적 현실을 인정할 수밖에 없었을 것이다.

이런 맥락에서 포스트식민주의적인 연구의 일환으로 진행된 인도의 사례에 대한 분석과는 달리, 민족주의 전통의 강조가 여성에게 유리한 입지를 제공할 수도 있다는 논거들도 제시되고 있다. 흔히 서구 페미니스트의 저술에서 제3세계 여성은 '생식기 훼손을 위시한 다양한 남성적인 폭력에 시달리는 원초적인 희생자'로 냉동되어 있다. 이에 반해 라타 마니(Lata Mani)는 제3세계가 지닌 사회적·문화적 관행이 그 자체가 태동한 맥락 속에서 이해되지 않고 있음을 지적하고 있다. 예를 들면 남성이 자의적으로 이혼하거나 여성을 내쫓을 수 있는 사회에서, 다처제는 그보다 나은 생존전략이라는 것이다. 마찬가지로 남아연방의 여성변호사는 아프리카 민족회의(African National Congress)에서 '성차별이 사라진 남아연방'을 희구하면서도 동시에 '전통적인 관행인 다처제를 법적으로 혹은 강제적으로 폐지하지 말 것'을 주장하였다. 다처제하에서 남편은 결혼한 아내에게 재산의 절반을 분할해야 하고, 다시 아내를 얻을 경우 남은 재산의 절반을 다시 분할해야 하기 때문에, 특히 생계수단이 막연한 여성노인을 위시

---

30) Basu, 앞의 글, p. 14.

한 많은 여성에게 이 제도는 자립과 생존의 수단이 될 수 있다는 것이다. 마찬가지로 라퍼트 하산(Riffat Hassan)은 제3세계 페미니스트가 고유한 민중적 종교전통을 활용하여 투쟁하지 않는다면, 여성운동은 소수의 제한된 도시의 교육받은 중산층의 전유물이 될 수밖에 없음을 강조하고 있다.[31] 이런 맥락에서 우리는 그간의 '민족주의와 페미니즘의 관계'에 대한 논의가 서구 페미니스트의 시각에서 진행되었음을 환기할 필요가 있다. 페미니즘 제2의 물결이 일어났던 1970~80년대에 제1세계와 제3세계 출신의 여성들 사이에는 대화가 결여되어 있었다. 또한 제3세계 여성들은 자신의 남성동지가 제국주의적 압제로 고통당하는 와중에 이들과 지위상의 평등을 둘러싼 각축전을 벌일 수는 없는 일이었다. 거기에다가 서구의 페미니스트들은 남성 민족부르주아가 건립한 민족국가 내에서 항상 차별받았고, 그들은 거의 대부분 베트남 반전운동, 반제국주의 운동, 좌파운동 등과 같은 반정부운동의 편에 서야 했다. 이런 제1세계와 제3세계 여성이 처한 입지점의 차이가 민족주의에 대해 각기 상이한 이해방식을 발전시켰을 것이다. 거기에다가 제1세계 여성들은 제3세계 여성운동이 처한 사회적·경제적 맥락에 대한 이해를 결여하고 있었다. 이런 와중에서 서구 페미니스트늘이 페미니즘 남론을 독섬하니서, 국세어싱운동이나 여성학계에서 민족주의에 대한 반감이 더욱 강화되었던 것이다. 그러나 1980~90년대에 들어와서 국제 페미니즘 무대에서는 크나큰

---

31) 유사한 맥락에서 하산은 '아담의 갈비뼈로 빚은 이브'라는 신화는 코란에는 포함되어 있지 않으며, 오히려 아담은 남성과 여성 모두 인간으로서 차별받지 않았던 인간창조 개념이 사용되었다는 주장도 제기하였다. 오히려 이슬람에서 여성에 대한 편견은 별로 신빙성이 높지 않고 한때 코란에 대항하였던 하디스(Hadith)에서 왔다는 것이다(Nira, 앞의 글, p. 313).

변화가 나타났다. 미국에서 흑인 페미니즘운동이 일어나고, 여성 사이에 존재하는 차이와 다양성에 대한 인식이 높아졌고, 더불어서 문화적 상대주의에 주목하기 시작하였다. 이런 경향은 포스트구조주의나 포스트모던주의자의 해체이론의 도움으로 학계에서 더욱 강력한 헤게모니를 장악하게 되었던 것이다.[32]

그러나 페미니즘이 민족주의 전통을 강조하는 것에 대한 이슬람 페미니스트들의 반론도 만만치 않다. 페미니즘을 서구의 문화제국주의의 아류로 보는 시각에 반대하는 제3세계의 페미니스트는 세속적 담론으로서 페미니즘을 포기하는 것은 여성에 대해 단일화된 이슬람 근본주의 입장을 받아들이는 결과를 낳으며, 이는 지난 세기 동안 페미니스트들이 축적해 온 중요한 성과의 정당성을 상실케 한다는 것이다. 마찬가지로 전통문화의 범주 내에서 여성운동이 진행될 경우, 이는 그 집단에 속하지 않는 여성들을 배제하고, 이들에게 인종주의적 차별이 자행될 우려가 있다는 것이다. 따라서 이런 주장을 제기하는 여성들은 각기 다른 공동체에서 온 여성들이 공존하면서 함께 투쟁할 수 있는 '세속화된 공간'의 필요성을 내세웠고, 이를 위해서는 서구 페미니즘이 중요한 준거를 제공한다는 것이다.

앞에서 언급한 페미니즘과 민족주의의 관계 설정에 대한 입장의 다양성을 통해 양자 사이의 관계는 각각의 페미니스트들이 처한 역사적·문화적 맥락에서 이해되어야 함을 알 수 있었다. 결국 페미니즘과 민족주의의 관계에서 우리는 보편주의적 정답을 찾으려는 무모한 노력을 삼가야 할 것 같다.

---

32) 같은 곳.

5. 한국 민족주의와 페미니즘

페미니즘을 토착화하려고 하는 '한국적' 페미니즘은 서구를 탈
중심화시키는 서구 담론에 대한 비판담론이다. 그러나 서구에 대
한 비판인 '한국적' 페미니즘이 우리 문화가 갖고 있는 반동적인 가
부장적 문화를 페미니즘에 결합시켜 그 한국적임을 부각시키는 것
으로 성취될 수는 없다. 하지만 여성주의를 통해 가부장적 담론의
헤게모니를 해체시키려는 일부 페미니스트들의 시도는 '한국적'이
라는 강조에 의해 사전에 봉쇄된다.[33]

상기한 인용문은 '한국적'이라는 수식어가 붙은 모든 문화, 전통,
관습들이 가부장제 담론의 해체를 방해하고 있음을 시사하고 있다.
확실히 '한국적'이라는 접두어는 서구화에 대한 대항물이자, 민족적
정체성의 확보로 나아가는 디딤돌이 되고 있다. 그리고 이 '한국적'인
것들을 추동하는 동력은 한국 민족주의이다. 한국 민족주의에 젠더
문제를 뒤섞지 않더라도, 한국 민족주의는 그 자체만으로 논란의 여
지가 많다. 극동지방의 한 끝점에 격리되어 살아온 오랜 지정학적 그
리고 역사적 경험 때문에, 한국은 유난히도 민족주의적 정서가 강한
나라로 지목된다. 이런 독특한 민족주의적 정서가 한국의 장기적 발
전에 과연 도움이 될 것인가를 둘러싼 논의가 식자층 사이에 있었고,
이 논쟁은 쉽게 결말을 얻을 것 같지 않아 보인다.

최장집은 한국 민족주의를 "역사적 경험, 그것도 역사적 경험의

---

33) 김은실, 앞의 글, 20쪽.

실패와 얽혀 있는 좌절된 집단적 정서"로 인식하면서도, 한국 민족주의에 대한 거부는 "근대화로의 전환기의 결정적 시기에 있어 한국민들이 집중적으로 관련된 역사의 경험을 부정하거나 그것에 대한 해석학적 이해의 지평을 상실하는 것"이라고 단언한다.[34] 이에 비해 이종오는 민족주의를 근대성 및 민주주의와 양립 불가능하다고 결론짓고, 이런 관점에서 민족주의는 남·북한 모두에서 민주주의와 통일에 저해요소로 작용하고 있다고 주장한다.[35] 그러나 우리가 여기에서 잊지 말아야 할 사실은 민족은 역사적이고 실천적인 개념이라는 점이다. 다시 말하면 한국 민족주의는 그 자체가 많은 문제점을 안고 있더라도, 그것은 엄청난 대중동원력을 지녔을 뿐 아니라, 제국주의적 도전에 대한 방파제를 제공해 준다. 그렇기 때문에 민족주의는 특히 한국인에게는 주어진, 그리고 무시할 수 없는 현실이다. 우리에게 남겨진 과제는 민족주의를 어떻게 '약사가 독을 다루듯이' 유용하게 활용할 것인가이다.

간헐적으로 외적의 침입을 받은 것을 제외하고는 거의 단일한 정치체로 살아온 한국인의 민족주의는 '자연적으로 주어진 절대불변의 실체'이다. 이런 민족주의의 이면에는 여전히 연고주의나 지방색이 판을 치면서, 한국민주주의의 발전에 큰 걸림돌이 되었다. 이제 우리의 과제는 이런 한국적인 민족주의를 어떻게 서구형의 형성적인 민족주의, 시민적 민족주의로 전환해 갈 것인가에 있다. 다시 말하면 이는 주어진 현실로서의 한국적 민족주의와 민주주의혁명을 어떻게

---

34) 최장집, 「한국 민족주의의 특성」, 『한국 민족주의의 조건과 전망』, 나남 1996, 182
   ~83쪽.
35) 이종오, 「분단과 통일을 다시 생각하며」, 『창작과비평』 1993년 여름호.

유효적절하게 혼합해 갈 것인가의 문제다.

인도에서처럼 민족주의 운동에 의해 여성성이 적극적으로 찬미된 것은 아니지만, 우리의 경우에도 식민지시대의 문학에서 드러나는 유추를 통해 우리는 민족주의와 여성성의 결합을 눈치챌 수 있다. 식민지시대 소설에 있어서 아버지의 부재는 민족주체성의 상실을 표현하는 것이며, 생계를 꾸려가는 강인한 어머니가 아버지의 자리를 대신하는 것으로 나타났다. 그러나 이 역할은 항시 임시방편적이다. 즉 독립국가·조국·민족을 남성으로 설정하고, 주권을 상실한 패배한 조국을 여성으로 그리는 것, 그리고 정치적 해방의 추구를 여성이 남성을 그리워하는 관계로 설정하는 것을 통해서도 바로 인도의 경우와는 맥락이 다를지라도 일정한 공통점이 추출된다.[36] 즉 모성이 찬미되고 있으나, 모성의 역할은 수동적이거나 주변적이었다.

식민지로부터의 해방 이후 생겨난 한국의 근대국가에서 민족주의는 위험한 방식으로 여성과 결합하였다. 여느 신생 민족국가와 마찬가지로 한국도 1960년대의 경제개발 과정에서 우선적으로 필요하였던 값싼 노동력을 위하여 여성을 동원하였는데, 이 과정에서 전통이라는 이름으로 여성들의 장점인 충순함과 희생정신이 강요되었다. 특히 군사정권은 1960년대의 광범한 농촌인구의 빈곤을 활용하거니, 가족에 대한 사랑과 의무감을 최대한 이용하였다.[37] 주로 나이 어린 여성노동자들을 저임금·장시간 노동으로 내몰았고, 열악한 상황을

---

36) 김은실, 앞의 글, 11~20쪽.
37) 1960~70년대 산업현장에서 피땀 흘려 일한 여성노동자들에 대한 설문조사는 그들의 압도적인 다수가 가족의 생계를 위해서 가혹한 노동을 견디어내었고, 특히 남동생이나 오빠의 학비를 마련하는 것이 중요한 과제가 되었음을 보여주고 있다 (Chung Hyun-Back, "Arbeiterinnen und Arbeiterinnenbewegung in Südkorea in den 70er Jahren," *Beiträge zur Geschichte der Arbeiterbewegung* vol. 2, 1998, pp. 47~48).

견디다 못해 저항하는 여성노동자들에 대해서는 가혹한 탄압과 노동통제가 행해졌다. 이뿐만 아니라 산업사회가 필요로 하는 질 높은 노동력을 제공하기 위한 자녀교육의 부담은 고스란히 여성에게 돌아갔고, 기혼여성 노동자를 가사부담 외에도 산업현장의 저임, 불안정 고용상태의 노동자로 불러내었다. 또 군부독재 국가가 주도한 1960년대의 인구조절정책에서도 그 책임은 고스란히 여성에게 돌아가, 여성의 몸은 (때로는 야만적인) 인구정책의 규제대상이 되었다. 농촌의 많은 여성들이 불완전한 피임시술 등으로 고통당하는 현실이 지금까지 제대로 밝혀지지 않았음을 주목할 필요가 있다. 오늘날 위로부터 조직된 많은 관변여성단체의 회원들, 전국적으로 거의 수백만에 이르는 여성들이 행하는 사회봉사활동 역시도 사실상 국민국가가 수행해야 할 사회복지의 상당 부분이 전업주부들의 중노동에 의해 채워지고 있음을 드러내는 것이고, 이런 여성들의 수고는 한번도 사회적으로 제대로 된 평가를 받아보지 못하였음을 지적할 필요가 있다.[38]

한국적 민족주의가 가부장적 담론을 온존시키는 것에 기여한다는 일부 페미니스트들의 주장은 매우 설득력이 있다. 그러나 여성들은 원하든 원치 않든 간에 민족국가의 형성과정에 연루되어 있다. 따라서 페미니스트들의 민족담론에 대한 거부적인 태도는 단선적인 유추의 결과이고, 이는 향후 여성주의자의 정치에 불행한 결과를 초래할 수도 있다. 반체제 작가 솔제니친이 소련을 떠나는 순간 그의 역할이 진공상태에 들어갔던 것처럼 여성운동 역시 민족주의 운동과 결별하는 순간, 여성들은 여성만의 하부문화에 격리된 채 자족할 수밖에 없

---

38) 정현백·김혜경 외, 『경기도 여성단체 활성화 방안에 대한 연구』, 경기도 여성정책실 프로젝트 보고서, 1998, 73쪽.

을 것이다.

이제라도 페미니스트들은 서구사회에 토대를 둔 페미니즘이론의 일반적 테제를 개별 여성운동이 처한 구체적인 토양 아래에서 재검토해 볼 필요가 있다. 뿐만 아니라 여성이 과거 민족주의에 의해 어떻게 피해를 입고 주변화되었는가에만 초점을 맞출 것이 아니라, 페미니즘이 엄청난 정치적 영향력을 지닌 민족주의를 어떻게 활용할 것인가를 고민하는 적극적인 사고도 필요하다. 그러기 위해서는 현행의 문제 많은 민족주의 담론을 비판하면서, 동시에 그 안으로 페미니즘이 개입할 수 있는 지점을 찾아내려는 노력이 필요하다. 이를 위해서는 과거 민족주의 담론이 여성에게 가한 공과를 분명히 짚고, 비판할 점은 비판해야 할 것이다. 그러나 민족주의가 여성해방에 기여할 수 있는 순기능적인 측면까지도 부정하는 것은 곤란하다.

한국 페미니즘이 민족주의를 무시할 수 없는 더욱 절실한 이유는 분단극복과 통일의 과제 때문이다. 이미 젠더에 대한 사회적 인식이나 여성운동이 우리보다 한발 앞섰던 독일의 통일과정에서 드러난 여성의 주변화 그리고 통일 후 여성적 삶의 피폐화는, 페미니즘의 민족문제에의 개입이 얼마나 중요하며, 여기에서 여성운동이 유효적절한 전략을 개발해야 할 필요성을 명료하게 보여주었다. 그렇다면 왜 여성에게 민족통일이 중요한가? 우선 분단과 그것이 초래한 '우리 안의 군사주의'가 여성의 삶에 엄청나게 부정적인 영향력을 행사하였기 때문이다.[39] 그러나 더욱 중요한 것은 분단극복과 통일민족국가의 형성에 여성이 어떻게 참여할 것인가 하는 미래에 대한 질문이다.

---

39) 권인숙, 「우리 삶 속의 군사주의」, 평화를만드는여성회 편, 『여성과평화』 1호, 당대 2000.

독일통일은 새로운 민족국가의 형성과정에서 여성이 얼마나 많은 것을 상실할 수 있으며, 페미니스트 내에서도 어떻게 내부식민지가 형성될 수 있는가를 보여주었다. 동·서독의 통일과정에서 생겨난 양측 페미니스트 사이의 깊은 불신은 바로 분단극복과 통일을 둘러싼 갈등이 페미니스트들이 주장하는 '여성해방이론'이나 '차이의 존중'에 대한 구호만으로는 해결될 수 없음을 보여주는 것이었다.[40] '민족국가의 형성'이라는 민족주의 기획에 적극적으로 개입하지 않는다면, 통일의 과정에서 한국여성은 독일여성처럼 '잃은 자'(Verliererin)가 될 수도 있다.

세계화시대의 세계에서는 '부유한 나라들에서는 동질화(Homogenization)가, 그리고 가난한 곳에서는 분열(Splinting)이 일어날지도 모른다'는 찰스 틸리의 우려가 점점 더 현실화되고 있다.[41] 페레스트로이카 이후 도처에서 일어나고 있는 끔찍한 민족간의 경쟁은 이를 절감하게 한다. '민족국가의 형성에는 일정 정도의 크기가 전제되어야 한다'는 홉스봄이 제기하는 '규모의 원칙'도 우리가 탈분단의 과제를 고민해야 하는 또 하나의 현실적 근거다.

민족주의 문제가 페미니즘이 도저히 피해 갈 수 없는 지점이듯이, 오늘날 세계화에 대한 대응 역시도 우리가 직시할 수밖에 없는 도전이다. 자본의 세계화가 여성의 삶에 가하는 엄청난 충격은 페미니즘이 시급히 분석해야 할 대상이다.[42]

---

40) 정현백, 「독일통일과 여성인권」, 한국인권재단 편, 『인권학술회의 2001 한반도 평화와 인권』 발표요지문, 2001, 54~71쪽.

41) 박호성, 앞의 책, 144쪽.

42) 한스 피터 마르틴·하랄드 슈만, 『세계화의 덫』, 강수돌 옮김, 영림카디널 1998, 27~28쪽(H. P. Martin/H. Schumann, *Globalisierungsfalle*, Hamburg: Rowohlt 1996);

이제 세계화된 자본은 민족국가를 무력화하면서, 더 나은 이윤을 찾아 전세계를 넘나들고 있다. 세계화시대에 페미니즘운동은 더 이상 민족국가의 테두리 내로 한정되어서는 안 된다. 다시 말하면 이제 여성들도 세계화의 추세를 이해하고, 세계화된 운동을 전개해야 한다. 그러나 여기에서 한 가지 짚고 넘어갈 것은 이런 세계화시대에도 세계화된 자본의 횡포에 대한 저항, 민주주의 실현을 위한 노력, 성차별 해소를 위한 투쟁 등은 일단 민족국가라는 테두리 내에서 이루어지기 때문에, 민족주의나 민족국가의 중요성이 결코 약화되지는 않는다는 점이다. 그래서 페미니즘은 세계화와 민족주의, 이 양자의 역동적인 통합을 적극적으로 모색해야 한다.

6. 끝맺음에 부쳐

지금까지 이 글은 유럽의 근대 초에서 오늘에 이르기까지 그리고 서구에서부터 식민지·탈식민지 국가와 한국에 이르기까지, 긴 시대와 광범한 지역들을 망라해서 다루어왔다. 이런 다소 무리한 시도는 젠더와 페미니즘의 결합이 지니는 함의가 시간과 공간에 따라 다양하게 진행되었음을 개진하기 위함이었다. 그러면서 이 글을 통해 시간과 공간을 망라하여, 남성과는 다른 방식으로 진행되는, 여성과 국민국가의 결합이 지니는 공통점을 제시하였다.

확실히 민족주의·국민국가와 여성은 역사적으로 '불행한 동거'를

B. Young, "Genderregime und Staat in der globalen Netzwerkökonomie," *Prokla* vol. 111/no. 2, 1998, p. 188).

계속해 왔다. 그래서 일부 여성주의자들은 민족주의는 반동적인, 그 래서 페미니즘이 영원히 결별해야 할 이념이라고 주장한다. 그러나 민족주의는 건강한 동시에 병적이다. 또 민족주의는 구체적인 역사 적 상황 속에서 각기 다른 모습으로 등장하고, 그것이 지닌 현실적 동원력은 엄청나다. 그래서 지난 100년 동안 사회주의 운동은 민족주 의의 동력을 무시함으로써 대중적인 기반을 잃을 것인가, 아니면 제 국주의와 민족주의를 수용함으로써 마르크스주의의 기본 전제를 스 스로 거부해야 하는가로 고민했던 것이다.

마찬가지로 민족주의에 대한 페미니즘의 거부가 민족국가 내에서 여성을 영속적으로 소외시킬 가능성이 높다. 특히 한줌밖에 되지 않 는 페미니즘 진영에 비해, 다수를 이루는 거대한 여성대중은 민족주 의에 직·간접적으로 연루되어 있기에 더욱 그러하다. 또한 국민국 가는 이미 완결된, 그래서 고정불변의 실체이기보다는 지속적으로 '형성중'에 있다. 국민국가는 그 발전단계에 따라 다기다양한 모습을 드러내기도 하고, 동시에 끊임없는 '재구조화'(Restructuring)가 일어 날 여백도 지니고 있다.[43] 최소한 여성주의자들은 '민족주의는 운명 이다'라는 기존의 사고방식을 넘어서야 하지만, 동시에 '민족주의에 서 도망치기 어렵다'는 사실을 이해하는 데서 출발해야 한다. 그러나 더 적극적으로는 페미니즘, 특히 식민지/탈식민지 국가의 페미니즘 은 민족주의 운동과 그 담론에 개입할 지점을 찾아내야 한다. 마찬가 지로 여성은 덜 군사주의적이어서, 여성은 덜 민족주의적이라고 주장 할 수도 있다. 그러나 여성에 의해 덜 군사주의적인 방식으로 민족주

---

43) Walby, 앞의 글, p. 1517.

의와 젠더가 매개될 수 있음을 더 적극적으로 제기할 필요가 있다.[44]

그러면 여성은 어떻게 민족주의 기획에 관여할 것인가? 이에 대한 대답은 여성은 민족주의 기획에 남성과는 다른 방식으로 관여해야 한다는 것이다. 민족주의는 전형적으로 남성화된 기억, 희망, 분노의 표출이었다. 만약 기존의 민족주의와 국민국가에 여성적인 경험이 포함되었다면, 민족주의의 성격은 달라졌을 것이다. 특히 민족주의에 대한 페미니즘의 개입을 주장하면서, 여성주의자들은 민족주의와 국민국가 구축이 그 속에 여성이나 다른 소수자에 대한 억압을 내포하고 있다면, 그를 받아들일 수 없다. 이런 까닭으로 페미니스트들은 젠더·계급·인종은 서로 착종되어 작동하며, 따라서 젠더문제는 항상 나머지 두 범주와 함께 성찰되어야 함을 주장해 온 것이다.

지금까지 여성들은 지역적인 문제에 많이 참여해 왔다. 이미 19세기 말 유럽에서 페미니스트들은 국제적 연대를 통해 평화운동을 실천한 역사적 경험을 지니고 있다. 마찬가지로 지난 20년 사이에 페미니스트들에 의해 국제주의가 표방되었고, 반전반핵·평화실현·환경보호 외에도 세계화에 저항하며 대안적인 경제를 모색하는 국제적 연대에 적극적이었다. 그래서 페미니즘은 '지구적으로 사고하고, 지역적으로 실천하기'(Think globally, act locally)를 표방해 왔다. 바로 이런 문제의식도 페미니즘과 민족주의의 만남에 함께 반영되어야 할 것이다.

〔『페미니즘 연구』 1, 동녘 2002〕

---

44) 같은 글, p. 1519.

21세기 한국 여성운동의 쟁점과 과제

1. 머리말

90년대 한국사회에서 일어난 큰 변화를 짚으라면 시민운동의 활성화와 시민사회의 성장을 들 수 있을 것이다. 민족·민중 운동이 약화된 반면, 상대적으로 시민운동은 자신의 목소리를 꾸준히 높여가며 정치판도에 영향력을 행사하기 시작하였다. 이런 맥락에서 관심을 끄는 또 하나의 현상은 여성운동의 두드러진 약진이다. 과거 민족·민중 운동의 한 모퉁이에서 자라 올라온 진보적 여성운동의 성장은 눈여겨볼 만한 대목이다. 2000년 국민의 열기와 매스컴의 관심 속에 진행된 총선연대운동에서도 여성은 중요한 한몫을 하였다.

이에 못지않게 사회 내에서 여성의 목소리가 높아지고 페미니즘 담론이 폭증하면서 상업주의와 교묘하게 결합되고 있다. 또한 문화게릴라를 표방하는 페미니스트들의 실험적 퍼포먼스도 여기저기에서 모습을 드러내고 있다. 그러나 또 한편에서는 페미니즘 담론에 대한 반발도 만만치 않다. '고개 숙인 아버지' '착한 여자론' 등이 대두되면서, 경제위기 이후 직장에서 해고 1순위는 여성이 되어버렸고 여성의 노동권은 거부되고 있다. 몇 년 전에 국가공무원시험의 군가산점을 둘러싼 논쟁은 너무 감정적이거나 원색적이어서, '사이버테러'는 거의 심각한 수준에 이르기도 했다.

21세기 들어와 여성 혹은 젠더(gender) 문제는 단지 여성들만의 문제라기보다 사회구성원 모두가 함께 끌어안아야 할 문제가 되었다. 더 이상 조야한 남녀대립이 될 수 없음은, 여성문제의 해결이 바로 남성문제의 해결이자 인권보호가 실현되는 사회를 만드는 과정이기 때문이다. 우리가 직면해 있는 가공할 정도로 복잡한 사회에서는 결코 여성이 얻으면 남성이 잃는 제로섬게임이 더 이상 성립되지 않는다.

이런 인식과 함께 이 글은 현재 산발적이면서도 매우 뜨겁게 진행되고 있는 페미니즘 담론과 문화게릴라활동, 여성운동을 짚어보고, 이들이 모여서 어떤 그림을 완성해야 할지를 고민해 보고자 한다. 이것은 21세기 벽두에서 우리가 안아야 할 과제인 동시에 여성적인 실천이 우리가 바라는 대안사회의 모색과 결합되어야 한다는 의미에서 그러하다. 그래서 이 글에서는 여성운동이 당면한 세세한 문제들이나 과제를 따지기보다는 좀더 거시적인 안목으로 여성운동의 과제를 짚어보는 데 주력하고자 한다.

2. 여성운동의 여러 갈래와 '새 여성운동'의 시작

1987년 이후 현재까지의 여성운동을 조망하자면, 크게 ① 위로부터 조직된 보수적인 여성운동 ② '한국여성단체연합'을 중심으로 한 진보적 여성운동 ③ 여성적 정체성(feminine identity)을 추구하는 집단으로 나눌 수 있다. 그리고 셋째 집단은 주로 페미니즘 연구자를 주축으로 한 문화운동과 여대생을 중심으로 한 문화게릴라운동으로 나눌 수 있다. 첫째와 둘째 유형이 조직 중심의 활동이라면, 셋째 유형은 주로 소모임이나 동인 성격의 모임을 기반으로 하고 있다. 또 둘째와 셋째 유형은 여성운동의 새로운 등장을 알리는 운동이기도 하였다.

과거에는 많은 여성단체들에 '관변'이라는 딱지가 붙었는데, 첫째 유형의 여성단체들이 이에 해당한다. 이 유형은 국가권력이나 소수의 여성명망가들에 의해 조직되었고 국가재정이나 몇몇 부유한 여성들의 재원에 의존하는, 위로부터 조직된 단체이다. 경기도의 여성단체에 대한 조사는 재미있는 결과를 보여주었는데, 이같은 성격을 지닌 단체의 구성원은 고졸 출신의 중·하층 여성이 많고 이들은 지역사회의 봉사활동 등으로 국가가 담당해야 할 사회복지서비스의 상당 부분을 담당하고 있었다. 이 단체들과 관련하여 환기해야 할 점은 그 '규모'인데, 가령 경기도의 경우 총 1만 3020개의 조직에 회원이 39만 명에 이른다. 이는 30~60세 여성인구 151만 명의 26%에 해당한다.[1]

---

1) 정현백·김혜경 외, 『경기도 여성단체 활성화 방안에 대한 연구』, 경기도 여성정책실 프로젝트 보고서, 1998, 33쪽. 물론 이 수치는 결코 경기도만의 예외적인 현상은 아니다. 대전의 경우에도 18세 이상 여성인구의 18.8%가 이런 단체에 참여하고 있었다(허성우, 『대전지역 여성단체 활성화 방안 연구』, '97대전광역시 여성발전연구

하지만 이들 중 절대다수가 '새마을부녀회'와 '고향을 생각하는 주부모임' 회원들이다. 그에 비해 진보적 여성운동의 연합체인 한국여성단체연합의 회원은 2200명에 불과하다. 물론 위로부터 조직된 여성단체의 회원들이 지닌 여성의식을 고려하면 수적 규모가 지니는 의미는 약화될 수 있겠지만, 그렇더라도 이 '규모의 원칙'을 무시할 수는 없다. 이 단체들의 60%가 주로 사회복지관련 활동을 하였으며, 특히 지역사회 및 국가에 대한 봉사활동이 전체 활동의 절반을 차지하였다.

최근에 들어와서 위로부터 조직된 여성단체들이 변화의 조짐을 보이고 있다. 중앙단위의 사업을 그대로 받거나 지도자 중심의 비자율적인 체계 혹은 관에 대한 심리적·실제적 의존성은 여전하지만, 여기에 참여하는 여성들의 의식에는 약간의 변화조짐이 보인다. "지자체는 재정적인 지원 외에도 여성단체에 행정적인 지원도 해야 한다"에 78%가 찬성하는 등 국가에 대한 높은 의존도를 보이면서도, "여성단체는 지자체의 여성정책을 감시하고 견제하는 역할을 해야 한다"에도 81.9%가 찬성하는 등 이율배반적인 성향을 나타내고 있다.[2] 또 여성의식에 대한 조사에서도 80.8%가 "여성이기 때문에 부당한 대우를 받은 경험이 있다"고 했는가 하면, "여성은 가사, 남성은 바깥일만 하는 것이 당연하다고 생각하는가"에 대해 응답자의 41.5%가 '그렇지 않다', 23.6%가 '전혀 그렇지 않다'고 답함으로써 65.1%의 여성이 공/사 영역 분리의 정당성을 받아들이지 않았다. 이로써 우리는 이들이 직·간접적으로 새로운 여성주의 관점의 영향을 받았다는 사

위원회 연구사업보고서, 1997, 38쪽).
2) 정현백·김혜경 외, 앞의 책, 115~19쪽.

실을 감지할 수 있으나, 중요한 것은 대다수의 여성이 차별을 피부로 느끼면서도 이를 개선하기 위한 구체적인 집단행동에 대해서는 상대적으로 덜 적극적이었다는 점이다.[3]

이 단체들의 경우 대부분 중앙단위 조직의 지도 아래 움직이는데, 중앙단위 단체인 한국여성단체협의회의 1999년 1년 동안 활동을 살펴보면 그 성격이 좀더 명확해진다. 이 단체의 사업은 여성실업극복 돕기사업, 저소득 실직가정 출산비 지원활동, 소년소녀가장 지원사업 같은 사회복지사업 외에도 성비불균형 타파를 위한 의식전환사업, 여성정책대안 제시활동, 여성소비자 정보화 교육, 건전 혼례·장례 문화 만들기가 주종을 이루고 있다. 이로써 여성단체들이 국가페미니즘의 성격뿐 아니라 근대기획의 과제를 적극적으로 담당하고 있음을 알 수 있다. 특히 이 단체의 여성들은 고아원과 병원 봉사, 독거노인 및 소년가장 돕기, 수해복구 등과 같은 사업에 적극적으로 참여하여 거의 중노동에 가까운 노력봉사를 함으로써 국가가 당연히 담당해야 할 사회복지부분을 보충하고 있다.[4] 그럼에도 불구하고 이런 활동이 여전히 동원의 성격을 지녔고, 참여여성들의 의식이 아직 여성주의적 각성에는 도달하지 못한 한계를 가지고 있다.

우리 여성운동에서는 이런 근대기획의 과제가 서구와는 다른 방식으로 주어졌다. 전반적으로 제3세계 국가들은 자유주의의 기반이 약하고, 서구 시민계급이 관철한 조용한 혁명이 제대로 진행되지 않았기 때문이다. 다시 말해 근대화는 외형적인 모양은 갖추었으되 그 내용 자체는 왜곡되었고,[5] 이는 여성운동에도 영향을 끼쳤다. 결국 여

---

3) 같은 책, 138~44쪽.
4) 여성단체협의회 1999년 사업평가 참조.

성 대다수에게는 우리 현실에 안착할 수 있는 근대성의 획득이 하나
의 선결과제로 남아 있다. 그럼에도 불구하고 위로부터 조직된, 다소
관변적인 여성동원이 여전히 세계의 많은 지역에서 여성 단결성의
커다란 부분을 차지하고 있음을 인정해야 하며, 이 토대 위에서 여성
들의 집단의식을 바꾸어가는 작업이 시작되어야 한다. 한국의 경우
에는 보수적인 여성단체들 내에서도 여성적 자의식이 서서히 싹트고
있기 때문에, 이를 견인하여 어떻게 적극적으로 발전시켜 나갈 것인
지를 치열하게 고민할 필요가 있다.

　두번째 유형은, 한국여성단체연합이 주축이 된 진보적 여성운동[6]
이다. 여기서는 감히 80년대 이래의 이 여성운동에 대해 '새 여성운
동'이라는 용어를 사용하는 것으로부터 시작하고자 한다. 왜냐하면
이제 한국 여성운동이 과거처럼 다른 사회운동에 종속되거나 기존 사
회 내에서의 권리확대 혹은 지위향상에 머무르려 하지 않기 때문이
다. 최초로 '자율성'을 표방하고, 여성주의 관점에서 사물을 바라볼
것을 천명하였기 때문이다. 한마디로 여성운동이 제3세계 여성운동
의 슬로건인 "사회문제가 해결되어야 여성문제도 해결될 수 있다"는
오랜 슬로건으로부터 거리를 두는 것이다. 그렇다고 해서 이것이 결
별을 의미하는 것은 아니다. 서구의 대다수 여성운동이 '따로'를 선언
하는 데 비해, 한국의 진보적 여성운동은 80년대 말부터 '함께 그리고
따로'를 표방하면서 시민·사회운동과 연대하고 있기 때문이다. 특히

---

5) 임현진, 「사회과학에서의 근대성 논의: 근대화프로젝트를 중심으로」, 역사문제연구
　소 편, 『한국의 '근대'와 '근대성' 비판』, 역사비평사 1996, 187~210쪽 참조.
6) '진보적'이라는 용어의 사용은 여러모로 논란의 소지가 있을 수 있다. 따라서 어떤
　기준으로 보수와 진보를 구별하는지 해명돼야 할 것이다. 여기서 '진보'는 현상유지
　에 머무르지 않고 정치·경제·문화적 측면에서 대안적인 체제를 모색한다는 의미
　로서, 페미니즘 내에서 거론되는 섹슈얼리티에서의 '진보'에 한정된 개념은 아니다.

진보적 여성운동의 경우 문제가 없는 것은 아닐지라도, 이런 전략을 지금까지 적절히 구사해 왔다. 그러나 페미니스트 소모임에서는 '따로'를 표방하면서 완전히 독자적인 길을 걷는 사례도 나타나고 있다.

역사적 전환점은 여성운동의 향방에도 중요한 전기를 마련해 준다. 여성 역시 한 사회의 구조나 그것이 가하는 압력으로부터 자유로울 수 없기 때문일 것이다. 1987년의 민주화투쟁은 100만 인파가 시내 한복판으로 나와 시위를 벌인 역사적 사건이었고, 군부세력을 정치에서 완전히 축출하지는 못하였지만 대중의 힘이 군부를 통제하고 군인출신 대통령을 재판정에 세운 민주주의의 승리였다. 그후 한국에서 고문과 살인적인 정치탄압은 크게 수그러들었다. 민주화조치가 가시화됨에 따라, 사회운동 내에서 전투적이고 혁명적인 구호는 사라지고 사회변혁을 지향하는 사회운동들, 특히 민주화를 주도해 온 학생운동이 눈에 띄게 약화되고 대신 시민운동(혹은 신사회운동)이 서서히 활성화되었다. 정치투쟁 일변도의 사회운동은 점차 생태위기, 시민의 권리 찾기, 평화운동, 삶의 질 등에 폭넓은 관심을 보이기 시작했고, 이와 더불어 시민단체나 이익집단의 조직화에도 박차가 가해졌다. 매스컴의 내용 역시 다양해져서, 생활·문화·일상생활·여가 등에 대한 지면이 크게 늘어났다. 이런 사회분위기는 여성운동의 성공에 중요한 역할을 하였다.

앞에서 언급한 시대적 분위기에 힘입어, 사회주의권의 붕괴 및 신자유주의 대두와 함께 진보적 사회운동이 약화되는 추세에도 불구하고, 진보적 여성운동은 성공적인 발전의 길을 걸었다. 지난 10여 년 동안의 성공원인으로는 몇 가지 점을 들 수 있다. 우선 여성운동의 상대적 자율성 추구로 이념적 혼란을 겪고 있던 진보적 사회운동으로부터 거리를 둘 수 있었고, 둘째로 여성들의 구체적인 요구와 이해 관계를 잘 수용하면서 진보운동의 약화와 전체 운동조건의 변화에 신속하게 대응할 수 있었고, 셋째로 90년대 한국의 사회분위기가 민족·계급·민주화 등과 같은 거대담론보다 환경·성·문화 등을 애호하면서 여성문제에 대한 관심을 촉진하였다는 점이다.[7] 또 2002년 현재 한국여성단체연합은 6개 지부와 27개 회원단체로 구성되어 있으며, 소속단체의 전체 지부를 망라하면 총 102개 여성단체가 활동하고 있고 상근자 수가 300~350명으로 추산된다. 이로써 여성운동이 한국의 사회운동이나 시민운동이 지닌 한계, 즉 지나친 중앙집중주의를 탈피하여 지역화의 길을 모색하고 있음을 알 수 있다.[8]

한국여성단체연합을 중심으로 여성운동이 행한 중요한 공헌은 여성관련 법의 제정 및 개정이다. 1988년 남녀고용평등법 개정, 1991년 영유아보육법 제정, 1993년 성폭력특별법 제정, 그리고 1996년에는 가정폭력방지법이 제정되었다. 특히 법 제정 및 개정 운동에서 진보적 여성운동은 현장에서 올라오는 회원단체의 요구를 반영하고, 교수들을 비롯한 전문인력을 동원하고, 청원안 제출과 함께 로비와 언론 홍보를 꾸준히 함으로써 큰 성과를 거둘 수 있었다. 그러나 남은 문제는 이런 법제정의 현실로의 진화는 또 다른 차원의 문제라는 것이다. 따라서 여성운동의 더욱 집요한 싸움이 계속되어야겠지만, 우선은 법개정을 통해 한국사회 성차별의 주된 제도적 장치에 대해 제동을 거는 일이 가능해졌다.

---

7) 김영희, 「한국 여성운동론의 특징과 과제」, 미발표원고, 7쪽.
8) 남인순, 「민주화 확대 이후 진보적 여성운동의 자리잡기」, 『99년 여성단체연합 정책수련회 자료집』, 9쪽.

진보적 여성운동은 통일운동과 평화운동에도 중요한 공헌을 한바, 이미 1991년에 교회여성들과 함께 최초로 민간 차원에서 남북교류의 길을 열었다. 전쟁과 분단은 군사주의 문화를 확산시키고 여성의 고통을 가중시키는 역할을 하였기 때문에, 평화와 통일은 여성운동의 중요한 과제가 될 수밖에 없었고, 그래서 여성들은 남북교류를 통해 평화체제 정착에 한걸음 접근해 가고자 하였다. 일본여성들의 도움으로 남북여성들은 도쿄, 서울, 평양에서 4회에 걸쳐 모임과 대화의 기회를 가질 수 있었다. 2002년 10월 16~17일에는 금강산에서 최초로 남과 북이 자율적으로 참여한 '남북여성통일대회'를 개최하였다. 또한 1990년부터 진보적 여성운동은 평화운동의 주요 사업을 군축에 두고 정부의 방위비예산 삭감운동을 전개하였는데, 당시 방위비는 정부예산의 30%인 데 비해 사회복지비는 6.4%에 불과하였다. 그밖에 미군범죄에 대한 한국의 재판권행사 문제도 여성운동이 지속적으로 제기하는 요구이다. 주로 미군을 상대하는 매춘여성들이 미군의 잔혹한 폭력이나 살인의 희생자가 되고 있지만 이에 대한 처벌은 거의 이루어지지 않고 있기 때문이다. 특히 군축문제는 반공주의가 팽배한 사회분위기 때문에 유일하게 여성만이 제기하고 있는 실정이라 상징적인 의미 이외에 그리 큰 성과를 얻지 못하고 있다. 분단상태의 한국에서 방위비 감축이나 군축문제는 여전히 금기시되는 주제인데다가 평화운동을 위한 여성의 조직화가 대중적 규모로 발전하지는 못하였기 때문이다.[9]

또 한국여성단체연합을 비롯하여 여성운동은 일본군위안부(mili-

---

9) 이에 관해서는 이 책의 「한국 여성통일운동의 현황과 과제」 참조.

tary sexual slavery) 문제를 제기하여 국제적으로 큰 반향을 일으켰으며 유엔인권위원회에의 제소, 피해자를 위한 쉼터, 피해자에 대한 생활비지급 등과 같은 성과를 거두었을 뿐 아니라 국제적 연대도 강화되어 필리핀과 대만의 피해자 여성들과 함께 공동사업을 진행하고 있다. 한국정신대대책협의회의 활동은 한국 여성운동을 국제사회에 알리고, 그 입지를 높이는 데 크게 기여하였다.

그외에도 진보적 여성운동의 다양한 활동은 일일이 열거할 수가 없지만, 대표적인 활동으로는 여성정책의 주류화와 여성의 정치세력화, 여성의 빈곤화 방지, 호주제폐지운동, 성폭력과 성희롱 등 여성폭력 추방운동이 있다. 또한 지난 몇 년 사이에 '여성운동의 지역화'가 착실히 진행되고 있는데, 그간 시민운동이나 사회운동이 중앙 중심으로 진행되었다면 이제는 지역단위의 풀뿌리단체가 건실하게 성장하고 있다.[10]

한편 한국여성단체연합은 2000년을 맞이하여 첫 정기총회에서 새로운 과제를 제기하였다. 그동안 여성운동이 골몰해 왔던 여성지위 향상이나 '근대 따라잡기'를 넘어서서 탈근대의 요구를 일정 정도 수용하면서, 여성운동의 목표를 대안사회의 실현과 접맥시킬 필요성이 대두되었기 때문이다. 즉 한편으로는 진보적 여성운동이 여성문제에 몰두한 나머지 전체 사회의 변혁에서의 역할을 방기하고 스스로를 게토로 만들 위험이 제기되었기 때문이고, 또 한편으로는 대안사회의 상을 만들어가는 데 여성주의적 시각이 첨가되어야 한다는 의지의 표현이기도 했다. 그리하여 한국여성단체연합은 식량위기, 물 부족,

---

10) 이에 관해서는 한국여성단체연합 제14차(2000. 1. 14) 정기총회 보고서 참조.

기후온난화의 심각성, 신자유주의적 세계화가 가져오는 여성의 빈곤
화 및 성적 상품화 문제 그리고 정체된 정치개혁의 문제를 제기하면
서 "가장 작은 자의 인간다운 삶이 보장되는 복지사회, 자연과 인간
그리고 인간간의 공존적 삶이 가능한 환경친화적 생태사회, 남녀 모
두의 정치적·사회적·경제적 권리가 보장되는 남녀평등사회, 그리
고 국민 모두의 권리와 참여가 보장되는 참여민주주의 사회"를 대안
으로 제시하였다.[11] 그리고 이같은 여성운동의 '새판짜기'를 위해서
독자적인 영역의 구축에만 힘쓰는 것이 아니라 시민·사회운동과의
연대활동을 통해 성평등 담론을 적극적으로 알리고, 앞의 운동들이
성평등을 자기 과제로 인식할 수 있도록 하는 데 힘을 쏟고 있다.

21세기 들어와 진보적 여성운동은 성평등 담론의 확산을 위해서
정보화사회의 특성을 활용할 필요성을 제기하고 있다. 사이버세계를
통한 여성운동의 확산도 중요한 과제로 제기되고 있는 한편으로, 여
성운동의 세대재생산을 위한 노력도 병행할 것이 요구되고 있다. 최
근에 여성운동 내부에서 페미니스트 여성들 사이의 '세대차' 문제가
거론되고 있는데, 세대차의 극복과 여성운동의 세대재생산은 여성운
동이 적극적으로 해결해야 할 21세기의 과제이다.

한국 여성운동의 셋째 유형은 여성정체성을 찾으려는 다양한 소그
룹이나 문화운동을 들 수 있다. 제3세계 여성운동에서는 '정체성의
정치'가 그리 큰 몫을 차지하지 않고 사회개혁의제가 여전히 페미니
즘의 중요한 관심사이다. 그러나 우리의 경우에는 넓은 지식인층과
폭넓은 해외유학과 선진국 학문의 영향으로 페미니즘 내에서 '정체

---

11) 지은희, 「2000년 한국여성단체연합의 운동방향」, 『한국여성단체연합 제14차 정기
　　총회 자료집』, 2000, 10～15쪽.

성 정치'를 둘러싼 논의도 활발하다. 특히 많은 대학에서 여성학강의
가 개설되고 있는 현실이 이런 정체성의 정치를 촉진하는 데 크게 기
여하였다. 더불어 여성학연구자의 증가도 자극요인이 되었고, 주로
대학을 중심으로 간헐적으로 등장하는 문화행사도 최근에 와서 페미
니즘을 홍보하는 데 중요한 역할을 하고 있다. 물론 여성학자나 문화
게릴라들이 수적으로 많은 것은 아니지만, 이들에 대한 언론의 보도
가 대중적인 파급효과를 낳고 있어서 그 영향은 무시할 수 없다. 여
기에는 1990년 들어 나타나는 매스미디어의 '소프트화'가 중요한 기
여를 하였는데, 신문지면의 확대와 다양한 문화면의 구성이 바로 그
것이다.

　최근 들어 한국여성단체연합을 중심으로 한 조직된 여성운동이 언
론매체를 통한 활동을 상당히 활발하게 하는 만큼, 페미니즘의 정체
성 정치의 (미디어에서의) 영향력이 과거에 비해 상대적으로 축소된
것은 사실이다. 그렇더라도 문화게릴라운동이나 여성학자들의 발언
이 진보적 여성운동 활동과 맞물리면서, 상승효과를 가져다주는 점은
간과할 수 없다. 하지만 페미니스트의 정체성 정치는 그 주장들이 때
로는 자율적으로, 또 때로는 개별적으로 제기되어 그것이 지니는 총
체적인 의미와 효과를 가늠하기가 힘들다는 문제점을 지니고 있다.
그때그때의 자극효과는 기대할 수 있지만, 그것이 여성의 지위와 미
래에 어떤 영향을 끼칠 것인가에 대한 총체적 고려가 부족한 것이 사
실이다. 뿐더러 이 운동은 성의 정치학이나 정체성의 정치를 표방하
지만 한국사회 전반에 대한 전망과 대안 모색은 상대적으로 약하며,
그들의 활약 또한 여성문제에 집중되거나 그 주변을 맴돌고 있다. 여
성의 빈곤화나 고용불안정도 일부 페미니스트들이 거론하고는 있으

나, 젠더문제를 포함한 전체적인 대안사회 모색과 연결되지 못하고 있다.

그럼에도 불구하고 이제 여성운동 내에는 광범위하게 조직화는 되었으나 여성의식은 미약한, 그래서 근대기획이 필요한 집단, 근대와 탈근대의 과제를 동시에 안아보려는 진보적 여성운동의 고민, 그리고 여기저기서 터져 나오는 여성정체성의 정치를 함께 아우르려는 노력이 공존하고 있다. 이제는 여성운동이 그간 다양한 여성그룹들간에 존재했던 거리감을 좁히고, 분화된 역할을 수행하면서도 동시에 상호보완적인 관계를 발전시키는 데 더욱 적극적이어야 할 것이다.

3. 21세기 여성운동의 현안들

1) 여성의 정치세력화: '끼여들기'와 '새판짜기'의 갈등

여성의 주류화는 베이징대회에서 제기된 의제인데, 한국 여성운동도 여성의 정치적 주류화에 큰 관심을 기울였다. 그러나 20세기에 대한 평가에서 드러났듯이, 20세기 한국 여성운동의 중요한 문제점은 여성의 정치세력화 실패이다. 이는 21세기 여성운동에서도 중요한 과제이지만, 이를 둘러싸고 진보적 여성운동 내부에 여전히 논란이 있다.

우선 여성지도력이 직접 정치에 참여해야 한다는 주장이 있는데, 여성운동이 비례대표 30%할당을 요구한 만큼 개혁적인 인사들이 들어가야 하고 여성단체의 대표도 직접 참여할 수 있다는 주장이다. 여태까지 여성단체가 추천해 온 인사들이 의회나 정치권에서 기존 정치인과는 분명한 차별성을 보인 점에서는 이런 주장이 정당화되는 듯이 보인다. 그러나 기존 정당에의 '끼여들기'는 여성운동의 제도화와 자율성에 손상을 입히고, 특히 여성지도력의 정치진출은 이들의 활동이 정치권진출을 위한 발판을 만들기 위한 것이었다는 오해를 불러일으킴으로써 여성운동 자체에 대한 도덕성 시비를 낳을 가능성이 있다.

한편 진보적 여성운동체인 한국여성단체연합은 1999년 이래 자신의 정체성을 '틀 바꾸기'에 두고, "정치를 재개념화하는 것에서부터 시작하여 공사영역을 재정치화하고 일상생활을 정치의 장으로 만드는 비엘리트적인 비국가적인 지역정치, 사회운동의 정치"를 표방하였다.[12] 그래서 2000년 1월의 총회에서 우여곡절이 있었지만, "여연 대표와 산하단체 대표들은 임기 중 정치진출이나 공직진출을 할 수 없다"는 것을 의결하였다. 설사 사표를 내더라도, 임기가 남아 있는 기간에는 정치·공직 진출이 허용되지 않는다는 내용이었다. 이같은 결정은 막상 여성운동가 개인이 참여를 고집할 경우 구속력을 가질 수 없고, 그간 여연이 표방한 '30%할당제 요구'와 모순되는 측면이 분명히 있다. 그렇더라도 여연은 '끼여들기'와 '새판짜기' 중 후자에 더 비중을 둔다는 점을 명백히 한 것이라 할 수 있다. 그러나 이 문제는 앞으로의 활동에서도 논란의 소지를 낳을 우려가 있다.

하버마스의 이중전략에서 드러난 대로 시민운동을 통해 공론영역에서 담론을 형성하여 정치사회에 영향을 끼치는 '영향의 정치'와 체

---

12) 이경숙, 「여성의 정치적 주류화에 대한 입장」, 『한국여성단체연합 제14차 정기총회 자료집』, 17쪽.

제 내 진입으로 제도 내부의 개혁을 완수하고 이를 통해 생활세계의 식민지화를 극복하는 '참여의 정치' 모두 필요한 것이지만, 어떤 방식을 선택할 것인가는 그 운동이 처한 상황, 그 사회의 구체적인 맥락에서 결정될 수밖에 없다.

이와 관련하여 제기되는 문제는, 냉정하게 생각해 볼 때 과연 여성의 힘만으로 '새판짜기'가 가능하겠느냐 하는 것이다. 한국여성단체연합은 이제 여성운동이 여성문제의 해결에만 골몰하는 단계를 넘어서서, 여성을 포함한 사회구성원 모두가 지향하는 대안사회의 상을 만들고 이를 사회에 크게 던지는 역할을 할 것을 주장한다. 그러나 이런 대안사회의 상을 만드는 것이 쉽지 않거니와 이를 적극적으로 제기하는 것도 쉬운 일이 아니어서, 현재로는 여성운동 단독의 힘으로 이를 실현하기는 어렵다. 그렇기 때문에 대안사회를 모색하는 다른 NGO운동과 연대하되, 그 안에서 젠더 관점을 강화하는 것이 잠정적인 해결방안이 될 수 있을 것이다.

물론 다른 시민운동단체들과 대안사회를 함께 모색하는 데도 몇 가지 문제가 있다. 우선 시민운동 내에서 여성의 목소리를 높여가고, 성 인지적 관점을 관철하는 것 자체가 쉽지 않은 과제이다. 게다가 시민운동도 진보적인 여성운동도 대안사회를 목청 높여 외치지만, 그들의 일상적인 실천활동은 기존 정치의 작은 개혁들에 집중되어 있다. 거대담론과 일상적인 실천을 어떻게 매개하여 대안사회 실현으로 나아갈 것인가에 대한 통로는 아직도 신기루 속에 들어 있는 셈이다. 21세기 여성운동의 성패는 바로 앞서 언급한 두 가지 문제를 어떻게 현명하게 해결하는가에 달려 있다.

2) 페미니즘 담론과 여성운동의 다리 놓기[13)]

요즈음의 한국사회는 페미니즘이 '패션'으로 등장하는 시대에 돌입한 것 같다. 실제로는 전혀 그렇게 생활하지 않으면서, 페미니즘을 걸치지 않으면 마치 시대에 뒤처진 듯한 생각을 하게 되는 것이다. 이런 페미니즘은 또한 상업주의에 의해서 묘하게 확대재생산되면서 대중화되고 있다. 상업페미니즘에 대해서는 "여성의 가슴에 자아라는 불도장을 찍었다"는 긍정적인 평가가 있는가 하면, 자본이 여성의 구매력을 인식하면서 "소비주체로 여성을 호명한 것이 아니냐"는 부정적인 평가도 있다. 즉 여성들이 과거에 비해 엄청나게 자유로워진 것 같지만, 실제로는 유행에 따라 더 획일화되고 상품화에 더 얽매이게 된 것이 아니냐는 지적이 가능하다는 말이다. 그러나 페미니즘 담론의 폭증에는 80년대 말, 90년대 이후로 대졸여성이나 기혼여성의 취업증가도 한 요인으로 작용한 것 같다.[14)]

이런 불특정 다수 여성이 공유하기 시작한 페미니즘 담론 외에도 여성주의 시각에서 페미니즘 담론을 생산하려는 노력도 구체화되고 있다. 과기의 같은 강력한 규율을 갖춘 운동조직보다는 연대모임이나 동인 등의 형식을 빌려 여성의 자아 찾기, 자매애, 여성간의 연대회복, 여성주의 문화의 확산, 사적이고 일상적인 것들에 대한 문제제기, 성 정치의 전개, 가부장제 문화에 대한 비판 등이 시도되고 있다. 이들의 활동방식은 때로는 문화게릴라의 성격을 띠면서 대학사회나

---

13) 여기에서는 『여성과사회』 제8호의 좌담제목이 적확한 표현이어서 그대로 활용하였다.

14) 「좌담: 페미니즘 담론과 여성운동의 다리 놓기」, 『여성과사회』 8호, 창작과비평사 1997, 25~27쪽.

미디어를 통해 사회적으로 확산되고 있다.

이런 페미니즘 담론이 확산될 수 있었던 데는 1987년의 민주화 이후 진행된 섹션신문의 발달이 중요한 역할을 했으며, 미디어가 여성문제를 적극적으로 취급하는 것도 페미니즘 담론의 확산에 중요한 원동력이 되고 있다. 또한 여성학 강의와 연구의 활성화도 페미니즘 담론의 확산에 중대한 기여를 하였는데, 이미 100여 개의 대학에 여성학강의가 개설되어 있고 17개교에 여성연구소가 설립되었다. 이와 더불어 여성학연구자의 수도 증가하고 있으며,[15] 이들은 미디어를 통해 페미니즘 담론을 확산하고 문화적 실천활동에도 적극적으로 참여하고 있다.

한편 상당수의 여성학연구자들이 서구의 첨단 여성학이론을 한국에 도입하면서 이를 현실에 대입해 보려는 노력들도 나타났다. 이런 움직임들은 한편으로는 한국 페미니즘에 대한 비판과 우리 여성운동의 취약점에 대한 통찰력을 제공해 주는 공헌을 하였으나, 또 한편으로는 서구 페미니즘의 첨단이론이라는 프리즘을 통해 우리 현실과 운동을 진단함으로 해서 우리 여성운동이 지닌 역사성과 맥락을 고려하지 않은 채 여성운동을 평가하는 경향을 보이기도 하였다.[16] 여성학의 새로운 움직임들은 '여성적 정체성'이나 '성의 정치학'을 둘러싼 페미니즘 담론을 만들어내는 데 큰 기여를 한 것은 사실이지만, "자기 집단에 대한 자족적 경향을 넘어서서, 이를 전체 과제로 끌어올리는 정치력"은 부족하였다고 할 수 있다.

---

15) 이에 관해서는 강이수, 「여성학이란 무엇인가」(한국여성연구소, 『새 여성학강의』, 동녘 1999, 13~33쪽) 참조.

16) 이에 관해서는 조주현, 「여성정체성의 정치학: 80~90년대 한국의 여성운동을 중심으로」(『한국여성학』 제12권 1호, 1966, 151쪽) 참조.

한마디로 우리 사회에서 페미니즘 담론의 확산은 여성의 자아를 자각케 하는 기폭제가 되었다는 점에서는 환영할 만한 일이지만, 다음과 같은 문제점도 낳고 있다고 본다.

첫째로, 여성의 발언권과 지위가 상당히 높아졌다는 착각을 만들어낼 수 있다. 이런 페미니즘 담론의 범람 속에서 (부분적으로 지적이 되고 있기는 하지만) 최근 몇 년 사이에 급격히 진행되고 있는 여성의 경제적·사회적 삶의 열악화가 은폐되기 쉽다. 특히 여성이 처한 경제적 조건의 양극화는 포스트모던 페미니즘이 제기하는 '여성 간의 차이'로는 설명할 수 없는 보다 구조적인 원인들이 있는데, 이런 문제점들이 도외시되기 십상이다.

둘째로, 페미니즘 담론의 폭증, 특히 "미디어상으로만 페미니즘이 과표상된 것이 역으로 쉽게 공격의 빌미를 제공"하였고, 이는 "겁먹은 남자들의 감정적인 반발과 원색적인 비난"을 초래하였다. 페미니즘이 아내의 목소리를 커지게 하였고, 그래서 남자들의 기가 죽었다는 것이다. 이어 등장한 고개 숙인 아버지, 신(新) 현모양처론, 착한 여자론 등은 사실상 명예퇴직·조기퇴직·실업 등과 같은 문제에 대한 책임을 져줄 희생양을 여성으로 만드는 것이다. 이 과정에서 경제불안의 근원이나 국가의 책임은 외면되고, 부부관계를 제로섬게임으로 간주하는 결과를 낳았다.[17]

셋째로, 페미니즘 담론이 확산되면서 여성운동과 페미니즘 담론의 괴리가 커졌다. 특히 포스트모던 페미니즘은 단일화된 도그마의 독단성 해체와 여성들간의 다양성과 차이의 발견을 우리에게 인식시키

---

17)「좌담: 페미니즘 담론과 여성운동의 다리 놓기」, 32쪽.

는 공헌을 한 반면, 다수를 이루는 가난한 여성들의 생존문제나 구조
적인 모순 혹은 다양한 사회적 관계들, 예를 들어 계급·인종차별 등
의 문제에 대한 논의의 여지를 축소시켰다. 공동의 억압 속에서 단결
하고, 그래서 여성적 정체성이 고정된 것으로 보이는 여성들에게는
'무엇을 할 것인가'의 문제를 '나는 누구인가' 혹은 '나는 무언가를 안
다고 할 수 없고, 그래서 아무것도 할 수 없다'의 문제제기로 대체할
수 없다는 것이다. 결국 다양한 페미니스트 실천 중에서 무엇이 우선
인가를 결정하는 것은 그들이 놓여 있는 공간과 시간 속에서의 각기
다른 맥락이다.[18]

이러한 서구적 페미니즘 담론과 여성운동 간의 괴리는 제3세계 대
부분의 국가들에서 나타나는 현상이다. 멕시코나 말레이시아 등의
여성운동에서도 서구 페미니즘 담론과 토착적 여성운동의 괴리와 갈
등이 확인되고 있다.[19] 이는 제3세계의 대다수 여성운동이 서구의 근
대적 발전을 따라잡기에 급급한 한편으로, 서구의 탈근대적 담론들이
횡행하면서 야기되는 혼란을 의미한다. 이런 맥락에서 흥미 있는 것
은 프랑스의 역사가 샤르티에의 지적이다. 그는 푸코의 표현을 따라
'언술적 사실'과 '비담론적 체계'를 구분하고, 담론의 작동논리와 다른
방법으로 형성되는 실행이 담론보다 더 중요하다고 말한다. 즉 담론
이 곧 실행으로 연결되는 것이 아니기 때문에 실행을 담론이 초래한
결과로 간주하기 어렵고, 그래서 담론과 실행의 불일치를 인식해야

---

18) Fiona Flew, "Feminism and Globalization. Introduction: Local Feminism, Global
Futures," *Women's Studies International Forum* vol. 22/no. 4, 1999, p. 395.

19) 이에 관해서는 Rohana Ariffin, "Feminism in Malaysia: A Historical and Present
Perspective of Women's Struggles in Malaysia"(*Women's Studies International Forum* vol.
22/no. 4, 1999, pp. 417~24); Sylvia Marcos, "Twenty-five years of Mexican
feminisms"(같은 책, pp. 431~34) 참조.

한다는 것이다.[20]

샤르티에의 문제의식은 여성운동에도 그대로 적용될 수 있다. 페미니즘 담론이나 '정체성의 정치'가 저절로 실천을 낳은 것은 아니다. 그렇더라도 여성운동의 대중적 발전에서 페미니즘 담론의 중요성은 결코 과소평가될 수 없으므로, 현명한 역할분담이 요구된다. 지금까지 페미니즘 담론을 주조하는 집단과 연구자 그리고 여성운동 사이에 협조관계가 원활했던 것은 아니다. 지금부터라도 여성학자나 문화운동실천가들이 만들어내는 담론과 여성운동의 상호 대화와 보완적 관계 설정이 절실히 요청된다. 양자의 협력관계를 통해서 비로소 우리는 상업화된 페미니즘 담론과 미디어가 만들어내는 페미니즘 담론의 대안담론을 만들어갈 수 있을 것이다.

3) 세계화와 여성운동의 대응

민족문제가 한국 여성운동이 피해 갈 수 없는 지점이듯이, 자본의 세계화(globalization) 역시 여성운동이 적극적으로 대처해야 할 또 하나의 지점이다. 선진국의 경우 세계화는 남성가장의 실업증대와 임시직 여성노동자의 증가로 나타났다. 이는 실업률에 대한 통계치에서 잘 드러나고 있는데, '사회적 시장경제'를 표방하는 독일의 실업률은 1999년 9.4%이고, 영국의 경우도 6.3%에 이르렀다.[21] 그러나 은

---

20) 백인호, 「정치문화·상징·담론의 분석을 통한 역사서술」, 안병직 외, 『오늘의 역사학』, 한겨레신문사 1998, 300~301쪽; 로져 샤르티에, 『프랑스혁명의 문화적 기원』, 백인호 옮김, 일월서각 1998 참조.

21) Heinz Werner, "Beschäftigungspolitisch erfolgreiche Länder. Lehren für die Bundesrepublik Deutschland?," *Aus Politik und Zeitgeschichte: Beilage zur Wochenzeitung Das Parlament*, p. 6.

폐된 실업인구까지 감안하면, 실제 비율은 훨씬 높으리라 예측된다. 이에 비해 한국의 경우 통계상으로는 선진국보다 실업이 낮은 편이지만,[22] 취업기준을 1주일에 1시간 이상인 경우로 규정하고 있어서, 한국의 낮은 실업률이 우리를 위로할 계제는 아니다. 실제로 여성실업률 증가는 경악할 만한 수준이어서, 97년 말 들이닥친 환난위기 이후 8개월 만에 여성가장의 실업률은 2.5배나 증가하였다.[23] 또한 800만 여성노동자 중 73%가 임시직이고, 노동자로 인정받지 못하는 학습지 교사, 생활보험 설계사, 경기보조원 등을 포함하면 그 수치는 80% 이상이다.[24] 특히 환난위기 이후 여성이 정리해고 0순위에 해당하고, 농협 사내커플에 대한 여성 우선 해고조치나 1999년 현대자동차의 노사협상에서 정리해고 대상자로 식당종사자 여성을 결정하는 데 노사가 합의하였던 사실 등은 이런 관행의 대표적인 사례에 해당한다. 이런 현실은 한국에서는 어느 다른 나라보다도 남성=생계부양자 모델이 잘 작동된다는 사실을 확인하게 한다. 많은 국가들에서는 더욱 혹독한 경쟁에 직면한 기업들이 값싼 여성노동력을 찾는 데 비해, 한국의 경우에는 여전히 남성을 생계부양자로 간주하는 성역이 공고하게 지켜지는 셈이어서 법과 제도 개혁 못지않게 사회적·문화적 관습과 가부장제 이데올로기를 혁신할 필요성이 새삼 확인된다.

이제 이런 세계화의 격류에 여성운동이 얼마나 효과적으로 대처하였느냐는 질문을 던져야 할 것 같다. 물론 1997년 말 이후 밀어닥친 경제위기의 여파에 대해 여성운동은 적극적으로 문제해결에 나섰다.

---

22) 공식적으로 한국의 실업자는 112만으로 집계되었다(『한겨레』 2000. 2. 23).
23) 한국여성NGO네트워크, 「북경행동강령 이행에 관한 한국NGO 보고서」, 1999, 13쪽.
24) 민주노총 전국여성노동조합연맹 서울지역여성노동조합, 『여성노동자』 제1호, 3쪽.

한국여성단체연합을 예로 들자면 신규 여성실직자 고용창출을 위한 정책연구와 제안을 한다든가, 실업극복여성지원센터를 운영하여 저소득 실직가장의 생계 및 자활 지원활동을 추진하고, 저소득아동 생활지도 공공근로사업을 수행하고, 실업극복과 '지역공동체의식 확산을 위한 희망캠페인' 등을 전개하였다.[25] 마찬가지로 한국여성노동자협의회와 그 회원단체들은 '일하는 여성들이 바라는 여성노동정책'을 작성하여 요구하거나, 여성실직자나 여성취업현황에 대한 실태조사 작업을 병행하면서, 실직가정 돕기, '평등의 전화'를 통한 상담사업 및 상담원 교육 등을 추진하였다. 그러나 이에 못지않게 중요한 것은 경제위기와 여성 대량실직에 대응하는 실직여성 조직화 사업이—아직 큰 성과를 거둔 것은 아니더라도—추진되고 있고, 비정규직 여성노동자를 조직하기 위한 두 여성노조, '전국여성노조연맹'과 '전국여성노조'가 출범하였다는 사실이다.[26] 여성노조의 활성화는 앞으로 비정규직 여성의 조직에 큰 역할을 하리라 생각한다. 마찬가지로 도처에 생겨난 '일하는 여성의 집'(현재 '여성인력개발센터'로 개칭)도 여성노동자나 실직자 조직화의 중요한 틀을 제공하고 있다.

2000년 한국여성단체연합은 신자유주의의 세계화가 여성의 '비정규직화'와 '빈곤의 여성화'를 가속화하고 있다는 판단 아래, 비정규직 여성노동자 문제의 해결을 주요 여성노동정책으로 설정하였다. 우선 비정규직 여성노동자 문제의 심각성을 알리기 위해 토론회를 개최하고 노동위원회 내 법률자문단을 통해 비정규직 노동자 관련 법개정

---

25) 한국여성단체연합 제14차 정기총회 보고서, 78~97쪽.

26) 전자는 민주노총 산하에 조직되었고, 다른 하나는 한국여성노동자협의회의 지원으로 출범하였다.

안을 마련하여 한국여성노동자협의회, 한국여성민우회, 전국여성노조와 함께 청원안을 제출하였다. 이후 법개정의 필요성을 여론화하기 위해 회원단체와 함께 전국 6개 도시에서 서명운동을 전개하고 '비정규노동자 기본권 확보 및 권리보장을 위한 공대위'(이하 '비정규 공대위')에 결합하여 비정규직 노동자 보호를 위한 운동을 전개하였다. 또한 최저임금의 현실화가 비정규직 여성노동자의 권리 확보를 위해 중요한 정책적 전제임을 인식하고 2001년과 2002년 '최저임금 현실화 운동'을 전개하여 2000년 421,490원이던 최저임금을 2002년 52만원으로까지 인상시키는 성과를 거두었다.[27] 이러한 국내운동을 진행하는 한편 신자유주의 세계화 반대를 위한 국제행동인 '빈곤과 폭력 추방을 위한 세계여성대행진'에 참여하고, 이후 한국대회를 개최하여 빈곤의 여성화 방지와 여성의 노동권 확보를 위한 국내적·국제적 차원의 대책마련을 촉구하였다.

한국여성단체연합은 비정규직 여성노동자 권리보장 운동을 진행하는 한편으로 2000년 하반기부터 2001년까지 여성노동 관련 법개정 운동을 전개하였다. 여성노동운동의 주요 단체들과 연대하여 '여성노동법개정연대회의'(한국여성단체연합, 한국여성단체협의회, 한국여성노동자협의회, 여성민우회, 전국여성노조, 민주노총, 한국노총, 서울여성노조)를 구성하고 모성보호 사회분담화 및 유급육아휴직 도입, 간접차별 구체화 등의 필요성을 사회여론화하고, 난항 끝에 2001년 7월 법개정을 이끌어내는 성과를 거두었다.

---

27) 최저임금 현실화 운동은 2001년 한국여성노동자협의회와 전국여성노조가 제안하고 주도적으로 운동을 이끌어갔으며, 2002년 들어 최저임금 현실화가 중요하다는 점이 시민·사회단체들 사이에 여론화되면서 민주노총, 한국노총, 참여연대 등과 연대하여 운동을 전개하였다.

그러나 신자유주의 세계화 국면에서 진보적 여성운동이 진행해 왔던 운동에 대한 내·외부의 평가에 귀기울이고 반성적으로 고찰할 필요가 있다. 1997년 말의 환난위기 이후 모든 여성단체들이 정말 열심히 일해 온 것은 사실이지만, 과연 우리의 대처방식이 효율적이었는지에 대한 평가가 필요하다는 문제제기가 일각에서 일어났기 때문이다.

대량실업국면에서 한국여성단체연합은 여성취업현황에 대한 조사 및 정책대안 마련 그리고 여성계 요구를 제시하는 과정을 통해 여성정책 입안에 적지 않은 영향을 끼친 것이 사실이다. 또한 국가가 내팽개친 여성관련 복지서비스의 상당 부분을 열악한 환경에서 일하고 있는 여성운동가들이 떠맡았다. 그러나 이 과정에서 여성운동이 요구하는 대안사회를 실현할 수 있도록 국가와 자본에 압력을 가하는 일에 얼마나 적극적이었는지, 여성운동이 실업극복운동이나 여성실직가장 돕기 사업의 하중에 허덕이면서 사실상 더욱 근원적인 구조개혁을 위한 행동(예를 들면 기존의 경제정책을 거부하고 대안경제모델을 선전하는 일)을 소홀히 하지 않았는지를 질문할 필요가 있다. 이러한 문제제기에 대해 한국여성단체연합은 수차례 토론을 통해, 실업국면에서는 긴급지원을 요하는 여성을 돕기 위한 복지 차원의 운동이 필요했으며 이 활동을 통해 여성대중에 대한 접근성을 높일 수 있었다는 평가를 내렸다. 그러나 현시점에서 실업국면에 전개했던 복지서비스가 실제로 우리 운동에 어떤 영향을 주었는지, 당시 접했던 여성들이 어떠한 형태로 우리 운동에 결합하고 있는지에 대해서 점검하는 것이 필요하다. 당시 여성연합이 집중적으로 조직의 역량을 투여한 사업이 현재의 운동에 크게 반영되어 있지 못하다면 왜 그러한가를 반성적으로 고찰할 필요가 있다는 것이다.

이러한 내·외부적인 문제제기가 있는 이유는 신자유주의 세계화와 이로 인한 여성노동권 악화, 빈곤의 여성화 등의 문제에 대한 진보적 여성운동의 대응방식이 그때그때의 이슈에 대한 수세적 대항 차원에 머물렀고, 대안적 사회를 제시하고 이를 실현하기 위한 큰 흐름의 운동을 개발하고 이슈화하는 데 미흡했기 때문이다. 여성노동 문제에 관한 한 여성운동에는 무의식적인 좌절감이 내면화되어 있다. 이는 여성의 노동시장에서의 주변화가 근원적인 구조문제인데다, 좀처럼 해소될 기미가 보이지 않기 때문일 것이다.

따라서 향후 여성노동자운동은 수세적 차원이 아니라 더욱 적극적인 '새판짜기'의 관점에서 어떻게 대안적인 경제체제를 마련할 것인가, 그 안에서 여성의 노동참여와 노동방식을 어떻게 구체화시킬 것인가, 이를 위한 구체적인 이슈 개발은 어떻게 할 것인가를 고찰하고 이를 설득력 있는 운동으로 만들어가야 한다.[28] 이러한 이슈는 대안 사회의 핵심적 내용이기 때문에 여성노동문제는 진보적 여성운동의 핵심적인 과제로 자리잡아야 하고, 우리는 지금까지보다 더 적극적으로 여성노동문제에 개입해야 한다. 그러나 거시적인 전망을 제시하는 것 못지않게 중요한 것은 이를 효과적으로 실천할 수 있는 전술을 개발하는 일이다. 구체적으로 진보적 여성운동이 여성노동문제와 관련하여 해야 할 당면 과제는 여성을 위한 일자리 창출이다. 이를 위해서는 무엇보다도 채용시 차별 제거 및 '적극적 조치'의 도입을 통해 정규직 여성고용을 확대하는 방안을 모색해야 한다. 또한 여성고용

---

28) 현재 여성연합 노동위원회는 이러한 관점에서 전문가들을 영입하여 중·장기적인 여성노동정책을 마련하는 활동을 하고 있다.

을 확대할 수 있는 새로운 일자리를 개발해야 하고, 더욱 효율적인 여성직업훈련 체계를 마련해야 한다. 여성인력개발센터를 중심으로 여성직업훈련이 진행되고 있지만, 이것을 고용과 연결하는 작업은 그리 성공적이지 않아서, 대안모색이 필요하다. 최근 수원여성회에서 성공한 사업인 '학교도서관운동'은 아동에 대한 올바른 독서지도를 위해 독서교사를 파견하는 사업인데, 이는 일부 여성단체가 시행하고 있는 방과후 학교 교사나 방과후 지진아 지도 등과 함께 여성 일자리 창출의 좋은 대안이 될 수 있고, 장기적으로는 이런 직종을 정규직으로 전환하는 방안도 모색해 볼 수 있다. 또한 성별에 따른 부서 및 업무 배치, 교육·승진시 차별 등의 간접차별을 없애고 동일노동 동일임금을 실현할 수 있는 다양한 방안을 강구해야 한다.

현재 시점에서 여성노동문제와 관련된 여성운동의 활동에서 관건이 되는 것은 여성의 비정규직화를 어떻게 여론화하느냐이다. 이를 위하여 대통령선거와 같은 국면을 적극적으로 활용해야 한다. 마찬가지로 간접차별이나 고용불평등과 관련된 사안을 포착하여 소송을 제기하고 여성노동자에게 유리한 판례를 만들어가는 방안도 모색중이고, 이를 위해 한국여성단체연합의 경우 노동위원회에 참여하는 변호사들과 함께 구체적인 소송을 준비하고 있다.

이미 언급한 대로 '여성의 일자리로부터의 축출'은 쉽게 해소될 사안은 아니지만, 이 시점에서 자본의 세계화가 초래하는 부정적인 결과를 저지하기 위해 우리는 국제적인 연대를 통해서 혹은 국민국가의 틀 안에서의 구조개혁을 시도할 수 있을 것이다. 우선 1999년 말 시애틀에서 일어난 반(反)WTO 시위는 사회운동이 국민국가의 틀을 벗어난 최초의 역사적 사건이어서 국제연대의 중요성을 새삼 확인케

하는 사건이었다. 꼭 이런 거리시위의 방식이 아니더라도 국제회의
나 국제연대를 통해 국민국가에 압력을 행사하는 것이 세계화의 속
성상 더 효율적인 방식임이 점점 자명해지고 있다. 한국 여성운동도
국제연대의 틀을 강화하되, 다양한 연대보다는 좀더 효과적으로 압력
을 행사할 수 있는 소수의 국제조직이나 틀을 선택하여 여성운동의
조직력을 집중 배치하는 것이 필요하다.

마찬가지로 국민국가의 틀 내에서 세계화와 신자유주의 경제정책
에 저항하는 중요한 세력은 시민운동과 노동운동이다. 진보적인 여
성운동이 시민운동 내에서 차지하는 비중이 높아지고 있고, 그런 점
에서 여성운동은 지난 10년간 상당한 성공을 거두었다고 할 수 있다.
대표적인 예로 ‘2000년 총선연대’에서나 요즈음 활동중인 시민사회단
체연대회의에서의 여성단체의 활약을 들 수 있다. 이처럼 시민운동
이 여성운동을 중요한 파트너로 수용한 것 자체는 과거에 비한다면
큰 성과이지만, 여전히 몇 가지 문제가 남아 있다. 우선 아직 시민운
동 내에서 성인지적 관점이 통용되는 것은 요원한 일이다. 그 다음으
로는 2000년 벽두에도 한국여성단체연합은 시민운동단체와 공동으
로 대안사회 실현을 위한 노력을 천명하는 ‘시민사회선언’을 발표하
였지만, 과연 시민운동 스스로가 대안사회 실현을 위한 활동에 얼마
나 적극적이었는지를 묻고 싶다. 사실 진보적인 시민운동단체조차도
‘작은 권리 찾기’나 소소한 정책대안 마련에 더 집중하였다는 평가를
내려야 할 것이다.

오히려 국내적으로나 국제적으로 대안사회 실현을 위한 압력행사
에 더 효과적으로 대처할 수 있는 집단은 노동조합이라 할 수 있다.
민주노총이나 한국노총은 그 진보성에는 차이가 있겠지만, 고용문제

와 관련하여 세계화의 위기에 대처하려는 적극적인 노력을 보여왔다. 그럼에도 대안사회 실현을 위한 싸움에서 '보다 높은 임금, 보다 적은 노동시간'이라는 제한적인 이슈를 넘어서서 공공성을 확대하는 이슈 개발에 좀더 적극성을 보여야 한다는 점이 지적될 필요가 있다. 또 노조의 분위기가 가부장적이고 노조 내 여성의 대표성이 낮다 보니, 노조 내에서 여성적 이해관계를 대변하기가 어렵다는 점도 심각한 문제이다. 60만 명의 조합원을 거느린, 가장 진보적이라고 자칭하는 민주노총의 경우에 여성조합원은 18%인 데 비해, 대의원을 포함한 노조간부 가운데 여성의 비율은 9%에 불과하였다.[29] 이는 노조 내 여성의 대표성이 외국에 비해 현저하게 낮음을 보여주고 있다.[30] 한편으로 이는 아시아 특유의 유교적 가부장제 문화로 인한 영향이 있을 것이나, 다른 한편으로는 한국 노동조합운동이 지닌 전투성이 기혼 여성노동자들로 하여금 투옥과 구속 그리고 밤샘농성의 힘든 조건에 참여하기 어렵게 하기 때문이기도 하다.

그러나 서방 선진국의 경우에는 90년대 세계화의 압력 속에서 노조 조직률 하락의 공백을 여성들이 메워주는 현상이 나타나고 있다. 영국의 경우도 그러하지만, 더 성공적인 사례는 네덜란드이다 70년대에 조직률이 40%에 이르렀던 네덜란드에서 80년대에는 25%로 하락하였으나, 최근에 다시 35%의 조직률을 보여주고 있는데, 이는 순전히 비정규직 여성노동자를 새로이 조직한 데에서 기인하는 것이

---

29) 정현백·정진주·김미경, 「노동조합 내 의사결정기구의 여성참여 확대방안」, 전국민주노동조합총연맹 여성국/프리드리히 에베르트 재단 주최 심포지엄자료집, 6~7쪽.

30) 외국의 여성간부 비율은 미국 12.5%, 영국노총(TUC)과 독일 사무직노조인 DAG 31~35%, 카리브 연안국가들 25%이며, 노르웨이·네덜란드·그리스의 경우 노조집행부 내 여성비율이 70%에 이른다(같은 글, 80~82쪽).

다. 이렇게 되기까지는 시간제 여성노동자를 적극적으로 조직하려는 노조의 의지가 크게 작용하였고, 이는 시간제 여성노동자의 삶을 개선하는 데 크게 기여하였다.

최근에 와서 노조 내 여성의 대표성을 높이고 여성지위를 향상시키는 문제에 대해 남성 노동운동지도자 사이에서 공감대가 생겨나고 있지만, 아직은 만족할 수준은 아니다. 향후에도 여성운동은 노조의 가부장적 분위기에 대해 적극적으로 문제제기를 하고, 노조개혁에 더욱 적극적으로 개입해야 할 것이다. 지난 10년 사이 외국의 노조들이 여성의 대표성과 조직률을 높이기 위해 행한 다양한 조처들을 예시하면서, '상황의 긴박성'이라는 평계로 여성문제에 대한 대응을 회피하는 노조 지도자들을 향해 강도 높은 비판을 할 필요가 있다. 이를 위해서는 여성노동운동, 민주노총, 한국노총과 여러 여성운동단체간의 더욱 긴밀한 협조관계가 필요하고, 차제에 공동의 협의기구를 만드는 것도 고려할 만하다.

4) 대안적인 가족과 일상문화를 위한 투쟁

지금까지 한국의 조직된 여성운동이 넘을 수 없었던 산은 가족제도에 대한 공격이었다. 가족제도를 공격하면서 대중적인 여성운동을 풀어나가기가 쉽지 않았기 때문이다. 그래서 한국여성단체연합 같은 거대한 여성운동조직이 가족제도의 모순과 문제점을 제기하기는 현실적으로 불가능하였다. 여전히 많은 여성들이 가정에서 자신이 이룩한 성과에 대한 의미부여나 자부심으로부터 벗어나지 못하고 있다. 여기에는 한국사회가 부여하는 '가족'의 중요성에 대한 깊은 신뢰가 작용하고 있고, 부상하는 발전국가인 한국사회에 만연한 사회적 상승의 욕구가 여성에게 자녀교육으로 집결되고 있기 때문이다. 치즈코는 근대프로젝트는 경제적 자본주의, 정치적 민주주의, 시민적 개인주의로 구성된다고 말하는데,[31] 이 주장에 근거하면 여성의 가족에 대한 집착은 다름아니라 우리 사회가 근대프로젝트를 완결하지 못했음을 의미하는 것이다.

"가족주의는 가족의 삶과 자신의 삶을 동일시하는 여성의 생존전략의 산물이라는 점에서 여성을 성 신분제의 재생산에 적극적인 주체로 만든다고 볼 수 있다"는 이영자의 주장[32]이나 한국에서 "아내권의 강화는 도구적 모성에 동원되는 객체로서의 여성을 양산함으로써 새로운 유형의 성역할 구분을 고착시킬 뿐이다"는 조혜정의 글[33]도 음미해 볼 필요가 있다. 그런 점에서 문제투성이의 가족이기주의를 넘어서서 대안적인 가족모델의 모색이나 기존 가족구조를 넘어선 가족형태의 다양성을 실천하는 과정은, 가족이 여성에게 미치는 엄청난 영향력을 볼 때 시급한 과제이기는 하지만, 큰 여성단체가 이를 비판한다는 것은 부담이 크다. 이런 맥락에서 필자는 문화담론을 창조하는 주체나 문화게릴라 여성활동가가 중심이 되어 우선은 소그룹 단위로 담론 차원에서 문제를 제기할 필요가 있다고 본다.

이와 관련해서는 이미 2001년 여성부 신설 1주년에 즈음하여 발표한 '21세기남녀평등헌장'이 "가족의 다양성을 인정해야 한다"는 조항을 포함하고 있고, 2002년 들어와 한국여성민우회도 가족문제와 관

---

31) 우에노 치즈코, 『내셔널리즘과 젠더』, 이선이 옮김, 박종철출판사 2000, 14쪽.
32) 이영자, 「여성학의 최근 추이와 대안적 패러다임 찾기」, 미발표원고, 8쪽.
33) 조혜정, 「남자중심공화국의 결혼이야기 1: 새로 쓰는 결혼이야기 1」, 『또 하나의 문화』, 1996, 354~55쪽, 이영자, 앞의 글, 8쪽에서 재인용.

련된 캠페인을 조심스럽게 시작하고 있다. 그중 하나인 '명절문화 바꾸기 운동'은 여성뿐 아니라 남성에게도 부담이 되고 있는 명절문화를 바꿈으로써 새로운 가족관계를 창출하려는 시도로서, 폭넓은 호응을 얻고 있다. 또한 '한부모 가족운동'은 주로 여성가장으로 구성된 한부모 가족이 겪는 경제적 궁핍을 제도나 정책 측면에서 해결하고 나아가 우리 사회에서 한부모 가족이 부딪히는 다양한 편견이나 소외를 극복하여 이들이 심리적으로나 경제적으로 자활할 수 있는 출로를 찾아주고자 하는 운동인데, 아직은 출발단계이지만 착실하게 성과를 쌓아가고 있다.

이런 맥락에서 제기하고 싶은 또 하나의 주장은 기왕의 진보적 여성운동을 표방하는 집단이 일상생활에서의 대안문화 창출에 무심하다는 것이다. 가족문제, 생활방식, 인간관계 맺기에서부터 외모치장에 이르기까지 진보적 여성운동가와 보수적인 여성들 사이에는 큰 차이가 없다. 오히려 간편한 옷치장에서부터 복잡한 생활의례들의 변화를 시도하는 동력은 현재로서는 상업주의 문화가 감당하고 있는 것 같다. 7, 80년대 서구의 여성운동가들이 "사적인 것이 정치적이다"는 모토 아래 일상생활의 식민성에 격렬하게 저항했던 전례가 우리 여성운동에서는 잘 수용되지 않는 것 같다. 더 이상 소비가 미덕이 될 수 없는 21세기, 생태계파괴가 우리 생존을 위협하고 있는 21세기에 여성운동은 지속 가능한 발전(sustainable development)을 고민하는 만큼이나 기존 삶의 방식을 청산하고 대안적인 생활양식을 찾아가는 결단을 내려야 한다.

4. 맺음말

지금까지 이 글은 1980년대 말 이후 활성화된 다양한 여성단체와 여성운동의 갈래를 일별하면서, 한국 여성운동의 현황을 총체적으로 검토하고 더불어 우리 여성운동의 쟁점과 향후 과제를 짚어보았다.

과거에 위로부터 조직된 보수적인 여성단체를 중심으로 한 활동이 페미니즘 담론의 확산이나 시민운동의 활성화에 자극을 받아 여성의식이 움트는 과정에 있고, 한국여성단체연합이 주축이 된 진보적 여성운동은 제도적인 부문에서 여성지위 개선에 성공하면서 동시에 '새판짜기'를 통한 대안사회의 실현에 더 적극성을 가지는 모습을 살펴보았다.

또한 최근에 활발해진 다양한 페미니스트 문화게릴라들의 활동이나 여성학연구자들을 중심으로 한 페미니즘 담론의 확산도 여성운동의 확산에 동력이 될 수 있음을 지적하였다. 더불어 필자는 이런 다양한 여성단체활동이나 여성운동의 갈래들이 과거처럼 어떤 방식이 가장 옳은 여성해방의 길인가를 둘러싸고 소모적인 논쟁을 하기보다는 어떻게 서로의 역할분담 속에서 상호 보완적인 관계를 유지할 것인가를 고민할 것을 제안하였다.

여성운동의 쟁점 및 과제와 관련해서는 우선 진보적 여성운동이 여성의 정치세력화를 위한 새판짜기의 시도와 세계화에 직면한 여성운동이 어떻게 대안사회 실현에 좀더 적극적이고도 효과적으로 개입할 수 있을지를 고민할 것을 제안하였다.

다음으로, 한국 여성운동이 서구 페미니즘의 이론적 세례를 받으면서도 한편으로는 세계화의 급류 속에서 왜 고유하면서도 독자적인 이념과 운동방식을 선택할 수밖에 없는지를 논증하면서, 여성들이 그 간의 민족담론을 비판하면서도 동시에 국민국가 형성에 주체적·적극적으로 참여할 필요성을 제기하였다. 탈자본주의이건 대안사회 실현이건 이 모든 것들이 국민국가의 틀 안에서 진행될 수밖에 없는 한에 있어서, 민족문제는 여성운동이 피해 갈 수 없는 지점임이 분명하기 때문이다. 뿐만 아니라 이제는 여성이 더 이상 스스로를 피해자로 바라보는 시각을 뛰어넘어서, 여성은 역사의 주체이며 때로는 역사의 가해자이기도 했다는 적극적이면서도 반성적인 시각도 필요하다.

마찬가지로 필자는 지난 몇 년 사이에 페미니즘 담론이 여성운동의 활성화에 동력으로 작용해 온 긍정적인 측면을 제시하였다. 그러나 이런 담론이 때로는 상업주의와 결합하고 또 때로는 대다수 여성이 직면하는 현실과 괴리를 보이는 데 대해 우려를 표명하면서, 여성운동이 페미니즘 담론의 창출자와 역할분담을 하면서 전체적으로 그 방향성 제시에 개입해야 함을 강조하였다. 유사한 맥락에서 그간 조직된 여성운동이 대안적인 가족제도 모색에 개입할 수 없었음을 지적하고, 여타 문화게릴라 집단과의 역할분담의 필요성을 제안하는 한편, 여성운동이 대안문화나 대안적인 생활양식의 창출에 더욱 적극성을 가질 것을 요청하였다.

그러나 서로 다른 세 유형의 여성운동간의 반목과 경쟁이 아니라 상호 보완관계를 만들어가자는 주장이나 여성운동이 문화나 담론에 적극적으로 개입해야 한다는 주장을, 진보적 여성운동이 과거의 운동적 이념이나 기반을 포기해야 한다는 입장으로 받아들여서는 곤란하다. 또한 앞의 주장들은 절충주의로 오해받을 소지도 있다. 그러나 앞의 제안들은 문화나 성이 더 이상 '사회적'인 문제가 아니라는 의미

로 읽혀서는 곤란하다. 성과 문화에 대한 관심이 개인 대 사회 혹은
물질적 토대와 상부구조라는 구태의연한 이분법에 기초하여, 개인적
정체성이나 문화·담론 등을 더 강조하는 것으로 읽혀서는 곤란하
다. 여성문제는 여전히 사회문제로부터 독립될 수 없기에, 사회구조
적인 시각에서 젠더를 분석하고 대처하는 자세를 견지해야 한다. 이
런 맥락에서 필자는 80년대의 긴박한 시대적 상황 속에서 진보적 여
성운동이 지닐 수밖에 없었던 경제주의, 환원주의 그리고 편협성 등
을 넘어서서, 이제는 다양한 요구와 문제제기를 포용하려는 노력이
필요하다는 점을 주창하고 싶다.[34]

그러나 운동의 다양성을 포괄하더라도 진보적 여성운동이라면, 당
연히 총체적인 시각을 견지해야 한다. 총체적 시각이란 "사회 전체에
대한 조망 속에서 여성문제를 바라보는 시각"인 동시에 "어느 특정
계급 여성만이 아니라 다양한 여성들의 문제를 포괄하는 복합적인
시각"이다. 결국 근대와 탈근대의 과제를 동시에 안고 가야 하는 한
국 여성운동에 필요한 것은 "다양성과 통일성의 참된 결합, 즉 다양
한 구조들의 독자성을 충분히 배려하되 다양한 구조들이 얽혀 이루
는 전체 모습도 놓치지 않으려는 노력"이다.[35]

한편으로는 다양한 페미니즘 담론의 범람과 여성관련 법들의 시행
을 통해 여성지위의 개선이 이루어지면서도 동시에 세계화 속에서
기층여성의 삶은 점점 영락해 가는 이 모순적인 상황에 대한 올바른
이해는, 총체적인 시각을 견지하지 않는 한 불가능하기 때문이다. 시
대가 규정하는 삶의 조건 그리고 그와 연계된 여성의식이 그간 변화

---

34) 김영희, 앞의 글, 77쪽.
35) 같은 글, 7, 11쪽.

한 것은 틀림없지만, 그렇다고 해서 세계자본주의 체제가 가하는 구조적 모순이 사라진 것은 아니다. 우리 여성들은 역사의 주체로 우뚝 서서, 이 길고 먼 싸움을 지치지 않고 계속 해나가야 할 것이다.

세계화와 여성운동

1. 세계화와 여성현실

사용하기 시작한 지 15년도 채 안 되는 '세계화'(globalization)라는 용어는 정치·사회·경제의 구조가 세계적으로 복잡하게 얽힌 현실을 설명하면서도 동시에 세계인류가 처한 운명을 가상 실감나게 드러내는 상징어이다. 세계화는 ① 의사소통 기회의 대대적인 확산, ② 국제적인 이주의 증가, ③ 국제무역의 엄청난 확대, ④ 자본시장의 국제화로 요약될 수 있다. 이제 공간적인 거리는 의미를 상실하고, 인구이동과 사상·문화의 전파가 빠른 속도로 이루어지는 현상과 더불어 규범화된 세계 소비패턴이 형성된다. 이미 1993년에 정치적 망명객이 850~900만 명, 노동이민은 거의 1억에 이른다. 국제무역 또한 엄청나게 확대되었고 자본이동은 현기증나는 속도로 진행되고 있다. 이 과정에서 자본의 직접투자는 불균등하게 이루어져서, 1996년 한 해만도 직접투자의 2/3가 선진국으로 갔고 나머지는 주변부지역 중에서도 남아시아와 동아시아·동남아시아에 집중되었다. 이같은 수치는 부의 지속적인 불균등분배와 제3세계 여성들의 불평등한 현실을 암시하고 있다.

그렇다면 세계화는 여성의 삶에 어떻게 영향력을 행사하고 있는가? 최근의 연구조사들은, 여성은 세계화로 인해 '잃은 자'인 동시에 '얻은 자'임을 보여주고 있다.[1] 물론 이는 여성들간에도 세계화는 다양한 파급효과를 가져올 수 있다는 사실을 암시하지만, 보다 일반적으로 말하자면 여성은 잃은 자가 될 가능성이 크다. 특히 제3세계 여성노동자의 경우는 더욱 극명하게 그러하다.

1970년대부터 동아시아와 동남아시아는 '수출자유공단'의 집산지였다. 1980년에는 약 75만 명이 수출자유공단에 고용되었는데, 그중 70～80%가 여성노동자(전자산업 약 30만～35만 명, 봉제산업 약 10만 명)였다. 노동집약적인 산업의 동아시아와 동남아시아로의 이동은, 비록 시차는 있지만 자본주의 중심부 국가에서 전자공업부문의 합리화를 수반하였을 뿐 아니라 제1세계 여성노동자의 일자리를 위협하는 결과를 가져왔다. 그러나 이런 다국적기업들이 영속적으로 동아시아와 동남아시아에 머물러 있는 것도 아니다.[2] 좀더 값싼 임

---

1) Shalini Randeria, "Globalisierung und Geschlechterfrage: Zur Einführung," Ruth Klingebiel/S. Randeria eds., *Globalisierung aus Frauensicht. Bilanz und Visionen*, Bonn 1998, p. 29.

2) 동아시아와 동남아시아 국가에서는 자유로운 이윤송금, 세금특혜, 우수한 기간시설이 제공되고, 처음 몇 년 동안은 공단특례법에 따라 노동조합활동도 금지된다. 게다가 이곳 여성들의 높은 교육수준과 순종적 성향, 저임금도 다국적기업의 구미를 당

금과 만족할 만한 인프라시설을 갖춘 제3세계 어딘가가 발굴되거나
혹은 동남아시아 여성노동자들의 노동투쟁이 거세어지면, 국제자본
은 다시 생산시설을 이동해 갈 것이다. 결국 이윤에 따른 다국적기업
의 발빠른 이동에 희생양이 되는 것은 부차적 수입원, 값싼 노동력으
로 평가되는 여성들이다.

엄격한 노동규율이라든가 장시간노동, 고용의 불안정성, 상사의
성희롱이나 비인간적인 대우 등이 정부의 강력한 통제에도 불구하고
동아시아와 동남아시아를 비롯한 제3세계 곳곳에서 여성노동자의 조
직화나 파업을 촉진하였다. 특히 인도네시아·말레이시아 등지에서
여성노동자들은 세계화와 자본의 빠른 이동을 상징하는 폐업조치에
맞서 격렬히 저항하였다. 그러나 세계화된 자본에 저항하는 이런 유
형들이 아직까지 큰 성과를 거두었다고 볼 수는 없는데, 그것은 앞에
서 설명했듯이 세계화된 자본은 여성노동자의 저항이 격렬해지면 언
제라도 더 유리한 조건을 찾아 이동할 수 있기 때문이다. 결국 세계
화된 자본에 대한 대항은 국제적인 연대 없이는 불가능하다는 사실
이 여기에서 드러난다. 바로 이런 현실적 절실함이 최근에 국제여성
운동을 활성화시킨 중요한 동력이다.

또한 지난 10여 년 동안의 신속한 세계화와 더불어, 산업노동에 포
함되지 않은 여성들의 삶도 더욱 피폐해졌다. 최근 통계에 따르면,
절대빈곤층에 있는 세계인구의 70%가 여성이며 이 숫자는 더욱 증
가할 것이라고 한다. 동아시아와 동남아시아를 제외하고는 제3세계
여성의 취업률이 눈에 띄게 낮아지고 있는데, 특히 아프리카의 경우

기게 하고 있다. 바로 이런 것들이 국제자본을 아직 동남아에 머물게 하고 있는 이
유이다.

여성실업률은 남성의 2배이지만 여성가장과 비지불노동을 하는 여성 농민의 숫자는 계속 증가하고 있다. 전세계 평균적으로 여성의 임금은 남성보다 30~40% 낮으며, 사하라 이남 아프리카와 남·서 아시아 여성들의 문맹률은 거의 70~80%에 이른다. 또 아프리카와 남아시아의 산모 사망률은 유럽과 북미의 30배나 되며, 보스니아·르완다·알제리의 내란은 여성에 대한 성폭력을 기하급수적으로 증가시켰다.[3]

자본의 세계화가 여성의 삶에 가하는 엄청난 충격은 제3세계 여성에게만 한정된 것은 아니다. 『세계화의 덫』에서는 세계자본주의 사회가 머지않아 '2 대 8의 사회'로 변모할 것이라고 경고한다. 고도의 기술과 지식을 지닌 소수의 선택받은 집단과 대다수의 미숙련노동자로 양분된다는 것이다. 여기에서 백인과 남성으로 이루어진 전자는 민족국가의 경계를 뛰어넘어 전세계를 넘나들며 살아갈 것이고, 그에 비해 여성과 유색인종이 주를 이루는 후자는 빈민, 노숙자로 전락해 갈 것이다.[4]

이런 세계화의 추세 속에서 남녀관계에 몇 가지 근원적인 변화가 일어나고 있다. 첫째로, 고도의 기술과 정보산업 발달이 사회구성원의 20%만을 노동력으로 요구함으로써 남성=생계부양자라는 모델은 통용되기가 어려워졌다. 둘째로, 남성가장의 실직으로 비공식부문에서 여성의 생계유지적 노동이 증대하거나 고도로 발달한 자동화가

---

3) Uta Ruppert, "Die Kehrseite der Medaille? Globalisierung, global governance und internationale Frauenbewegung," *bieträge zur feministischen Theorie und Praxis* 47/48, 1998, pp. 96~97. 그외에도 세계화가 여성에게 끼친 영향에 관해서는 Hetty Alcuitas, "Plight of Filipino Women Worsens"(*Third World Resurgence* 139/140, pp. 63~65) 참조.

4) 한스 피터 마르틴·하랄드 슈만, 『세계화의 덫』, 강수돌 옮김, 영림카디널 1998, 27~28쪽.

저렴한 여성노동력을 선호하기 시작하면서, 공/사 영역의 분리가 더 이상 의미가 없어졌다. 셋째로, 중산층 내에서 전문직여성이 증가하면서 남녀간의 차이는 줄어들었으나 여성 내부의 빈부격차는 점점 더 커지고 있다. 특히 이런 차이는 국내적으로는 전문직여성과 영세화된 비공식부문 여성종사자라는 계급간의 차이로 나타나지만, 국제적으로는 인종이나 민족적 차등화의 결과로 나타나고 있다. 넷째로, 세계화는 현금·금융 사회와 노동사회로의 사회적 분화를 수반하는데 전자에는 남성이 후자에는 여성이 주로 종사하는 새롭게 이원화되고 성별화된 사회를 생산하고 있다.[5]

세계화가 가져온 이런 변화들은 한편으로 공/사 영역의 분리추세를 완화하고 소수 여성의 전문직 진출을 높여, 그를 통해 특정 부문 여성의 사회적 참여기회를 높여주는 긍정적인 효과가 있다. 그러나 다른 한편으로 2 대 8의 사회는 대다수 여성과 그 가족의 영락화를 재촉할 조짐을 보이고 있으며, 그 부담은 고스란히 여성에게 넘겨진다. 이제 세계화의 추세는 여성운동이 끌어안고 고민해야 할 가장 중요한 과제가 되었다.

세계화가 여성에게 안겨준 경제적 충격 외에도, 그것이 초래한 환경오염과 토지자원 고갈 문제도 심각한 수준이나. 세계적으로 토지를 잃은 농업인구는 12억에 이르고, 그 비참한 생존환경의 밑바닥에는 여성의 고통이 있다. 또한 세계인구의 40%가 물 부족에 시달리고 있는데, 이는 아프리카의 가난한 여성들에게 하루에 14~15회 이상 먼길을 걸어 식수를 날라야 하는 중노동을 강요하고 있다.[6] 이것은

---

5) Brigitte Young, "Genderregime und Staat in der globalen Netzwerkökonomie," *Prokla* vol. 111/no. 2, 1998, p. 188.

생태계파괴에 대한 대책이 국가 차원에서 구조적으로 마련되기보다 오히려 여성의 추가노동 부담으로 해결하려는 현실을 적나라하게 보여주는 사례이다.[7]

이제 세계화된 자본은 더 높은 이윤을 찾아 전세계를 넘나들고 있다. 이런 세계화의 현실 앞에서 위험한 미래사회에 대한 위기의식이 높아지고 있고, 더불어 초국가적인 기구의 중요성이 강조되면서 양적으로 기구들이 늘어나고 있다. 여성생태론자인 시바는 여성의 시야가 더 이상 과거와 같이 사적 영역이나 국내문제에 멈추어서는 안 된다고 경고한다.[8] 특히 많은 국가의 정부들이 국민의 재산과 권익을 보호할 본연의 의무를 포기하고, 국제자본의 이익을 비호하는 존재로 전락하고 있는 요즈음, 여성운동은 새로운 목표와 실천전략을 필요로 하기에, 이제 여성은 세계화의 추세를 이해하고 세계화된 운동을 전개해야 할 것이다. 그렇다면 그 구체적인 방안은 무엇인가? 이 글은 이런 문제의식을 한국의 특수한 맥락 속에서 어떻게 풀어가야 할 것인가를 고민하기 위해 씌어진 것이다. 이를 위해 여성운동이 어떻게 국제적인 연대를 통해 세계화에 저항할 것이며, 어떻게 제3세계 여성

---

6) 『한국일보』 2002. 8. 21 참조.

7) Vandana Shiva, "The effects of WTO on women's rights," http://www.twnside.org.sg/title/women-ch.htm, p. 2. 우리의 경우에도 지역 여성단체들의 활동반경을 조사해 보면 이런 부담은 명확히 드러난다. 특히 '새마을부녀회'나 '고향을 생각하는 주부모임' 등과 같은 대규모 여성단체가 수행하는 환경운동과 그 노동강도를 분석해 보면, 환경운동이 추가적으로 여성에게 가하는 노동부담을 짐작할 수 있다(정현백·김혜경 외, 『경기도 여성단체 활성화 방안에 대한 연구』, 경기도 여성정책실 프로젝트 보고서, 1998, 45~48쪽; 「가정음식물 쓰레기와의 전쟁을 치르면서」, 1998년 경기도 여성정책실 여성단체수기공모 당선작, 1998 참조). 마찬가지로 아프리카의 경우에도 환경파괴는 여성노동을 더욱 가중시키는 결과를 가져왔음이 입증되고 있다(벨호프 편, 『여성, 최후의 식민지』, 강정숙 외 옮김, 한마당 1987).

8) Shiva, 앞의 글, p. 1.

운동과 연대하고, 국민국가의 틀 내에서는 어떤 방향성과 전략을 세워야 할지를 밝힐 것이다.

2. 국제여성운동의 활성화

자본주의적 세계경제 메커니즘에 의해 점점 가속화되고 있는 세계화는 그간 국제정치의 주체로서 민족국가가 지녔던 정치적 결정권을 약화시켰다. 당연히 이는 개별국가 단위로 작동되어 왔던 정치적 민주주의를 허약하게 만들고, 그 대신 IMF · WTO · NATO · 세계은행 같은 국제기관들이 무제한의 권력을 행사하기에 이르렀다. 여성의 이해관계나 요구들은 국제정치에서 논의되는 주요 의제의 반열에서 탈락되고 있고, 이는 세계정치의 주체가 되어야 할 여성이 주변화되고 있음을 의미한다. 이제 무역수지 · 경제성장률 · 주식가격 등이 최대 관심사가 되었고, 성별을 둘러싼 갈등은 세계정치를 결정하는 협상테이블에 오르기가 어려워졌다. 앞에서 살펴본 여성의 지위에 대한 일련의 통계들은 국민국가이 정치적 조정력 상실(Deregulierung)과 함께 진행되는 여성지위의 악화를 입증한다.

이에 국제 민간기구(NGO) 사이에서 정치적 조정력 상실에 대한 대응으로 '전지구적 통치'(global governance) 개념이 대두하기 시작하였다. 이는 시민운동이나 그 국제적 연대를 통해 사회문제 조정을 위한 보완장치를 마련하려는 움직임이다. 이미 1992년 환경문제 해결을 위해 집결하였던 리우 정상회의에서 국제적인 정책결정과정에 대한 참여를 요구하는 목소리들이 나오기 시작하였고, 1994년에는

‘전지구적 통치위원회’ 결성 제안이 본격화되었다. 여기에서 전지구적 통치란 모든 세계정치과정에 대한 네트워크 형식의 통제를 의미하는 것이 아니라, 세계화가 초래한 특정한 위기적 징후, 예를 들어 환경파괴나 국경을 넘어가는 피난민(혹은 이주문제) 등에 대해 사안별로 공동대처하는 것이다.

여성운동 내에서도 이런 전지구적 조직결성과 활동의 필요성이 대두되었다. 1975년 멕시코시티에서의 유엔여성대회와 1980년 유엔여성의 해(1975~85) 중간평가를 위해 모인 코펜하겐 유엔정상회의는 전세계 여성들이 함께 만날 수 있는 토대를 마련해 주었다. 또 이때를 전후해 결성된 유엔 여성차별철폐위원회(Committee on the Elimination of Discrimination Against Women, CEDAW)도 국제적인 여성운동을 촉진시키는 데 큰 공헌을 하였다.

최근에 와서 생태계파괴의 심각성이 대두되고 전지구적인 인구이동 및 그로 인한 사회적 불안과 인종차별주의가 가중되고, 서방 선진국에서 근대성(modernity)이나 백인중심적 서구 페미니즘에 대한 자성적 비판이 일어나면서, 제1세계와 제3세계 여성 사이의 정서적 간극은 많이 해소되었다. 더불어 제3세계 여성만의 연대틀이 아니라 세계여성들이 함께 네트워크를 결성할 필요성이 더욱 절실해졌다. 이에 따라 리우회의에서 ‘여성행동강령 21’이 채택되기도 했다.

그러나 국제여성운동이 지니는 힘을 본격적으로 과시한 것은 1995년 9월 4일부터 열린 베이징여성대회이다. 베이징여성대회는 185개국의 정부·민간단체 대표 4만 명이 참가하여 국제적 연대의 중요성을 새삼 확인한 감동적인 자리였다. 2000년대의 여성지위 향상을 위한 행동강령을 마련한 이 회의에서는 민간여성단체들간의 국제적 네

트워크 구축과 여성인권문제 등이 부각되었다. 결과적으로 볼 때, 이
회의는 여성의 단결력과 결집력을 국제사회에 과시하였을 뿐 아니라
각국 정부로 하여금 여성인권 보호를 위해 적극적인 조치를 취하도
록 자극하였다. 더불어 국제여성운동의 발전을 촉진하는 계기가 되
었다.

이와 같은 맥락에서 클링거빌은 여성은 세계화로 인해 '잃은 자'
(VerliererInnen)가 되어가고 있지만 여성운동이 세계화로부터 더 많
은 것을 얻을 수 있음도 시사한다. 전지구적인 정치는 그간 주변화된
채 조직력이 약했던 여성운동에 새로운 행동공간을 열어주었는데, 이
는 세계시민사회에서 여성운동의 중요성에 대한 인식이 널리 인정되
기 시작하였기 때문일 것이다. 또한 과거에 비해 여성운동은 국제기
구나 국제NGO를 통해 국민국가에 압력을 가할 수 있는 가능성도 높
아졌는데, 그 좋은 사례는 베이징여성대회이다.[9]

세계화와 함께 '빈곤의 여성화'가 가속화되면서, 영향력 있는 국제
기구들이 민간기구의 압력을 받아 여성문제에 관심을 가지기 시작하
였다. 그간 유엔기구 내에서 여성문제는 유네스코, 국제아동기금, 유
엔가족계획기구(UNFPA) 등이 취급하는 연성주제에 불과하였다면,
지난 몇 년 사이에 IMF, WTO, 세계은행 등이 환경·참여·인구정
책·민주화·NGO 등과 같은 주제에 대한 관심과 함께 젠더 이슈에
대해서도 민감하게 반응하기 시작하였다. 또한 여성운동은 이전보다
는 더 거시경제적인 관점이나 구조적인 전제조건을 고려하면서 운동
전략 개발을 모색하기 시작하였고, 앞에서 말한 국제경제기구들에 전

---

9) Randeria, 앞의 글, pp. 30~31.

지구적 권력관계나 지배관계를 변혁하도록 압력을 가하는 방안을 모색하고 있다.

이제 여성운동은 세계화시대에 걸맞게 여성의 정치적 지위 개선이라는 협소한 틀에 국한하지 않고 구조개혁과 결합하고자 노력하면서 구체적으로 ① 시장의 재구조화, ② 국가의 근원적인 개혁, ③ 시민사회의 활성화를 통한 권력관계의 변화를 지향하고 있다. 그러나 현실에서 여성운동은 당면한 절박한 여성과제에 매달리기 일쑤여서, 여성의 '세력화'를 세계 경제구조나 권력관계의 재구조화라는 거시적인 문제의 틀과 연결하기가 쉽지 않다. 그렇더라도 세계화가 여성에게 새로운 문제의식과 함께 새로운 가능성도 열어주고 있음은 주목해야 한다.[10]

그러나 국제여성운동의 네트워크를 결성하는 것은 쉬운 일이 아니다. 전지구적 통치를 표방하는 시민운동 내에서 활동 영역이나 주체 사이에 불평등이 생길 수 있다. 우선 여성은 남성에 비해 세계정치의 주체로서의 위치를 갖기 어렵거니와, 제1세계의 여성들은 '자매애'를 표방하면서도 개발원조의 테이블에서 제3세계 여성운동의 방향을 좌지우지할 수 있다. 마찬가지로 개별국가의 운동에서도 로비스트의 활동은 기층운동에 비해 훨씬 막강한 영향력을 행사할 수 있다. 이미 1995년 베이징여성대회에 대한 평가과정에서 구조적인 권력의 불평등이 여성운동단체 내에서도 재생산될 수 있다는 우려가 제기되었는데, 구체적으로 전세계에서 펼쳐지고 있는 각종 여성민중조직의 활동이 소수의 전문화된 여성로비스트의 논리를 정당화시키는 수단으로

---

10) Ruppert, 앞의 글, pp. 100, 102.

작용할 수 있다는 것이다.[11]

'전지구적 통치' 과정에서 여성민간단체들이 정부나 공적 기구의 요구에 좌지우지될 위험도 지적되었다. 이는 국제 여성운동단체들이 표방하는 "인습적 사고를 넘어서는 새로운 요구와 인습적인 국제정치에서의 대치관계" 그리고 "국제정치의 통치방식에 편승한 여성운동의 제도화와 함께 진행될 협력관계" 사이의 긴장을 어떻게 생산적으로 조정해 내느냐의 문제와 연결된다. 특히 NGO운동이 사회복지적 기능이나 역할을 담당하거나 체제 내로 통합되거나 제도화된 정치가 포용하지 못하는 공백을 메우는 것을 통해, 현존 정치체제의 정당화(Legitimation)에 이용될 소지가 있다는 것이다. 실질적으로 시민운동은 현실에 대한 영향력 행사의 한계를 인식하면서도 또 한편으로는 영향력 행사의 기회를 발견하거나 실제로 정치구조의 변혁을 열어가기도 하기 때문에, NGO는 비인습적인 요구와 함께 제도정치와 대결하면서도 다른 한편으로 제도화나 국제사회의 기존 권력과 협력하는 긴장관계를 가질 수밖에 없다.[12] 그러나 대결과 협력 사이의 경계선에서 균형을 유지하는 것은 쉽지 않은 과제이기에, 그때그때마다 여성운동의 성찰적인 자세와 정확한 판단력이 요구된다. 베이징여성대회에서도 여성운동이 대결과 협력 그리고 로비와 저항 사이의 균형을 어떻게 유지할 것인가 하는 문제가 지속적으로 논의되었다.

다양한 여성단체들간의 내적인 역학관계나 역할분담 역시 정리되어야 할 또 하나의 과제이다. 게다가 참석한 여성운동가들의 사고편

---

11) 같은 글, p. 98.
12) 같은 글, p. 99.

차도 매우 큰데, 예를 들어 젠더의 개념조차도 각기 다른 방식으로 이해되었던 사실이 문제점으로 제기되었다. 이런 문제들은 무엇보다도 여성운동의 우선성을 어디에 둘 것인가의 문제로 나타나기도 하였다. 여기에서 강조해야 할 점은 국제여성운동의 틀 내에서 '다양한 전략의 동시성'을 인정하고 운동간의 차이를 포용하는 자세이다.

앞에서 언급한 대로 국제적 여성운동이 지닌 갖가지 난관에도 불구하고, 최근 여성복지예산의 삭감 및 여성노동력 축출이나 파트타임으로의 전환과 같은 전지구적인 위기에 직면하면서 국제여성운동에 거는 기대는 점점 더 높아지고 있다. 이제 여성들, 특히 제1세계 여성운동은 해외투자나 원조프로젝트를 젠더의 관점에서 감시(gender screen)하는 역할을 한다거나 (노조가 '무역과 노동조건 감시'를 결합하도록 압력을 행사하는 것처럼) WTO 내의 무역에도 반드시 젠더 관점을 도입하도록 압력을 가한다면, 이는 상당히 효율적인 저항이 될 수 있을 것이다. 혹은 여성이슈를 이행하지 않을 경우, 무역상의 벌칙을 가하는 방안도 구체적으로 모색해 볼 수 있다.[13] 그리고 시바가 제안하는 대로 제3세계 농민들이 종자를 구입하는 데 막대한 지적 소유권 비용을 지불해야 하는 현실에 제3세계와 제1세계 여성운동이 과감히 저항하는 것도 또 다른 투쟁방식이 될 수 있다. 종자뿐 아니라, 선진국에 유리한 지적 소유권 제도 전체를 여성들이 앞장서서 문제삼는 것도 매우 중요하다.[14]

한국 여성운동도 지난 10여 년 사이에 국제여성운동의 필요성을

---

13) Martin Khor, "After Beijing, New Aid and Trade Conditionalities?," http://www.twnside.org.sg/title/condi-cn.htm, p. 3.
14) Shiva, 앞의 글, pp. 4~5.

절감하고, 국제적인 연대활동을 강화해 왔다. 일본군위안부 문제를 둘러싼 국제연대와 유엔과의 공동작업, 2000년 세계여성행진(World March of Women), 아셈회의 조직화에의 적극적 참여 등 다양한 NGO 네트워크를 둘러싼 활동을 전개하고 있다. 특히 일본군위안부 관련 국제연대나 베이징여성대회를 통한 여성간 연대는 여성운동에 큰 성과를 안겨주었다.[15] 특히 '정신대대책협의회'의 활동은 일국의 여성운동 이슈를 여성인권에 대한 국제사회의 관심과 접목함으로써, 군위안부 문제를 국제적으로 부각시키는 성과를 거두었을 뿐 아니라, 여성의 입장에서 전쟁이 지니는 의미를 숙고함으로써 여성평화운동을 활성화하는 데도 기여하였다.[16]

3. 제3세계 여성운동의 연대와 정체성 형성

1975년 멕시코시티의 유엔여성대회에서 처음 만난 제1세계와 제3세계 여성운동가들은 자신들 사이에 존재하는 벽을 발견하였다. 여성의 '자기발견'이나 '자기해방'에 매진하였던 선진국 여성들은 외세나 착취에 대항해서 남성과 함께 투쟁하는 제3세계 여성에 내한 몰이해를 드러내었다. 또 제3세계 여성대표자들이 보기에는 서구 페미니스트들이 전적으로 개인적인 이해관계에만 매몰되어 여타의 사회적인 문제에는 관심을 돌리지 않는 듯했다. 그래서 개발도상국의 여성

---

15) 이에 관해서는 한국여성단체연합 제12(1998), 13(1999), 14(2000)차 보고서 참조.
16) 이에 관해서는 심영희, 「2000년 법정은 끝나지 않았다」(『여성과사회』 12호, 2001년 상반기, 145~62쪽); 정진성, 「'2000년 일본군성노예전범 여성국제법정'의 배경과 의의」(같은 책, 163~79쪽) 참조.

들 사이에서 "제1세계 여성들이 주장하는 자기실현은 부르주아관념이고, 페미니즘은 제국주의의 새로운 이데올로기적 무기"라는 극단적인 주장까지 나오기도 했다.

마찬가지로 1980년 코펜하겐의 유엔정상회의에서도 "마실 물도, 먹을 음식도, 잠을 잘 집도 없는 여성에게 페미니즘을 설교하는 것은 난센스"임이 재확인되었고, 제1세계·제3세계 여성들 사이에 존재하는 이전의 긴장관계가 여전히 해소되기 어려웠다. 이는 제3세계 여성의 상황이 제1세계와 다르고, 그렇기 때문에 제1세계와는 다른 유형의 여성운동이 제3세계에 필요하다는 현실을 반영하는 것이었다.

여전히 성차별 외에도 굶주림과 전쟁의 공포, 비민주적 체제에 의한 정치적 탄압에 시달리고 있는 제3세계 여성들은 자신들의 억압적 현실의 타개책을 독자적으로 모색할 필요성을 절감하였고, 그 결과 곳곳에서 제3세계 여성들의 국제적 연대조직이 결성되었다. '연구와 개발을 위한 아프리카여성연합'이나 라틴아메리카가 주축이 된 '여성과 함께하는 신시대를 위한 발전대안'(DAWN) 등이 그 좋은 예이다. 그외에 특정한 주제를 중심으로 지역간의 연대조직을 만든 형태로서는 아프리카 18개 국가의 여성운동조직들이 참여한 서아프리카지역의 여성네트워크인 '여성권리 옹호와 여성폭력에 대한 투쟁을 위한 프랑스어권 아프리카여성네트워크'(RIAF/DLVF)를 들 수 있다.

특히 세계화와 함께 지난 20여 년 사이에 외채가 가속적으로 누적되고 원금과 이자 상환으로 인해 대중의 생활이 더욱 피폐해지고 있는, 그래서 그 가장 비참한 희생자는 여성이 될 수밖에 없는 라틴아메리카 국가들에서 '외채와 여성억압'이 여성운동의 절박한 주제로 대두되고 있다. 라틴아메리카와 아프리카를 중심으로 과거 여성의 생존권투쟁이 활발한 외채탕감운동으로 이어짐은 당연한 일이다. 마찬가지로 정보화가 진전되면서, 제3세계 국가들간의 인터넷을 통한 정보교환과 연대운동도 대단히 활발해졌다. 그 가운데 제3세계 연대 네트워크인 http://www.twnside.org.sg는 제3세계 여성운동간의 네트워크 결성에도 적지 않은 공헌을 하고 있다.

최근 들어 백인중산층 여성을 기반으로 한 그간의 서구 페미니즘의 지배를 거부하고 '제3세계 페미니즘'의 담론구성을 주장하는 목소리들이 나오고 있다. 특히 영국이나 미국에서 활동하는 유색여성들이 주축이 되어 성차별주의·인종차별주의·식민주의·제국주의·독점자본에 저항하는 '제3세계 여성들의 상상적 공동체'(imagined community)를 제안하고 있다. 여기서 '상상적'이라는 용어는 현실적이지 않기 때문이라기보다 서로의 분리선을 넘어서는 잠재적 동맹과 협력을 제안한다는 의미에서 사용되었다. 그리고 '제3세계'는 지리적 위치만이 아니라 미국사회의 소수민족과 유색인종 여성까지 포함하는 사회·역사적 맥락에 기초한 개념이다. 다시 말해 이는 여성간의 동맹을 위해서 생물학적·문화적 기초보다는 오히려 정치적 정체성을 선택하는 것이고, 동시에 제3세계 여성간의 '보편적인 자매애'를 제안하는 것이기도 하다.

모한티에 따르면, 문화적 제국주의나 인종주의 등에 의해 채색된 페미니즘 용어는 제3세계 여성들에 의해서 의문시되어야 하고, 제3세계 페미니즘은 페미니스트, 인종차별주의 반대자 그리고 민족주의적 투쟁과의 복잡한 상호관련성을 주목해야 한다. 그녀에게 있어서 젠더에만 관심이 집중된 백인·서구 페미니즘에 대한 제3세계 페미니즘의 도전은 바로 페미니즘과 정치적 해방운동의 상호 끊을 수 없

는 결합을 요구하는 것이다.[17]

또한 제3세계 여성운동간의 연대를 위해서는 '제3세계 여성의 정체성'을 함께 만들어가야 한다는 주장도 제기되고 있다. 모한티는 담론적 범주가 명백히 새로운 정치투쟁의 핵심적인 장이 되면서, 이와 동시에 여성적 주체를 발견하기 위해 자서전이나 '이야기하기'를 통한 여성적 글쓰기를 시도할 것을 제안한다. 씌어진 텍스트는 권력이나 지배력 행사의 장이 되기 때문이다. 그러나 제3세계 여성의 글쓰기를 정치적 저항행위로 유도하기 위해서는, 개인주의자 주체(individualist subject)에 토대를 둔 서구백인 페미니스트의 글쓰기와 달리 제3세계 여성들의 집합적인 자아(collective self)나 집단의식이 서술되거나 재개념화되어야 한다고 말한다. 최근의 '제3세계 페미니즘'이 담론에 토대를 둔 투쟁을 강조하면서도 이들이 서구 페미니즘과 차별성을 지니는 지점은 이런 담론적 투쟁 자체를 분명히 물질적인 일상생활과 그 정치, 특히 가난한 사람들의 생존을 위한 투쟁에 기초를 두려 하는 것이다.

물론 제3세계 여성의 정체성을 정립하는 것에 대해 회의적인 시각도 있다. 세계여성들이 하나가 되어 성차별을 종식시키는 투쟁을 계속해야 한다는 주장이 바로 그것이다. 그러나 제3세계와 제1세계의 차이는 베이징여성대회에서도 드러난바, 선언문 작성과정에서도 갈등이 표출되었다. 선진국 여성들은 '서로 다른 성적 취향'(sexual orientation) '성적 권리'(sexual right) 등의 용어나 주제를 포함시킬 것을

---

17) Chandra Talpade Mohanty, "Cartographies of Struggle: Third World Women and the Politics of Feminism," Mohanty/A. Russo/L. Torres eds., *Third World Women and the Politics of Feminism*, Bloomington/Indianapolis 1991, pp. 2~11.

요구한 반면, 제3세계나 카톨릭·이슬람 국가의 여성들은 이에 대해 거부감을 보인 것이 그 좋은 예이다.[18] 또 여성대회의 이행강령에 실린 정신을 현실화하는 과정에서는 제3세계와 제1세계 여성운동간의 이해관계 차이가 드러나고, 그를 둘러싼 협상과 타협의 복잡한 과정을 거쳤다. 환경·빈곤·주거 문제 등을 해결하기 위한 국제회의의 결정이 늘 가난한 약소국에 불리한 방향으로 집행된다든가, 개발원조금 분배에서도 선진국은 빈곤국가를 견제할 수 있지만 그 반대의 경우는 어렵다는 점이 그 좋은 예이다. 좀더 적나라하게 말하면, 베이징대회에서 여성들은 함께 '자매애'를 부르짖었지만 제3세계에 지원되는 여성프로젝트를 협상하는 자리에서 제1세계 여성은 '주는 자'로 군림하면서 그 국가의 이해관계에 따라 제3세계 여성단체들의 사업을 좌지우지한다는 것이다.[19]

그러나 제3세계와 제1세계 여성운동간의 입장차이를 극대화하는 것은 바람직하지 않다. 제3세계와 제1세계 여성운동의 간극과 갈등은 1995년 베이징여성대회 이후로 많이 해소되었고, 양자의 공조체제도 훨씬 돈독해졌기 때문이다. 뿐만 아니라 최근에 와서 제1세계와 제3세계 여성운동의 연대와 협력이 불가피한 운동이슈들이 많이 생겨나고 있는데, 생태계 위기 문제가 그 대표적인 사례이다. 2002년 8월 26일부터 9월 4일까지 개최된 '지속가능발전을 위한 세계정상회의'(WSSD)는 선진국의 원자력발전소 해체나 화석연료 사용의 자제만으로는 생태계 위기가 해결될 수 없으며, 생태계 보호를 위해 무엇보다 시급한 것은 제3세계의 빈곤해소라는 진실을 다시 확인시켜 주

---

18) Khor, 앞의 글, p. 1.
19) 같은 글, p. 2.

었다. 제1세계는 이제 자국의 환경보호만으로는 생태계를 지킬 수 없
게 되었고, 빈곤의 해소와 더불어 열대림 파괴나 야생동물의 밀렵, 종
족간의 전쟁이 불식되어야 비로소 자연이 보호될 수 있다는 것이다.

생존의 위기 앞에서 이제 제1세계와 제3세계의 연대가 불가피해
졌고, 이런 현실이 최근에 에코페미니즘이나 여성평화운동의 활성화
를 자극하고 있다. 마찬가지로 세계화와 함께 더욱 심각한 문제가 되
고 있는 성매매에서도 제1세계와 제3세계 여성의 공조가 불가피해졌
다. 제1세계 남성이 수요자가 되고 제3세계 여성, 특히 미성년소녀들
이 공급자가 되고 있는 성매매산업은 양쪽 여성운동이 단결해서 뿌
리뽑아야 할 사안이기도 하다.

이와 같이 제1세계와 제3세계 여성의 연대가 필요한 한편으로, 자
본주의 세계체제 내에서 유사한 처지에 있는 국가들간의 지역화·블
록화가 세계화에 저항할 수 있는 또 다른 기반을 제공하는 것처럼 여
성운동 내에서도 비슷한 처지에 있는 제3세계 여성집단들간의 공조
체제를 모색하는 시도는 세계화의 모순에 가장 적나라하게 노출된
여성들이 더욱 효과적으로 단결할 수 있는 장점이 있다는 사실도 인
지해야 할 것이다.

제3세계 여성운동의 정체성을 강조하는 것과 관련하여 제기되는
문제는 한국 여성운동의 위상이다. 우리 사회에서 자행되는 성차별
과 가부장적 관행으로 인해 한국여성의 현실은 여전히 열악한 수준
이어서, 지금까지 우리는 스스로를 제3세계 여성운동으로 규정해 왔
다. 그러나 세계교역 11위라는 칭송을 환기하자면, 한국은 제3세계로
분류되기 어렵다. 제3세계 여성운동의 당면과제인 빈곤타파나 외채
탕감운동도 우리가 내거는 이슈와 거리가 있다. 뿐만 아니라 이제 하

부제국주의(subimperialism) 국가의 역할을 맡고 있는 해외진출 한국 기업의 강도 높은 노동착취는 우리 여성운동이 제3세계 여성노동자의 인권과 관련하여 일정한 책임을 떠맡아야 함을 확인시켜 준다.

이런 한편으로 한국 자본주의는 국제금융자본의 공세 앞에서 취약하기 짝이 없고, 정치적으로도 자주적 외교가 불가능하고, 일상생활에서의 인권침해는 심각하다. 무엇보다도 한반도의 평화는 끊임없이 위협당할 뿐 아니라 강대국에 의해 좌우되고 있어, 한국이 처한 정치현실은 제1세계와는 분명 거리가 있다. 이런 복잡한 현실을 감안하면 한국의 여성운동은 복합적인 정체성을 지닐 수밖에 없고, 그런 점에서 제3세계 여성운동과의 공동연대도 반드시 필요하다. 한반도의 평화와 통일은 동북아의 평화실현 없이는 불가능하고 부시행정부 등장 이후 나타난 전쟁위기에 대한 대처도 시급하기 때문에, 여성운동에서 국제적 연대, 특히 중국과 러시아를 비롯한 아시아국가들 여성운동과의 연대는 과거 어느 때보다 중요해졌다.

4. 국민국가 내에서의 여성운동

지금까지 이 글은 세계화에 대처하기 위한 국제적인 여성운동의 필요성을 역설했다. 그러나 세계화가 초래하는 부정적인 영향에 저항하기 위해서는 다양한 방식이 요구되고, 그래서 국민국가의 틀 안에서 전개되는 여성운동도 못지않게 중요하다. 국제적인 연대를 통해 세계자본주의에 저항하더라도 자본의 횡포에 대한 저항, 민주주의 실현을 위한 노력, 성차별 해소를 위한 투쟁은 일단 국민국가의 테두리 내에서 더 집중적으로 진행되므로 세계화가 일국 내 운동의 우선성과 중요성을 약화시키는 것은 아니다.[20]

국민국가 내 여성운동의 필요성은 베이징대회의 실행요구들이 국가별로 매우 다른 방식으로 집행되었다는 데서도 확인된다. 베이징대회 이후 188개 회원국가 중 142개국에서 긍정적인 반응을 보였고, 116개국은 구체적인 실천계획까지 제시하였다. 그러나 어떤 국가에서는 베이징대회 이후로 오히려 여성의 지위가 후퇴한 나라도 있다.[21] 결국 국제적으로 제시된 여성지위 향상이라는 전략은 개별국가가 처한 구체적인 상황 속에서 재조정되면서, 그 여성주체들에 의해 현실화가 모색될 수밖에 없다. 한국의 경우 여성운동의 자체평가에서, 법이나 제도적인 차원에서는 베이징대회의 이행강령을 실현하였지만, 실질적인 성과로 전환되기에는 한계가 있었다는 결론을 내린 바 있다. 결국 국제적 연대의 성과가 어떻게 국민국가 내의 여성운동을 통해 현실로 전화할 수 있을지는 여성운동에게 또 다른 성찰성을 요구하는 대목이다.[22]

이미 DAWN의 제안에서 영향을 받은 국제여성운동은 시장의 재구조화(혹은 새로운 구조화), 국가의 개혁 그리고 시민사회를 통한 권력관계의 변혁이라는 세 가지 전략을 목표로 설정하고, 세계의 지배구조를 바꾸고자 한다. 그 일환으로 여러 나라에서 여성운동은 노동이 근본적으로 새롭게 분배·평가되고, 성장중심적이기보다 인간

---

20) Fiona Flew, "Feminism and Globalization. Introduction: Local Feminism, Global Futures," *Women's Studies International Forum* vol. 22/no. 4, 1999, p. 395.

21) Thalif Deen, "Action Plan to Elevate Women Gets Mixed Results," Third World Network, http://www.twinside.org.sg/title/elevate.htm, p. 2.

22) 한국여성NGO네트워크, 『북경행동강령 이행에 관한 한국NGO 보고서』, 1999 참조.

중심적이고, 자원을 고갈하기보다 보존하고, 성·계급·피부색깔에 의한 위계적인 관계 대신 기회균등한 관계를 지향하는 새로운 경제 윤리를 개발하기 위한 다양한 프로젝트를 시도하고 있다. 그 예로는 대안적인 생산방식과 상품화를 모색하는 수많은 기층프로젝트 (Basisprojekt), WTO 같은 거대기구에 대한 활동보고 요구, 지역 경제블록 결성, 다국적기업의 행동강령 작성 및 그 실천방안을 강제하는 기획 등을 열거할 수 있다.[23]

한국의 여성운동도 세계화에 저항하기 위하여 새로운 세계질서를 모색하는 국제여성운동의 흐름과 긴밀히 연대하면서, 한국의 특수한 역사적 맥락 속에서 구체적인 실천방안을 모색해 왔다. 그러나 대안 사회를 실천하는 과제는 그간 '수사적인 서비스'의 수준을 벗어나지 못하였음을 솔직히 고백해야 할 것이다. 그동안 한국 여성운동이 반세계화운동을 적극적으로 전개할 수 없었다면, 이는 무엇보다 한국의 여성운동에 일상적인 개혁과제가 산재해 있기 때문일 것이다. 그러나 이에 못지않게 중요한 원인은 다른 시민·사회운동에 비해, 여성운동의 인지도가 상대적으로 낮고 영향력도 약하기 때문에, 여성계의 반세계화 목소리는 그리 큰 빈향을 얻지 못하는 것이다. 반세계화운동을 위한 연구역량도 미약하다. 세계화와 신자유주의에 저항하기 위해 보다 근본적인 구조개혁이 요구된다면, 시민·사회운동의 적극적인 동참이 전제되어야 그 실현이 가능하다.

진보적인 여성운동은 지난 10년 사이에 시민사회 내에서 상당한 성공을 거두었고, 시민운동과도 상호협력의 관계를 쌓게 되었다. 이

---

23) Ruppert, 앞의 글, p. 102.

렇게 시민운동이 여성운동을 중요한 파트너로 수용한 것 자체가 과거에 비해 큰 성과이지만, 여전히 극복해야 할 문제가 많이 남아 있다. 우선 시민운동 내에서 성 인지적 관점이 기꺼이 수용되고 있지는 않다. 2000년 벽두에도 한국여성단체연합은 시민운동단체와 공동으로 '시민사회선언'을 발표하면서 대안사회 실현의 의지를 확인하였지만, 과연 시민운동 스스로가 얼마나 적극적으로 세계화의 압력에 저항하면서 대안사회를 실현하고 이를 양성평등과 결합하는 과제에 참여하였는가에 대해서는 회의적인 생각이 들지 않을 수 없다. 사실 영향력 있는 시민운동단체조차도 밀려드는 정치·사회적 개혁과제와 현안으로 몸살을 앓고 있기에, 지속 가능한 발전·핵문제·평화실현·대량실업위기 등을 함께 싸안아 고민하면서 더 거시적인 문제해결의 틀을 만들어내지 못하고 있다. 이 큰 문제의 해결을 위해서는 여성운동이 국제연대에 더욱 적극적이면서도 동시에 이를 국내문제와 연계하는 데에 좀더 주체적인 역할을 해야 할 것이다. 아울러 이를 위해 여타 시민사회단체를 설득하고 참여시키려는 노력도 필요하다.

5. 맺음말

세계화의 물결이 여성의 삶을 근원적으로 위협하는 것이라는 데는 이론(異論)의 여지가 없다. 그러나 문제는 여성과 여성운동이 "어떻게 이 거대한 물살에 도전하거나 저항할 수 있을까"이다. 이를 위해서 여성들에게는 세 가지 접근전략이 필요하다.

첫째로 중요한 전략은 여성운동의 국제적 연대이다. 세계화의 가공할 만한 위험에 대한 여성들간의 합의가 형성되고, 이를 중심으로 국제여성운동이 특히 자본의 활동에 적극적으로 대처해야 한다. 이를 위해서는 무엇보다도 전지구적인 권력관계의 전환을 반드시 실현하고, 그 과정에서 여성해방적 정치 또한 관철하기 위하여 지역·지방·국가·세계적 차원에서 해방을 모색하는 여성들의 활동을 연결하는 역할을 국제여성운동이 담당해야 한다. 이를 위해 국제여성운동은 지구적 차원에서의 시장 재구조화를 위해 대안적인 시장구조를 모색해야 하는데, 여기서는 성장중심 대신 인간중심의 자원보존적이고 성별·계급·피부색을 막론하고 균등한 기회가 주어지는 경제모델을 개발해야 한다.

두번째 접근방식은 각 국가 내에서 국가체제의 근본적인 개혁을 시도하는 일이다. 이를 위해서 좋은 통치가 보장되는 정부, 즉 그 안에서 권력과 자원의 공정한 분배와 더불어 투명성·책임성·국민적 단합이 실현되는 정부를 만들어가야 한다. 이 과정에서는 해당 국가 여성운동의 적극적인 활동이 요구된다. 국제적 압력이 지니는 한계를 감안하면, 여성운동이 적극적인 투쟁을 전개할 곳은 여전히 국민국가 내의 저항운동이다.

셋째는 개별 국민국가 내에서 시민사회를 강화하는 방안인네, 이를 위해서는 시민운동단체의 활성화가 먼저 이루어져야 한다. 또한 시민운동과 정부기구의 관계가 토론되어야 하고, 시민운동 내에서는 남녀 모두에게 참여권과 결정권의 평등이 보장되어야 한다. 물론 여기서도 여성운동의 적극적인 개입과 참여가 필요하다. 이와 관련하여 여성운동은 특히 "세계화의 위기가 여성의 삶과 연계되는 방식 혹은 그로 인한 여성현실의 피폐화에 대해 바로 알기" 운동을 적극적으로 전개해야 한다.

　지금 한국의 페미니스트가 여성의 자아 찾기, 자매애, 여성간의 연대 회복, 여성주의 문화의 확산, 성정치, 가부장제 문화에 대한 비판 등에 쏟는 열기에 비해, 세계화에 대한 저항의지는 매우 약하다. 이제 한국 여성운동은 '페미니즘 담론과 운동적 현실 사이의 다리 놓기'를 시도해야 한다.[24] 이는 곧 세계화의 현실을 이해하고, 어떻게 국민국가의 틀 내에서 반세계화운동을 실현할 것인가를 고민하면서, 동시에 세계화가 초래하는 비인간화로부터의 해방을 성평등 실천으로 이어가는 과정이 될 것이다.

---

24) 이 책의 「21세기 한국 여성운동의 쟁점과 과제」, 67쪽 참조.

제2부
젠더와 역사

새로운 여성사, 새로운 역사학
페미니즘의 시각에서 본 과거청산 문제
시민사회와 섹슈얼리티

새로운 여성사, 새로운 역사학

1. 머리말

20여 년 전부터 유럽, 미국 그리고 오세아니아대륙 등에서 여성사 연구가 활발하게 진행되고 있나. 여싱사분야에서 쏟아져 나오는 책과 논문의 편수는 여타 주제를 압도할 정도로 많고, 국제적으로 통용되는 여성사관련 학술지 역시 3~4종에 이른다.[1] '실천적인 역사학' 혹은 '역사에 관심을 가진 보통사람들이 연구할 수 있는 역사학'을 지향하는 영국의 대중적인 역사간행물『역사작업장』(*History Workshop*)

---

[1] 여성사 학술지 가운데 대표적인 것으로는 영국에서 발간되는 *Gender & History*, *Women's History Review* 그리고 미국에서 발간되는 *Journal of Women's History*를 들 수 있다.

은 몇 년 전부터 그 부제를 '사회주의 역사가 잡지'에서 '사회주의 페미니스트역사가 잡지'로 바꾸기까지 했다. 이런 열기 속에서 서구의 각 대학들은 서둘러 여성사 담당교수를 채용하고 있으니, 이제 여성사가 기성 역사학 내에서 한 분과로 자리를 굳혀가고 있음은 의심의 여지가 없다.

서구 여성사의 이런 깜짝 놀랄 만한 성공은 우선 대학의 성비구성 변화를 가지고 설명할 수 있다. 2차대전 후 서구 국가들에서 대학교육의 대중화가 급속히 이루어지면서 1980년대 말 들어와 유럽의 각 국가들에서 대학생 숫자는 수백만 명에 이르렀다. 이와 더불어 고등교육기관 내 여성의 비율도 크게 높아져 1980년대 미국대학의 경우 여교수의 비율이 35%에 이르렀고,[2] 바로 이들이 여성사연구의 저수지가 되었다.

그러나 좀더 엄밀히 이야기하자면 여성사의 활성화는 결코 상아탑의 성과물이 아니었다. 오히려 그것은 1960년대 말부터 70년대 초에 서구를 휩쓴 학생운동과 민권운동의 열기 속에서 탄생한 '여성해방운동 제2의 물결'의 결실이라고 할 수 있다. 이전의 자유주의 여권운동이 여성도 남성이 누리는 지위와 권리에 도달하기 위하여 '평등'(equality)을 기치로 내세웠다면, 새로운 여성운동은 법적 평등의 달성에도 불구하고 여전히 내재하는 여성억압의 근원성을 지적하면서 여성적인 '차이'(difference)를 강조하게 되었다. 형식적 평등이 여성에게 사회적·경제적 평등을 가져다주지 않는 이상, 남녀의 차이를 인정해야 비로소 달성해야 할 평등의 실체가 분명해지기 때문이다.

---

2) Eric Hobsbawm, *Age of Extremes. The short twentieth century 1914~1991*, pp. 296~98, 317.

또한 여성들은 자신들이 참여한 학생운동이나 신좌파운동 내부에도 만연된 성차별을 경험하면서, 여성억압을 계급억압의 부산물로 간주하는 마르크스주의의 여성론에도 반발하였다. 이들은 이전 여성운동의 주된 관심이었던 법이나 정치제도 그리고 경제적 영역 못지않게 사적인 세계에 내재하는 여성억압을 직시하게 되었던 것이다.[3] 이렇게 여성억압의 근원성을 밝혀내고 여성적인 차이를 찾는 과정에서, 자연스럽게 여성운동가들은 여성들이 살아온 과거에 관심을 기울이게 되었다.

이와 같이 전문역사학자들의 지원보다는 실천적인 여성운동 속에서 태동하다 보니, 여성사연구는 정치와 학문 혹은 운동에 대한 열정과 학문적 규율 사이에서 방황하게 되었다. 즉 여성사는 전문화된 기성 역사학계에 무리 없이 편입되는 과제와 또 이를 위해서 운동적인 시각이나 비판적인 어투를 학문적 중립성으로 전환시키는 문제로 곤란을 겪게 된 것이다.[4] 나아가 양적으로 엄청난 성공에도 불구하고 여성사는 여전히 역사학 내에서 주변부를 이룬다는 자기비판이 제기되기 시작하였다. 새로 개설된 여성사강좌들은 정치적·행정적 압력의 산물이지, 사학과 구성원들 대다수가 소망하던 신생아는 아니었다. 기성 역사학자들의 여성사가에 대한 태도는 적대감과 접촉기피로 요약될 수 있고, 그래서 여성사가들은 절반은 강요되고 또 절반은 스스로 선택한 고립 속에서 자족하고 있다는 것이다.

---

3) 페미니즘사상의 일반적 흐름과 조류에 관해서는 김영희, 「여성해방론의 여러 흐름」 (한국여성연구회, 『여성학강의』 개정판, 동녘 1994, 38~62쪽); 정현백, 「페미니즘」 (김영한·임지현 편, 『서양의 지적 운동』, 지식산업사 1994, 172~212쪽) 참조.

4) Ute Frevert, "Literaturbericht: Bewegung und Disziplin in der Frauengeschichte," Ein Forschungsbericht, *Geschichte und Gesellschaft* 14, 1988, p. 241.

이런 문제제기와 관련하여 "여성사가 보여주는 양적·질적 성과에도 불구하고 역사학 내에서 여전히 주변적 위치에 머무는 이런 불일치[5]는 학문적 패러다임을 제시하지 못하는 서술적이고 나열적인 접근의 한계에서 기인한다"는 주장이 제기되었다. 스콧은 이런 맥락에서 여성사의 이론화를 제창한다. 일반 역사가들과 마찬가지로 여성사가들도 서술에 익숙하도록 훈련을 받았겠지만, 그럼에도 불구하고 이론적 공식을 정립하려는 힘든 노력을 부단히 계속해야 한다는 것이다. 특히 여성사에 대한 사례연구가 급증하고 있는 상황에서 여성의 다양한 사회적 경험과 지속되는 불평등을 설명할 종합적인 시각의 정립이 시급하기 때문이다.[6] 달리 말해 이는 과거 20여 년 동안 여성사연구의 발전이 단순히 역사학에 '여성'이라는 새로운 주제를 추가하는 것만이 아니라, 전통적인 역사학체계의 기저를 이루는 가치와 개념들을 발본적으로 재고해야 한다는 인식을 반영한다.

좀더 구체적으로 여성사가들은 우선 과거의 역사학이 인류의 절반을 이루는 여성의 경험·행위·생각 들을 생략 혹은 무시하거나 사소하게 여기는 것에 도전한다. 또한 이 못지않게 여성사가들은 과거의 역사학이 엘리트주의였다는 점에 도전한다. 과거 역사학은 여성뿐 아니라, 비백인남성 소수민족과 하층민들 역시 서술에서 생략하였다는 것이다.[7] 이와 같은 새로운 패러다임의 역사학을 지향하는 여

---

5) 이와 반대로 일부 여성사가는 여성사가 역사학 내에서 자리를 얻은 것, 즉 제도권에 편입함으로써 고립과 분리라는 대가를 자초하였다는 비판을 제기하고 있다. 여성사 연구에서 여성해방적 시각이 약화되어 일반독자와 여성사가가 분리되었다는 것이다. 그 결과 페미니즘 내에서 여성사는 주도적인 위치를 상실하였고, 페미니스트 문예비평론이 압도적인 영향력을 행사하게 되었다고 베넷은 주장한다(Judith M. Bennett, "Feminism & History," *Gender & History* vol. 1/no. 3, 1989, pp. 252~56).

6) Joan Wallach Scott, *Gender and Politics of History*, New York 1988, p. 31.

성사가들은 자연히 역사연구 내에서 성과 계급과 인종의 관련성을 어떻게 규명할지도 고민하게 된다. 이런 점에서 '여성해방운동 제2의 물결' 속에서 탄생한 새로운 여성사연구는 과거의 여성사와 결별을 선언한 셈이다.

우리의 여성사연구를 돌아보자면, 그간 한국사영역에서도 그리 주목을 받지는 못하였지만 여성사연구는 꾸준히 진행되었다. 그러나 몇몇 여자대학을 중심으로 진행된 이 연구의 대부분이 실증적인 면에서도 취약할 뿐 아니라 나열식 서술의 한계를 크게 탈피하지 못하였다. 또한 여성이라는 협소한 범위로 제한하여 연구함으로써 일반사와의 접맥도 거의 이루어지지 못했다.[8] 여성사연구자들은 한국사학계 일반의 논의구조에 진입하지 못한 채 그 주변부를 맴돌고 있었던 것이다. 서양사학계에서도 지난 몇 년 사이에 서구의 여성사연구에 자극을 받아 몇몇 연구들이 진행되었고[9] 앞으로도 계속 증가할 것만은 틀림없는 사실이다. 그럼에도 이들은 서구의 연구에 대한 부분적인 소개에 그치고 있어서, 여성사연구가 던지는 도발적인 문제제

---

7) Gerda Lerner, "Reconceptualizing Differences among Women," *Journal of Women's History* vol. 1/no. 3, 1990, pp. 106~107.

8) 한국 여성사연구의 현황을 알려주는 글로는 한국여성연구회 여성사분과, 「한국 여성사의 연구동향과 과제: 전근대」(『여성과사회』 제3호, 315~39쪽); 「한국 여성사의 연구동향과 과제: 근대」(『여성과사회』 제5호) 참조.

9) 그간 국내에서 발표된 여성관계 글로는 홍성표, 「여성의 재산권행사의 한계와 그 성격: 13세기 영국농민을 중심으로」(『역사학보』 제112집, 1989); 「여성의 재산권과 결혼지참금: 13세기 영국을 중심으로」(『충북사학』 제4집, 1991); 김정자, 「서양 중세 여성의 지위와 역할」(『성대사림』 제5집, 1989); 정현백, 「새로 쓰는 여성의 역사 Ⅱ── 원시/고대편: 모권제 논의를 중심으로」(『여성』 2, 창작과비평사 1988); 「독일 사회주의 여성운동과 그 조직적 전개」(『여성과사회』 제1호, 1990) 등을 들 수 있다. 그외 여성사방법에 관해서는 거의 최초의 소개라 할 수 있는 이남희, 「여성사를 보는 시각」(『여성』 2); 「서구 여성사연구의 형성과 전개」(『한국사 시민강좌』 제15집, 일조각 1994) 등이 있다.

기를 이해하거나 서구에서 진행되는 연구 전반에 대한 평면도를 얻기는 어려운 듯하다.

그래서 이 글은 서구의 새 여성사가 지향하는 새로운 문제의식과 그를 둘러싼 논란을 국내에 소개하는 데 일차적인 목적을 두고 있다. 그러나 이 글이 우리 사학계에서 여성사가 그간의 역사서술에서 생략된 부분을 보충한다는 의미로 인식되고 있는 통념을 넘어서서, 여성사가 여는 새 지평이 역사서술 전체의 관점전환과 어떻게 연결될 것인가에 대한 논쟁의 화두가 될 수 있기를 기대해 본다.

2. 그간의 여성사연구와 몇 가지 문제제기

1) 여성사연구의 성과

"여성에 대한 역사서술의 역사와 관련하여 발견되는 놀라운 사실은 역사가에 의해서 여성사가 총체적으로 무시되었다는 점이다"라는 러너(G. Lerner)[10]의 언급처럼, 역사학은 남성적인 경험에 집중하면서 인류의 절반을 이루는 여성을 철저하게 배제한 만큼 초기의 여성사연구는 이런 척박한 기반 위에서 출발하였다.

기성 역사학계 내에서 훈련받은 역사가들이 여성사에 접근한 첫 단계는 여성명사들의 역사(history of Women Worthies)였고, 이는 달리 보충사(compensatory history)라 지칭되기도 한다. 훌륭한 가문의

---

10) Lerner, "New Approaches to the Study of Women in History," *The Majority Finds its Past*, New York 1979, p. 3.

덕 있는 여성들에 관해 서술한 여성명사록이나 정치적·종교적으로 지도적인 여성들의 전기류들이 대표적인 예이다. 이 연구들은 여성 능력의 범위를 넓혀온 훌륭한 여성의 모범을 제시하고, 여성이 무엇을 해왔고 또 기회가 주어진다면 무엇을 할 수 있는가라는 문제제기를 한다는 점에서 그 가치를 찾을 수 있다. 그러나 여성명사들은 남성에 의해 규정된 가치체계에 길들여져 있었기 때문에, 그들의 활동은 여성의 전통적 역할의 연장이었다. 즉 19세기 초 여성명사들의 활동은 빈자·병자·노인 들을 돌보는 일에서 출발하였다. 조금 여성 의식이 발전하면서, 매춘이나 노예폐지운동, 여성교육운동 등을 전개하였으나, 이는 여성을 전통적인 역할에 더 잘 적응케 할 따름이었다. 뿐더러 여성명사들의 역사는 대다수 여성의 행위나 역사적 경험 혹은 전체 사회 속에서 여성활동의 중요성을 설명해 내지 못하였다. 보충사의 서술 역시 남성에 의해 규정된 역사관을 크게 탈피하지 못하였다. 따라서 이런 유의 역사는 남성적인 시각에서 볼 때 칭찬할 만한 여성들의 활약사를 서술하는 것으로서, 그야말로 기존의 역사서술을 보충하는 것에 불과하였다.[11]

여성사의 두번째 단계는 공헌사(Contribution history)로 정리될 수 있으며, 여기서는 "노예폐지운동, 도덕개혁운동, 노동운동 그리고 그외의 다양한 역사발전에 여성이 어떻게 기여하였는가"에 초점이 맞추어졌다. 그러나 여성의 공헌은 첫째로 여성의 삶이 어떻게 변화되었는가보다는 이런 운동들 자체에 미친 효과에 의해, 둘째로는 남

---

11) Lerner, "Placing Women in History: Definitions and Challenges," *Feminist Studies* vol. 3/no. 1~2, 1975, p. 5; Natalie Zemon Davis, "Women's History, in Transition: The European Case," *Feminist Studies* vol. 3/no. 3~4, 1975, p. 83.

성 중심적인 기준에 의해서만 평가되었다. 그래서 이 위대한 여성들이 이런 활동 속에서 어떻게 스스로 여성해방적인 의식을 획득해 갔는지, 그들의 활동에 의해 보통여성들이 어떤 도움과 영향을 받았는지는 도외시되었다. 또 비록 여성해방적인 시각에서 의미 있는 것이었다 할지라도 남성적 규준에 부합치 않는 행위들은 공헌사에서 관심의 대상이 되지 않았다. 예를 들어 미국여성사에서 상호부조적인 여성네트워크와 새로운 생활양식의 창조에 큰 기여를 한 애덤스(J. Addams)의 역할은 기존의 역사에서 진보주의자 혹은 좌절에 빠진 대학출신 여성의 대변자로 그려졌을 뿐이다.

공헌사 단계에서는 또한 남성에 의해 규정되는 사회에서 여성억압에 저항하거나 지위향상을 도모하는 여성의 공헌이 분석되었다. 여성이 왜, 어떻게 희생되었는지 질문하는 것은 매우 유용하다. 하지만 자칫 이런 질문은 여성을 수동적이고 가부장적 사회 속에서 억압의 희생자로 고착화시킴으로써, 기왕의 남성적 가치기준을 강화시킬 가능성이 크다.

물론 공헌사는 여성의 권리투쟁, 특히 선거권쟁취라든가 여성운동의 조직 및 제도 역사, 그 지도자들의 활동을 연구하는 수준으로까지 진전했고 이것이 여전히 여성사의 중요한 발전단계이기는 하지만, 결코 중심적인 관심이 될 수는 없다. 이런 분석은 역사 속에서 여성이 행하는 본질적이고도 긍정적인 기능을 밝히는 데로 나아가지 못하였던 것이다. 예를 들어 여성이 생산노동에서 수행한 중요한 역할이라든가 역사의 대파국 속에서 여성이 수행한 주체적이면서도 역동적인 역할 등이 바로 그것이다. 결국 공헌사도 역사학의 빈 공간을 여성에게 더 많이 할애할 것을 요구하는 수준을 크게 벗어나지 못했다고 볼

수 있다.[12]

진정 여성적 시각에서 여성사를 연구하기 시작한 것은 제3단계부터이다. 1960년대 말, 70년대 초 여성운동의 열기 속에 태동한 새로운 여성사연구는 전혀 새로운 문제제기와 더불어 출발하였다. 남성에 의해 규정되는 사회 속에서 여성이 주체적인 관점에서 어떤 기능을 지속적으로 수행해 왔는가, 즉 역사의 주체로서 여성이 삶을 살아가는 과정을 구명해야 한다는 주장이 바로 그것이다.

이런 주장과 함께 과거의 역사를 돌아볼 경우, 우리는 생산활동에서 여성이 차지하는 큰 비중과 결정적인 역할에 주목하지 않을 수 없다. 산업화 이전이건, 19세기이건 혹은 오늘날의 사회이든 농업노동에서 여성이 차지하는 비중은 매우 높다. 마찬가지로 임금노동, 가정을 위한 생산, 그리고 재생산을 통합할 수 있었던 근세 초의 가내산업에서도 여성은 가족경제(family economy)의 주춧돌이었다. 여성이 시장지향적 노동과 가사노동을 결합할 수 있었던 가족적 생산방식을 벗어나면, 기혼여성에게 이 양자의 타협은 매우 어려운 일이었다. 그럼에도 불구하고 산업적인 생산방식, 즉 노동의 본질이 임금획득에 두어지는 가족임금경제(family wage economy) 아래서도 여성은 가족의 화폐적 요구를 충족시키기 위해 상당 정도로 산입노동에 참여하였다.[13]

흥미롭게도 스콧과 틸리는, 근대의 공장도시에서 기혼여성의 노동은 임시적이고 불안정했지만 여전히 그들은 가족임금소득자로 기대

---

12) '보상의 역사'니 '공헌사'니 하는 용어들은 러너가 사용한 것을 그대로 차용한 것이다(Lerner, 앞의 글, pp. 6~7).
13) Louise A. Tilly/Joan W. Scott, *Women, Work, and Family*, New York/London 1978, pp. 60, 75, 104.

되었고 이 노동계급여성 사이에서는 직업을 갖지 않는 여성은 '게으른 것으로 간주'하는 노동윤리가 존재하였음을 밝히고 있다.[14] 또한 월러스틴에 따르면, 역사적 자본주의 아래서 전지구적으로 임금노동자로 포섭되는 인구는 전체의 절반에도 못 미치고, 나머지의 생계를 위해 가구의 중요성이 높아진다. 가구경제는 여성노동의 생계 유지적 생산(subsistence production)을 통해 진행되는데, 여기에서 여성노동의 기여도는 절대적이다.[15] 이러한 여성노동의 높은 비중은 그것이 화폐경제 바깥에서 이루어졌다는 이유에서 혹은 여성은 생산에서 부차적인 역할을 할 뿐이라는 이데올로기로 인해 기존의 역사가들에 의해 도외시되었다. 이렇게 은폐된 역사적 진실을 제대로 복원하는 것이 여성사의 역할인 것이다.

마찬가지로 기존의 역사학에서는 역사적으로 대전환의 시점에 여성들이 주체적으로 수행한 집단적인 행동이나 역할도 간과되었다. 그러나 사회운동의 역사에서 여성의 역할이 배제되었던 경향과 달리, 미셸 페로는 도덕경제 단계의 집단행동에서 여성들은 남성보다 더 적극적으로 활약하였지만 뒤이어 노동조합이나 정당과 같은 제도화된 조직들이 출현하면서 여성들이 사회운동의 장에서 체계적으로 배제되는 과정을 밝히고 있다. 예를 들어 16세기의 빵폭동은 가족 내에서 소비자이자 음식제공자로서 역할을 수행하면서 축적된 여성들의 구체적이고 집합적인 경험으로부터 출발하였다. 데이비스에 따르면, 이 여성들 특히 어머니들은 진리를 말하고 불공정을 비난할 도덕적

---

14) 같은 책, pp. 124, 128.

15) 이매뉴엘 월러스틴, 『역사적 자본주의/자본주의 문명』, 나종일·백영경 옮김, 창작과비평사 1993, 26~27쪽; Claudia von Werlhof, *Frauen, Die letzte Kolonie*, Frankfurt/M 1982 참조.

권리를 스스로 가지고 있다고 생각하였다.[16] 또한 프랑스혁명과 러시아혁명의 시가전에서도 여성들의 역할은 대단히 컸으나, 이런 측면들은 기존 역사가들에 의해 은폐되었다.[17]

이상의 연구들은 남성에 기초해서 얻어진 전형이나 남성적 보편성 속에 나타나는 척도에 의해 규정되는 역사관을 탈피하여 여성지향적 의식으로의 전환을 시도하면서 동시에 여성사에 대한 새로운 해석을 가능케 하는 것이다. 여기서 한걸음 더 나아가 여성사가들은 성애(sexuality)·출산·자녀양육 등과 같은 사적인 세계에 대한 연구를 시작하였고, 최근에는 여성들간의 유대·우정·동성애·모성성·신체 등에 대해서도 관심을 기울이고 있다. "개인적인 것이 정치적인 것이다"라는 잘 알려진 급진적 여성해방론의 구호에 자극을 받은 여성사가들은 앞에서 언급한 연구를 통해서 사생활이나 일상생활의 미세한 부분에서까지 작동되는 가부장적 권력의 실체를 분석하고자 하였다. 노동여성에 대한 연구도 노동상황이나 여성노동자운동에 집중되었던 과거의 경향을 뛰어넘어서 주부, 어린이, 출산자와 양육자, 성적 파트너, 여가동료, 임금노동자, 시민으로서의 역할과 관련된 다양한 주제들을 포함하고 있다.[18] 이런 다양성을 통해서도 우리는 여성사 연구성과의 축적을 실감할 수 있다.

---

16) Michelle Perrot, "Stepping Out," G. Fraisse/Perrot eds., *A History of Women in the West* IV, Emerging Feminism from Revolution to World War, Massachusetts/London: Cambridge Press 1993, pp. 457~61; Tilly/Scott, 앞의 책, p. 56.

17) 이에 관해서는 함희숙, 「프랑스혁명과 여성운동」(『여성』 2); 한정숙, 「혁명 그리고 여성해방」(『여성』 2) 참조.

18) Lerner, 앞의 글, p. 10; Mary P. Ryan/Judith R. Walkowitz, "Crossing Borders: Transnational Advances in the History of Women," *Feminist Studies* vol. 5/no. 1, 1979, p. 2; Brain Harrison, "Class and Gender in Modern British Labour History," *Past & Present* 124, 1989, p. 121; Frevert, 앞의 글, p. 256.

2) 몇 가지 문제제기

지금까지의 여성사연구는 엄청난 양적 성장과 열기를 불러일으켰
지만, 그럼에도 전체 역사학에 결정적으로 중요한 방법상의 공헌을
하였다고 보기는 어렵다. 그렇기 때문에 일반 역사학은 여전히 여성
사를 통해서 기존 연구에 몇몇 사실을 첨가할 수 있을 뿐이라고 인식
하고 있다. 대다수의 역사가들은 자신의 발견이 가치중립적이지 않
다는 점과, 방법론의 다양화를 통해서 자신들의 편견을 스스로 검열
해야 함을 잘 인지하고 있다. 그럼에도 불구하고 그들은 자신들이 작
업하는 가치체계, 문화 그리고 언어에서의 성차별적 편견은 직시하지
못한다. 그러나 앞으로 여성사연구의 성과가 축적되면 될수록, 기존
역사가들이 쌓아온 몇몇 전제에 대해서는 도전이 제기될 수밖에 없
다. 앞으로 여성사가들에 의해 다양한 분야에서 다양한 방식으로 문
제제기가 있을 수 있으나, 당장 여성사가들 사이에서 쟁점이 되는 것
은 사료, 시대구분 그리고 사회변동이론이다.

여성에 관해 씌어진 사료는 매우 빈약하다. 설혹 존재하더라도, 여
성에 대해 비우호적이거나 교양층의 여과를 거쳐 외형상으로는 중립
적으로 채색되어 있다. 역사연구에서 항상 중요하게 간주되는 인구
통계의 경우에도 평생 동안 이런저런 돈벌이를 해야 하는 대다수의
여성들은 거의 무직으로 처리되었다. 아내의 돈벌이를 자신의 수치
로 여기는 남편들 또한 여성들의 직업을 속이기가 일쑤이다. 그리고
남아 있는 재판기록이나 조사기록들 역시 귀족이나 중산층의 시각
또는 남성적인 시각에서 자의적으로 해석된 것이 대부분이다. 응답
하는 여성들 또한 관료적인 남성의 권위에 눌려 솔직한 반응을 보이

기가 어려웠을 것이다.[19] 게다가 20세기 초까지 대다수의 여성들이 문맹이었던 사실을 상기한다면, 그나마 여성에 의해 씌어진 현존 사료들 역시 거의 중·상층 여성의 전유물이었을 것이다.

1970년대 중반부터 여성사연구가 활성화되면서, 역사가들은 사료에 접근하는 새로운 방식을 모색하기 시작하여, 편지나 일기, 자서전, 구술사 등을 통해서 '역사 속에서 드러난 여성적 존재형태의 특수성'을 탐구해 나갔다. 당대의 미술작품이나 풍자화 혹은 언어분석을 통해서 여성의 경험과 삶을 추적해 보는 노력도 최근에 나타나고 있다.

이와 같이 여성사가들이 새로운 방향으로 사료발굴을 시도해야겠지만, 이런 종류의 작업이 단시일 내에 어떤 성과를 가져오기는 대단히 힘들 것이다. 오히려 여성사가들이 지금의 여건에서 할 수 있는 용이한 작업은 기왕에 있던 사료들에 대한 비판과 재해석일 것이다. '여성적 시각에서 새로운 사료 읽기'의 대표적인 본보기는 스콧의 논문에서 발견된다. 그는 1847~48년에 이루어진 파리의 산업통계가 객관적 사실 못지않게 편견에 찬 주장을 담고 있음에도 불구하고 이 통계가 후진 역사학자들에 의해 그 범주나 해석에 대한 의문 없이 당연한 색판직인 현실로 수용되었음을 분석한다.[20] 또한 그는 1840~60년 프랑스 정치경제학자들에 의해 씌어진 서술들에 대한 '새로운 읽기'에서, 그들은 지식의 독점과 행정력에의 접근을 통해서 자신들 학문의 지적·제도적 권력을 확립하였으며, 그들이 취급하고 있는 경제학적인 문제를 작업할 개념적 틀을 만들었다고 지적한다. 이러

---

19) 이남희, 「서구 여성사연구의 형성과 전개」, 221~23쪽 참조.
20) Scott, "A Statistical Representation of Work: La Statistique De L'Industrie à Paris 1847~48," *Gender and Politics of History* 참조.

한 정치경제학적 담화에서 노동여성들은 부도덕하고 골치 아픈 존재이자 사회문제의 대상으로 인식되었다는 것이다.[21] 이처럼 여성적 시각에서의 새로운 사료 읽기나 사료비판을 통해서, 여성사가들은 숨겨진 사실들을 재발견하고 새로운 역사해석을 추구하게 되었다.

새로운 사료 읽기나 연구가 진척되자, 자연스럽게 여성사를 다루는 역사가들 사이에서 기존의 사회변동이론도 재고되어야 한다는 주장이 제기되기 시작하였다. 거대한 사회변화를 평가하는 데 있어서, 그것이 남성과 달리 여성에게 미친 효과를 우리는 고려할 필요가 있다. 사회변동의 서술에 여성들을 포괄하기 위해서는 우선 여성이 겪는 공통적인 경험인 재생산(Reproduction)의 기능이 고려되어야 한다는 것이다. 출산, 양육, 성애, 가족구조 등에 심대한 영향을 끼쳤던 역사적 전환점들이 기존의 역사서술에 포함되어야 하는 것이다. 예를 들어 출산통제에 관한 정보와 기술은 의학사나 보건사와 관련하여 주목할 만한 것일 뿐 아니라, 또한 그것은 여성의 일상생활이나 가족의 규모를 결정하는 중요한 역사적인 요인이 된다.[22]

마찬가지로 생산관계의 변화는 가족구성원이나 노동자들 못지않게 여성의 삶에도 엄청난 영향력을 행사하였다. 영국의 초기자본주의화 과정에서나 1960년대 이후 한국과 같은 후진국의 공업화과정에서 그 변화의 부담은 먼저 여성에게 씌워졌다. 여성노동력은 초기 자본축적에 중대한 기여를 하였음에도 불구하고, 전통적인 역사서술에서 여성의 역할은 과소평가되고 있다. 뿐만 아니라 자본주의의 초과

---

21) Scott, "'L'ouvrière! Mot impié, sordidé…,' Women Workers in the Discourse of French Political Economy, 1840~1860," 같은 책 참조.
22) Lerner, 앞의 글, pp. 11~12.

착취구조는 인간다운 생활을 할 수 있을 만큼의 가족임금을 책임지지 않았음에도 불구하고 자본제하에서 가족이 살아남을 수 있었던 것은 바로——저임금에 기초한——여성의 가외노동과 가사노동 때문이었다. 그러나 전통적인 역사서술에서 이는 정당한 평가를 받지 못하였다. 이제 역사학은 생산양식의 변화와 남녀역할 사이의 인과관계를 분석해야 한다.

이런 측면에서 중요한 학문적 공헌을 한 것은 엥겔스이다. 엥겔스의 『가족, 사유재산 그리고 국가의 기원』은 인간의 물질생산 발전과 재생산관계의 변화를 종합한 중요한 시도이다. 여기에서 엥겔스는 미개-야만-문명의 단계를 거치는 인간의 생산력 발전이 가족제도 및 여성지위 변화와 어떤 관계를 맺는지 분석함으로써, 역사연구에서 거대한 물질문명의 변화와 성차별을 통합하는 단초를 제공하였다. 이런 분석은 여성을 주체로 그리고 가족을 생산적·사회적 힘으로 간주하면서, 역사의 다른 절반을 우리에게 개방하는 것이다.[23]

여성사가 기존 역사학에 던지는 또 하나의 도전은 시대구분에 대한 문제제기이다. 근본적인 사회적 변화가 일어나서, 역사가들이 역사적 발전의 선환점으로 간주하는 시기들이 남성에게나 여성에게 반드시 동일한 것은 아니다. 역사적 시간 속에서 여성은 대체로 전쟁, 재산의 축적, 입법, 행정, 예술, 과학을 담당하는 일로부터 배제되었던 점을 감안한다면, 그리 놀라운 일은 아니다. 전통적인 역사에서 떠오르는 여성은 예외적인 존재 혹은 남성과 같은 두뇌를 지닌 존재

---

23) Joan Kelly, "The Social Relation of the Sexes: Methodological Implications of Women's History," *Women, History & Theory: The Essays of Joan Kelly*, Chicago/London 1984, pp. 9~15.

로 취급받았다.

그러나 여성사는 예외적인 여성을 다루기보다는 과거를 살았던 대다수 여성들의 지위와 역할을 재구성하기를 희망한다. 이런 각도에서 여성사가들은 위대한 격변의 시기나 이때 이루어진 사회운동이 여성적 잠재력의 해방에 기여하였는지 그리고 남성 못지않게 여성의 인간성 향상을 진전시켰는지 검토해야 할 것이다. 조안 켈리는「여성에게도 르네상스가 있었는가」(1977)에서, 서구 근대의 기점으로 간주되는 위대한 르네상스 시대가 인본주의 정신을 고취시키고 문화적인 표현영역을 증대시켰을지라도, 다른 한편으로 부르주아의 아내들은 가정에 갇히고 여성의 행동반경은 위축되고 여성혐오주의가 확산되었다고 말한다. 더구나 이 시대는 모든 계급의 여성을 망라하는 혹독한 마녀사냥이 횡행한 시대였다. 단 이삼십 명의 여성들만이 르네상스가 가져다준 인문주의 문화를 향유할 수 있었을 뿐이다. 이런 점에서 여성들에게는 르네상스가 존재하지 않았다. 오히려 르네상스 시대에는 여성의 힘과 전망에 대한 뚜렷한 제한만 있었을 뿐이다. 또한 화려한 문화와 민주주의를 꽃피운 아테네의 '진보'도 여성들에게는 축첩제도와 내실(gynecaeum)로의 유폐를 의미할 뿐이었다. 마찬가지로 위대한 시민혁명들 역시 여성을 자유·평등·박애로부터 배제시키는 결과를 가져다주었다.[24)]

그렇다면 여성에게도 적용하기 위해서는 전통적인 시대구분을 어떤 종류의 시대구분으로 대체해야 할 것인가? 이를 위해서 먼저 여성을 역사서술에 포함해야 하고, 이를 통해 여성이 역사 속에서 수행

---

24) Kelly, "Did Women have a Renaissance?," 같은 책, pp. 19~50.

한 본질적인 역할, 출산과 육아로 대변되는 재생산기능과 성애가 새로운 범주로 고려되어야 한다. 그럴 경우 역사가들은 과거의 틀을 벗어나 새로운 종합을 시도할 수밖에 없다. 이와 같은 맥락에서 여성사가들은 역사적인 여성연구는 전통적 역사학에 대한 '공백 메우기'가 아닌 만큼, 역사서술의 전영역에서 근본적인 '관점의 전환'(Perspektivwechsel)이 이루어져야 한다고 주장한다.[25]

지난 20여 년 동안 전체사회사(History of Society)가 역사방법론의 발전에 엄청난 기여를 한 것에 비한다면, 이 분야에서 여성사의 기여는 미미하다. 현재 수준에서 여성사연구의 독창성은 획기적인 방법의 개발보다는, 차라리 새로운 문제제기나 관점에서 찾을 수 있다는 것이 더 정확한 지적일 것이다.[26] 물론 단기간에 개개의 여성사연구로부터 획기적인 결과를 도출한다거나 근본적인 가치의 재평가를 기대한다는 것은 비현실적이다. 설령 여성사가들의 머릿속에 역사를 새로운 관점에서 새롭게 기술한다는 것이 있을지라도, 이러한 목표는 여전히 심각한 정보결핍과 주제별 연구의 불충분성 때문에 단번에 달성하기 어렵기 때문이다. 이런 한계에도 불구하고 새로운 관점을 지향하는 노력들이 나타나고 있는데, 그 출발점을 이루는 것이 사회적 범주로서의 성, 즉 '젠더'(gender) 개념을 설정하고 그것을

---

25) Frevert, 앞의 글, p. 244.

26) Hilda Smith, "Feminism and the Methodology of Women's History," Berenice A. Carroll ed., *Liberating Women's History: Theoretical and Critical Essays*, Urbana 1976, pp. 372, 375~76; Richard J. Evans, "The History of European Women: A Critical Survey of Recent Research," *Journal of Modern History* 52, 1980, p. 674; Giesela Bock, "Der Platz der Frauen in der Geschichte," Herta Nagl-Docekal/Franz Wimmer eds., *Neue Ansätze in der Geschichtswissenschaft*, Wien 1984, p. 116, 126; "Diskussionsforum: Geschichte, Frauengeschichte, Geschlechtergeschichte," *Geschcihte und Gesellschaft* 14, 1988, pp. 386~87.

전통적인 역사학에 도입하려는 여성사가들의 노력이다.

3. 여성사의 이론화와 '젠더'개념

역사적 관점의 전환을 거론하기에 앞서, 이미 앞에서 다루었어야 할 해묵은 질문을 다시 한번 던져보자. 여성은 사회사와 분리된 역사를 갖는가. 남성에게 적용되는 역사적 중요성을 여성을 설명하는 데도 같은 기준으로 사용할 수 있는가. 왜 여성사는 연구되어야 하는가. 이에 대한 해답은 다음 세 가지로 정리될 수 있을 것이다. 첫째, 역사가 엘리트에 의해 이루어지는 역사적 사건의 집합으로 이해되어서는 안 되는 것처럼 역사연구 역시 남성에 제한될 수 없다. 역사의 총체성을 찾기 위해서는 인류의 절반, 아니 그 이상을 차지하는 여성의 과거에 대한 연구가 불가피하다. 둘째, 역사는 그 전망이 오늘의 현실에 의해 더 제약되는 과거에 대한 선택된 견해이다. 일단의 사람들이 자신들 존재의 중요성과 그에 대한 사회적 존중을 주장할 때, 역사가는 그런 압력에 부딪히면서 그 집단의 과거에 관심을 가지지 않을 수 없다. 즉 여성운동의 대중적인 성공이 여성사연구의 필요성을 부각시켰던 것이다. 셋째, 여성은 어느 사회적 범주로도 환원될 수 없는 고유한 경험세계를 가지고 있다. 또한 여성은 계급으로도, 인종문제로도 해명될 수 없는 독특한 억압체계 아래서 고통을 당하고 있다. 바로 이 점이 노동여성이 노동사에 편입되고 흑인여성은 흑인의 역사에 포괄되어 연구될 수 없는 이유이다. 다시 말해 흑인여성에게는 흑인남성과 또 다른, 그리고 여성노동자에게는 남성노동자와

또 다른 역사적 설명방식이 고려되어야 함을 의미한다.[27]

이 독특한 여성만의 과거를 재구성하는 데는 상당히 오랫동안 남성과 여성의 신체적 차이가 중요한 설명요소로 사용되어 왔다. 여성이 출산을 한다는 사실을 비롯하여 남성과는 다른 신체적 모습과 기능을 지녔다는 사실은 애초에는 '차이'로 존재하였다. 수렵채집시대는 남녀간의 신체적 차이에도 불구하고, 남녀가 평등하거나 혹은 모계제를 토대로 한 여성 중점적 사회(matrifokale Gesellschaft)였다.[28] 그러나 청동기 기술의 발전과 농업혁명이 병행하여 진행되면서, 소수의 남성 전사집단이 생겨났고 이들에 의한 외래인의 정복은 권력의 정착화를 초래하였다. 이때 사용된 수단은 차이를 통해 지배를 정당화하는 일이다. 기원전 2000~3000년 근동지방에서 이런 일련의 사건들이 일어났고, 이 무렵에 국가형성의 단초가 나타났다. 시차는 있을지라도 모든 곳에서 차이가 지배로 전환되는 최초의 단계는 여성에 대한 남성의 가부장적 지배의 출현이었다. 우리에게 알려진 최초의 노예는 정복된 이웃부족의 여자들이었다. 보통 정복당한 부족이 인종적으로나 외양상으로 정복자와 다를 경우, 정복자들은 그들을 손쉽게 하층계급(underclass)으로 규정할 수 있었다. 그러나 이런 차이가 존재하지 않을 때는 정복자는 그들에게 다른 모양의 두발이나 의복을 하게 함으로써 노예의 표지(標識)를 창조하였다. 따라서 항상

---

27) Smith, 앞의 글, pp. 368~69.
28) '모권제사회의 존재' 여부에 관해서는 여성학자들 사이에서 여전히 논란이 일고 있다. 그럼에도 최근 와서는 바호휀이 사용하였던 여인지배, 즉 여성에 의한 권력 장악 및 행사로 해석될 수 있는 모권제가 존재하였다는 데 대해서는 이의가 제기되고 있다. 오히려 그것이 '여성의 보다 유리한 지위가 가능'하였던 모계제사회로 이해되고 있어서, '모성 중점적' 사회라는 용어가 쓰이고 있다. 이에 관해서는 정현백, 「새로 쓰는 여성의 역사 Ⅱ—원시/고대편」, 248~77쪽 참조.

강조되는 것은 '차이'였다.

일단 무력에 의해 승자가 결정되고, 정복당한 자는 지배당한다. 그러나 무력에 의한 지배는 장기간 지속되지 못한다. 그저 조금 더 용맹할 뿐인 정복자가 다른 전사를 영속적으로 노예화하거나 밤낮으로 감시할 수는 없다. 지배는 지배자와 피지배자 그리고 양자에 속하지 않는 대다수의 구성원에 의해 정당화되고 수용될 때 가능해지는 것이다. 그래서 역사적으로 지배를 수용할 만한 것으로 만드는 것은, 차이에다 부정적인 표지를 부여하는 것이다. 이렇게 해서 정복자와 다른 특성은 모두 열등한 것으로 간주하는 이데올로기가 창조된다. 고대국가의 형성과정에서 노예를 갖지 못한 남성들은 '또 다른 타자(他者)', 즉 자기 계급의 여성과 어린이를 지배·통제하는 기회를 부여받음으로써, 이와 동시에 좀더 힘센 남성들에 의해 지배되거나 자원을 통제당하는 협상을 받아들인다. 비록 이들이 노예를 갖지 못했을지라도, 노예의 존재는 이들의 지위를 상대적으로 높여주고 또 이런 감정은 이들에게 자신도 연루된 불평등을 당연한 조치로 받아들이게 한다.[29] 이와 같이 인간불평등의 기원을 추적해 보면, 생물학적인 차이가 사회적 차별로, 서열화(hierarchy)로 전환되는 일련의 과정을 확인할 수 있다. 또 서열화는 다시 법과 군대제도·경제정책·교육·종교·이데올로기 그리고 지배엘리트에 의해 창안되는 문화헤게모니에 의해 제도화된다. 우리는 단순한 원시사회에서조차 다양한 형태의 차이들이 서로 복잡하게 얽히는 과정을 발견할 수 있다. 즉 계급적 지배, 인종차별, 성차별이 권력을 불평등하게 배분하는 과정

---

29) Lerner, "Reconceptualizing Differences among Women," pp. 108~10.

에서 상호작용을 하고, 결과적으로 이것은 남성이 아닌 여성, 백인이 아닌 흑인, 시민계급이 아닌 프롤레타리아트라는 '일탈자'(deviants) 혹은 '타자'(others) 집단을 끊임없이 창출한다.

그럼에도 불구하고 오늘날도 여성의 억압은 생물학적 원인에 의해 설명되거나 합리화되고 있다. 그래서 '관점의 전환'을 주장하는 여성 사가들은, 생물학은 그 자체가 가치개념을 내포한 사회적 범주라고 파악한다. 생물학은 '열등성'의 은유이다. 이것은 여성의 영역, 즉 임신·육아·가사 등은——노동으로 간주되는 남성들의 활동과 대조적으로——사회적으로 열등하다는 의미를 내포한다. 즉 생물학이라는 용어의 사용은 신체적 차이가 사회·정치적 불평등을 정당화하는 데 일조한다. 성차별주의(sexism)와 인종차별주의는 육체적 차이에서 비롯된 것이라기보다 오히려 기존의 사회관계, 특히 권력관계를 정당화하기 위해 사용된 것이다. 그렇기 때문에 역사가들은 이런 차별을 만들어내는 '생물학'이라는 사회문화적 범주를 제거하고 그와 연결되는 개념들을 버려야 한다는 것이다.[30]

1970년대 중반부터 여성사가들은 생물학적 성을 지칭하는 성(sex)이라는 용어 대신 사회적·문화적으로 형성된 성을 표현하는 젠더개념을 사용할 것을 제안하였다. 여성문제나 여성사연구가 생물학적인 성으로 축소되어서는 안 될 뿐 아니라 사회구조를 포함하여 사회의 모든 영역을 다루어야 하는 까닭에, 젠더개념이 더 유효하다는 것이다. 이처럼 젠더범주의 주장은 역사에서 경시되었던 영역을 발견할 수 있게 도와주는 분석도구이자 전통적인 역사서술의 성에 대한 무

---

30) Bock, "Women's History & Gender History: Aspects of an International Debate," *Gender & History* vol. 1/no. 1, 1989, pp. 11~14; "Diskussionsforum," pp. 374~78.

지(sex-blindness)에 도전하는 개념틀을 설정하기 위함이다.[31] 이와 더불어 오늘날 서구의 여성사가들은 여성사를 흔히들 젠더사(Gender Hisotry)로 지칭하는데, 이 글 역시 젠더사를 지향하고 있다. 그러나 국내에서는 이 용어가 생소한 실정인데다 일부 선진적인 여성사가들의 제안이어서, '젠더사'라는 용어의 사용은 아직 이른 감이 없지 않다.[32] 그래서 이 글에서는 편의상 '여성사'를 주로 사용하고자 한다.

젠더범주를 내세우는 여성사가들은 이와 관련하여 몇 가지 전제들을 제시한다. 우선 성은 하나의 사물이나 대상이 아니라 관계와 과정들의 복잡한 얽힘이라는 것이다. 다시 말해 역사 속에서 여성의 발견은 지금까지 무시되어 왔던 대상이 아니라, 인간들 사이 혹은 인간집단들 사이에서 무시되어 왔던 관계들을 포착하는 것이다. 이는 마치 계급을 이론적 구조물로 취급하거나 사회구조를 구성하는 요소로 간주하여 정태적으로 개념화해 버리는 구조기능주의자들을 비판하면서, 계급은 역사적으로 변화하는 인간관계임을 강조하는 톰슨의 주장과도 일맥상통하는 듯하다.[33] 또한 관계와 과정으로 이루어지는 동

---

31) Bock, "Diskussionsforum," pp. 372~74; "Women's History & Gender History," pp. 10~11.

32) 물론 여성사가 내부에서도 '젠더'개념의 사용 자체를 반대하는 시각도 있다. 우선 미스 같은 생태페미니즘 주창자들은 젠더에 대한 강조는 여성-자연-열등성과 남성-문명-우월성이라는 과거의 이분법을 강화시킬 염려가 있다고 우려하면서, 생물학적인 성과 사회적인 성을 분류하는 데 거부감을 보인다. 그런가 하면 보크는 이와 좀 다른 시각에서 젠더사의 사용은 여성사를 다시 사회사의 일부로 병합시킬 위험이 있다는 점을 들어, 반대의견을 표명한다(Maria Mies, "'Gender' and Global Capitalism," Leslie Sklair ed., *Capitalism and Development*, London 1994, pp. 107~20; Bock, "Challenging Dichotomies: Perspectives on Women's History," K. Offen/R. R. Pierson/J. Rendall eds., *Writing Women's History: International Perspective*, Bloomington 1991, pp. 7~9.

33) 배영수, 「사회사의 이론적 함의: 에드워드 톰슨에 있어서 계급과 문화 그리고 역사적 유물론」, 『역사와 현실』 10호, 1993, 128~30쪽.

태적 역사학을 내세우는 여성사가들은 성을 문화 및 경험과 연관지어 이해하려 한다.

그러나 여성사는 양성간의 관계에만 관심을 두지는 않는다. 여성사가들은 (동)성 내부의 관계도 주목할 것을 요청한다. 역사적으로 여성과 남성의 다른 존재조건(Das Anders-Sein), 차이, 불평등은 여성들간의 차이, 불평등, 각기 다른 존재조건에 대한 역사적 연구에 의해 보완되어야 한다는 것이다. 다시 말해 여성들 내부에도 남녀간 못지않게 크나큰 차이와 차별이 있는 만큼, 여성사 역시 단수가 아닌 복수로 파악되어야 한다. 뿐더러 여성들간의 관계에서도 과거처럼 부르주아 대 프롤레타리아 여성이라는 계급적 차이에 따른 구분뿐 아니라 주부와 하녀, 어머니와 유모, 어머니와 딸, 조산원과 임산부 같은 다양한 관계들도 주목해야 한다. 왜냐하면 이런 복잡하고도 다양한 경로를 통해서 비로소 총체적인 여성사가 구축될 수 있기 때문이다.[34]

다음으로, 젠더와 관련하여 여성사가들은 차이와 서열화 문제를 구별할 것을 요구한다. 앞에서 언급한 대로 인류역사에서 남녀의 생물학적인 차이가 사회적 차별로 전화되지 않은 시대나 사회가 있었는가 하면, 그 반대의 경우도 있었기 때문이나. 차이와 권력에 기초한 서열화는 동일하지도 않거니와 항상 서로 연계되지도 않기 때문에, 양자를 구별함으로써 남녀의 차이가 차별로 전화하는 계기와 과정을 포착할 수 있다.

또한 젠더의 역사는 여성만을 대상으로 삼는 것을 거부한다. 여성

---

34) Bock, "Der Platz der Frauen in der Geschichte," pp. 119∼20; Scott, 앞의 책, p. 32.

이 성으로 개념화될 수 있는 사회집단인 것과 마찬가지로, 남성 역시 성적 본질로서 가시화되기를 요구한다. 성차별을 통해 여성의 삶뿐 아니라, 남성의 삶 또한 왜곡되었기 때문이다. 그래서 여성사가들은 젠더개념을 사회적·문화적·역사적 현실의 기초적인 범주로 도입해야 할 뿐 아니라 일반사 자체가 젠더사가 되어야 함을 강조한다. 따라서 젠더범주는 여성만을 대상으로 하는, 여성적 억압에만 집중하는 연구를 지양한다. 그렇지만 젠더사가 성중립적인 것, 즉 남성과 여성 그 어느 쪽의 주장으로도 기울어지지 않는 자세를 미덕으로 여기지는 않는다. 오히려 여성에게 우호적인 내용이건 혹은 그 반대이건 역사 속에서 '젠더'를 중심으로 발생하는 모든 관계를 포착하려 한다. 결국 이것은 성간의 관계를 올바로 인식하고 그로부터 발생하는 모든 억압적 본질을 밝혀내는 것을 의미한다. 그래서 여성사는 성차별의 극복을 통해, '역사일반'(Geschichte überhaupt)에서 궁극적으로 성을 초월하는 전망을 지닌다.[35] 다시 말해 성간의 차별이 사라져서, 젠더범주 자체를 거론할 필요가 없는 사회를 지향하는 것이다.

지금까지 설명한 대로 젠더는 성을 기반으로 한 차이나 차별의 사회적 성질을 강조하고, 또 양성의 관계, 각 성 내부의 상호관계를 포괄하기 때문에, 지금까지 존재해 온 여성문제를 전체사와 연관지어 규명하는 데 매우 유용한 개념틀이다. 동시에 이것은 여성학적인 시도를 넘어서서, 현존하는 권력관계나 그 헤게모니의 반영물이기 십상인 기성 학문의 패러다임에 대한 대안으로서도 의미가 크다. 그러나 여전히 우리에게 숙제로 남는 것은 젠더범주가 사회를 설명하는 여

---

35) Bock, "Diskussionsforum," p. 380.

타의 범주들, 즉 계급이나 인종과 어떤 관계를 가지는지를 구명하는
문제이다.

　일반적으로 여성과 남성은, 양자 사이에 어떤 일정한 구분도 없이
동일한 계급에 속하는 것으로 간주되어 왔다. 그러나 계급은 결코 단
일한 위치, 관계 그리고 경험으로 표현되는 것만은 아니다. 여성은
남성과 다르다는 말에서 드러나고 또 제도화되는 것처럼 계급은 젠
더적(genderic)이다. 남성에게 계급은 생산수단과 맺는 관계, 자원 그
리고 여성 및 아이들에 대한 통제권을 의미한다. 그러나 여성에게 계
급은 그 자신이 생산수단과 맺는 관계이되, 이는 직접적이지 않다.
여성의 생산수단에 대한 관계는 자신이 성적 서비스 혹은 재생산을
위한 서비스를 제공해야 하는 남성을 통해 매개되어진다. 경제적 독
립을 누리는 여성이 있다면, 그에게 계급은 단지 생산수단과 맺는 관
계뿐 아니라, 재생산능력과 자신의 성성(性性)에 대해서도 스스로
통제할 수 있는 권한까지도 의미한다. 즉 이 여성은 자녀출산, 결혼
그리고 성관계를 스스로 결정할 수 있는 권리를 지니는 것이다.

　마찬가지로 '인종' 개념 역시 확장되고 재정의되어야 한다. 인종문
제는 남성과 여성에게 다른 방식으로 적용되기 때문에 젠더적이다.
억압받는 종족의 남성은 노동력을 착취당하지만, 그 여성은 노동력과
동시에 성적·재생산적 서비스를 강요당한다. 노예여성은 주인남성
에게 성적 서비스를 제공할 뿐 아니라, 그녀가 낳은 자녀는 실제적으
로 상품이 되어 매매되거나 거래되기 때문이다.[36]

　좀더 구체적인 예를 통해서 성·계급·인종문제를 중심으로 사회

---

36) Lerner, 앞의 글, pp. 110~11.

적 관계가 착종되는 방식을 살펴보자. 남북전쟁 전의 미국사회에서 백인하층의 경제적 이해관계는 농장주계급의 그것과 대립했다. 그러나 백인하층은 자신이 속한 계급 안의 여성의 성성과 재생산을 통제하고, 흑인여성에 대한 성적 특권을 누릴 수 있었다. 이런 성적·인종적 특권은 백인 하층남성이 경제적·교육적 기회도 제한되어 있고 정치권력에의 접근도 어렵고 농장주의 권위에 종속됨에도 불구하고, 그로 하여금 농장주의 지배체제와 타협하게 만들 수 있다.

이 시대 모든 계급의 백인여성과 흑인여성은 정치적·법적 권리와 교육기회를 박탈당하였다. 이런 권리들의 부재를 고려하자면, 양자는 본질적으로 평등할 수도 있다. 그러나 백인여성의 성과 재생산은 백인남성에 의해 통제된 반면, 흑인여성은 백인주인과 흑인남성 모두에 의해 통제당하였다. 백인여성은 성차별주의에 의해 경제적·사회적 불이익을 당했을지라도, 그들은 인종주의적 이점을 얻었다. 즉 상층 백인여성들은 흑인남성과 흑인여성 모두를 착취할 수 있었다. 백인여성은 여자노예의 노동을 통해 가사부담을 덜었을 뿐 아니라 인종적 우월성은 그녀에게 사회적 만족감을 안겨주었고, 이것은 백인여성들이 성차별주의로 인해 경험하는 불이익과 차별을 은폐시키는 역할을 하였다. 한마디로 하층 백인남성은 성차별주의와 인종차별주의를 통해 이득을 얻었고, 백인여성은 인종차별주의와 계급적 지위를 통해 이득을 얻었던 것이다. 결국 성·계급·인종제도의 착종은 백인남성에게는 계급적 착취를, 백인여성에게는 성차별주의를 인식 못하게 하거나 혹은 이에 저항하지 못하게 만들었다.[37]

---

37) 같은 글, pp. 112~13. 그외에도 영국의 인도지배에서 또 다른 형식을 빌려 성차별주의와 인종주의가 결합되는 흥미로운 예를 발견할 수 있다(Chandra Talpade

　더욱 흥미 있는 것은 이 시대의 성범죄에 대한 불평등한 법률이다. 18세기 중반에 백인여성에 대한 흑인남성의 강간은 사형이라는 처벌을 받았지만, 백인남성에 의한 흑인여성의 강간은 처벌되기는커녕 오히려 백인남성의 권리로 간주되었다. 이와 같은 법률은 흑인남성에게서 자신의 아내에 대한 성적 통제권뿐 아니라 보호할 권리마저 박탈함으로써, 흑인남성을 더욱더 비인간화·타자화시키는 결과를 가져왔다. 또한 남북전쟁 후에는 백인여성에 대한 보호를 핑계로, 해방된 흑인남성에 대한 폭력과 린치가 증가했는데, 여기에서 우리는 성차별주의가 인종차별주의를 강화하는 수단으로 이용되었음을 확인할 수 있다.[38]

　그러나 남북전쟁 전의 미국 남부사회에 비해, 현재와 같은 산업사회에서는 성·계급·인종의 내적인 관련성이 잘 드러나지 않는다. 여성들의 정치적 투쟁에 힘입어 양성관계는 많이 개선되었고, 계급갈등 역시 노동운동의 성장에 의해 훨씬 완화된 형태를 띠고 있다. 그럼에도 불구하고 역사적 시기에 따라 그 모습만 달라졌을 뿐, 대다수의 피지배자들을 다양한 집단으로 분열시키고 이를 통해 자신의 지배를 신비화하는 지배체제 고유의 과정은 여전히 존재한다. 그리고 성·계급·인종과 같은 범주는 여전히 이런 목적에 충실히 봉사하고 있다.

　미국 노동조합운동의 역사를 일별해 보면, 인종에 의한 분열과 남성노동자들 속에 팽배한 반(反)페미니즘이 얼마나 노동조합의 조직

Mohanty, "Under Western Eyes: Feminist Scholarship and Colonial Discourses," C. T. Mohanty/A. Russo/L. Torres eds., *Third World Women and The Politics of Feminism*, Bloomington 1991, pp. 15~21.
38) Lerner, 앞의 글, p. 113.

을 지연·방해하는지 확인할 수 있다. 마찬가지로 오늘날 선진자본주의 국가에서 심각한 문제가 되고 있는 '가난의 여성화'(feminization of poverty), 즉 구제대상 빈민의 2/3가 여성인 현실은, 노동시장을 남/여로 이원화하여 여성노동에 대해서는 절반의 임금을 지불하는 '노동시장의 분절화'에서 유래하였다. 바로 이것이 성차별주의와 계급적 불평등의 결합을 보여주는 전형적인 예라 할 수 있다.[39]

앞에서 살펴본 대로 계급·성·인종은 서로 분리될 수 없는 것이다. 이것들은 서로를 만들어내고 강화하고 그리고 지원한다. 계급이 역사적으로 최초로 선택한 방식은 성차별적이고 인종차별적인 것이었다. 인종차별주의가 처음 선택한 방식은 성차별적이고 계급적인 것이었다. 국가가 처음 선택한 형식은 가부장제였다. 그리하여 이 모든 요소들은 지금 이 글이 지향하는 재개념화의 출발점을 형성한다. 가부장적 지배체제의 다양한 측면의 내적 관련성을 파악하고자 하는 역사가는 이 세 가지 요소가 서로 교차하고 중복되는 과정을 이해할 때 비로소 제대로 된 여성사를 서술할 수 있을 것이다.

대부분의 역사가나 사회과학자들은 성·계급·인종이 상호 역동적이고도 필수불가결한 관계라는 점에 대해서는 별반 이의를 제기하지 않는다. 그러나 역사발전과정에서 과연 어떤 요인이 더 근원적으로 사회적 관계들을 규정하는가를 둘러싸고는 논란이 있다. 생물학적 특성과 연관된 성과 인종의 위상에 대해서는 역사가들 사이에 큰 이견이 없다. 그러나 이들과 계급의 관계에 대해서는 여러 차례 격론이 벌어지기도 했다. 그래서 다음 장에서는 '사회사와 여성사의 갈등'

---

39) 같은 글, pp. 114~15. 노동시장의 분절화에 대해서는 나탈리 소콜로프, 『여성노동시장이론』(이효재 옮김, 이화여대 출판부 1990) 참조.

과 '성과 계급 논쟁'을 중심으로 성을 역사이론 내에서 어떻게 자리매
김할 것인지를 밝혀보고자 한다.

4. 여성사와 역사학 패러다임의 전환

1) 사회사와 여성사의 갈등

만약 우리가 여성사를 사회관계의 역사로 본다면, 여성사와 사회
사의 관계를 생각해 볼 필요가 있다. 성차별이 사회적 현실로 존재하
고 성이 사회적 범주로 설정되는 한, 모든 여성의 역사는 어떤 의미
로는 사회사이다. 또한 여성사연구의 직접적인 계기는 새로운 여성
운동에서 나왔다 하더라도, 여성사는 '아래로부터의 역사'와 조야한
경제결정론적 시각의 탈피를 표방한 1960년대 말의 '사회사'에 관점
이나 방법론의 측면에서 신세를 진 바가 크다.[40] 물론 여성사도 성을
역사학의 새로운 범주로 제기함으로써 사회사의 시야를 넓히는 데

---

40) 톰슨이나 홉스봄 등에 의해 시작된 '새로운 사회사'는 오늘날 구미역사학계를 석권
하고 있다고 하여도 무방하다. 우리 사회에서는 이 소류를 '전체사회사'(history of
society) 혹은 그냥 사회사로 지칭하기도 한다. 굳이 '새로운'이라는 수식어를 붙이
는 역사가들은 과거의 사회사와 자신들의 문제의식을 구분하기 위함이지만, 이 용
어들은 혼용되어 쓰이고 있다. 이 글에서는 편의상 사회사로 쓰고 있으나, 그 의미
는 새로운 사회사에 가깝다. 새로운 사회사가 여성사에 준 도움을 스콧은 네 가지
로 요약한다. ① 계량화, 일상생활에서 나타나는 세부적인 요소들의 사용, 사회
학·민족학·인구통계학 등으로부터 학제적 차용에서의 방법론을 제공하고 ② 가
족관계, 성, 출산 등을 역사적 현상으로 개념화하였고 ③ 사회사는 거시적인 사회
적 과정 등을 주제로 받아들임으로써 정치사의 서술적 경향에 도전하였고 ④ 정치
사에서 인습적으로 배제되었던 집단에 초점을 맞추는 것을 정당화함으로써 여성
에 대한 관심을 높이는 결과를 가져다주었다(Scott, 앞의 책, p. 21; 이남희, 앞의
글, 5쪽 참조).

적지 않은 자극을 제공하였다. 이러한 상호간의 조력관계에도 불구하고, 여성사가들은 여성사를 사회사에 합류시키기를 단호히 거부한다. 프레베르는 다음과 같이 말한다.

국가통치술과 외교와 전쟁수행이 남성적인 행위를 위한 특별구역이었기 때문에, 정치지향적인 전통역사학은 여성에 대해서 아무것도 말하지 않았다. 마찬가지로 1960년대 후반부터 확장되어 나간 사회사는 새로이 제기되는 여성문제에 대해서 침묵으로 일관하고 있다. 사회사가로서 스스로 인간의 동기나 주체적인 행위에 관심을 갖기 시작하고 또 집단적인 운동의 발전을 개인적인 경험이나 기대와 관련지으면서도, 그들은 인간을 대부분의 경우 전적으로 남성들 혹은 단지 보통의 '남성'으로만 이해하였다.[41]

다시 말해 이들의 연구에서는 위대한 여성도, 보통의 여성도 취급되지 않았다는 것이다. 그래서 대다수의 여성사가들은 여성사를 사회사의 일부로 포괄하려는 주장에 동의하지 않는다.[42]

여성사가의 시각에서 보면, 사회사의 첫번째 대상은 계급이고 통상적으로도 '사회적'이라는 것은 보통 계급이나 계층으로 규정되었

---

41) Frevert, 앞의 글, pp. 241~42.
42) 보크나 러너 역시 이런 입장을 표명한다. 특히 보크는 여성사가 사회사의 한 부분이 아니고 오히려 후자보다 더 포괄적이라고 주장하는데, 그것은 여성사는 사회사뿐 아니라 정치·문화·사상사적인 방법을 모두 사용하기 때문이라는 것이다. 여성사나 성연구는 오히려 모든 역사서술의 한 부문영역인데, 그것은 남성사가 역사의 한 부문영역으로 보일 수 있다는 것과 같은 의미에서이다(Bock, "Der Platz der Frauen in der Geschichte," pp. 108~109, 126; Lerner, "Placing Women in History," p. 8).

다. 여성들의 관점에서 보면, 사회사는 인간들간의 관계의 영역인 '사회적'인 것을 너무 편협하게 이해하고 있고 게다가 '사회적'이라는 개념과 계급의 동일시는 여타의 사회적 관계, 가령 성간 혹은 인종간의 관계를 비사회적이고 심지어 생물학적인 것으로 간주케 하는 데 일조한다는 것이다.[43]

계급에 준하여 역사 속의 여성을 연구할 경우 우리는, 첫째 계급적 지위의 측정에서 남녀를 동등하게 다룰 수 없다는 점과, 둘째 성에 따라 계급에 대한 역사적 경험이 다르다는 두 가지 난관에 부딪히게 된다.

우선, 계급적인 귀속성에서 남성과 여성은 근원적으로 다르다. 남성은 자본·생산·시장·직업으로 유도되는 데 비해, 여성은 주로 아버지나 남편 등 가정의 남성과 관련을 갖게 된다. 이러한 '이중적인 기준'이 지니는 방법상의 불충분함 때문에, 여성의 지위를 남성에 준하기보다 오히려 여성의 일에 근거하여 측정해야 한다는 주장이 제기되어 왔다. 여성노동은 계급뿐 아니라 성에 따라 조직되기도 하기 때문이라는 것이다. 사회적 범주인 계급이 생겨나는 19세기에 (노동의 대가가 지불되지 않는) 가사노동, 즉 여성이 남편이니 아이나 다른 가족구성원을 위해 하게 되는 노동은 모든 계급의 대다수 여성들에게 중심적인 생활이 되었다. 많은 연구들은 (계급 특유의 차이를 무시하지 않으면서도) 가사노동이 계급개념으로 축소될 수 없음을 보여주고 있다.[44]

둘째로, 여성들은 남성과 다른 방식으로 계급관계를 경험한다. 19

---

43) Bock, "Diskussionsforum," p. 384.
44) 같은 글, pp. 385~86.

세기 영국 기업가 아내의 경우, 계급적인 경험은 성에 의해 제약을 받았는가 하면, 19~20세기 프랑스 시민계급의 아내나 독일제국의 노동여성도 이와 유사하였다. 이 점은, 동일계급의 남성에 비해 압도적으로 높은 비중의 여성들이 빈민구제 대상이 되었다는 역사연구 결과에서도 잘 입증된다. 비스마르크의 사회보장 역사에서조차도 동일계급 내에서 여성은 남성보다 훨씬 불리한 대접을 받았다.[45]

이상의 논증으로써, '젠더'개념이 역사를 설명하는 한 축으로 설정되어야 한다는 사실에는 이론의 여지가 없을 것이라 생각한다. 그러나 여전히 명쾌하게 해명되지 않는 점은 성이 계급과 어떻게 관련지어져야 하는가이다.

2) 성과 계급문제

'성과 계급을 둘러싼 논쟁'(Sex & Class Debate)은 결코 역사가들만의 전유물은 아니었다. 이미 1970년대 말 80년 초에 『뉴레프트 리뷰』(*New Left Review*), 『자본과 계급』(*Capital & Class*), 『정치경제학연구』(*Studies in Political Economy*) 같은 좌파이론지를 중심으로 성과 계급의 관계를 둘러싼 논쟁이 활발하게 전개되었다.[46]

---

45) 이에 관해서는 Leonore Davidoff/Catherine Hall, *Family Fortunes: Men and Women of the English Middle Class, 1780~1850*(London 1986); Bonnie G. Smith, *Ladies of the Leisure Class. The Bourgeoisie of Northern France in the 19th Century*(Princeton 1981); Ruth Köppen, *Die Armut ist weiblich*(Berlin 1985) 참조.

46) 마찬가지로 1983년부터 영국 사회학지를 중심으로 기존의 계급분석에서 여성을 어떻게 위치지을 것인가를 둘러싸고 격렬한 논쟁이 이루어졌다(John H. Goldthrope, "Women and Class Analysis: In Defence of the Conventional View," *Sociology* vol. 17/no. 4, pp. 473~80; Rosemary Crompton, "Class Theory and Gender," *British Journal of Sociology* vol. 40/no. 4, 1989; Hakon Leiulfsrud/Alison E.

여기서 논의의 핵심은, 첫째 성을 사회를 설명하는 가장 근원적이고 본질적인 요인으로 파악하는 입장, 둘째 성은 계급만큼이나 중요하고 또 전자는 독자적인 물적 토대를 지니므로 성과 계급, 즉 가부장제와 자본주의를 똑같이 중요한 범주로 간주해야 한다는 주장, 셋째 여전히 기존의 정치경제학적 틀을 고수하면서 (성 범주의 중요성은 인정하지만) 계급을 앞세우는 입장, 넷째 모든 사회적 관계의 서열화를 반대하고 다양한 요소의 병존을 강조하는 포스트구조주의적인 주장으로 크게 나눌 수 있다. 이 논쟁들이 여성사연구 내에 그대로 투영된 것은 아니지만, 어느 정도는 논쟁의 전선을 따라 진행되었다고 할 수 있을 것이다.

먼저 '젠더사'(Gender History, Geschlechtergeschichte)를 내세우는 여성사가들은 성으로부터 어떤 보편적인 원칙을 도출하는 것을 거부한다. 보크는 전체 사회적 현상들을 경제관계, 임금노동과 자본 혹은 계급으로 환원시켜서 성차별 역시 계급착취와 함께 사라질 것이라는 마르크스주의의 주장뿐 아니라 성의 우선성도 받아들이지 않는다. 성이라는 범주는 모든 역사적 현상과 관련하여 근원적인 인식의 가능성을 제공하지만, 그것이 마르크스주의처럼 하나의 고정되고 보편적인 모델로 이해되어서는 안 된다는 것이다. 성은 역사를 하나의 모델로 축소하는 것이 아니라 역사적 다양성과 변화무쌍함을 해명하는 데 기여해야 하는바, 계급도 성도 결코 그 내부에서 동질적이지 않다는 것이다. 동일한 계급 내에서의 편차는 일반적으로 남녀 사이에서

Woodward, "Women at Class Cross Roads," *Socilogy* vol. 22/no. 4; Michelle Stanworth, "Debate. Women and Class Analysis: A Reply to John Goldthrope," *Sociology* vol. 18/no. 2, 1984 참조).

출현하며, 그런 점에서 보면 계급의 비동질성은 성에서 비롯된다는 것이다. 또한 동일한 성간에 발생하는 불평등은 일반적으로 계급에 따른 차별이므로, 성의 비동질성은 계급에서 비롯된다는 것이다. 그렇기 때문에 성이라는 범주 역시 "그 고유한 맥락에 따라"(kontext-spezifisch, kontextabhängig) 해석되어야 한다. 따라서 보크에게는 계급이나 여타 다른 범주들이 성보다 중요하다는 주장 자체가 이데올로기적이고 비생산적이다. 역사적인 여성연구는 성관계를 하나의 자율적인 역사적 범주로 이해하면서 역사학의 지평선을 넓히는 데 기여해야 한다는 것이다. 이와 같은 보크의 주장은 역사를 설명하는 요인들의 다양성을 인정하고 요인들간의 질서를 설정하고 서열화하는 것 자체를 거부한다는 점에서 포스트구조주의적 시각에 매우 근접하고 있는 것처럼 보인다.[47]

프랑스의 포스트구조주의적 시각을 더욱 명백하게 드러내면서 젠더개념을 설명하는 역사가는 스콧이다. 스콧은 젠더를 양성간 인식의 차이를 기반으로 한 사회관계의 구성요소이자 권력관계를 상징하는 주요 방식이라고 파악한다. 사회관계의 구성요소로서 성은 상호 연관된 다음 네 가지 방식을 통해 작동된다고 말한다. ① 다양한 의미를 내포하는 문화적 상징들, ② 그 상징의 의미를 해석하게 하고 그것의 다른 수사학적 가능성을 제한하는——종교, 교육, 과학, 법, 정치적 교리로 표현되는——규범적 개념들, ③ 정치개념과 사회제도 및 조직들, ④ 젠더화된 의식이 구성되는 방식인 주관적 정체성이 바로 그것이다. 이들을 통해서 양성대립과 젠더개념의 사회화는 권력

---

47) Bock, "Diskussionsforum," pp. 374, 390~91.

유지에 기여한다는 점에서 권력 그 자체의 일부가 된다. 그렇기 때문에 정치는 성이고, 성은 정치이다. 대부분의 경우 국가가 여성통제를 통해서 직접적으로 취할 것은 없지만, 이는 권력의 형성과 강화에 일부분으로 기능할 수 있다. 왜냐하면 어떤 면이라도 의심하거나 변경하려는 것은 전체 체계를 위협하기 때문이다.

그런데 여기에서 흥미로운 것은 스콧이 권력을 바라보는 시각이다. 그는 사회권력이 통일되고 일관되고 집중화되어 있다는 관념을 거부하고, 푸코처럼 권력을 사회세력 내에 광범하게 존재하는 불평등한 관계의 분산된 배열로 파악한다. 따라서 스콧은 성 자체가 모든 권력과 뒤얽혀 있는 것은 인정하지만, 다양한 요인들 사이를 서열화하는 것은 거부하는 셈이다. 그럼에도 불구하고 "성은 권력을 기표화하는 하나의 원초적인 방식(primary way)이다"라는 발언에서, 그가 성에 일차적인 무게중심을 두고 있음을 확인할 수 있다.[48]

스콧은 '젠더사'를 최초로 착안함으로써 여성을 사회로부터 분리되고 독특한 주체로 다루는 대신에 여성과 남성에 대한 자연스런 생각들이 사회적으로 형성되었음을 환기시키는 데 공헌하였다. 그러나 그의 이론은 여성으로서의 의식, 즉 여성의 특수한 상황이나 역할의 중요성을 축소시키고 여성과 관련된 경제적 현실에 대한 관심이 부족하고 성의 불평등을 지나치게 지성화·추상화하는 인상을 준다. 특히 프랑스사 연구의 대가로 알려진 스콧은 다른 여성사가들과 함께 포스트모던 역사학 그리고 여기서 한걸음 더 나아가 해체주의의 대표적 역사가로 거론되고 있다. 그런 점에서 여성사가들은 역사학계 내

---

48) Scott, 앞의 책, pp. 42~49.

에서 포스트모던 역사학의 대표주자 역할을 한다고 볼 수 있다.[49]

그러나 여성사연구의 모든 역사가들이 포스트구조주의적 시각에 동의하는 것은 아니다. 보크나 스콧처럼 기존 패러다임의 해체를 주장하는 시각과 달리, 계급의 중요성을 더 강조하는 목소리들이 있다. 우선 그 예로는 사회사(Sozialgeschichte)를 표방하는 남성역사가들의 반응을 들 수 있다. 여성사심포지엄에 남성의 참여를 거부한 사건을 계기로 일어난 1981~82년의 여성사논쟁에서 코카는 사회사의 한 분야로서도 원활하게 작동되고 있는 노동사나 가족사처럼 여성사도 하나의 관심방향 혹은 분과학문 내의 세분화된 분야로 머물러야 한다고 주장한다. 그는 방법론적으로 볼 때 여성사는 사회사 일반으로부터 분리되어 독자적인 학문체계로 기능하기가 어렵다고 결론짓는다. 사회사 바깥에서 여성사연구가 진행될 필요가 없다고 보기 때문에 코카에게는 관점의 전환 자체도 필요치 않았다.[50]

독일의 대표적인 사회사가의 한 사람인 풀레는 코카보다는 조심스럽게 여성사에 대한 절반의 지원과 절반의 염려를 표현한다. 그는 여성적 경험과 여성적 존재의 다양성을 주장하는 여성사의 태도라든가 여성사가 제기하는 새로운 시각을 높이 평가할 뿐 아니라, 성을 하나의 기본적인 범주로 설정하는 것에도 동의한다. 그러나 풀레는 성 범주의 위치설정 문제를 비롯하여 다른 사회적 관계와의 관련성이 불투명하다는 사실을 지적한다. 즉 그에게는 보크가 내세우는 현존하는 '역사적 관계들의 위계질서'가 전복되어야 한다는 주장이 여전히

---

49) Peter Jelavich, "Poststrukturalismus und Sozialgeschichte aus amerikanischer Perspektive," *Geschichte und Gesllschaft* 2, 1995, pp. 280~82.

50) Jürgen Kocka, "Frauengeschichte zwischen Wissenschaft und Ideologie: Zur einer Kritik von Annette Kuhn," *Geschichtsdidkatik* 1, 1982, p. 101.

구체적이지 않다. 뿐만 아니라 여성 내부에 계급으로 인한 격차도 매우 크다는 점에서, 풀레는 성이 계급보다 중요하다거나 계급이 성보다 더 중요하다는 견해 어느 것도 입증되지 않았다고 고백한다.[51] 그럼에도 불구하고 인간의 역사에서 구조적 폭력에 대한 오래된 기본 경험은 여전히 중요하다고 덧붙인다. 결국 풀레의 주장 역시——여러 단서조항을 달기는 하지만——총괄적으로 여성사의 기성 역사학에 대한 비판이 더 정확해지고 대안 또한 더 구체화되어야 한다는 점, 아직까지는 여성사의 새로운 시각이 사회사에 통합되어 다루어질 수 있다는 주장으로 정리될 수 있겠다.

그러나 여성사의 사회사로의 통합 주장은 그 한계를 명백히 드러낸다. 여성문제는 다양한 분야에 산재되어 있어서 여러 학문간의 공동연구가 불가피함에도 불구하고, 실제로 여성사가 사회사로 포괄될 경우 다양한 여성연구들간의 학제적 연구보다는 역사학분과 내의 공동연구로 치우칠 수밖에 없다. 그러나 더 심각한 문제는, 예를 들어 기존 가족사연구에서 여실히 드러난다. 가족사연구의 핵심주제는 부자관계와 가족 내 재산분배로서, 모녀관계, 모자관계, 생계유지와 관련한 여성노동의 역할 등은 거의 파헤쳐지지 않았다. 이런 사회사의 관행들이 여성사의 등장을 불가피하게 하였다.[52]

마찬가지로 여성사가들이——부르주아적·프롤레타리아적 관계 등을 특정 남성운동으로 표현하는 주장에서 나타나듯이——일반사를 단순히 남성경험의 서술에 치중한 것으로 치부하는 태도에 대한

---

51) Jürgen Puhle, "Frauengeschichte und Gesellschaftsgeschichte: Komentar zum Beitrag von Giesela Bock," Nagl-Docekal/Wimmer eds., 앞의 책, pp. 133~35.
52) Lerner, 앞의 글, p. 8 참조.

사회사가들의 비판도 있다. 왜냐하면 계급적으로 조건지어진 적대관
계는 남녀를 막론하고 전체 사회가 공동으로 직면했고 그리고 직면
하고 있는 문제이기 때문이다.

그밖에 여성사에 대한 또 하나의 비판은 성을 기본적인 범주로 다
루면서 남성은 공적 세계/권력세계, 여성은 사적 세계/일상생활로
대비함으로써 양자의 대칭적 관계를 더욱 부각하거나 고착화한다는
것이다. 그 결과 마치 여성이 일반사로부터 배제되었다는 주장과 비
슷한 논리로 남성도 사적 세계와 일상사에서 배제되었다고 주장한
다.[53] 이런 주장은 일부 여성사가들이 운동과 아카데미즘을 넘나드
는 와중에서 보이는 감정적 격앙이나 과장된 행태에 대한 부작용이
어서, 본질적인 약점의 하나로 간주될 성질의 것은 아닌 듯하다.

오히려 더 도전적인 비판은 여성사와 일상생활사의 결합에 대한
독일 사회사가들의 비판이다. 여성들의 사적 세계와 일상생활에서의
역할을 강조하면서, 여성사는 '아래로부터의 역사'를 서술하기 위해
사소한 것까지도 다루는 미시적인 역사서술로 침몰해 버렸다는 것이
다.[54] 이런 지적은 역사적 관계들의 구조화와 관련된 것이기 때문에,
결국은 성과 계급에 대한 논의로 환원될 수밖에 없다.

---

53) Nagl-Docekal, "Frauengeschichte als Perspektive und Teilbereich der Geschichts-
    wissenschaft, Bemerkungen zum Referat von Giesela Bock," Nagl-Docekal/
    Wimmmer eds., 앞의 책, p. 130.
54) Puhle, 앞의 글, pp. 135~36. 사실 이 논의는 독일에서 사회사가와 일상생활사를
    주창하는 소장 역사학자들 사이의 갈등을 반영하는 것이기도 하다. 이에 관해서는
    Roger Fletcher, "History from Below Comes to Germany: The New History
    Movement in the Federal Republic of Germany"(*The Journal of Modern History* vol.
    60/no. 3, 1988/Sept.); Geoff Eley, "Labour History, Social History, Alltagsgeschichte:
    Experience, Culture and the Politics of the Everyday——a New Direction for German
    Social History"(*The Journal of Modern History* vol. 61/no. 2, 1989/June) 참조.

페미니스트 사이에서도 성의 역사가 지나치게 다원적인 설명틀을 내세우는 것에 동의하지 않고 여성문제를 설명하는 데 계급을 강조하는 시각이 있다. 마르크스주의 여성해방론자들은 유물론적 설명틀과 성 범주를 결합하고자 하는바, 이들은 거시적으로 가족·가구·성은 모두 생산양식 변화의 산물이라고 파악한다. 그러면서도 이들은 정통마르크스주의적 사상에서는 어느 정도 탈피하여, 경제적 관계가 곧바로 성관계를 결정하지는 않는다는 주장에 동조한다. 다시 말해 마르크스주의 여성해방론자들은 성 범주의 상대적인 자율성을 인정하고 있다. 켈리는 경제체제와 성체계는 사회적이고 역사적인 경험을 생산하기 위해 상호 작용한다고 주장하였다. 어느 것도 원인적이지 않고, 둘 다 특정한 사회질서의 사회경제적이고 남성지배적인 구조를 재생산하는 데 동시적으로 기능한다는 것이다. 그러나 그는 성체계를 독립적인 존재로 상정하는 개념적 돌파구를 마련하면서도 동시에 성체계의 결정에도 경제적 요소의 원인적 역할이 개입된다고 함으로써, 여전히 사회경제적 요인을 더 강조하는 듯하다.[55] 이런 마르크스주의 여성사가의 주장은 앞서 언급한 남성 사회사가들의 주장과는 차이가 있다. 여성사를 사회사의 한 분과로 통합시키는 것은 반대하지만, 계급의 중요성에 대한 우선적인 결정력을 부정하지 않는 입장이라고 정리할 수 있겠다.

이런 주장이 대두될 수밖에 없는 것은 여성억압이 내포한 특이한 성격 때문이다. 여성은 역사 속에서 익명적이었지만, 그들 중 일부는 지배계급에 속하였다. 그러면서도 여성은 동일계급 내에서 남성에

---

55) Kelly, "The Social Relation of the Sexes," pp. 12~13.

비해 상대적으로 차별받는 집단이었다. 게다가 여성에게 가해진 억압은 다른 인종집단이나 국외자집단보다는 완화되거나 은폐된 형태를 취하였다. 출산의 필요성과 성에 대한 남성의 욕구충족 때문에 여성은 여전히 중요하였기 때문이다. 이것은 여성이 권력의 핵심에 접근하였으되, 그 권력을 스스로 행사하지 못하였음을 의미한다. 이러한 지배계급 여성에게는 성차별이 견딜 만한 것이었는지도 모른다.

이에 비해 성차별과 계급적 착취가 겹칠 경우 상황은 심각해진다. 19세기 노동여성에 관한 역사적 분석들은 저임금으로 인해 매춘과 임금노동이 중첩될 수밖에 없었던 비참한 현실을 보여준다. 이 점에서 볼 때, 성이 계급과 동등한 범주로 취급되어야 한다든가, 성을 권력관계의 가장 본질적인 요인으로 간주하는 것 혹은 사회적 관계들의 계서화를 거부하는 것은 여전히 무리한 주장이라 하겠다. 그에 비해 성차별주의는 일차적으로 값싼 노동력을 찾는 역사적 자본주의의 차별적인 노동력배치의 필요성에 의해 기능한다는 월러스틴의 주장은 설득력 있게 들린다. 그렇지만 자본주의 내에서 가구(household) 경제의 중요성과 여성노동의 생계유지적 기능을 강조하는 그의 주장은 성 범주가 설정되지 않고서는 이 중첩된 자본주의의 모순을 포착하기 어렵다는 사실을 확인시켜 준다.[56] 결국 독자적인 여성사연구

---

56) 월러스틴에 의하면 여성이 담당하는 비생산적 노동은 필요한 노동임에도 불구하고, 그것은 생계활동, 잉여를 조금도 산출하지 못하는 노동으로 평가되었다. 작업장이 아닌 가계에서 행하여지는 여성노동은 그래서 지속적으로 평가절하되었다. 이런 성차별주의가 자본주의의 발명품은 아니었지만, 자본은 최대의 이윤을 위해 노동력을 차등화하였고, 바로 이 메커니즘에 의해 여성의 삶은 일차적으로 규정된 듯하다. 그러나 동시에 역사적 자본주의하에서 임금노동자로 포섭되는 인구는 전체의 절반에도 미치지 못하고, 나머지의 생계유지를 위해 가구의 중요성이 높아진다. 가구경제는 여성노동의 생계유지적 생산을 통해 진행되는데, 여기에서 여성노동의 기여도는 매우 높다(이매뉴얼 월러스틴, 앞의 책, 80~82쪽).

의 필요성이 다시금 확인되는 셈이다.

과거나 현재나 세계여성의 대다수——월러스틴의 표현대로라면 세계인구의 2/3——가 여전히 빈곤의 하한선에서 허덕이는 현실을 감안할 때, 성을 사회관계를 설명하는 일차적인 범주로 규정하거나 포스트구조주의적 시각에서 성 범주와 다른 사회적 관계들의 다양한 공존을 내세우는 여성사가들의 주장은 설득력을 갖기 어렵다. 여성 사이론은 계급적 불평등과 빈곤을 어느 정도 해결한 자본주의 중심 부국가들(미국, 프랑스, 독일 등)에서 큰 진전을 보았고, 그 이론가들 역시 그 현실적 토대를 그리 탈피하지 못하였을 것이다. 그렇기 때문에 여성사를 사회사로부터 분리하여 독자적인 분과로 다루되, 계급의 중요성에 대한 우선적인 결정력을 부인하지 않는 켈리의 입장이 필자에게 훨씬 설득력이 있어 보인다. 마찬가지로 모한티도 백인자유주의에 기반을 둔 서구 페미니즘이 지나치게 '젠더'개념에 집착하는 것을 비판하면서, 제3세계 페미니즘의 독자적인 구성을 주장한다. 계급이나 인종과 관련된 '성'담론에 초점을 맞추어야 하는 제3세계 페미니즘에서는 계급에 대한 유물론적 규정이 중요해진다는 것이다.[57]

그외에도 여성사가들 사이에서는 기존의 연구가 지나치게 정치·경제·사회적 관계의 틀 안에서 이루어졌다는 비판이 제기되고, 그래서 이데올로기·문화·언어분석·심리학 등을 통해 성관계를 설명하려는 노력들이 나타나고 있다. 이런 방법론적인 시도들은 직접적으로 발현되기보다 은폐되어 기능하는 성차별의 역사를 밝혀내거나, 내밀한 세계에서 일어나는 성관계의 다양성을 포착하는 데 훌륭

---

57) Mohanty, 앞의 글, p. 10.

하게 기여할 수 있다. 그러나 개별 시도가 지닌 참신성에도 불구하고, 이런 연구들의 한계는 그것이 성 범주를 설명하는 데 있어 분석적 통일성을 결여하고 있다는 점이다. 그렇기 때문에 이런 연구의 한계를 감안하면서 문화, 언어, 심리학 등의 방법을 여성사연구에 활용해야 할 것이다.

5. 맺음말

실증적인 연구가 충분히 축적되지 않은 상황에서 여성사의 이론적 틀을 찾으려는 노력은 역사가로서는 매우 위험한 줄타기이다. 그러나 이론화하지 않고서는 여성사연구는 전체 역사학 내에서 제대로 자리매김을 하기가 어려운 것도 현실이다. 다시 말해 현미경을 통한 사진 찍기와 같은 실증적 연구만으로 역사가 존재할 수는 없다. 그러기에 실증의 낮은 단계에서라도 그것과 이론화과정 사이의 끊임없는 상호작용이 이루어져야 한다. 따라서 실증적인 연구가 더 높은 단계로 진척되면서, 이론적 틀 자체도 지속적으로 수정되어야 할 것이다. 이런 문제의식에서 이 글은 다소 위험한 시도를 감행하였다. 그런 만큼 이 글이 내린 여성사에 대한 설명틀은 한시적·잠정적인 것이라 할 수 있다.

서구에서 사회사가 가져다준 엄청난 성과와 건강한 문제의식에도 불구하고, 또한 그것이 여성사 주제의 많은 부분을 포괄할 수 있음에도, 사회사로는 양성간의 사회적 관계에 초점을 두거나 그래서 성에 대한 문제의식을 공유하기가 어려웠다. 그에 따라 여성사는 독자적인 분과로서 등장하였고 여성차별, 성간의 관계, (그 내부적 다양성에도 불구하고) 여성의 고유한 특질을 설명하기 위하여 '젠더' 범주를 설정하였다. 이것만으로도 여성사는 그 시계를 크게 넓힌 셈이다.

그러나 계급·인종·국가 등과 같은 여타 사회적 관계의 계서화에서 젠더를 어떻게 자리매김할 것인가를 둘러싸고 다양한 견해들이 있다. 이 가운데서 필자는 계급의 일차적 우선성을 받아들이되, 젠더 범주가 지닌 상대적 자율성을 인정해야 한다는 입장을 잠정적으로 택하고자 한다. 즉 젠더체계는 계급체계로 환원할 때 완전히 해명되지 않는 자율성을 가지고 있으며, 남성지배를 존속시키는 기제는 자본주의의 기능적 관계와는 때로 독립적이라 할 수 있기 때문이다. 그러나 젠더가 경제체제와 대칭적이거나 대등한 수준에 있다고 파악하기는 힘들다. 양자는 가부장제가 생산체계에 의해 더욱 규제받는 조건하에서, 서로의 상대적 자율성과 독립성이 유지되는 관계라고 결론지을 수 있을 것이다.[58] 그래서 여성사는 경제적 불평등이나 정치적 민주화 등의 사회적 관계를 주로 다루는 일반 역사학으로부터 완전한 분리를 주장하기보다는 자율성과 통합을 균형 있게 결합하는 전략을 취해야 할 것이다.

물론 이 글에서와 같이 젠더·계급·인종이라는 세 범주의 상호 관계를 따지는 것 자체가 대단히 추상적이면서도 교조적인 학문태도로 비칠 우려가 있다. 왜냐하면 여성억압, 인종차별, 계급적 착취는 역사 속에 은폐되어 있거나 포착하기 어려울 정도로 착종되어 있고, 또 이론이 아닌 역사적 현실 속에서는 이것들이 고유하고도 독특한

---

58) 이를 위하여 정현백, 「변화하는 세계와 여성해방운동론의 모색: 성과 계급문제를 중심으로」(『여성과사회』 제4호, 1993, 155쪽) 참조.

방식으로 결합되기 때문이다. 따라서 젠더·계급·인종의 관계를 둘러싼 이 글의 결론은, 이 세 범주는 밀접하게 상호 작용하고 있으며, 그것의 발현은 구체적이고 역사적인 맥락에 따라 달리 드러날 수 있음을 전제로 한 것이다.

우리가 항상 유념해야 할 것은 일련의 사건들이 진행되는 구체적인 역사적 맥락이다. 그럼에도 불구하고 '이론'이나 '패러다임'을 찾으려는 시도를 하는 것은, 문학·역사학·사회과학 분야에서의 지식의 생산이 중요한 담론적 투쟁의 장이 되기 때문이다. 우리는 식민지 지배 기간에 인류학의 서구 남성중심적 지식생산방식이 제국주의와 가부장제에 어떻게 기여해 왔는지 보아왔다. 이렇게 지식의 생산과 그에 따른 자기규정을 통해 정치의식의 핵심이 전달된다. 그렇기 때문에 여성사가들은 계속해서 '조심스러운 이론화'를 시도해야 한다. 그럴 때 비로소 우리는 역사적 진실의 복원과 여성해방에 한발 더 다가갈 수 있을 것이다.

〔『역사학보』 150, 1996. 9〕

페미니즘의 시각에서 본 과거청산 문제
일본군위안부 문제의 역사화과정에 대한 고찰

1. 문제제기

지난 10년 사이에 한국사회의 민주화가 내실을 거두기 시작하면서, 과거정산의 문제가 주요한 화두로 떠오르고 있다. 해방직후 친일파 청산문제가 떠올랐고, 1970~80년대 민주화과정에서도 군부독재의 핵심세력이나 집권엘리트들의 과거 친일경력 문제가 간헐적으로 거론되면서 친일파 청산문제가 사회적 논쟁으로 떠올랐다. 그러나 더 본격적으로 과거청산 문제가 역사학계에서 논의된 것은 한국전쟁을 전후한 시기의 민간인학살 문제나 일본교과서 파동을 통해서였다. 그외에 여성운동을 중심으로 일본군위안부 문제도 과거청산의 한 과제로 떠올랐다. 한국사회에서 겪고 있는 이런 과거청산의 과제들은 우리 근·현대사를 좌지우지한 강대국의 죄과를 밝히는 것에 주로 집중되었지만, 최근에 와서는 약소국을 자처하는 우리 스스로가 저지른 과거의 죄과에 대한 책임문제도 제기되고 있는바, 그 대표적인 사례가 한국 참전군인에 의한 베트남 민간인학살 문제이다.

과거청산에 대한 관심이 높아지고, 강대국의 역사적 과오에 대한 비판에 못지않게 우리 스스로의 역사적인 책임에 대한 성찰로 발전한 것은 한국의 시민사회가 성숙해 가는 좋은 증거라 할 수 있다. 이런 내실화과정의 일환으로 이 글은 그간 우리 사회에서 일본군위안부 문제가 제기되어 역사화(Historisierung)하는 과정을 짚어보고, 이를 통해 우리가 지닌 역사의식의 현주소를 짚어보고자 한다. 그러나 이 과정에서 과거청산의 문제가 젠더와 연루되면, 과거청산의 문제는 또 다른 차원에서의 비판적 성찰을 필요로 한다. 일본군위안부 문제는 과거청산이 젠더문제와 결합하는 과정의 전형을 잘 예시하고 있다. 이 글에서는 한국사회에서 일본군위안부 문제의 역사화과정을 추적하는 것을 통해서, 과거청산의 문제를 여성적 시각에서 재고하고자 한다.

매주 수요일 낮 12시, 서울의 일본대사관 앞에서는 일본군위안부 피해자 할머니들이 참여하는 시위가 개최되고 있다. 이제 시위가 500회를 넘어섰지만, 이들은 지치지 않고 매주 정기적으로 집회를 개최하고 있다. 1988년 4월 한국교회여성연합회의 국제세미나 '여성과 관광문화'에서 처음 일본군위안부 문제가 제기되고, 1990년 11월 '한국정신대대책협의회'(The Korean Council for the Women Drafted for Military Sexual Slavery by Japan, KWMD, 이하 '정대협')가 창립된 이래 14년의 세월이 흘렀다. 그때 이래로 일본군위안부 문제는 지난 몇 십

년간의 침묵을 깨고, 사회적 관심사로 떠오르게 되었다. 그사이 한국 여성운동의 적극적인 활동, 즉 모금·연구·조사·시위·심포지엄과 더불어 일본군위안부 문제는 상당한 진전을 경험하였다. 군위안부 문제는 1992년 유엔에 제소되었고, 보스니아전쟁에서의 집단강간 문제와 함께 국제적인 관심을 끌게 되었다. 또한 1993년부터 국가가 피해여성들에게 경제적 지원과 의료혜택을 제공하고 있다. 이런 점들을 고려하자면, 일본군위안부 문제의 역사화과정은 상당히 성공적인 것처럼 보인다.

그러나 이런 성공을 기뻐하기에는 아직 이르다. 일본의 공식적인 사과와 배상, 책임자처벌이라는 처음 목표는 여전히 달성되지 못한 채 남아 있고, 지난 2년 사이에 첨예화된 일본교과서 문제와 경기침체와 병행하여 나타나는 일본사회의 우경화 경향 등으로 인해 한국 여성운동의 요구는 실현될 가능성이 희박한 것 같다.

이렇게 일본군위안부 문제가 어느 정도의 성공과 일말의 좌절감으로 착종되어 있는 지금, 이 글이 새로이 주목하고자 하는 것은 가해자로서의 일본에 대한 과거청산과 배상을 요구하는 것 못지않게, 피해국인 한국이 이를 어떻게 역사화하였는가를 질문하는 것이다. 왜 군위안부 여성들은 침묵을 강요당했는가? 어떻게 이 문제가 1990년에 제기될 수 있었는가? 정대협 운동이 가져온 성과는 무엇인가? 이는 피해국이 억압당했다는 것만으로 모든 역사적 책임으로부터 면죄부를 받을 수 있는지를 성찰하는 것이기도 하면서, 한국사회에서 이루어진 과거청산의 의미를 되씹어보는 것이기도 하다. 다음으로 이 글은 최근에 일본군위안부 문제를 둘러싸고 여성학자들과 여성운동가 사이에 제기되고 있는 '민족주의와 페미니즘' 논쟁을 통해 민족주의와 페미니즘 사이의 복잡한 관련성을 드러내고, 과거청산 문제가 여성주의적 관점에서 어떻게 재해석될 수 있는가를 고찰하고자 한다. 이는 유난히도 민족주의 열기가 강한 한국사회에서 진보적 여성운동조차도 일본군위안부 문제를 민족주의 관점에서 접근하고 있다는 일부 페미니스트의 문제제기와 더불어 시작되었지만, 이를 통해 최근에 진행되고 있는 민족주의 사관을 둘러싼 논쟁과도 접맥되면서, 한국사회의 역사의식에 대한 재성찰에도 일익을 담당할 것이다.

2. 침묵을 넘어서

군위안부 문제는 군위안부로 끌려갈 뻔하였던 한 여성이 생존자를 발굴하기 시작하면서 세상에 알려지게 되었다.[1] 이로써 역사교과서에는 한 줄도 씌어 있지 않은, 입에서 입으로 전해져 오던 군위안부의 실체가 알려지기 시작하였고, 노태우대통령의 일본방문을 계기로 1990년 5월 한국교회여성연합회가 처음으로 정신대문제의 해결을 촉구하는 성명서를 발표하였다. 이어 일본정부가 국회 답변에서 '일본군위안부는 민간업자가 한 일'이라고 해명하자, 한국의 37개 여성단체가 공개항의서한을 보냈고, 이들을 중심으로 1990년 11월 16일 정대협이 창립되었다. 이어서 1991년 피해자 김학순씨가 최초의 공개 증언자로 나서면서, 이 사건은 한국뿐 아니라 국제사회에 엄청난 충격을 안겨주었다.

---

1) 이화여대 영어영문학과를 정년퇴임한 윤정옥 교수가 1980년대 후반부터 본격적으로 피해여성 발굴에 나선 것이 정대협운동의 단초가 되었다.

일본의 페미니스트 학자인 우에노 치즈코(Ueno Chizuko)는, 위안부의 증언은 그 실상의 잔혹성과 피해자가 50년 동안이나 침묵을 강요당했다는 점에서 충격적이었다고 말하고 있다.[2] 그렇다면 왜 50여 년 동안 피해자 여성은 침묵을 강요당했고, 1990년대에 이르러 비로소 국제적인 주목을 받게 되었는가? 군위안부를 둘러싼 운동의 성공은 상당한 정도로 한국 여성운동의 성과라 말할 수 있다.

1980년대 이후 한국에서 활성화된 새 여성운동은, 여타 민족·민주운동의 침체에도 불구하고 성공적인 발전의 길을 걸었다. 새 여성운동은 군위안부를 둘러싼 전시하 성폭력 문제를 운동의 과제로 적극적으로 끌어안았고, 특히 과거 군부독재의 탄압 아래에서 민족·민주운동에 참여하였던 그 운동가들이 지닌 헌신성과 치열성은 군위안부문제의 이슈화에 큰 기여를 하였다.[3]

그러나 여성운동의 적극적인 투쟁만으로 군위안부운동의 성공을 설명하기는 어렵다. 지정학적으로 동북아시아의 한끝에 고립되어 있는 한국사회에서는 민족주의 이데올로기가 강하게 자리잡고 있는 만큼 '민족의 수치를 드러내지 말라'는 가부장제적 압력 또한 강하였을 것이기 때문이다. 흔히 구 유고슬라비아 지역의 집단강간에서 드러난 대로 여성에 대한 강간은 두 가부장제 사이의 투쟁의 상징이 되기도 한다는 점에서, 군위안부 여성에게 가해진 성폭력을 거론하는 것은 한국남성의 무능과 허약성을 드러내는 것이기 때문이다. 마찬가지로 유교적 사회에서 이유야 어떠하든 성폭력을 당한 것은 여성의

---

2) 우에노 치즈코, 『내셔널리즘과 젠더』, 이선이 옮김, 박종철출판사 1999, 100쪽.
3) 김영희, 「한국 여성운동론의 특징과 과제」, 미발표원고, 7쪽. 그외에도 이 책의 「21세기 한국 여성운동의 쟁점과 과제」 참조.

치욕이라는 관념이 사회에 지배적이기도 하였다. 이런 맥락에서 치즈코는 일본군위안부 문제를 은폐하려는 가부장적 압력에도 불구하고, 이 문제가 공개될 수 있었던 것은 성폭력에 대한 비판이 민족주의의 틀 안에서 수용되었기 때문이라고 본다. 다시 말하면 군위안부에 대한 문제제기는 한국사회에서 반일감정의 작용 속에서 큰 거부감 없이 수용될 수 있었다는 것이다.[4]

그러나 이런 해석은 논란의 여지가 많다. 군위안부 문제가 민족차별이라는 문제의식 속에서 무리 없이 수용될 수 있었다는 주장은 일말의 진실은 있지만, 그것만으로 정대협운동의 성공원인을 모두 설명할 수는 없다. 한국사회에서 지난 50년간 친일파 처벌이나 식민지지배에 대한 과거청산(Vergangenheitsbewältigung) 문제는 시민사회 내에서 지속적으로 제기된 문제였기에, 군위안부 문제도 이런 맥락에서 함께 논의주제로 쉽게 끌어안을 수 있었던 것이다. 또한 민족주의 정서만으로 가부장적 남성의 짓밟힌 자존심을 보상하였을 것 같지도 않다. 한국사회의 저변에 피해여성에 대한 차별과 멸시가 여전히 남아 있는 현실이 이를 잘 입증하고 있다.

마찬가지로 한국과 일본 모두에게 이 50년간의 침묵에 대한 책임을 똑같이 묻는다면, 이는 부당하다. 1987년의 민주화조치에 이르기까지 한국의 여성운동이나 사회운동은 군부독재나 생존권투쟁에 저항하는 것만으로 힘겨웠고, 일본군위안부 문제가 제기되기에는 그사이 해결해야 했던 다른 과제들이 너무 급박한 것이었다. 군부독재가 물러나고, 민주화가 어느 정도 달성된 지 불과 1년 만에 일본군위안

---

4) 우에노 치즈코, 앞의 책, 102~104쪽.

부에 대한 문제제기가 이루어졌다는 점에서 볼 때, 이는 결코 늦은 대응이라 말하기 어렵다. 이런 점에서 치즈코는 한국과 일본의 역사발전의 비동시성, 가해국가와 피해국가의 차이를 더 겸손하게 수용했어야 했다.

일본군 성노예 문제가 널리 알려지고, 쉽게 운동으로 전환한 데에는 일본을 위시한 다양한 국가의 여성운동과의 국제적 협력도 중요한 역할을 하였다. 구 유고슬라비아 지역에서 전시 집단강간 문제가 제기된 이후 전시 성폭력에 대한 국제사회의 관심을 한국이 경험한 과거의 전시 성노예 문제와 접맥하면서, 국제사회의 이목을 집중시키는 데 크게 성공하였기 때문이다. 또한 한국에 의한 일본군위안부 문제의 제기가 역으로 2차대전의 피해자 여성들간의 아시아연대를 결성하고, 가해국에 대한 민간인 차원의 배상요구와 책임 있는 당국자의 공식사과를 촉진하는 성과를 거두기도 하였다. 다시 말해 국제적 협력이 일본군위안부 문제를 둘러싼 여성운동의 확산을 도왔다면, 동시에 일본군위안부 문제가 여성운동의 국제적 연대를 강화시키기도 하였다는 것이다. 그러나 이런 국제연대는 한국이나 국제사회에서 여성을 향한 성폭력의 문제를 제기하는 데 큰 역할을 하였지만, 한국에서 형성된 문제의식과 국제사회의 문제의식 사이에는 약간의 차별성이 드러나기도 하였다.[5] 한국 내에서 제기된 일본군위안부 문제는 여성을 향한 전시 성폭력에 못지않게 군대에 의한 체계적 동원을 통한 '제국주의적 착취메커니즘'이나 민족차별에도 상당한 관심을 기울

---

5) 이정옥, 「아시아 시민사회의 성장과 평화운동을 위한 연대가능성」, 『The International Conference on Korean Reconciliation & Reunification for Global Peace 자료집』, 서울 2001. 8. 13~14, 331쪽.

었던 데 비해, 국제적인 페미니즘운동에서는 '성노예 문제'만이 집중
적으로 부각되었던 것 같다.[6]

총체적으로 일본군위안부 문제는 여성주의적인 시각에서나 과거
청산의 측면에서 볼 때, 많은 성과를 거두었다. 우선 역사에 묻힐 뻔
하였던 일본군위안부 문제를 역사의 정면으로 끌어내어 진상을 밝힐
수 있었던 것이 가장 중요한 성과일 것이다. 2002년 1월 통계로 남한
에 203명, 1997년 통계로 북한에 131명의 피해여성이 생존하고 있고,
이들의 공개적인 증언이 세계 각지에서 논문·책·영화·연극으로
만들어져 진상이 알려지고 있다. 피해여성이 공개적으로 국민과 언
론 앞에 자신을 드러내고 증언하는 일은 한편으로 과거의 아픔을 되
살리는 고통도 있지만, 다른 한편으로 그들 개인의 고난을 승화시키
고, 전쟁의 비인간성을 확인함으로써 대중의 평화의식을 높이는 데
크게 기여할 수 있었다. 또한 이는 전쟁중의 강간과 성노예에 대한
국민들의 인식을 바꾸었다. 위안부의 존재는 피해여성 개인과 가족
그리고 국가가 은폐해야 할 수치스런 일이 아니라, 성노예 자체가 불
의로운 폭력이므로 그 피해자는 우리가 보호해야 할 희생자라는 인
식을 확산시켰다. 더불어서 각급 학교에서의 강연회, 피해여성을 위
한 위로잔치, 일본대사관 앞의 정기시위, '나눔의 집'에 설립된 일본
군위안부박물관을 통해서 생생한 인권교육과 역사교육을 실시하게
되었다.

다음으로 정대협의 활동은 피해여성들이 인간으로서의 자존심과
긍지를 되찾게 하는 데에 기여하였다. 피해여성의 증언집은 이들 대

---

6) 심영희, 「2000년 법정은 끝나지 않았다」, 『여성과사회』 12(2001년 상반기), 161쪽.

다수가 거의 교육을 받지 못한 상태에서 가부장적 순결이데올로기를 내면화하여 오랫동안 자책감과 수치심 속에서 살아왔음을 보여준다. 그 결과 이들은 고향이나 가족관계로부터 스스로를 단절시키고, 홀로 침묵과 외로움을 견디어내었다. 그러나 정대협운동은 이들이 죄의식으로부터 벗어나 스스로의 고통을 말하도록 하였고, 유사한 경험을 지닌 이들과 교류할 수 있는 기회를 통해서 스스로의 정신적 고통을 극복해 갈 수 있도록 하였다. 특히 불교계가 중심이 되어 '나눔의 집'을 창립하여, 연고가 없는 피해여성들이 함께 살 수 있는 공간을 마련한 것은 피해여성에게 큰 버팀목이 되었다.

또한 정대협운동은 한국정부로 하여금 생존한 피해여성에 대한 생활대책을 마련케 하였다. 한국 여성운동의 압력하에 1993년 5월 '일제하 군위안부 피해자 생활안정지원법'이 제정되었고, 생존자 1인당 500만원의 지원금과 월 50만원의 생계비 지원, 의료혜택, 영구임대주택 입주권 등이 주어지게 되었다. 또한 지역에 따라 지방자치단체, 사회단체 등에서 액수와 내용은 다르지만 물질적인 지원을 추가로 제공하고 있다. 이를 통해 피해여성에 대한 개인 배상을 민간기금을 통해 해결하려는 일본정부의 비양심적인 시도기 명분을 상실토록 하였다. 이는 오랫동안 진행된 정대협운동을 통해서 한국정부가 입장을 바꾼 경우로서, 그간의 투쟁을 한 단계 고양시키는 사건이었다. 한국정부의 이같은 조치는 위안부 개인에게 배상할 책임이 일본정부에 있음을 인정한 것이면서, 동시에 한국정부가 이를 먼저 지급함으로써 민족적인 자존심을 살리는 역할을 하였다. 실제로 정부에 의한 경제적 지원은 피해여성에게 큰 도움이 되고 있다. 증언집에서 드러나는 대로 피해여성의 대다수는 혹심한 가난과 질병에 시달리고 있었기에, 의료혜택과 월 50만원의 생계비는 말년에나마 그녀들의 인생에 대한 마지막 보상이자 일생에서 유일하게 경험하는 생활의 안정감이었다. 또한 지원금 지급은 많은 피해여성들이 세상으로 나오게 하는 촉매제 역할을 하기도 한다.

정대협운동의 또 다른 중요한 성과는 그것이 국제사회에 끼친 엄청난 영향력이다. 즉 유엔이나 기타 국제인권단체의 공식조사와 보고서를 이끌어내었고, 이를 통해 전시 여성인권 침해에 대한 국제적 기준을 만드는 데 기여하였다. 1993년의 비엔나 세계인권회의에서 채택된 '비엔나선언과 행동프로그램', 1994년 국제법률가협회(ICJ)의 보고서, 1995년 베이징 세계여성회의에서 채택된 '베이징선언과 행동강령', 1996년 유엔인권위원회에서 채택된 여성폭력 특별보고관의 군대 성노예 보고서, ILO 전문가위원회 보고서 등을 통해 일본군위안부제도는 범죄행위임을 명백히 선언하게 되었고, 이에 대해 공식사죄 및 책임자처벌, 법적 배상을 해야 한다는 국제적 기준을 확립하였다. 이 새로운 기준은 국제형사재판소(International Criminal Court)의 설립정신에도 반영되었다. 특히 제52차 유엔인권위원회에서 위안소 설치가 국제법 위반임을 인정하고, 정대협의 입장을 전폭적으로 지지하는 특별보고관 라디카 쿠마라스와미(Radhika Coomaraswamy)의 권고안이 일본정부의 강력한 반대에도 불구하고 채택된 것은 정대협운동의 정당성을 입증하는 것이자, 국제사회에서 전시 성노예 문제에 대한 관심을 불러일으키는 데 크게 기여하였다.[7]

---

7) 그외에도 미국과 한국에서 일본 전범의 입국금지조치를 성사시킨 것도 정대협운동의 성과로 꼽을 수 있다. 미국은 1996년 12월 법무성의 발표로, 한국은 1997년 11월 국회에서 출입국관리법 개정을 통해 전범자의 입국을 금지하였는데, 여기에는 당연히 일본군위안부제 관련자가 큰 비중을 차지하고 있다.

    마지막으로 일본군위안부 문제를 둘러싼 한국 여성운동이 세계 여성운동에 끼친 영향도 지적해야 할 것이다. 1988년 처음 문제가 제기된 이후 일본 여성운동과의 밀접한 공조가 이루어졌고, 1992년에 첫 아시아연대회의가 개최되었다. 특히 인도네시아, 필리핀, 대만, 네덜란드의 피해여성이 함께 증언을 하고, 법적 소송이나 재정적 지원활동을 한 것은 운동을 국제적 차원으로 확산시켰을 뿐 아니라 세계화의 추세 속에서 시민운동이나 여성운동이 필요로 하는 국제연대 강화에 크게 기여하는 것이었다.

    이렇게 일본군위안부 문제를 해결하기 위한 여성운동은 큰 성과를 거두었고, 다양한 법적 해석과 판결, 국제적인 압력이 있었지만, 일본정부는 공식사과, 공식적인 배상 그리고 책임자처벌이라는 요구를 이행하지 않고 있고, 가까운 시일 안에 이를 이행할 가능성은 희박해 보인다. 일본법원에 여러 건의 일본군위안부 피해소송이 제기되어 있지만, 그 대부분은 패소하였거나 계류중에 있다. 지금 피해자 여성들은 고령과 질병으로 고통당하고 있고, 운동가 역시도 지쳐 있다.

    일본군위안부 문제 해결을 위한 여성운동은 앞으로도 유엔인권위원회의 권고안을 일본정부가 이행하도록 압력을 기히거나, ILO총회 결의를 통해 일본군위안부제도가 강제노동금지조약 위반임을 확인하고 일본정부의 책임을 이행하도록 계속 노력할 것이다. 마찬가지로 유럽의 여러 국가에서도 일본 전범의 입국금지조치를 취하도록 촉구할 것이다. 또한 일본 여성운동과 연대하여 위안부문제 해결을 위한 특별법 제정운동을 전개하고, 책임자처벌을 계속 요구해 가야 할 것이다.[8] 마찬가지로 일본의 진상규명과 개인 배상책임 이행을 위해 국제사법재판소의 판결을 이끌어내기 위한 운동을 전개해 갈 것이다.

그러나 이런 당면한 과제의 실현에 못지않게 일본군위안부 운동은 새로운 방향전환이 필요하다. 이는 운동에서 연구와 교육을 강화하면서, 성노예 문제를 더욱 보편적인 문제제기로 승화하는 일이다. 이를 위해서는 먼저 진상조사를 더 체계화하고, 조사지역을 확장하는 작업을 해야 할 것이다. 그러나 이에 못지않게 중요한 작업은 성노예화의 어두운 과거를 역사화하는 작업이 될 것이다. 이를 위해서는 일본군위안부 관련 자료와 유품을 모으고, '전쟁과 여성' 박물관의 건립을 추진하고, 이를 통해서 전쟁과 여성인권 침해에 대한 역사교육을 강화하는 노력을 해야 할 것이다. 지금도 지구 곳곳에서 전쟁이 진행 중에 있고, 그 와중에서 여성의 인권이 잔혹하게 침해되고 있는 점을 환기한다면, 군위안부문제는 인권교육의 주요 사례가 되어야 할 것이다. 더불어서 일본군위안부 문제를 계기로 전쟁중의 여성강간을 위시한 여성인권 문제를 포괄하는 국제인권기구 설립에도 박차를 가해야 할 것이다.

3. 역사화과정의 쟁점들

일본군위안부 문제를 역사화하는 과정에서 제기되는 중요한 문제는 일본과 한국 사이에 드러나는 입장차이다. 공식사과 문제와 관련

---

8) 이미 1948년 인도네시아 바타비아에서 열린 전범재판소에서 1명의 일본군 장교가 사형을 선고받았고, 그외에도 재판에 회부된 13명 중 9명이 실형을 선고받은 국제적 선례가 있다. 이런 선례는 우리에게 대단히 고무적이다. 지은희, 「일본군위안부 문제 해결을 위한 향후 과제」, 『정신대자료집』 9, 1998, 31~32쪽.

하여 일본측은 수상이 이미 1992년 1월에 한국에서 사과했다고 주장하고 있으나, 한국의 정대협이나 국제조정협회는 이 사과가 부적절하다고 평가하고 있다. 뿐만 아니라 일본군위안부에 대한 배상은 이미 1965년 한일협정을 통해 일괄 지불한 3억 달러로 종료되었다고 주장하며, 개인에 대한 배상은 거부하고 있다. 그러나 한일협정의 경우 군부독재하에서 정통성을 지니지 못한 정부에 의해 밀실외교를 통해 체결되었을 뿐 아니라, 그 당시까지는 일본군위안부의 강제동원이 밝혀지지 않은 상태였기 때문에 이에 대한 배상 자체가 거론될 수 없었다는 점을 상기할 필요가 있다.[9]

또한 공식사과와 배상문제 못지않게 쟁점이 되는 사안은 위안부의 동원방식과 동원규모이다. 한국측과 유엔인권위원회 보고서는 약 20만 명의 동원을 주장하고 있고, 이들 중 상당수가 군이나 행정조직을 이용한 강제동원이었다고 주장한 반면, 일본은 성적 노예상태가 강제적으로 이루어진 것이라는 사실을 인정하지 않고 있다. 최근에 와서 일본정부는 부분적으로 강제동원이 있었다는 사실을 시인하고 있으나, 총체적으로 일본군위안부 문제를 강제동원으로 규정하는 것은 거부하고 있다. 또한 동원규모에 대해서도 일본정부는 침묵을 지키고 있다.

앞에서 제기한 쟁점과 관련하여 곤혹스런 점은 일본정부가 핵심적인 관련 사료를 공개하지 않고 있다는 것이다. 한국측에서 제기하는 반론은 생존자들의 증언에 토대를 두고 있는데, 그 자체로는 완벽한 신빙성을 확보하기가 어려운 점이 있다. 뿐만 아니라 일본군위안부

---

9) 유엔인권위원회 49차 회의에 제출된 국제조정협회(International Fellowship of Reconciliation) 성명서, 『정신대자료집』 IV, 103쪽 참조.

문제에 대한 연구가 소장 여성운동가나 여성사가들의 몫으로 남겨져 있는 실정인데, 이들이 지닌 열악한 경제적·학문적 조건은 연구에 박차를 가하기엔 많은 어려움을 안고 있다. 또한 여성사가들이 학문 세계의 권력구조 내에서 변경에 위치하고 있어서, 일본군위안부의 역사화를 둘러싼 활발한 토론과 해명이 이루어지고 있지 못하다. 이런 '일본군위안부 연구의 여성화'는 이 연구가 여성의 몫으로 남겨져 있음을 확인하는 좋은 사례이다. 이에 비해 일본 역사학계의 일본군위안부 연구는 폭넓은 인력자원과 풍부한 사료, 발달된 방법론에 토대를 두고 있고, 일본 역사학의 과거청산 문제와 관련하여 남성역사가들도 상당수 참여하고 있다. 일본군위안부 문제를 둘러싼 논쟁에 있어서, 한국은 출발부터 불리한 상황에 놓여 있는 셈이다. 이런 연구 현황은 일본군위안부 문제를 민족주의적 정서에서보다 냉철한 역사적 판단에서 접근하는 것을 방해하고 있다. 연구의 폭과 깊이를 넓히는 것, 다시 말해서 우선 생존자 여성들에 대한 총체적이면서도 심층적인 조사, 그리고 일본에 산재한 사료를 수집하는 방안은 한국 역사학계가 수행해야 할 또 하나의 과제이다.

한·일간에, 그리고 한국 여성학자들 사이에 제기되는 또 다른 쟁점은 일본군위안부 문제를 해결하기 위한 운동과정에서 제기되는 민족주의적 경향이다. 이 논쟁은 한국과 일본의 여성학자가 '일본군위안부 문제'와 관련하여 한국의 진보적 여성운동이 민족주의 언설에 치우치고 있다는 비판을 제기한 것이 그 발단이 되었다. 김은실은 일본군위안부 문제를 다루는 과정에서 여성운동이 "민족주의의 헤게모니 담론을 통해 일본군위안부 여성의 경험을 읽는 것"에 문제를 제기하고, "일본군위안부 여성들은 현실을 구성해 내는 주체로 언설화되지" 않았음을 지적하고 있다. 다시 말하면 '개별적 욕구를 갖는 주체성을 지닌 개인'인 일본군위안부 출신 여성들의 목소리는 문제제기 과정에서 제대로 드러나지 않았다는 것이다.[10] 우에노 치즈코는 이를 체계적으로 정리하여 설명하는데, 그에 따르면 일본군위안부를 둘러싼 이중의 범죄는 전시강간 그 자체의 잔혹한 역사와 전후 50년 동안 그를 망각한 역사, 더 나아가서 피해자들에게 침묵을 강요한 역사였다. '민족의 치욕을 드러내지 말라'는 가부장제 사회의 압력에도 불구하고, 일본군위안부 문제를 제기하고 이를 국제사회에서 문제시하기까지 한국 여성운동의 공헌을 십분 인정하면서도, 치즈코는 한국 여성운동이 '성차별'과 '민족차별' 사이에 위치한 위안부문제를 민족주의적 언설로 포괄하려 한다고 비판하고 있다. 더 구체적으로 치즈코는 한국의 여성운동이 이 문제에서 강제와 임의성을 구분하고, 이 구별을 조선인 위안부 대 일본인 위안부로 대비시켰다고 지적하고 있다. 치즈코는 강제동원이냐 자발적 매춘이었느냐에 대한 구별은 여성을 창부 대 순결한 여성으로 분리함으로써 기존의 가부장제 이데올로기를 강화하는 것이라고 비판한다. 조선인 위안부 대 일본인 위안부로 나눔으로써 자민족 중심주의에 빠져 타민족 피해자와 한국 여성 사이에 분단의 벽을 쌓고 있다는 것이다.[11]

　이런 주장에 대해서는 반론도 만만치 않다. 우선 한국 여성운동에 의해 앞에서 언급한 페미니스트의 주장이 여성 경험의 특수성을 강조하면서, 일본군위안부 문제 자체나 정대협의 활동이 지닌 '역사적

---

10) 김은실, 「민족주의 담론과 여성: 문화, 권력, 주체에 관한 비판적 읽기를 위하여」, 『한국여성학』 10집(1994), 40~43쪽.
11) 우에노 치즈코, 앞의 책, 99~100쪽.

맥락'을 도외시할 뿐 아니라, 서구나 일본 페미니즘이 지닌 문화제국주의적 함정을 제대로 간파하지 못하였다는 비판이 제기되었다.[12] 일본의 군위안소정책은 전쟁기간 동안 총체적 기획에 의해 식민지 및 점령지 여성을 강제동원하여 성노예로 활용한 국가정책이었다. 700만이 넘었던 거대한 일본군의 성적인 충족을 위해서는 식민지 여성의 동원이 불가피하였고, 그런 점에서 일본군위안부에 대한 성폭력은 제국주의—식민지 사이의 문제라는 중층적 억압구조를 포함하고 있다는 점을 지적해야 한다는 것이다. 그런 점에서 여성에 대한 성폭력에서 성 변수의 우위성을 강조하고, 여기에 매개된 민족 변수를 도외시하는 태도는 여성이 처한 현실을 객관적으로 접근하는 태도라 말할 수 없다.

정진성은 물론 대외적으로 표현되는 민족주의가 지닌 호소력도 무시할 수 없으며, 동시에 민족문제는 국가와 국가 간의 관계 그리고 이것이 초래하는 억압적 관계를 드러내기에 유용하지만, 이에 비례하여 대내적으로 민족주의가 권위주의·독재정치·여성억압 등의 양상을 띠게 되는 현실도 간과할 수 없다고 주장한다. 또한 저항세력이 만들어내는 민중민족주의(popular nationalism) 못지않게 지배세력이나 권력국가가 행사하는 민족주의가 공존하고 있다. 따라서 페미니즘과 민족주의의 관계도 이런 복합적인 맥락 속에서 바라보아야 한다는 것이다. 이런 입장은 민족주의와 페미니즘의 결합 가능성을 모색하는 것이며, 여기에서는 여성의 운명이 민족국가의 틀 내에서 결정되는 한에 있어서, 여성이 주체적으로 민족주의를 만들어가야 한다

---

12) 정진성, 「민족주의와 일본군위안부 문제」, 『한일여성 공동역사교재 편찬 제1회 공개심포지엄 자료집』, 2001. 10. 5, 41~45쪽.

는 점이 강조된다.

마찬가지로 일본 페미니즘 내에서도 치즈코의 입장에 대한 비판이 제기되었다. 스즈키 유우코는 일본 페미니즘은 2차대전 당시 자신들의 전쟁에 대한 협력과 그 책임을 잊은 채, '여성은 모두 전쟁의 피해자'라는 인식에서 출발하여 스스로 '평화운동의 사도'로 나섰다고 주장한다. 여성지도자들은 스스로의 전쟁협력을 반성하지 않고, 전쟁의 파괴성과 비참함을 강조하면서, 남편과 아들을 전쟁터에 내보지 않기 위해 평화와 반전을 호소하는 사랑에 찬 존재가 되고자 하였다. 이러한 반전주의로의 전환은 격렬한 사상투쟁을 통해 이루어진 것이 아니라, 패전의 충격, 원자폭탄의 피해, 전후 미국이 가져온 민주주의에 대한 동일화 과정에서 형성된 것이었다. 그런 점에서 일본 페미니즘은 표면적으로는 패전을 기점으로 변화한 듯이 보이지만, 실제로는 일본의 국가체제와 싸우고 있지 않다는 의미에서 아시아 여성들의 희생 위에서 자신들의 상승을 추구해 왔다는 것이다. 일본 페미니즘은 대내적으로 어떻게 여성의 지위를 향상시킬 것인가에 몰두하였고, 최근에 등장한 포스트모던 페미니즘은 근대에 만들어진 남성/여성 이분법 해체에만 관심을 가질 뿐이고, 이 범주를 만들어낸 권력구조에는 무관심한 채 가해와 피해의 문제점을 흐리게 만들었다는 것이다. 결과적으로 이는 제국주의와 식민주의 문제를 은폐하고, 현실적으로 현존 국가를 긍정하는 결과를 낳았다는 것이다.[13]

흥미롭게도 한국과 일본 모두에서 페미니스트는 서구보다는 민족

---

13) 스즈키 유우코, 「천황제와 일본여성」, 『한일여성 공동역사교재 편찬 제1회 공개심포지엄 자료집』, 6~17쪽; 오오코시 아이코(Ogoshi Aiko), 「페미니즘과 일본군'위안부'」, 같은 책, 18~26쪽 참조.

주의에 더 많은 관심을 가지고 있고, 민족주의와 관련하여 아시아 페미니즘은 그 독자적인 발전을 보여주고 있다. 일본과 한국 모두 여성 대중의 민족주의에 대한 지지기반은 매우 넓었다. 그러나 한국과 일본의 페미니즘은 민족주의 문제를 둘러싼 쟁점에서는 차이를 드러내고 있다. 과거를 역사화하는 과정에서 한국 페미니즘 내에서는 일본군위안부 운동이 민족주의 언설에 의해 주도된다는 비판과, 여전히 제국주의/식민주의는 일본군위안부 문제를 설명하는 데 있어 중요한 변수라는 주장이 교차하고 있다. 일본의 페미니즘은 전쟁의 가해자로서의 여성에 주목하고, 전쟁책임의 부담을 강조함으로써 민족주의를 넘어서려는 입장과 여성지위의 향상을 모색하거나 포스트모던 페미니즘에 열중함으로써 민족주의를 애써 무시하나 사실은 현행 권력 구조를 추인하는 입장이 상존하고 있다. 이렇게 양 국가에서 페미니즘과 민족주의 관계를 둘러싸고 두 개의 입장이 공존하지만, 그 영향력은 달리 나타난다. 한국 페미니즘에서는 여전히 제국주의/민족주의를 강조하는 페미니즘이 큰 영향력을 행사하는 반면 일본에서는 전쟁책임을 묻는 페미니스트는 아주 작은 그룹에 불과하다. 아마 한국의 페미니즘은 분단상황하에서 젠더를 민족/계급 문제와 연결하여 접근하려는 데에 더 적극적이기 때문일 것이다. 이렇게 페미니즘과 민족주의 관계에 있어 양 국가는 영향을 주고받았지만, 그 강조점이 다른 것은 여성운동이 처한 조건이 서로 다르기 때문일 것이다.

4. 과거청산과 국가

1) 한국정부의 태도

일본군위안부 문제를 역사화하는 과정에서 한국정부의 역할은 소극적이기 짝이 없었다. 해방 후 45년 동안 반공주의와 신속한 경제성장의 압력 속에서, 친일파에 대한 처벌이나 과거청산 문제는 한번도 진지하게 제기된 적이 없었다. 즉 제2차 세계대전의 피해국이 전승국이 되었던 유럽에서는 전후 보상처리가 적극적으로 진행된 반면, 아시아에서는 가해국인 일본이 전후에도 전승국과 다름없는 지위를 누렸다. 특히 점령국인 미국과 공조체제를 유지하면서 일본은 경제발전의 선두를 달리고 있었고, 전쟁피해국들은 수출지향적인 공업화를 위해서 가해국인 일본에 의존할 수밖에 없었다. 한국의 경우에도 경제원조를 위해 시민사회의 대표성을 지니지 않은 권위주의 정부가 일본과 전쟁보상 문제를 일괄 타결해 버리는 결과를 낳았던 것이다. 바로 이런 점이 아시아지역에서 일본의 과거청산을 어렵게 만드는 요인으로 작용하고 있다. 따라서 최근에 일본군위안부나 징용자 피해보상소송이 미국에서 제기되고 있는 것은 바로 이런 현실적인 어려움을 타개하기 위한 방법이었다.[14]

위에서 말한 역사적 맥락 속에서 한국정부의 일본군위안부 문제에 대한 태도는 거의 방관자의 입장이었다. 정대협 발족 이후 피해자의 증언이 이어지고, 민간인들의 배상청구소송이 제기되는데도 이를 방

---

14) 이정옥, 앞의 글, 330쪽.

관하였다. 심지어 일본인 교사 이케다의 발언으로 초등학교 학생까지 정신대로 끌려갔음이 입증되었는데도 이를 6개월이나 비밀로 부쳤다. (식민지 조선의 소녀들을 노동력 동원을 위해 강제동원하였던 이 제도하에서 일부가 일본군위안부로 차출되기도 하였기 때문에 정신대는 지속적으로 일본군위안부제도와 혼돈을 일으키고 있다.) 또한 정신대 차출확인을 위해 학적부 열람을 요구하자, 서울 중부교육청은 관할 초등학교에 공문을 보내 "정신대문제에 관련된 학적부를 본인 이외에는 열람불허"할 것을 지시함으로써 조사 자체를 방해하는 역할까지도 하였다.

일본수상의 방한이 1992년 1월로 예정된 후 정신대문제 규명과 배상에 대한 국민 여론이 들끓자, 정부는 비로소 '선 진상규명, 후 배상문제 검토'라는 논리를 내세워 1991년 12월 7일에 일본에 진상규명 요청을 하였다. 1992년 1월 24일에는 정신대문제실무대책반을 만들고, 국내 각 부처에 문서자료를 조사하고, 동시에 내무부와 적십자사를 통해 정신대 피해자신고를 접수하여 이를 근거로 '일제하 군대위안부실태 중간보고서'를 작성하여 발표하였다. 진상규명을 요청하였지만 한국정부의 태도는 소극적이었고, 1965년의 한일협정으로 배상문제가 종결되었다는 일본측의 논리에 대해서도 적극적인 반론을 펴지 못하였다. 더 경악할 일은 1992년 4월 한국 법무부에서 정신대문제는 한일협정의 대상이 아니므로 재협상을 시도해야 한다는 의견서를 냈으나, 외무부의 반대로 공식 의견으로 발표되지 못하였다는 것이다.[15]

---

15) 배금자, 「강제 종군위안부 문제에 대한 한·일 정부 입장의 문제점」, 『정신대자료집』 IV, 38쪽.

1993년 3월 13일 김영삼대통령은 일본군위안부 피해여성은 우리 정부가 직접 도울 것이고, 일본정부에 대하여 물질적 보상을 청구하지 않겠다는 선언을 하였고, 이어 피해자들에 대한 생활지원금을 지급하기 시작하였다. 한국정부는 일본군위안부 문제에 대한 더욱 철저한 진상규명을 요청하면서 도덕적 정당성을 얻기 위하여 물질적 보상청구는 하지 않겠다는 방향으로 입장을 정리한 것이나, 이는 잘못된 태도이다. 한국정부의 이런 태도는 1965년의 한일협정을 사실상 인정하는 것으로 받아들여질 수 있다. 또한 피해자들이 일본정부를 상대로 개별적 피해보상소송을 하고 있는 상태에서 정부가 제3자적 입장을 취하고 있는 것은 별로 바람직하지 못하다.

이런 맥락에서 한국정부가 일본정부에만 진상규명을 요청할 것이 아니라, 스스로 진상규명에 적극적으로 나서야 했다. 최근 3~4년 사이에 한국정부가 일본군위안부 문제와 관련한 연구프로젝트 지원을 늘리고 있지만, 여전히 진상조사를 위한 정부의 태도는 적극적이라고 말하기 어렵다. 정부는 정부·학자·NGO를 중심으로 '진상조사위원회'를 구성하고, 미 국무부 문서기록보관소의 방대한 자료를 조사하고, 일본군이 주둔했던 남태평양지역에서의 증인발굴이나 기록조사를 대대적으로 실시해야 했다. 또한 1965년의 한일협정이 제공한 3억 달러가 어떻게 사용되었는지를 구체적으로 밝히고, 협정 당시에는 일본군위안부 문제가 거론되지 않았고, 이들에 대한 보상금이 지불되지 않았음도 일본에 명백히 밝혀야 할 것이다. 피해자들이 일본정부를 상대로 진행하는 소송도 양심적인 일본 지식인과 민간단체의 도움에 의존한 채, 국가의 도움은 전혀 받지 못하고 있다. 정부는 피해자들의 소송을 지원하고, 국제법상 가능한 모든 조치를 신속히 취

하는 것을 통해 피해자들을 도와야 한다.[16]

2) 한국사 교과서의 일본군위안부 서술

불과 4~5년 전만 하더라도 한국의 역사교과서는 일본군위안부 문제를 전혀 다루지 않았는데, 여기에서 일본군위안부 문제에 대한 무관심이 잘 드러난다. 한국의 역사교과서는 작년까지 단 1종으로 국가가 출판하였고, 따라서 역사해석에 대한 다양한 견해는 교과서에 반영되기 어려웠다. 그러나 1994년부터 일본군위안부 문제가 본격적으로 제기되자, 한국의 역사교과서도 1996년부터 이를 언급하기 시작하였다. 그러나 중·고등학교 교과서 모두에 위안부에 대한 서술은, "이때 여성까지도 정신대라는 이름으로 끌어가 일본군의 위안부로 희생되기도 하였다"라는 단 한 문장뿐이었다.[17] 위안부가 무엇인지, 어디로 끌려갔는지, 노동력동원기구인 정신대와는 어떻게 구별되는지도 언급하지 않았다. 또한 이 교과서들은 과거청산의 차원에서 혹은 여성운동의 차원에서 진행된 일본군위안부 문제 해결을 위한 노력에 대해서도 기술하지 않았다.

한국은 지난 20여 년 일본의 역사교과서를 신랄하게 비판해 왔으나, 이런 점에서는 우리가 일본으로부터 비판을 받을 소지도 없지 않다. 일본의 중학교 교과서는 약 한 문장 정도로 일본군위안부 문제에 대해 기술하고 있지만, 고등학교 교과서는 일본군위안부 문제를 비교적 자세히 다루고 있다. 『일본사』 『세계사』 교과서가 각각 20여 종

---

16) 같은 글, 48~49쪽.
17) 국정 고등학교 교과서 『국사』 2, 136쪽; 국정 중학교 교과서 『국사』 2, 151쪽.

에 달하는데,『일본사』교과서 23개 중 22개가 일본군위안부 문제를 다루었고, 여타 교과서를 모두 합치면 대략 58종이 이 문제를 다루고 있다. 비교적 비중 있는 교과서에서는 한국보다는 서술이 자세하여 대략 5~17행의 분량으로 서술되었고, 한국정부와 북한정부가 과거청산과 보상을 요구하고 있음도 기술하고 있다. 사실은 암암리에 일본 문부성이 교과서를 검정하고 있고, 경우에 따라서는 일본교과서의 기술에서 왜곡이 드러나기는 하지만, 일본군위안부 관련내용이 삽입된 것은 피해국가 민간단체나 학자들, 그리고 일본 시민단체 등이 노력한 결과라 생각된다. 어쨌든 최소한 올해까지는 일본교과서가 한국보다 일본군위안부 문제에 더 많은 지면을 할애하였다.[18]

그러나 7차 교육과정이 시작되면서, '한국 근현대사' 과목이 독립하고, 국사교과서가 국정에서 검정으로 바뀌었다. 2003년부터 쓰일 새 교과서에서는 일본군위안부 문제에 관한 지면이 늘어나, 대략 1~2면을 할애하였다. 일본군위안부의 잔혹한 실태뿐 아니라 운동단체의 요구, 일본정부의 태도, 전후 한국사회에서 피해여성들이 겪은 차별 등이 사진과 함께 상세히 서술되고 있다. 명실공히 일본군위안부 문제는 민족의 수치스런 과거가 아니라 우리가 끌어안아야 할, 동시에 제대로 청산해 가야 할 과거로 받아들여지게 되었다. 그러나 일본군위안부의 참혹한 과거를 묘사하는 서술에서 "몸을 더럽혔다는 이유로" 등의 가부장적인 용어가 사용된다든가, 피해여성들의 삶을 너무 절망적으로 묘사한 점은 문제가 있다. 또한 전체적인 교과서 기조가 성평등적인 시각을 견지하기보다는 여성을 약자나 피해자로 묘사

---

18) 정재정, 「일본 역사교과서에 다룬 일본군'위안부' 문제」, 『일본군위안부 문제의 책임을 묻는다』, 풀빛 2001, 366~70쪽.

하는 경향을 보이고, 여성사에 대한 서술지면 자체도 절대적으로 부족하다. 결론적으로 오랜 갈등 끝에 일본군위안부 문제는 역사화과정에서 제대로 자리를 찾게 되었다고 평가할 수 있지만, 한국사 교과서 전체에서 젠더 관점의 균형이 세워질 때에야 비로소 위안부에 대한 서술도 일관성을 지닐 수 있을 것이다.[19]

그러나 우려할 만할 점은 한국과는 반대로, 일본에서는 경기침체 및 정치적인 우경화와 함께 식민지지배에 대한 정당화 그리고 일본군위안부에 대한 서술을 삭제하거나 축소하려는 움직임이 커지고 있다는 사실이다. 이는 한국과 일본 사이에 교과서문제를 둘러싼 마찰을 증폭시키고 있다. 이에 대한 한국 정부나 민간단체의 적극적인 항의운동이나 일본 시민단체의 날카로운 문제제기가 있었으나, 그리 큰 성과를 거두지는 못하였다. 향후 일본교과서 개정문제는 일본 시민사회의 과제로 남아야 할 것이고, 한국의 입장에서는 권위주의 정치와 반공주의의 영향 아래에서 왜곡된 우리 교과서의 문제점을 개선하고 보완해 가는 데에 더욱 적극적인 노력을 기울여야 할 것이다.

5. 피해국민의 책임문제

앞에서 언급한 대로 우에노 치즈코는 피해여성이 50년간 침묵을 강요당한 현실에 대한 책임문제를 제기하고 있다. 이 강요된 침묵에

---

19) 이를 위하여 대한교과서·두산동아·금성에서 출판된 2003년판 '한국근현대사' 교과서를 참조할 것. 그외에도 신영숙, 「젠더의 관점에서 본 역사교육과 한국사 교과서」, 『일본교과서 바로잡기 운동본부 제3차 한국사교과서 심포지엄 자료집: 21세기 한국사교과서와 역사교육의 방향』, 196~98쪽.

대한 책임을 우리 한국인도 일정 부분 떠안아야 할 것이다. 그간 일본군위안부 문제와 관련된 과거청산 작업에서 관건이 된 것은 일본의 공식사과와 개인별 보상문제였고, 아직도 미결의 과제로 남아 있는 이 부분에 대해서는 계속 정부 차원의 노력이나 여성운동 차원에서의 가열한 투쟁이 필요하리라 생각된다. 그러나 여기에서 한걸음 나아가 피해여성들의 귀국 후 삶을 조사해 보면, 우리 한국인에게도 감당해야 할 책임이 적지 않음을 알 수 있다. 이제는 노령화된 피해여성에 대한 사례조사나 피해여성의 증언집에서 드러나는 충격적인 사실은 그녀들의 삶이 귀국 후에도 결코 나아지지 않았다는 점이다.

지독히도 빈한한 집안환경으로 인해 일자리를 찾아 떠나야 했던 여성들이 대부분이었던 만큼, 피해여성들은 돌아온 후에도 끔찍한 가난에서 헤어나지 못하였다. 생존을 위해 닥치는 대로 일을 해야 했던 피해여성들이 주로 가졌던 직업은 식당이나 술집 종업원, 식모, 행상, 농사일 등이었다. 이들의 경제생활이 참혹하였던 또 다른 이유는 이들 스스로가 자신의 과거에 대한 수치심이나 자학 때문에 고향으로 돌아가는 것을 거부하였거나, 혹은 귀환하였다가 가족들의 압력 때문에 다시 고향과 단절함으로써 스스로 뿌리뽑힌 삶을 살 수밖에 없었다는 것이다.[20] 2001년 한국정부에 피해자로 등록된 203명에 대한 조사에 의하면 귀국 후 피해여성이 가족이나 친척집에 거주한 경우가 55.7%로 드러났다.[21] 증언집을 통해 드러나는 사례에서는 그녀들은 자신이 직접 가족의 생계를 책임져야 하는 것이 아니라면, 자신의 과

---

20) 심영희, 「피해자들의 귀국 후 삶」, 『일본군위안부 문제의 책임을 묻는다』, 251~54 쪽 참조.

21) 한국정신대문제대책협의회 부설 전쟁과여성인권센터, 『일본군'위안부' 증언통계 자료집: 2001년 일본군'위안부' 연구보고서』(이하 『증언통계자료집』), 118~20쪽.

거에 대한 자책 때문에 곧 가족을 떠난 경우가 적지 않았다. 가족이라는 보호망이 사회복지의 기능을 대신하고 있는 한국사회에서 가족으로부터 단절된 여성의 삶은 궁핍과 외로움으로 황폐화될 수밖에 없었다.

또한 여성의 사회경제적 활동이 극히 제한되었던 지난 40여 년 동안, 대다수의 피해여성들이 "정상적인 결혼"을 할 수 없었던 상황은 이 여성들의 삶을 질곡으로 몰아넣었다. 앞에서 밝힌 대로 피해여성들이 행상이나 술집과 같은 주변적인 노동에 종사할 수밖에 없었던 이유는 우선 당시 여성이 선택할 수 있는 직업의 범위가 제한되었기 때문일 것이다. 뿐만 아니라 결혼이 여성의 중요한 생존수단이었던 당시의 시대적 상황에서, 결혼하지 못한 여성은 지속적으로 생활의 불안정에 시달릴 수밖에 없었다. 2001년의 조사에 따르면, 일본군위안부 피해여성의 51.6%가 법적 혼인을 하였는데,[22] 현재 70~80대 여성 일반의 상황과 비교하자면 거의 절반에 가까운 정도로 낮은 비율이다. 이 법적 혼인비율 51.6%에서 위안부 경험 이전에 법적 혼인 경험을 가진 여성의 수를 빼면, 실제 혼인비율은 훨씬 낮아진다. 다시 말하면 피해여성은 위안부생활의 경험으로 인해 결혼에서 가장 큰 피해를 받았다고 말할 수 있고, 이는 한국사회의 가부장제가 여성의 섹슈얼리티와 관련하여, 육체적 순결과 정조를 제1의 기준으로 강요하고 있음을 확인케 하는 대목이다. 또한 많은 피해여성이 법적 혼인 없이 동거생활을 하거나 첩으로 들어간 경우가 적지 않았고, 법적 혼인의 경우에도 상처하고 아이가 딸린 사람과 결혼하기가 일쑤였

---

22) 같은 책, 122쪽.

다.[23] 2001년의 조사에 의하면 203명의 여성 중 후처로 산 경우가 26%, 첩인 경우가 21.9%에 이르러 그 비율이 상당히 높은 편이다.[24]

그러나 위에서 말한 수치가 모두를 말하는 것은 아니다. 이미 드러난 수치만으로도 피해여성들의 비참한 삶의 현실을 직시할 수 있지만, 구술조사에서 밝혀진 피해여성의 현실은 우리를 더욱 가슴아프게 한다. 우선 많은 피해여성들이 결혼 전 남편에게 자신의 과거를 밝히지 못하였고, 이후 그 사실이 밝혀지면서 남편으로부터 지속적인 구타를 당하거나 버림받은 경우가 많았다.[25] 그리고 자신을 위안부로 팔았던 아버지 또는 남편의 양자를 뒷바라지하거나[26] 본처의 아들을 대학공부시키느라 죽을 고생을 하였다는 가슴아픈 사연도 적지 않았다.[27] 속아서 결혼하여 첩이 된 피해여성이 병든 남편을 수발하는 사례도 적지 않았다. 놀라운 사실은 피해여성 중 상당수가 귀국 후에도 타인을 위해 희생적인 삶을 산 경우가 대부분이었다는 점이다. 스스로 자식을 낳지 못하는 한계로 인해, 그만큼 가족이 그립고, 그래서 고아를 데려다 기르거나 조카를 뒷바라지하는 경우도 허다하

---

23) 흥미 있는 사실은 50~60년대에 첩생활을 한 피해여성들의 남편이 당시에는 권력을 휘두르던 경찰, 공무원, 군인인 경우가 적지 않았다는 점이다. 50년내에 처첩의 관행이 주로 공직자를 중심으로 이루어졌다는 여성사연구의 일반론과도 궤를 같이하는 것이다. 이임하, 「1950년대 여성의 삶과 사회적 담론」, 성균관대 사학과 박사학위논문, 133쪽 참조.

24) 『증언통계자료집』, 125쪽.

25) 이 경우는 너무 많아서 일일이 언급할 수 없을 정도이다. 대표적으로 한국정신대연구소·한국정신대대책협의회 2000년 일본군 성노예전범 여성국제법정 한국위원회 편, 『강제로 끌려간 조선인 군위안부들』 5(풀빛 2001), 266쪽과 한국정신대연구소·한국정신대대책협의회 편, 『강제로 끌려간 조선인 군위안부들』 3(한울 1995), 262쪽 참조.

26) 『강제로 끌려간 조선인 군위안부들』 5, 274, 294, 305쪽.

27) 같은 책, 65쪽.

였다. 또한 친지나 아들의 가정이 파탄에 이른 경우 그 자녀들을 뒷
바라지하고 있는 피해여성도 적지 않았다.[28]

　이렇게 증언집을 통해 생생히 살아나는 피해여성들의 생애사를 통
해 우리는 빈한한 가정에서 태어나 군위안부로 끌려갔다 온 여성들
에게 이전의 가난은 대물림되었고, 여기에 덧붙여 한국의 가부장제
사회가 가하는 폭력은 이 여성들을 지난 50년간 무던히도 괴롭혀왔
음을 알 수 있다. 이런 참혹한 현실은 2001년 조사한 피해여성 203명
중 85%가 정부가 지원하는 생활비로 살아가고 있다는 사실에서도
잘 드러난다. 취로사업이나 연금 등 생활비의 일부를 본인 수입으로
충당하는 경우는 12.5%에 지나지 않았다.[29] 그리고 가난에 못지않게
군위안부 피해여성들을 괴롭히는 것은 질병이다. 2001년 조사에서
71.9%의 여성이 만성질환이 있거나 거동이 불가능한 상태에 있었다.
물론 이 질병은 군위안부시절의 구타나 성병으로 인해 얻은 질병이
지만, 약 25%의 여성은 화병이나 강박증 등의 정신질환을 앓고 있었
고, 제대로 된 치료를 받지 못하고 있었다.[30]

　특히 화병이나 강박증 등의 정신질환은 지난 50년간 침묵을 강요
당해 온 현실이 크게 작용한 것으로 보인다. 지금도 남한의 많은 피
해여성들은 모습을 드러내기를 꺼려하고 있고, 신고한 경우에도 정부
의 지원금이 자신을 드러내는 데 큰 역할을 하였음은 증언집의 증언
에서 잘 드러나고 있다. 이런 현실은 과거청산에 적극적인 북한에서
도 크게 다르지 않은 것 같다. 1996~97년 사이 북한에서 진행된 조

---

28) 『강제로 끌려간 조선인 군위안부들』 3, 167, 185쪽; 『강제로 끌려간 조선인 군위안
　　부들』 5, 328~29쪽.
29) 『증언통계자료집』, 135쪽.
30) 같은 책, 128~31쪽.

사보고서에 따르면, 북한지역에 생존한 131명의 피해여성 중 공개증언에 동의한 여성은 34명에 불과하였고, 그 나머지는 가족과 친척의 반대로 공개적인 발언을 삼가고 있다.[31] 마찬가지로 남한의 한 피해여성이, 자신이 군위안부였음을 밝힌 후 그나마 가장 가까운 친지였던 조카가 더 이상 찾아오지 않는다고 한 진술도[32] 여전히 피해여성들이 침묵을 강요받고 있음을 입증하는 좋은 사례이다.

이에 비해 네덜란드 피해여성의 경우 부모나 남편은 물론 주변사람들까지도 고통스런 과거를 감싸안아 줌으로써 정상적인 삶을 살아갈 수 있었다는 사례가 나타나는 것을 볼 때, 피해여성에게 침묵을 강요하는 우리 현실에는 아시아적 문화의 특성도 함께 작용하였을 것으로 보인다.[33] 물론 여성운동이나 과거청산작업의 활성화, 그 일환으로 진행된 역사교육이나 인권교육을 통해 위안부문제에 대한 인식이 공론의 장에서는 큰 변화를 겪게 되었다. 그러나 여전히 일상적 삶의 영역에서는 피해자가 자신의 과거를 드러낼 수 있는 여건은 형성되지 않고 있다. 특히 문제가 되는 점은 피해여성들이 일본군에게 지속적인 강제 성폭행을 당했다는 피해의식보다는, 오히려 자신을 '몸을 판 더러운 여자'로 인식하고 공범자의식에 사로잡혀 사는 경우가 적지 않았다는 점이다.[34] 이들은 위안부시절 강제로 주입된 자기정체성을 수정할 여유가 없었던 것이고, 국가나 사회가 그런 치유책

---

31) 한국정신대대책협의회, 『정신대자료집 6: 일본군위안부 문제와 관련한 북한의 입장과 활동』, 서울 1997, 10쪽.
32) 『한국근·현대사』, 두산동아출판사 2002, 155쪽.
33) 『강제로 끌려간 조선인 군위안부들』 3, 345~46쪽.
34) 고혜정, 「일본 패전 후 타국에 남겨진 피해자의 삶」, 『일본군위안부 문제의 책임을 묻는다』, 229쪽.

을 마련해 준 것도 아니었다.

지금까지의 과거청산작업이나 역사의식 속에서 우리는 강대국이나 가해국의 책임을 묻는 일에 열중해 왔다. 이도 꼭 필요한 작업이지만, 군위안부 여성의 문제를 분석하면서, 필자는 피해국인 한국인에게도 책임이 면제될 수 있는가에 의문을 갖게 되었다. 2001년의 조사에 따르자면 군위안부를 동원한 사람은 군인/군속 20.6%, 순사 20.6%, 이장/구장 7.8%로 나타나고 있다. 또한 한국인 모집업자에 의해 동원된 여성은 29.4%인 데 반해, 일본인 모집업자에 의해 동원된 여성은 16.0%로 나타나고 있다. 게다가 증언집을 검토해 보면, 모집업자건 군인이건 일본인이 직접 동원한 경우에도 반드시 한국인 조력자를 동반한 것으로 드러난다. 다시 말하면 한국인의 조력 없이는 거의 20만에 이르는 조선인 군위안부가 동원될 수 없었다는 것이다.

그러나 유감스런 점은 20만에 이르는 여성들의 인권이 무참히 짓밟힌 이 사건으로 단 한 명의 한국인도 처벌받은 사실이 없다는 점이다. 일본인의 경우에는 양심선언이 나오고 있는데, 일본군위안부에 대한 강제동원, 인신매매 등을 주도하였던 한국인 가운데서는 한 명도 과거의 잘못을 고백하지 않았다는 것이다. 이는 한국사회 자체가 일본군 성매매에 대한 과거청산 문제에 있어서 얼마나 소극적으로 대처해 왔는가를 확인할 수 있게 해준다. 모든 진상을 규명하여 일본 정부의 책임을 엄격하게 묻는 것은 우리가 해야 할 우선적인 작업이다. 그러나 이제는 이 끔찍한 비도덕적 행위에 동조한 조선인의 책임을 묻는 것도 과거청산의 또 하나의 과제가 되어야 할 것이다. 물론 이 평범한 사람들이 저지른 죄악을 일일이 밝혀내어 처벌하는 것은 엄청난 행정비용을 요구하는 작업이고, 이미 오랜 시간이 흘러 조사하는 것도 쉽지 않다. 그러나 적어도 하나의 집단으로서 조선인 포주나 알선업자들이 자행한 역사적 죄악도 분명히 과거청산의 한 범주로 포함되어야 할 것이다. 마찬가지로 강제로 성폭행당한 반려자 여성을 구타하고 유기한 한국남성의 가부장적 관행에 대한 비판도 함께 있어야 할 것이다.

6. 과거청산의 새 장을 위해

지금까지 한국 여성운동은 가해자인 일본을 향해 공식사과와 배상을 요구하는 일과 피해여성에게 인간다운 삶을 회복하도록 하는 데에 적극적인 노력을 기울였다. 그러나 이 글은 피해국을 자처하였던 우리를 성찰하기 위한 출발이다. 그 일환으로 한국이 일본군위안부 문제를 어떻게 역사화하였는가를 검토하고, 이를 통해 우리의 과거청산 과정을 분석하였다.

일본군위안부 문제를 역사화하는 과정은 과거 10년 사이에 엄청닌 성과를 거둔 것이 사실이다. 과거청산에 가장 적극적인 독일에서조차도[35] 강제수용소에서 자행된 강제매춘은 여전히 베일에 덮여 있고, 관련 피해여성들은 여전히 침묵하고 있다. 이와 관련된 연구도

---

35) 전후 독일에서 탈나치화는 엄청난 규모로 진행되었다. 전체적인 통계에 의하면 1300만 명이 질문서를 제출했고, 그 가운데 1/3이 심사대상자가 되었다. 그 결과 9천 명은 감옥에 갔고, 3만 명은 특수노역형에, 50만 명 이상이 벌금형에 처해졌다. 또 2만 5천명은 재산의 일부 혹은 전체를 몰수당하였고, 12만 2천 명은 취업에 제한을 받게 되었다. 물론 이런 엄청난 수치는 독일이 가해국이었기 때문이지만, 그럼에도 불구하고 이런 수치는 과거청산의 강도와 의지를 잘 보여주는 것이다. 송충기, 「미군정 정책과 '탈나치화'작업」, 『대구사학』(2002) 참조.

거의 초보적인 수준에 머물러 있다.[36] 이는 과거청산이 성문제와 결합될 경우 가지는 난관을 예시적으로 보여주고 있다. 그런 점에서 볼 때, 군위안부 문제와 관련하여서도 우리의 과거청산작업은 한국 여성운동의 적극성과 국제 페미니즘운동의 지원 덕분에 상당한 성과를 거두었다고 말할 수 있을 것이다. 그러나 여전히 역사적 진실의 많은 부분은 암흑에 덮여 있다. 일본의 공식사과와 배상은 요원한 실정이고, 진실을 은폐하려는 일본의 시도는 집요하다. 군위안부 문제와 관련하여 일본에서 진행된 연구의 양과 정교성을 고려하자면, 진실을 밝히기 위한 우리 연구도 더욱 적극적으로 진행되어야 할 것이다. 일본교과서 문제를 둘러싼 한국 역사학자들의 분노와 열기에 비하면, 일본군위안부 문제는 여전히 여성들만의 연구나 운동에 머물고 있다. 또한 피해여성들이 떳떳이 세상으로 나오고 최소한의 생계도 보장받게 되었지만, 여전히 그들 중 많은 수는 가족이나 주변사람들의 멸시와 자책감에 시달리고 있다.

한국에서 군위안부 문제의 역사화과정에 남은 과제는 피해국민인 우리의 책임을 성찰하는 것이다. "일본인도 나쁘지만 그 앞잡이 노릇을 한 한국인이 더 밉다"는 피해여성 김덕진씨의 절규는 우리가 곰곰이 새겨야 할 대목이다.[37] 여성을 속이거나 강제동원하는 데 일조를 한 한국인 알선업자에 대한 연구도 진행되어야 하고, 지난 50년간 피

---

36) 이와 관련된 연구는 단지 Christa Paul, *Zwangsprostitution. Staatlich Errichtete Bordelle im Nationalsozialismus*(Berlin 1994)가 있을 뿐이다. 그외에도 간헐적으로 강제수용소의 여성죄수 상황에 대한 보고서에서 간간이 언급될 뿐이다. Claus Füllberg-Stolberg/Martina Jung/Renata Riebe/Martina Scheitenberger, *Frauen in Konzentrationslagern Bergen-Belsen Ravenbrück*, Bremen 1994 참조.

37) 한국정신대문제대책협의회 · 정신대연구회 편, 『강제로 끌려간 조선인 군위안부들: 증언집』 1, 한울 1993, 57쪽.

해여성에게 침묵을 강요했던 가부장적 관행 그리고 쓰라린 과거의 상처 때문에 다시 한번 더 착취당해야 하였던 피해여성의 고통에 대한 책임문제도 제기해야 한다. 아울러 단순히 과거청산이나 민족주의 운동의 관점에서 군위안부 문제를 접근하는 태도뿐 아니라 제국주의에 의해 강요된 조선여성에 대한 착취를 도외시하고, 이를 섹슈얼리티의 관점에서만 접근하는 태도도 극복되어야 한다. 이런 접근들은 평범한 조력자에게도 '공범'의 역사적 책임을 따지는 것이며, 피해국으로서 모든 책임을 면제받는 소극적인 과거청산의 자세를 넘어서는 것이다. 우리 사회의 민주주의나 역사의식이 한 단계 고양되기 위해서는 과거청산에 대해서도 더욱 적극적인 자세가 필요하다.

시민사회와 섹슈얼리티
세기전환기 독일을 중심으로

1. 성담론의 등장

1) 시민사회, 젠더를 둘러싼 모순을 드러내다

18세기 후반 이후 시민계급은 봉건적 제도나 전통, 길드(guild)의 규제조치, 장원제의 인신예속, 귀족이 누려온 공적 권위나 특권에 단호히 저항해 왔다. 반면 젠더(gender)[1] 영역에서는 19세기 말까지도 개인적 자유를 제한하는 여러 관행이 존재했지만, 이는 거의 도전을 받지 않았다. 시민계급이 표방한 핵심적 전제로서 모든 형태의 자발

---

[1] 이 글에서는 성(sexuality)과 구분하기 위해서 gender는 그대로 '젠더'로 번역하였다.

적 동의와 계약의 근간을 이루고 시민사회의 중추인 결사단체의 출발점이 되기도 한 '개인의 자율성'은 여성에게는 적용되지 않았다.[2]

좀더 구체적으로 말하면 19세기 전반부까지 유럽의 여성들은 선거권과 피선거권을 갖지 못함은 물론이고, 공직에 참여할 수도 없었고 (특히 중·동부 유럽에서는) 정치단체의 가입이나 정치집회 참여도 허용되지 않았다. 또한 여성들은 재산을 보유할 수 없었기 때문에 상속받은 재산은 남편에게 양도되었다. 직업을 갖거나 상업에 종사하는 것은 더더욱 허용되지 않았다. 대부분의 유럽국가에서 여성은 법률상 하나의 인격체로 인정받지 못하였던 것이다. 여성은 교육에서도 차별을 받았는데, 19세기 전반부까지 중등교육은 소년에게만 개방되었다. 당대의 대표적인 자유주의 사상가인 밀은 "자신의 이익을 위해 자유롭게 경쟁하는 개인은 사회의 발전에 기여하므로, 타고난 신분에 의한 인위적 제약 역시 철폐되어야 한다"는 자유주의 관행에서 유일한 예외가 여성인 현실을 개탄해 마지않았다.[3]

이와 같이 유럽의 시민계급이 18세기 후반 이래 '게으르고 나태한 귀족계급'과 자신을 구별하면서 스스로의 정당성을 알리려는 노력 속에서 형성된 시민성(Bügerlichkeit)에는 애초부터 젠더를 둘러싼 지기모순이 내재되어 있었다. 공/사 영역, 특히 일상생활이나 의상, 장례, 축제 등에서 나타나는 다양한 규칙과 금지규정 혹은 그들이 확산하려는 특정한 가치관 속에서 드러나는 시민성과 그 한 부분을 이루는 성(sexuality)담론은 젠더를 둘러싼 모순과 복잡하게 착종되어 있

---

2) Wolfgang Kaschuba, "German Bügerlichkeit after 1800: Cultures as Symbolic Practice," Jügen Kocka/Allan Mitchell eds., *Bourgeoisie Society in Nineteenth-Century Europe*, Oxford 1993, pp. 3~4.
3) 존 스튜어트 밀, 『여성의 예속』, 김예숙 옮김, 이화여대출판부 1986, 67쪽.

음을 언급하는 데서 논의를 출발해야 할 것 같다.

2) 성을 둘러싼 불안

라이너트는 1900~33년 독일에서 인간의 성을 다양하게 조명한 저술이 2만 5천여 편이나 된다고 말한다.[4] 사실 세기전환기의 독일처럼 여성에 대한 정신적·도덕적 규정이 그렇게 많이 끝없이 거론되고 서술되고 출판되고 읽혀진 곳은 없었을 것이다. 동시에 이 시기처럼 남성적 특성이 거의 언급되지 않았던 시기도 드물 것이다. 학술논문이나 인기서적, 사전, 잡지의 기고문은 대부분 여성이나 여성문제를 중심으로 논쟁을 벌였고, 여기에서 여성은 '설명되어야 할 성적 존재'로 간주되었다. 그러나 논쟁의 핵심에서 명시적으로는 여성이 거론되었다 하더라도 암묵적으로는 양성이 함께 언급되었으므로, 이를 통해 당대의 성담론을 유추해 보는 것이 가능하다.[5]

그렇다면 왜 세기전환기의 독일 지식인과 대중은 성문제에 그렇게 관심이 많았을까? 그것은 산업화, 도시화, 급격한 인구이동 등 근대 들어와서 일어난 사회적 변화가 남성보다는 여성의 삶에 더 큰 영향을 끼쳤기 때문일 것이다. 여성의 가정 내 역할이나 사회적 지위는 큰 변동을 겪었고, 특히 여성이 사무직으로 대거 진출한 점이 남성에게 여성이 노동세계의 '새로운 경쟁자'라는 이미지를 심어주었고 이런 남성적 상상력의 연장선상에서 취업여성은 남성 생계부양자 모델

---

4) Kirsten Reinert, *Frauen und Sexualmoral: 1897~1933*, Herbolzheim: Centaurus Verlag 2000, p. 1.

5) Christina Klausmann/Iris Schröder, "Geschlechtstreit um 1900: Einleitung," *Feministische Studien* 2000. Heft. 1, pp. 3~4.

에 대한 위협으로 받아들여졌다.

1890년대 들어와서 여권주의자(feminists)들이 공론의 장에 등단하기 시작하였고, 1900년부터 발효된 새로운 민법전의 초안, 특히 가족이나 부부에 관한 법조항에 대해 여권주의자들의 비판이 날카로워졌다. 공공영역이나 일상생활 모두에서 젠더를 둘러싼 역할이 문제되기 시작한바, 가정과 부부관계에 안주해 있던 여성들이 자율성과 독립을 요구하자 시민계급은 이를 균형 잡힌 사회 전체가 흔들리는 것으로 보았다. 당대 사회의 여러 영역에서 성을 둘러싼 다양한 논의가 진행된 점은 여성의 새로운 자의식 성장이라는 사실 못지않게 시민계급의 심각한 사회적 불안을 반영하는 것이었다.

이 글에서는 당시 발간된 방대한 자료에 모두 접근할 수 없는 한계, 다시 말해 자료가 지닌 대표성에 대한 우려를 불식하기 위한 방안으로 시민사회의 성과 성담론을 분석할 수 있는 용이한 세 가지의 통로를 활용하였다. 우선 독일의 시민계급 가족을 둘러싼 성적 관행을 개괄적으로 살펴본 후, 페미니스트들의 성에 관한 언설과 주장에 대한 반(反)페미니즘 담론을 분석함으로써 세기전환기의 독일 시민사회에서 나타난 성담론을 살펴보고사 한다.

이 글의 집필과 관련하여 부딪히는 난관은 자료의 방대함 못지않게 기존의 사회과학에서 사용하는 계급분류나 정치적 입장차이를 성담론에 정밀하게 적용하기 어렵다는 점이다. 정치·경제 분야와 달리 성담론에서는 자유주의자와 보수주의자의 구별이 거의 불가능한 경우가 많았고, 때로는 사회주의자와 자유주의자 간에 의견이 일치하는 경우도 적지 않았다. 즉 자유주의 신조는 시민계급과 긴밀하게 연계되었지만, 그것이 성에 관한 입장을 망라하지는 못하였다. 따라서 시민사회와 시민계급을 분석할 때는 정치적 스펙트럼이 매우 광범위하다는 사실을 염두에 둘 필요가 있다. 이 글에서 시민계급이 아니라 '시민사회'에서의 성담론이라는 다소 모호한 용어를 사용한 것도 구분의 불명확성 때문이다. 이런 불확실성을 감안해야 하지만, 독일에서는 그 어느 나라보다 시민계급의 문화적 정체성이 강렬하게 표출되었고, 성담론의 형성에서도 교양시민계급(Bildungsbügertum)의 역할이 결정적이었음을 염두에 둘 필요가 있다.

2. 시민계급, 가족 그리고 성

1) 시민계급 가족과 친밀성

18세기 말까지 독일에서는 서로 분리된, 그래서 명료하게 분리되는 가족형태들이 있었다. 이는 근본적으로 생산과 가계가 통합되어 있다는 공통점을 지녔으면서도, 각각이 수행하는 생산방식에 따라 다양한 특성을 가지고 있었다. 다시 말해 농민인가, 수공업자인가, 가내산업 종사자인가에 따라 각기 특유한 가족구조를 형성하였다. 그러나 19세기에 들어서면서 가족은 더 단일화된 근대적인 가족구조로 바뀌어갔는데, 여기에서 시민계급의 역할은 절대적이었다.[6]

우선 근대 시민계급의 가족에서 일어난 가장 큰 변화는 '일터'와 '가정'의 분리이다. 이같은 공/사 영역의 분리는 시민계급의 아내를

---

6) Heidi Rosenbaum, *Formen der Familie*, Frankfurt/M 1982, p. 479.

생산영역에서 몰아내었고, 여성은 자녀양육에만 전념하면서 자녀와 감정적인 유대를 형성하기 시작하였다. 주부의 역할은 여성의 타고 난 소명으로 찬미되었다. 이제 가족관계의 친밀성이 근대가족의 전형 으로 등장하였고, 신문이나 문학작품 같은 의사소통망이 확대되면서 시민계급의 이상·가치·관습과 더불어 가족이데올로기가 맹렬하게 선전되었다. 동즐로는 근대 시민계급 가족의 특성으로 첫째 사생활 의 확대, 둘째 거실·작업실·침실 등의 공간분리, 셋째 가족의 건강 과 자녀교육에 대한 관심의 증대를 지적하고 있다. 이같은 가족과 사 회의 명백한 분리와 사생활의 강조는 시민계급의 성관계나 성담론 형성과도 깊은 관계가 있다.[7]

시민계급 가족의 사생활 중시(privatization)와 더불어 여성은 신분 에 상응하는 생활양식을 대변하는 역할을 수행하였다. 즉 부인은 대 외적으로 남편의 경제적·사회적 수준을 과시하는 역할을 했다. 시 민계급 여성은 장바구니를 든 모습을 보여서도 안 되고, 문을 스스로 열어서도 안 되며, 거친 일을 하거나 유모차를 직접 끌어서도 안 되 었다. 그녀의 역할은 파티에서 어떤 의상을 입고 집을 어떻게 장식하 며 어떻게 손님을 초대할 것인가에 전념하는 것이었디.

이에 비해 시민계급 남성은 자신의 직업세계에서 성공하는 것에 비례하여 권위적인 인물이 되어갔고, 이런 공적 영역에서의 능력과 사회적 명망은 가족 내에서 전통적인 가부장구조를 정당화하는 데 기여하였다. 뿐만 아니라 남편과 아내의 생활영역이 엄격히 분리되 면서 남편의 권위가 부부 사이의 의사소통 영역을 제한하였고, '부부

---

7) J. Donzlot, *The Placing of Families*, New York 1979 참조.

의 정신적 공동체'라는 시민계급의 이상적인 가족관은 그것이 표방된 지 100여 년이 지난 19세기 말까지도 여전히 현실과는 거리가 멀었다. 시민계급 여성의 지위가 19세기 후반보다 더 복종적이고 비자립적이었던 시기는 없었을 것이다. 따라서 가족관계에 일어난 이런 변화는 당연히 부부의 성관계에도 영향을 미칠 수밖에 없었다.

시민계급 사이에 프라이버시가 강조되면서, 이들의 가족관계는 외부세계로부터 단절되었고, 부부간의 성관계는 더욱 강조되기 시작하였다. 이에 따라 혼전관계나 혼외관계는 배척되었고, 사랑과 성은 부부관계로 한정되어야 했다. 여기에서 흥미로운 점은 가족 내에서 자녀에게는 감추어야 하는 부부관계의 내밀성이 생겨났다는 것이다. 이는 주거구조의 발전을 추적해 보면 분명히 드러나는데, 이제 침실은 특별한 공간으로 새롭게 탄생하였다.[8]

이와 더불어 부모와 자식의 관계는 더 밀접해졌지만, 한편으로 자녀들은 부모의 내밀한 공간에서 배제되었고 에로틱한 일이나 성적인 문제들로부터 자유로워야 했다. 부부의 성생활은 엄격히 비밀에 부쳐졌을 뿐 아니라, 자식에 대한 어머니의 애정도 감성적인 계기가 주어질 경우라도 엄격히 절제되어야 했다. 이런 엄격한 교육과 더불어 시민계급의 가정에서는 인격형성 과정에서 욕망의 배제나 통제가 이루어졌고, 이는 성관계에도 부정적인 결과를 가져왔다. 시민계급 가정에서 자라난 남성들에게 여성은 한편으로는 어머니·여동생·아내와 같은 정신적인 존재로, 다른 한편으로는 애인이나 창부와 같은 타락하고 감성적인 유혹녀로 양분되었던 것 같다.[9]

---

8) G. Korff, "Einige Bemerkungen zum Wandel des Bettes," *Volkskunde* 77, 1981, pp. 4~5.

2) 성적 통제

성에 대한 시민계급의 태도는 18세기 이후 두드러지게 달라졌다. 반 우설(Van Ussel)에 따르면, 18세기 말까지는 여성과 남성이 자신의 성적 욕구와 희망을 표현하는 것이 가능하였지만 19세기에 들어서면서 성은 이제 '도덕적인 타락'으로 해석되었다. 이는 '시민계급의 형성' 과정에서 발생한 시민계급의 성격변화를 드러내는 것으로서, 구체적으로 감정과 애정의 표출이 자제되기 시작하였고 이것이 성문제로까지 확장되었다. 이제 육체는 '욕망의 실현기관'(Lustorgan)에서 '능률기관'(Leistungsorgan)으로 바뀌었다.

모스는 근대의 가장 강력한 이념인 민족주의와, '예의바르고 올바른 매너·도덕·섹슈얼리티에 대한 적절한 태도'를 가리키는 말인 체통(respectability)의 관계를 추적하였다. 특히 그는 근대사회의 출현 이후 유럽에서 당연시되어 온 체통, 매너, 도덕과 규범적 성적 태도의 역사에서 민족주의가 두드러진 역할을 수행한 데 주목하였다. 사실 섹슈얼리티는 인간행동의 기본을 이루고 체통과 관련된 도덕적 관심이 십중된 분야여서, 민족주의와 체통의 관계 속에서 특별한 관심의 대상이 될 수밖에 없다.

성은 부르주아사회와 민족주의가 어떤 형태로든 이에 개입하기를 강요하였다. 민족주의는 '사나이다움'과 '남성적 인내'와 같은 남성적 이상을 도입해 민족적 정형(stereo type)을 구축하였으며, 이를 통해 신체적인 것으로부터 남성과 여성의 미에 대한 정형이 만들어졌다.

---

9) Rosenbaum, 앞의 책, pp. 347~48.

시민계급은 절약, 일에 대한 헌신, 근검 그리고 열정의 억제에 기반을
둔 자신들의 생활방식이 '게으른' 하층계급과 방탕한 귀족계급의 그
것보다 우월하다고 생각하였다. 그 결과 그들은 남녀의 성관계에서
육욕적 감각을 배제하고 결혼과 가족의 경건함을 함께 실행하고자
했다. 속죄는 자기 직업에 한결같은 마음으로 몰두하는 것을 통해서
이루어진다는 것이다.[10]

　　마찬가지로 의사, 교사, 경찰이 대응기술을 강화하는 것을 통해 성
에 대한 또 다른 차원의 통제가 시작되었다. 그 구체적 방법은 정상
성을 지지하고 성적 열정을 통제하는 데 효율적인 하나의 이상을 만
들어내는 것이었다. 자위와 성적 탐닉이 비남성적이고 본질적으로
반사회적인 것으로 간주되면서, 19세기 초에는 정상/비정상의 이분
법이 돌이킬 수 없을 만큼 고착화되었다. 더불어 민족과 사회의 기초
로 남성성이 찬미되고, 국가는 결혼과 이혼을 비롯한 다양한 분야를
통제할 수 있는 권한을 확보하였다.

　　또한 민족주의와 체통은 개인의 자율성을 제한하기 시작하였다. 산
업화 요구와 더불어 민족해방전쟁을 수행해야 했던 독일에서는 남성
간의 우정이 예찬되면서, 이는 애국주의로의 투신과 직결되었다. 우정
은 남성들의 성적 열정을 통제할 뿐 아니라 이성적인 사랑보다 우월한
것이었다. 세기전환기에 이런 남성들의 우정에 찬 결속이 점점 더 호
전적인 동맹으로 전환한 현상은 성에 대한 태도와 분리될 수 없다.
결국 성은 민족에 흡수되고 통제되어야 하는 열정의 일부였다.[11]

---

10) G. L. Mosse, *Nationalism and Sexuality: Middle-Class Morality and Sexual Norms in Modern Europe*, London 1985, pp. 4~5, 9~10.
11) 같은 책, pp. 67~89.

남성성에 대한 찬미와 함께 시민계급 가족 안에서 이루어진 성에 대한 통제는 여성에게 억압적인 방식으로 작용하였다. 성에 대해 명백하게 규제가 이루어지면서 (귀족이나) 시민계급 가정의 여성은 더 이상 성적 욕구를 표현할 수 없게 되었고, 시민계급 남성에게 아내는 '비성적(asexuell)이고 타락하지 않은 피조물(Geschöpfe)'이어야 했다. 성적 희열을 공개적으로 거론하는 시민계급 여성은 '경박한' 사람으로 간주되었다. 실제로 당시 성도덕이 어느 정도 통용되었고 또 시민계급 여성이 성문제를 어떻게 처리했는지에 관한 정보를 우리는 거의 갖고 있지 않다. 그러나 적어도 시민계급 여성은 바깥세계에 성적으로 무관심한 척하고, 자신이 속한 계급의 성적 관행을 깨는 여성에 대해서는 경멸과 비난의 시선을 보내는 태도를 취했다.[12]

여성은 순결하게 교육되어야 하고, 성에 대해서는 알지 못한 채 부부관계로 들어가야 하는 것이 당시의 지배적인 관행이었다. 한마디로 여성은 "귀엽고, 무력하고 그리고 무지해야" 했고, 교양 있는 여성에게 성적 주제는 금기에 해당하였다. 이론적으로는 젊은 남성도 결혼할 때까지 순수해야 하지만, 실제로는 혼전에 성경험을 쌓는 것이 용납되었다. 양갓집 청년은 갖가지 방식으로 성경험을 쌓아갔는데, 가령 양친 가정의 어린 하녀나 가정교사, 매춘여성 등과의 성관계가 바로 그것이었다. 남성의 혼전 성욕구 해결에는 자신들의 아내가 될 수 있는 '예절바른 여성'이 아니라, 다른 계급의 여성이 동원되었던 것이다. 남성과 여성에게 각기 다른 행동방식을 강요하는 이런 시민계급의 관행은 그들의 주변을 넘어 다른 계급으로까지 확산된 이중

---

12) Ute Frevert, *Frauen-Geschichte. Zwischen Bügerlicher Verbesserung und Neuer Weiblichkeit*, Frankfurt/M 1986, p. 131.

도덕으로 자리잡았다.[13]

　이러한 젊은 아내의 무지와 남편의 혼전 성경험은 실질적인 부부 관계와 이상적인 조화를 이루기 어려워서, 시민계급 여성은 초야에 큰 충격에 휩싸이는 경우가 적지 않았다. 1863년 프로이센의 장교와 결혼한 릴리 브라운의 모친은 "신혼 초에 친정부모님의 체면을 생각하지 않았다면, 결혼생활에서 도망쳤을 것"이라 술회하고 있다. 다른 여성의 자서전에서도 "결혼 첫날밤에 강간을 당한 느낌"이었다는 고백이 나온다.[14]

3) 성적 정상성의 담론들

　비록 시민계급 여성들이 성문제를 거론하는 것은 금기시되었으나, 사회 전체가 성에 적대적이거나 점잔을 뺀 것은 아니었다. 19세기에 성은 단지 의학전문지뿐만 아니라 학문적·정치적으로 격렬한 논쟁의 대상이 되었다. 놀랄 만한 입담이나 다양한 저술을 추적해 보면, 부르주아의 시대에도 성문제가 없지 않았음을 알 수 있다. 또한 성생활을 관찰·분석하고 분류하는 많은 학문적 시도들을 통해서 당시 사회불안을 일으킬 수 있는 이 일탈적인 행위를, 합리성을 표방하는 과학을 통해 길들이려는 집요한 의도를 읽을 수 있다. 다시 말해 노동과 자기규율화, 감정통제를 높이 평가하는 시민계급사회는 인간의 성을 통제하고, 그것을 당대의 사회적 관습에 적응시키는 데 많은 관심을 가졌던 것이다.

---

13) Rosenbaum, 앞의 책, pp. 348~49.
14) 같은 책, pp. 349~55; Frevert, 앞의 책, pp. 129~30.

이미 18세기부터 성욕의 필수적인 통제와 그 불유쾌한 표현형태의 억제를 둘러싸고 논쟁이 시작되었다. 의사와 신학자, 교육자 들은 '건전한' 정상성의 개념을 규정하고, 일탈적이고 병적인 행위를 진단하고, 제한·치료하는 데서 자신들의 과제를 찾았다. 그러나 성에 대한 의학적 충고나 교육서들이 서로 의견이 일치되었던 것은 아니다. 그중에서 특히 논쟁적이었던 것은 여성의 성에 대한 논의였다. 여성이 성적으로 강한 흥분을 느낄 수 있는가의 문제는 몇 세대에 걸쳐 의학자들의 논쟁점이 되어왔다.

19세기 말에 가장 일반적이었던 견해인 "여성의 성욕은 남성보다 눈에 띄게 약하다"는 주장에 모순이 없는 것은 아니다. 베를린의 성병전문의인 이반 블로흐는 여성의 성적 감수성이 남성보다 약하다는 테제를 반박하면서, 오히려 여성은 남성보다 강할 수도 있고 더 지속적일 수 있다고 주장하였다. 그럼에도 불구하고 여성이 근본적으로 남성보다 성행위에 대한 관심이 적고, 정신적 관계나 다정다감한 배려에 더 큰 의미를 부여한다는 주장이 많이 퍼져 있었다.[15]

그러나 블로흐보다 몇 년 늦게 1908년에 발표된 '문화적 성도덕'에 관한 글에서 프로이트는 '현대적 신경증'을 설명하면서, 여성의 불감증은 정상적이거나 바람직한 것이 결코 아니며 오히려 억압적인 성교육의 병적인 결과로 보았다. 다시 말해 어린 소녀의 성이 강제로 억압되었기 때문에 많은 부인들이 '부부간의 의무'에 대해 방어적인 자세를 갖거나 냉담해지고 신경증이나 히스테리 발작을 일으킨다는 것이다.[16] 이 이론을 통해 프로이트는 시민계급이 지닌 성도덕의 약

---

15) Frevert, 앞의 책, p. 129.
16) S. Freud, "Civilized Sexual Morality and Modern Nervous Illness"(1908), *The Stand-*

점을 찌른 셈이고, 이와 더불어 담론 속에서 성이 인간의 기본 욕구로 인정을 받을 수 있는 계기가 마련되었다.

마찬가지로 세기전환기에 제기된 또 다른 논쟁도 성적 정상성에 대한 견해의 다양성을 보여준다. 성관련 학자와 심리학자, 산부인과 전문의 사이에서 진행된 여성성과 남성성에 관한 논쟁이 이에 해당하는데, 당대에 가장 일반화된 입장은 남성적·여성적 특성을 양극에 두고 성의 경계를 벗어나는 행위를 병리적인 현상으로 설명하는 것이었다. 이 입장에 따라 순수한 남성성과 여성성에서의 일탈은 퇴화현상(Degenerationszeichen)으로 폄하되었다.

뫼비우스(P. J. Möbius)가 대변한 이 주장에 따르면, 여성화된 남성은 성향상 개성과 자유를 향한 희구가 부족한 대신 도덕성이 발달하는 데 비해 근대적인 여성운동을 통해 해방된 남성화된 여성은 반대로 자유를 향한 노력을 보여주지만 도덕성이 결여된다는 주장이다. 결국 뫼비우스의 성적 특성 개념에서는 성의 사회적 기능이나 정신적 특성이 모두 남성과 여성의 육체가 가진 근본적인 해부학적·생리학적 차이에서 도출되는 것이어서, 자연의 계율이 양성의 특성을 부여해 주는 셈이 되고 여기에서 건강한 남녀의 인류학적 유형이 만들어진다.

그러나 바이닝거(O. Weininger)는 1903년에 발표한 학위논문에서 성적 경계에 대해 극단적일 정도로 유연성을 주장한다. 그는 모든 인간은 여성적·남성적 특성을 지니고 있다고 보는데, 한 남성이 1/4의 여성성과 3/4의 남성성을 지닐 수도 있지만 1/2의 여성성과 1/2

---

ard Edition of the Complete Psychological Works of Sigmund Freud, trans. under the general editorship of J. Strachey, London 1953~1974, vol. IX, pp. 179~81.

의 남성성을 지닐 수도 있다는 것이다. 바이닝거 역시 남성성과 여성성의 차이를 완전히 부정한 것은 아니지만, 최소한 그에게서는 남녀 간의 형이상학적·존재론적 차이가 여성성에 대한 완전한 평가절하로 이어지지는 않았으며 또 이 차이는 신체적 혹은 생리학적 문제라기보다 오히려 정신적인 문제였다.[17]

뫼비우스와 바이닝거 사이에서 중도적 입장을 제시한 사람이 프로이트였다. 그는 "성이론에 대한 세 가지 논술"(Drei Abhandlungen zur Sexualtheorie)에서 그간의 성이론과 성적 정상성에 관한 논의에서 한 단계 진전한 수정주의적 견해를 제시하였다. 프로이트의 성이론은 생물학적 토대에서 출발하여, 유아기에는 인간이 양성적 성징을 나타내지만, 이런 생리학적·해부학적 성적 특성은 새로운 성향을 정신적으로 학습하는 과정으로 바뀌어간다고 보았다. 여아의 경우 성적 수치심이 남아보다 더 일찍 발달하고 성축출의 성향도 더 강하게 나타나는데, 바로 이것이 여아를 거세콤플렉스와 더불어 성충동에 소극적 태도를 취하게 만든다는 것이다. 여기에서 남성성과 여성성의 차이가 나타나고, 여성에게서 나타나는 노이로제와 히스테리의 근원도 설명의 근거를 발견한다.

그러나 프로이트의 성심리적 발전에 대한 정신분석학이론에서는 남성성기(Phallus)를 선호하고, 성적 차이를 그대로 유지하고 조정하려는 경향을 읽어낼 수 있다. 즉 프로이트 이론에 따르면, 신체적 성과 정신의 인과관계가 심리발전을 매개로 하여 이성애적 질서 속에 재배치된다. 그러나 또 한편으로 프로이트는 성적 특성의 불안정한

---

17) Sabine Mehlmann, "Das doppelte Geschlecht. Die konstitutionelle Bisexualität und die Konstruktion der Geschlechtergrenze," *Feministische Studien* 2000/1, pp. 36~42.

병리적 현상을 심리치료를 통해 개입할 수 있는 여지를 만들어내었다. 여기에서 남성성과 여성성에 대한 생물학적인 결정론을 넘어서는, 사회적 성과 생물학적 성을 구별할 수 있는 가능성이 제기되었다는 점에서 시민사회의 남성성/여성성의 양극화를 넘어설 수 있는 여지도 생겨났다.[18]

바이닝거나 프로이트에 이르러 성적 특성을 둘러싼 성담론이 다양화되고 이것이 어떤 변화의 가능성을 열어놓았을 수도 있지만, 변화는 오랜 시간을 필요로 한다. 시민사회 내에서 이루어진 남성적·여성적 특성의 구획은 여전히 성을 작동시키거나 규제하는 방식으로 작용하였다. 그렇다면 왜 시민사회는 성의 여성적·남성적 특성을 구별하고, 양성의 경계를 설정하려 하였는가?

포겔은 독일이나 영국의 시민계급이 안고 있는 자기모순, 즉 그들이 표방하는 인간해방이나 법 앞에서의 평등을 젠더문제나 결혼제도에서는 실현할 수 없다는 당혹감을 법이 아닌 다른 수단을 통해 해소하려 했고, 여기에서 남성과 여성의 성적 특성을 통한 자연적인 보완성의 강조가 그 해결책으로 등장하였다는 흥미 있는 주장을 제기하였다. 시민계급은 사랑의 공동체이자 우정과 지적 동반자이어야 할 결혼이 더 이상 담보하지 못하는 미완의 가치를 다른 어디에선가 찾고자 하였고, 여기에 남녀의 성적 특성이 시민계급 가정을 구원하는 기제로 등장하였다는 것이다. 그러나 시민계급 내에 엄연히 존재하는 성관계의 모순 때문에, 여성성과 남성성이 지닌 상보성을 들추어내어 정당성을 확보하는 것이 그리 용이하지는 않았다고 포겔은 결

---

18) 같은 글, pp. 43~48.

론짓고 있다.[19] 이 성관계의 모순을 당대의 여권주의자들이 즉각적으로 포착해 냈기 때문이다.

3. 자유주의 여권론자와 성개혁

1) 성도덕의 이중성 비판

시민계급의 신조가 내포한 이중성이나 성도덕의 가식적 성격에 반발하면서, 여성운동이 '새로운 도덕'(Neue Ethik)을 주장하기 시작한 것은 19세기 말부터였다. 1870년대 중반 이후 독일이 세계에서 가장 낮은 출생률을 기록하고 매춘행위가 급격히 늘어나면서, 성병이나 성적 타락에 대한 사회적 염려가 곳곳에서 표출되고 각종 학술간행물을 통해 성에 관한 논의가 시작되었다.

독일에서는 1871년 제국형법 361조 6항을 통해 매춘여성에 대한 통제를 시도하였다. 이에 따르면 매춘부는 '등록된 자'와 '비밀리에 행하는 자'라는 두 집단으로 분류되고, 전자의 경우는 정기적인 의사 검진과 함께 거주·이전이 제한되었다. 반면 후자는 발각될 경우 금고형을 당해야 하였다. 그러나 더욱 심각한 문제는 이 조항을 토대로 보통 여성들을 함부로 검거할 수 있었다는 사실이다.[20]

---

19) Ursula Vogel, "Patriarchale Herrschaft, bügerliches Recht, bügerliche Utopie. Eigentumsrechte der Frauern in Deutschland und England," Jügen Kocka ed., *Bügertum im 19. Jahrhundert* vol. 1, Müchen: ottv 1988, pp. 406~38, 259~62.

20) 19세기 말 10만~20만 명에 이르던 독일의 매춘여성이 1차대전 직전에는 33만 명에 달했으나 이 가운데 등록된 여성은 약 10%에 불과하였다(M. Jassen-Jurreit ed., *Frauen und Sexualmoral*, Frankfurt/M: Fischer Verlag 1986, pp. 290~93).

통제론자들은 매춘을 감독하는 것이 공중위생과 공공질서를 지킬 수 있는 가장 안전한 방법이라 확신하고 있었다. 이들은 매춘을 필요악으로 간주하고 남성의 성욕발산이 갖는 불가피성을 정당화하면서도, 매춘부를 '여성성을 상실한 타락한 성 위반자'로 비난하는 이중성을 보였다. 이같은 당대의 성담론에 대해 시민계급 여권론자들은 강하게 반발하였다. 매춘여성에 대한 강제검진은 마치 "전염병이 퍼지고 있는데, 여성에게만 예방접종을 하는 것과 마찬가지"라고 비난하였으며, 특히 '여성의 빈곤'과 매춘 사이의 관련성을 날카롭게 지적하였다.

'독일여성단체연합'(Bund Deutscher Frauenvereine)을 중심으로 한 여권론자들의 매춘에 대한 비판은 크게 온건파와 급진파로 나뉘었다. 뵘(H. B. Böm)으로 대변되는 온건파가 매춘을 비판한 동기는 성병에 대한 두려움이었다. 이들은 아내를 성병의 희생자로 만드는 남성의 왜곡된 성욕을 비판하면서 "남성도 마찬가지로 혼전에 순결해야 한다"는 주장과 더불어 남성에게 '자제를 위한 교육'을 실시할 필요성을 제기하였다. 이들은 공창제(state-regulated prostitution)를 문제삼기보다 매춘굴의 폐지와 외국인매춘부의 추방, 모든 매춘부의 투옥을 통해서 매춘 그 자체를 금지하는 데 역점을 두었다.

이에 비해 카우어(M. Cauer)와 아우구스푸르크(A. Auguspurg), 하이만(G. Heymann)으로 대변되는 급진파 여권론자들은 먼저 남성의 이중적인 성도덕을 비판하면서 공창제 폐지를 내세웠다. 국가가 허용하는 유곽은 자못 건전한 체하는 남성고객들에 의해 유지되고 있고, 매춘행위에 참가했음에도 불구하고 남성은 사회적으로 아무런 불이익도 당하지 않는다는 것이다. 그래서 급진파 여권론자들에게 매춘여성은 남성의 성적 착취의 제물이자 빈곤의 희생자로 비쳤다. 특히 공창제 폐지와 매춘여성의 사회적 복권(Rehabilitierung)을 주장하는 급진파 여권론자들은 "남성의 성욕은 국가 차원에서 공창제를 통해 보장받는 반면에, 경제적으로 독립적이지 못하거나 빈곤한 여성에게는 금욕이 강요되거나 성적 착취가 자행되고 있다"고 비난하면서 '새로운 도덕'을 주장하였다.

슈퇴커는 정신과 육체라는 이분법 속에서 성을 죄악으로 간주하는 이중성을 비판하면서, 성은 모든 건강한 인간이 느낄 수 있는 원초적인 본능이고 여성도 남성처럼 감각적인 존재이므로 정신과 육체를 동등하게 개발할 수 있는 권리를 가진다고 주장했다. 그녀는 남녀간의 자유로운 애정관계를 주창하였으며, 매춘과 같은 해악은 도덕적 억압이나 강제에 의해서가 아니라 '도덕적인 자유의지'에 의해 해결될 수 있다고 보았다.

이 '새로운 도덕'의 지지자들은 혼외 애정공동체의 인정, 국가 차원의 출산보험도입, 성에 관한 계몽과 피임, 여성의 경제적 독립과 여성 자신의 몸과 성에 대한 자결권을 주장하였는데, 이는 당시로서는 대단히 파격적인 제안이었다.[21] 또한 슈퇴커는 여성이 경세력을 기질 수 있게 하는 사회개혁을 통해 성적 관계를 변화시킬 수 있는 토대를 마련하고, 가정관리를 경제적으로 평가하고, 어머니의 역할에 대한 급료지불 혹은 국가 차원의 출산보험도입 등을 주장하였다.[22]

---

21) 김기녀, 「독일 빌헬름시대 급진파 여권론자의 성담론과 그 실천」, 성신여자대학교 대학원 박사학위논문, 2000, 36~52쪽; M. Janssen-Jurreit, "Sexual Reform und Geburtenrückgangber die Zusammenhänge von Bevölkerungspolitik und Frauenbewegung um die Jahrhundertwende," Annette Kuhn/Gerhard Schneider eds., *Frauen in der Geschichte*, Düseldorf 1982, pp. 68~72; Frevert, 앞의 책, pp. 132~34.

22) Helene Stöcker, "Zur Reform der sexuellen Ethik," M. Janssen-Jurreit ed., 앞의 책,

1904년 슈퇴커는 퓌르트(E. Fürth) 등 다양한 성개혁주의자와 함께 '모성보호 및 성개혁연맹'(Bund für Mutterschutz und Sexual Reform, 이하 '모성보호연맹')을 창설하고, 혼인과 무관한 모성의 보편적 인정, 사생아와 적자의 동등한 지위, 출산통제 및 피임방법의 자유로운 이용을 통한 계획된 모성, 낙태를 금지하는 218조의 삭제, 이혼법에서 남녀의 동등한 지위와 이혼조건의 완화, 성병과 매춘의 퇴치 등을 요구하였다.

여기에서 흥미로운 사실은 모성보호연맹이 국가간섭이라는 새로운 방식을 제안했다는 점인데, 이는 신뢰할 수 없는 아버지에게 의존하기보다는 차라리 국가가 모성을 더 잘 돌볼 수 있다고 생각했기 때문이다. 이들은 또 공립학교에서 성교육을 실시하든가, 아니면 결혼하는 남성에게 혼전 건강진단서를 제출하게 해 공적인 책임을 강화시킬 것을 국가에 촉구하였다. 결론적으로 급진적 여권론자들은 현단계에서 성관계가 타락과 불행의 원인이 될 수도 있지만, 제반 요구조건이 실현될 수만 있다면 오히려 활력의 원천이 될 수 있다고 보았다. 강요된 금욕은 도리어 젊은 여성을 육체적 질병뿐 아니라 정신적 질병에도 취약하게 만들었기 때문이다. 그러나 성에 대한 입장은 모성보호연맹 내에서도 다양한 편차를 보여줄 만큼 미묘한 문제였기 때문에, 이런 주장들이 일치된 목소리를 낸 것은 아니었다.[23]

---

pp. 110~20.

23) 모성보호연맹 혹은 급진파 내에서도 성에 관한 입장은 매우 다양하였다. 여성의 성이 남성에 의해 채워져야 하는 '빈 용기'와 같다는 주장이라든가 여성은 남성보다 성생활에 더 강력하게 결속되어 있다는 관능주의적 주장이 한편에 존재하였다면, 또 한편에서는 아우구스푸르크나 하이만처럼 남성과의 결합이 여성운동의 이상을 더럽히는 결과를 가져올 것이라는 주장도 제기되었다. 마찬가지로 성문제에서 여성이 보다 높은 도덕적 이상을 지니고 있다든가 자유로운 성관계에 대한 남

2) 성개혁운동의 허와 실

그러나 더 큰 간극은 온건파 여권론자와 급진파 여권론자 사이에 놓여 있었다. 자유주의 여권론자 안에서도 온건파와 급진파는 모두 현존하는 성도덕의 이중성을 비난하면서도 성문제에 관해서는 현격한 입장차이를 드러내었다. 온건파의 입장도 다양하여 이를 하나로 통합해서 설명하기는 어렵다. 막스 베버의 아내이면서 가장 온건한 여권론자였던 마리안느 베버의 입장을 대표적으로 소개할 수 있다. 마리안느 베버는 결혼을 남녀간의 상호의무로 간주하면서, 제도로서의 결혼을 "잔인한 남성의 권력이 계약을 통해 약화된 하나의 문화적 진보"라고 규정하였다.

슈퇴커와 달리 마리안느 베버는 성생활의 합리화 및 금욕생활로의 승화는 역행할 수 없는 '문화적 가치'를 의미한다고 주장했는데, 성생활을 즐기는 것은 '성적인 욕구의 폭발'을 초래하고 그 결과 감정생활의 난폭함이 불러일으키는 희생을 부담하는 것은 결국 여성이기 때문에 여성이 성생활을 즐기는 것은 결국 여성의 위기를 초래한다고

성의 두려움을 조롱하는 언급도 나왔는데, 브레(R. Bre) 같은 급진적인 여성은 모권제의 회복이나 어린이 양육을 위한 공동체생활을 주장하기도 했다. 이런 극단적인 의견 사이에서 슈퇴커는 흔히 알려진 것과 달리 상당히 중재자적인 입장을 취했다는 해석이 제기되고 있다. 즉 그녀는 이성애적 사랑의 필요성을 강조하고, 남성과 여성이 완전히 평등한 협업을 통해 성적 문제를 해결해야 하며, 완전한 성적 해방은 경제적 해방이 전제되어야 한다는 주장을 통해 조심스럽게 현실론을 선택하였다는 것이다. 그런 점에서 에번스가 제기한 슈퇴커의 급진성에 관한 평가는 수정될 필요가 있다(Irene Stoehr, "Fraueneinfluss oder Geschlechtversöhnung? Zur Sexualitätsdebatte in der deutschen Frauenbewegung um1900," Johanna Geyer-Kordesch/Annette Kuhn eds., *Frauenkörper-Medizin-Sexualität: Auf dem Wege zu einer neuen Sexualmoral*, Düseldorf: Schwann, 1986, pp. 174~80; Anna Pappritz, "Die Sittlichkeitsbewegung," *Jahrbuch der Frauenbewegung 1913*, pp. 138~48 참조).

보았다.[24] 그러면서 그녀는 성적 자유를 주장하는 것이 남성대중으로 하여금 여성을 '성적 존재'로 간주하게 만들기 때문에 여성운동의 행동공간을 축소하는 역할을 할 것이라고 경고하였다. 결국 '동지애, 우정 그리고 사랑의 결합'보다는 일상생활에서의 에로티시즘의 축출, 즉 영국과 미국식의 청교도주의를 통해 성문제를 해결하고자 하였던 것이다.[25]

성과 관련하여, 모성보호연맹에 참여한 남성개혁주의자의 역할도 매우 중요했던 만큼 그들의 다양한 입장도 살펴볼 필요가 있다. 모성보호연맹이 창립될 당시, 독일에는 해마다 18만 명의 사생아가 태어나고 있었고, 사생아의 사망률은 결혼한 부부 사이에서 태어난 영아 사망률의 2배나 되었다. 출생한 아이들의 건강유지는 합리적인 국민 우생학의 계명이어야 하고, 이는 민족의 건강한 미래를 위해서도 중요한 과제였다. 특히 영아보호가 모성보호와 직결되어 있다는 인식이 확산되면서 사회민주당의 명망가[26]와 좌파자유주의 여권론자, 그리고 다윈주의자이거나 우생학에 관심을 가진 의사나 학자들[27]이 모성보호연맹의 창립을 발의하였다.

---

24) Marianne Weber, "Eheideal und Eherecht," *Jahrbuch der Frauenbewegung*, 1914, pp. 175 ~87; 김기녀, 앞의 글, 56~59, 64쪽.

25) Stoehr, 앞의 글, pp. 179~80.

26) 여기에는 사회민주당의 여성운동가인 릴리 브라운과 퓌르트, 에드워드 데이비드 등이 참여하였고, 이후에 발표된 선언에는 베른슈타인이 서명하였다(M. Janssen-Jurreit, *Sexualreform*, pp. 67, 71~72).

27) 여기에 참석한 대표적인 남성으로는 인종우생학자이자 『인종과 사회생물학』지의 편집인 플뢰츠(Alfred Ploetz), 『정치인류학』지 편집인 볼트만(Ludwig Woltmann), 민족자유주의자 나우만(Friedrich Naumann), 강단사회주의자 좀바르트(Werner Sombart) 등을 들 수 있다. 또한 이런 성개혁운동의 주체들을 정치적으로 분석해 보면, 이들의 정치적 입장은 시민계급, 사회주의자, 공산주의자에 이르기까지 다양하였다(같은 책, pp. 67~68; Reinert, 앞의 책, p. 1 참조).

그러나 모성보호연맹 내 남성우생학자들의 입장은 여권론자와 두드러지게 차이가 났다. 여권론자들이 이중적인 도덕에 반대하는 투쟁과 미혼모 보호활동에 집중하였다면, 남성우생학자들은 민족의 보존과 번영이라는 관점에서 연맹의 활동에 적극적이었다. 여기에서 활동한 대표적인 우생학자인 플뢰츠(A. Ploetz)에게 '어머니는 가장 귀중한 존재'로 간주되었고, 미혼모를 돕는 데 있어서도 "육체적으로뿐만 아니라 지적·도덕적으로도 가장 좋은 자질을 지닌 여성"들을 선택적으로 지원해야 한다고 강조하였다.[28]

그러나 모성보호연맹에 참여한 여권론자들의 시각은 크게 달랐다. 이미 앞에서 언급했듯이 여권론자에게는 '새로운 도덕'을 선전하는 것이 더 중요하였고, 이를 통해 여론을 바꾸어가는 것이 더 급박한 과제로 간주되었다. 그들은 자유로운 결합이나 자유로운 부부관계뿐 아니라 사생아에 대한 동등한 대우, '성행위와 생식의 분리' 혹은 여성노동자를 대상으로 피임 수단과 방법을 가르치는 체계적인 성교육을 구체적인 요구사항으로 내세웠다. 남성 성개혁론자 가운데 혼외관계의 자유화를 주장하는 경우도 있었으나, 그 주된 동기는 자유연애가 매춘을 방지할 수 있는 수단이 되리라는 생각 때문이었다.[29]

낙태에 대한 처벌을 규정한 형법 218, 219조의 폐지를 주장하는 캠페인이 시작됐을 때, 모성보호연맹 내에서 이를 둘러싸고 찬반의견이 갈라졌다. 플뢰츠 등 남성우생학자들도 이 제안을 반대하면서 강

---

28) 플뢰츠는 미혼모를 퇴화된 존재로 간주할 것인지 또 이런 퇴화를 어느 정도까지 유전적인 결과로 받아들일 것인지를 둘러싼 문제도 다루었는데, 정신병원에 대한 조사를 통해 미혼모가 일반적으로 노이로제나 다른 정신질병의 기질이 있다는 결론을 내렸다(M. Janssen-Jurreit, 앞의 책, pp. 68~69).

29) Stoehr, 앞의 글, p. 178.

간이나 부모가 심각한 질병을 가진 경우에만 낙태를 허용하는 수정 안을 제시하기도 하였다. 이런 분위기는 1910~14년에 인구감소에 대한 염려가 확산되고, 자유연애나 혼외 성관계에 대한 반대가 드높 아지면서 더욱 강력해졌다.

라이너트는 1897~1933년에 제기된 성개혁운동 내의 담론을 분석 하였는데, 남성과 여성의 발언을 비교하고 여성과 남성 사이에 어떤 사고방식의 차이가 있었고 또 남성이 담론이나 개념 규정을 독점하 는 상황에서 여권주의자들이 어느 정도 독자적인 담론과 의미체계를 만들었는지에 관해 흥미 있는 분석을 보여주고 있다.[30] 바이마르시 기에 이르러 만개한 성개혁운동은 다양한 사회개혁운동 중에서 여성 이 적극적으로 많이 참여하고 그래서 여성의 행동공간이 상대적으로 넓었던 운동으로 평가할 수 있다. 특히 여권주의자들은 독일제국의 성도덕을 비판하고, 성을 자연스럽고 긍정적인 욕구로 재평가하며, 성에 대한 언어와 묘사에서의 금기를 깨고 성을 일반언어의 영역으 로 자연스럽게 편입시켰기 때문에 성개혁운동에서 그들의 공로는 대 단히 크다고 할 수 있다.

그러나 라이너트는 성개혁운동에서 드러난 문제점을 두 가지 측면 에서 지적하고 있다. 우선, 남성적인 개혁가들의 영향력 아래서 여전 히 성은 자연스럽게 규정된 남성적·여성적 특성이라는 양극으로 나 누어지고 있다. 다음으로, 여권주의 개혁가들은 '자유롭고, 자결권을 지닌 개인'이라는 의미에서의 개인윤리적 관점을 표방한 데 비해, 남 성운동가들은 여전히 '국민의 신체'나 '공동선'의 견지에서 바라본 인

---

30) Reinert, 앞의 책, p. 3.

간경제학(Menschen Ökonomie)을 중요한 담론으로 채택하였다는 것이다. 좀더 구체적으로는 성개혁운동 내의 여권주의자들 사이에서는 '동지애에 기초한 부부관계'나 '계약결혼' 등이 논의된 반면, 남성들은 몸이나 성에 대한 관심이 높았다는 것이다.

또한 여권론자들이 부부관계의 위기를 남성과 여성의 새로운 평등한 성관계를 창출할 수 있는 토대로 여긴 데 비해, 남성들은 성관계의 변혁을 근대가 가져다준 불가피한 부작용이자 기존 가치관의 붕괴로 받아들였다는 것이다. 결국 성개혁운동에 참여한 남성들은 바이마르시대에 들어와 적극적으로 대두된 '신(新)여성' 개념에 불안해하면서, 에로티즘에 기초한 일부일처제 결혼을 고착시키고 아내를 완벽한 성관계의 파트너로 만들고자 하였다. 여기에서 남성은 성적으로 여성을 압도하고, 여성의 성은 남성에게 종속적이어야 하였다. 따라서 독자적이고 독립된 성욕을 지닌 적극적인 주체로서의 여성의 모습 혹은 부부관계의 친밀성 및 상호적이고 의사소통적인 성의 관점(Interaktiv-kommunikative Aspekt)은 남성 성개혁주의자들의 성담론과 충돌할 수밖에 없었다.

3) 사회주의자의 대응

바이마르시대에 이르면 남성 성개혁주의자나 급진파 여권론자 모두 성에 관한 가이드 책자나 안내서 등을 통해서 각자의 성담론을 적극적으로 유포하였다.[31] 이렇게 각기 다른 성담론이 현실 속에서 어

---

31) 같은 책, pp. 288~93.

떻게 영향력을 행사하였는지를 평가하기는 힘들다. 그러나 대단히 신중하게 다음과 같이 말할 수는 있다. 남성들의 성개혁운동은 급진파 여권주의자의 문제의식을 대중화하는 데 기여하였지만, 동시에 급진파 여권론자들의 논의를 남성적·우생학적 관점으로 견인하는 역할을 하였다는 것이다.

마찬가지로 급진파 여권론자들의 성담론이 확산되는 데 또 하나의 변수로 작용한 것은 사회민주주의자들이었다. 앞에서 언급한 대로 모성보호연맹을 중심으로 한 성개혁운동에서 적극적인 역할을 수행한 것은 급진파 여권주의자들이었지만, 적지 않은 사회민주주의자들이 여기에 동참하였다. 사회민주주의자들이 성문제에 개입한 것은 출산율 감소와 피임문제가 대두되면서부터이다. 1910~14년에 독일의 의학잡지에서 출산율 감소가 '도덕적 타락'으로 문제시되기 시작하였고, 이미 1910년에 피임약 판매가 법적으로 금지되면서 이에 대한 정책적 대안이 토론되기 시작하였다. 정부측 전문가인 본트래거(Bornträger)는 출산율 감소의 책임을 여성운동과 사회민주당에게 돌렸다.

사회민주당 내에서는 1913년 전당대회에서 '임신파업'(Gebär-streik)이 안건으로 올라왔다. 특히 사회민주당에 속한 의사인 모제스(J. Moses)와 베른슈타인(A. Bernstein)이 피임방법과 피임약에 관해 공개강연을 하고 보건정책과 가족정책에서 국가의 개선조치를 추동하기 위한 압력의 일환으로 임신파업을 제안하자, 사회민주당에 대한 부르주아정당들의 비난이 쏟아지기 시작하였다.

사회민주당 지도부는 두 의사들의 요구와 거리를 두고자 하였다. 사회민주당의 일간지인 『전진』(*Vorwärts*)은 임신파업 구호는 당의 정강과 부합하지 않는다는 주장을 하면서 이 캠페인을 평가절하하였다.[32] 1913년 8월 22일에 열린 당 지역대회에는 이례적으로 4천 명의 당원이 참석하여 임신파업에 반대하는 토론에 열성적으로 동참하였다. 특히 평소 정치집회에 참여하지 않았던 여성들이 대거 참석하였는데, 이 자리에서 체트킨(C. Zetkin)은 "역사를 돌아볼 때 상승하는 계급은 그 자질(Qualität)을 통해서가 아니라 대중적인 기반을 통해서 승리를 달성하므로, 많은 자녀수야말로 건강한 발전에 도움이 된다"는 견해를 피력하였다. 그러나 매일매일 고단한 삶을 피부로 느끼며 살아야 하는 여성대중들은 이런 주장에 찬동하지 않았기에, 임신파업에 반대하는 결의안은 부결되고 말았다.

출산통제를 개인들 각자의 결정에 맡기자는 지츠(Zietz)의 중재안도 마찬가지로 당에서 거부되었다. 사회민주당의 기관지는 다시 인구감소의 원인을 여성의 열악한 노동조건에서 찾고, 그 해결방안으로 노동계급의 해방투쟁을 제안하는 소극적인 태도로 일관하였다. 이후에도 당 아래로부터 여성의 성적 자기결정권을 주장하는 목소리가 있었지만, 남편의 의지에 반하는 출산통제권에 대한 요구나 참여는 항상 사회민주당이나 사법부와의 갈등을 불러일으켰다.

사회민주당 내에서 제기된 발언이나 글을 종합해 보면, 당 지도부는 임신파업이나 출산통제에 대해 거리를 두었고, 내용토론에서도 남성과 여성 사이에 견해차가 두드러지게 드러났다.[33] 결국 사회민주

---

32) *Vorwäts* 1913 Juli 31/1913 August 7.

33) 그럼에도 불구하고 사회민주당 소속 여성의 대다수는 출산통제는 사적인 문제로 존중되어야 한다고 생각했으나, 그것이 지닌 정치적 성격은 받아들이지 않았다. 체트킨이 발행한 『평등』(*Gleichheit*) 역시 "이 문제는 의사의 진료영역이거나 부부 간의 침실문제이지, 당의 문제는 아니다"라고 서술하였다. 당대의 시대적 통찰력은 성을 '정치권력'의 문제로 이해하는 데까지 이르지는 못한 것 같다(Anna A.

당 내에서 여성들은 전쟁을 위해 필요한 생명을 낳아야 하고, 성적 자기결정권마저 가질 수 없는 모순적인 현실을 경험해야 했다. 리프크네히트(Liebknecht) 같은 지도자는 피임은 혼외 성관계를 촉진하므로 부부간의 미적인 감정들이 훼손된다고 주장하였고, 대다수의 사회민주당 지도자들은 인구감소에 대한 당대의 불안에 공감하였던 것 같다.[34] 결과적으로 사회민주당은 성개혁에 어떤 기여를 하였다기보다는 오히려 당대 시민사회의 성담론에 합류한 셈이다. 그러나 성혁명을 사회민주당과 연결시키려는 시민계급, 특히 반(反)페미니스트들의 시도는 여권론자들의 성개혁운동을 위축시키는 중요한 한 요인이 되었는데, 이에 관해서는 다음 절에서 좀더 자세히 다룰 것이다.

이상의 내용을 정리하자면, 독일의 급진적 여권론자들의 '새로운 도덕'은 당대의 인습적 사고에 비추어볼 때 참신한 주장이었지만, 조직된 여성운동에서 거점을 마련하지 못하였다. 1908년 슈퇴커의 추종자들은 '독일여성단체연합' 법사위원회를 움직여 낙태의 합법화안에 서명하도록 만들고, 나아가서는 연합의장인 마리 슈트리트(M. Stritt)의 도움을 받아 급진파의 원칙적 입장이 승리하게 하였다.[35]

당시 현실에 비추어볼 때 용감하기 짝이 없었던 독일 급진주의 여권론자들의 발언과 행동은 권위주의적이고 보수적인 독일 정치체제

Bergmann, "Frauen, Männer, Sexualität und Geburtenkontrolle: Zur Gebärstreik-debatte der SPD in Jahre 1913," Karin Hausen ed., *Frauen suchen ihre Geschichte: Historische Studien zum 19. und 20. Jahrhundert*, Müchen: Verlag C. H. Beck 1990, p. 100).

34) 같은 글, pp. 94~103; M. Janssen-Jurreit, 앞의 책, p. 65.

35) 그러나 1910년 슈트리트는 회장직에서 밀려나고, 그 자리를 보수주의자 게를투르드 보이머(Gertrud Böhmer)가 계승한다. 그리고 1914년에 이르면 급진파들은 운동 내에서 무력한 위치로 전락하고 만다(M. Janssen-Jurreit, 앞의 책, pp. 73~74).

내에서 급진파 여권론자가 처했던 고립적인 위치를 잘 드러내준다. 성혁명을 사회민주당의 책임으로 밀어붙이는 사회여론에 경악하며 온건파 여권주의자들이 보수화되면 될수록, 급진파 여권주의자들은 더욱 급진화되었던 것이다. "독일의 온건파 페미니즘은 보통 이상으로 온건하였고, 급진적 페미니즘은 이례적으로 급진적이었다"는 리처드 에번스(R. J. Evans)의 언급은 바로 이런 독일 페미니즘의 특성을 적확하게 반영한 것이다.[36]

4. 반여권주의 운동과 성담론: 성적 부도덕을 향한 전쟁

1) 반여권주의 운동의 태동

세기전환기의 독일에서는 전(前)세대의 사람들은 상상할 수 없을 정도의 큰 변화가 일어났다. 1절에서 언급한 대로 산업화·도시화의 빠른 진척 못지않게, 일상생활의 여러 부문에서 새로운 문화적 충격이 가해졌다. 사람들은 '자유연애'나 '성적 자기설정권'을 향한 급진적인 여권론자들의 목소리가 교회나 지역공동체로까지 흘러들어온다고 생각하였다. 매춘과 성병, 포르노의 만연과 높은 사생아출생률은 독일민족이 병들어가고 있다는 인상을 심어주었다. 특히 출생률

---

36) 뒤늦은 산업화 및 민주주의혁명의 실패와 더불어 자유주의 세력이 미약했던 까닭에 진보적인 여권운동에 대한 자유주의의 지원이 불가능하였던 현실, 그래서 압도적인 다수의 여성들이 사회주의 여성운동으로 기울었던 독일의 현실에서 급진적 여권론자들이 선택할 수 있었던 유일한 대안은 이념적 급진성이었던 것 같다(리차드 에번스, 『페미니스트』, 정현백 외 옮김, 창작과비평사 1997, 149~50, 156쪽).

감소는 당대의 지식인이나 정치가에게 '민족적 재앙'으로 느껴졌다. 또한 1918년 혁명이 국민 도덕과 예절 부문에서도 혁명을 초래할 것이라는 우파의 불안은 앞에서 말한 위기의식을 확산시키는 데 기여하였다. 포이커트(D. Peukert)의 표현을 빌리자면, 이런 심리적 상태들은 '고전적 근대성의 위기시대'(crisis years of classic modernity)에 겪게 되는 공포였다. 따라서 성적 부도덕에 대한 투쟁을 위해 결성된 반페미니스트 운동은 좌파의 사회복지정책이 지니는 대중적 영향력에 대처하는 우파의 대응이기도 하였다.[37]

빌헬름제국의 시민계급 사이에서 성해방에 대한 사회적 공포감이 집단적인 움직임으로 전환한 것은 1차대전 전야였는데, 이는 1912년 '여성해방 저지를 위한 독일협회'(Deutscher Bund zur Bekämpfung der Frauenemanzipation)의 설립으로 구체화되었다.[38] 19세기 말 이래로 여러 정치분야에 포진해 있던 반페미니스트 세력의 집결체라 할 수 있는 이 단체는 여성해방의 시도를 막고 모든 공공부문에서 남성들만의 지배를 확보하는 데 그 목적을 두고 있었다. 그리고 의사, 교수, 공무원, 법률가, 여교사, 우생학자, 주부, 장교, 목사, 정치가 등이 주로 참여하였는데, 그중에서도 나이 많은 교직종사자를 비롯하여 프로테스탄트-도시 중·상층과, 정치적으로는 민족주의적·보수적

---

37) Cornelie Usborne, *The Politics of the Body in Weimar Germany: Women's Reproductive Rights and Duties*, Michigan: Univ. of Michigan Press 1992, p. 69.

38) 여기에서 우리는 사회민주당 내에 산재하는 반페미니즘 경향은 제외해야 할 듯하다. 우선 사회민주당은 이런 반페미니즘단체와 조직적 연관이 없었고, 또한 사회민주당의 반페미니즘이란 공식적으로 표명되거나 정책으로 구체화되기보다 집단적인 정서로 나타났기 때문이다(Ute Planert, *Antifeminismus im Kaiserreich · Diskurs, Soziale Formation und politische Mentalität*, Göttingen: Vandenhoeck & Ruprecht 1998, p. 14).

시민계급의 비중이 높았다.

'전독일판매직연맹'(Deutschnationaler Handlungsgehilfenverband)과 같은 직능단체들도 이에 참여하였는데, 이들은 근대적인 이익단체들의 투쟁방식을 적극 활용하여 이익단체간 연대체 구성, 로비나 청원서 등을 통해 정치집단에 대한 영향력 행사, 반페미니즘 담론형성 등을 시도하는 한편『전독일지』(*Allgemeine Blättern*),『여성자조』(*Frauen-hülfe*),『정치인류학』(*Politisch-Anthropologischen Revue*), 농민연맹의『독일일보』(*Deutsche Tageszeitung*) 같은 언론매체도 확보하고 있었다.[39]

게다가 출생률 감소라는 공포 때문에 반유태주의나 농업이익단체에 소속된 사람들도 많이 참여하였다. 이들은 "우리의 정신, 경제, 문화생활의 혁명인 여권주의는 독일민족의 몰락을 의미한다"고 주장하였는데, 이런 표현은 1차대전 종결 이후 '근대성'에 대한 회의와 전쟁패배에 대한 분노를 정치적 권력 못지않게 남성성 혹은 남성적 정체성의 회복을 통해 보상받으려는 심리적 욕구를 잘 반영하는 것이다.

반페미니즘 저술가들은 여권론자들이 여성의 인문계고교 교육과 대학교육의 허용을 주장하자, 자신들의 "교육독점이 깨지고 여성이 남성의 직업을 빼앗을 것"이라고 우려하면서, '남성은 지성의 담지자, 여성은 감수성의 대변자'라는 양극모델이 약화될 것을 두려워하여 여성의 분리교육을 주장하였다. 물론 세기전환기에 이르면, 상층 시민계급들은 자유로운 성에 대한 도덕적 권리를 여성들에게도 조금씩 인정하기 시작하였다.

그러나 여성운동의 빠른 정치화와 참정권 요구, 여성과 남성에 대

---

39) Planert, "Mannweiber, Urniden und sterile Jungfern: Die Frauenbewegung und ihre Gegner im Kaiserreich," *Feministische Studien* 2000/1, p. 25.

한 동일한 성도덕 기준의 요구는 시민계급 남성의 불안감을 잠재울
수 없었다. 또한 여성에 대한 참정권 부여는 의회선거에서 사회민주
당의 승리를 가져올 것이라는 불안도 고조되었다.[40] 이들은 여권주
의자들의 비판이 탄탄한 질서유지 기관인 국가뿐 아니라 사적인 영
역인 침실 내의 내밀성까지도 침해한다고 느끼기 시작하였다. 당시
시민계급들의 저술 여기저기에서 '세계의 전복' 혹은 '계집들의 미래
국가'라는 냉소적 표현들이 등장하였다.[41]

　　당시 가장 사랑받던 여행기작가 코체(Stefan von Kotze)는 권력과
성과 남성의 정력 사이의 연관성에 관해 당대 사람들이 갖고 있던 사
고방식을 솔직하게 표현하고 있다. "모든 능동적인 남성의 정력은 자
신감에 달려 있다. 전문가들이 입증하는 대로 자신의 힘에 대한 의심
은 남성의 성관계에 있어서 가장 흉악한 적이다. 지금의 질서에 변혁
이 일어나고, 여성이 지속적으로 대를 넘기며 지배한다면, 남성의 자
신감과 정력은 엄청나게 감퇴될 것이다."[42]

　　30만 독자를 가진 잡지『예술파수꾼』(Kunstwart)에서, 아베나리우
스(F. Avenarius)는 '남성에 대한 배려'와 '어머니문화'를 주문하면서
모성 자체가 직업이 되어야 하고 어린이 양육이 여성의 사회적 의무
이며 소녀들을 '어머니라는 직업'으로 교육시키는 것이야말로 문화적
사명임을 강조하였다. 또『프로이센 연보』(Preussische Jahrbücher)에서,
델브뤼크(Delbrück)는 여성을 공적 영역에 동참시키되, 공식적인 권
리는 허용하지 않는 방식으로 남녀갈등을 해결하자고 주장하였다.[43]

---

40) 같은 글, pp. 24~25.
41) 같은 글, pp. 38~39; M. Janssen-Jurreit, 앞의 책, pp. 74~75 참조.
42) Planert, 앞의 책, p. 40.
43) 같은 책, pp. 41~43.

2) 근대성의 위기와 성혁명의 공포

세기전환기 독일에서 교양시민계급은 신여성에 의해 자신들의 정체성뿐 아니라 남성적인 정신과 역사, 문화에 대한 객관화된 규정(Objektivation) 자체가 위협받는다고 생각했음이 여기서 잘 드러난다. 시민계급은 사회 전체의 발전과정이 그 자체로 매우 단순하면서도 이원화된 젠더모델——국가업무를 맡은 남성 대 보조적인 사회봉사를 하는 여성——에 근거하여 여성과 남성이 성적으로 규정(sexualisieren)되어야 한다고 생각한 것 같다.

앞에서 언급한 반페미니즘 운동이 가졌던 목적은 공적 영역이나 사적 영역에서 단순히 남성의 권력우위를 그대로 유지하려는 데 있었던 것만은 아니다. 페미니즘에 대한 이들의 반발에서 더 중요한 역할을 한 것은 남성들 속에 내면화되고 시민계급의 도덕성에 의해 보호되는 여성성 관념을 지키려는 필사적인 의지였다. 그러나 엄밀하게 분석하자면 페미니즘에 대한 이들의 거부는 합리적인 통찰의 결론이기보다는 정서적인 혐오감이었다. 이들에게 여성의 성이 결혼의 테두리 내에 머물지 않는다는 사실은 참을 수 없는 일이었다. 마찬가지로 급진적 여성운동이 주장하는 '성과 생식'의 분리는 "계집들의 이기심이 극단화된 형태"로 이해되었다.

반페미니스트 저술가들이 가진 성적 부도덕에 대한 공포는, 여성에 의한 성자유화 풍조뿐 아니라 혼외관계의 실천을 통해 남성과 여성이 유사해지거나 혹은 중산층과 노동계급의 규범이 서로 수렴하는 데 있었다. 그들은 '시민계급의 도덕성'과 '노동계급의 성적 방종' 사이에 존재했던 구분선이 사라지는 것도 참을 수 없으려니와, 이는 필시 성혁명을 불러일으킬 것이라 믿었다. 특히 바이마르시기에 들어서면서 여성고용이 급격하게 증가하고 새로운 대중문화에 민감한 여성 봉급생활자가 대거 등장하고 또 전통적인 규범에 저항하는 청년문화와 새 생활양식이 등장하고 노동계급 소녀들의 성적 개방이 더욱 두드러지고[44] 이혼율이 높아지고 볼셰비키 소련에서 일어나는 다양한 성혁명의 소식이 들려오자, 성적 위기감은 종국에는 당대의 모든 변화에 대한 저항의 메타포로 발전되었다. 또한 당시 각종 사회복지기관을 장악하고서 대중들에게 영향력을 행사한 카톨릭과 프로테스탄트 교회도 반페미니스트 운동을 고취시키는 데 적지 않은 역할을 했음도 환기되어야 할 것이다.[45]

그렇다면 반페미니스트 운동이나 담론은 어느 정도 현실적 영향력을 행사하였을까? 정치분야에서 이들은 그리 큰 성공을 거두지 못하였다. 1908년 프로이센 단체법(Vereinsgesetz)이 개정되어 여성들이 정치단체에 가입할 수 있게 되자, 독일여성단체연합의 지도자들은 자유주의 좌파정당에 가입할 수 있었고, 민족자유주의자들조차 당원을 늘리기 위해서 여성을 받아들이지 않을 수 없었다. 그러나 결과적으로 반페미니스트 운동은 여성운동의 작고 현실적인 성공을 봉쇄하고, 온건파 여권주의의 요구와 반대되는 방향으로 대중을 움직이는 데 큰 기여를 하였다.

'여성해방을 저지하기 위한 독일협회'는 부르주아 여성운동 내에 존재하는 성에 관한 다양한 입장차이를 부정하고, 이들을 모두 과격

---

44) 성개방의 분위기는 당대의 소설분석에서도 잘 나타난다(Renny Harrigan, "Die Sexualität der Frau in der deutschen Unterhaltungsliteratur 1918~1933," *Geschichte und Gesellschaft* vol. 3/4, 1981, pp. 412~37 참조).

45) Usborne, 앞의 책, pp. 85~89.

파와 동일시하였다. 이들은 여성운동의 성도덕을 비난하고, 대중이 여권주의자들의 민족적 충성심을 의심하도록 만들었다. "자유연애와 여성의 성적 자기결정권은 기독교윤리와 부르주아도덕뿐 아니라, 군사적인 위용과 인종적 우월성의 근간을 흔드는 것"이라는 반페미니스트들의 주장은 결국 독일여성단체연합이 민족적 충성심을 입증하고, 어머니와 주부로서의 모범에서 크게 이탈하지 않도록 제동을 걸었던 것이다.[46]

5. 맺음말: 성담론의 보수화

세기전환기에 공/사 영역이 분리되고 사생활의 중요성이 강조되면서, 성은 독일 시민계급에게 자신들을 구원해 주는 하나의 가능성으로 부각되었다. 그러나 동시에 성은 시민사회 내에서 체계적으로 통제 혹은 폄하되기도 하였다. 시민계급이 가진 성도덕의 이중성과 성담론에 대한 비판은 급진적 여권주의자나 사회민주당 혹은 자유주의 좌파 지식인이 참여한 성개혁운동에 의해 제기되었다. 특히 급진파 여권론자는 성은 모든 인간이 느낄 수 있는 원초적인 본능이고 여성도 성에 대한 자율권을 가져야 함을 강조하면서, 공창제 폐지와 낙태허용을 포괄하는 '새로운 도덕'을 내세웠다.

급진적 여권론자나 사회민주당 그리고 남성우생학자들은 모두 성개혁을 찬성했으나, 이들이 성도덕이나 그 구체적 실천에 대해 가졌

---

46) Planert, 앞의 글, pp. 25~28.

던 입장에는 분명히 차이가 있었다. 그러나 바이마르 후기로 갈수록 출생률 저하와 가족해체에 대한 위기감 때문에 성개혁운동은 치명적인 타격을 받고, 우생학문제와 인구정책, 피임과 낙태에 대해 상호간의 차이가 있었음에도 불구하고 결국 '건강한 가족의 유지'라는 하나의 목적을 지향하게 된다.

마찬가지로 반페미니스트 운동의 체계적인 대응은 여권주의 운동을 온건파와 급진파로 분열시키고, 이들이 제기한 성개혁의 영향력을 차단하는 데 크게 기여하였다. 여권론자나 사회민주당은 자신들의 주장이 "소련에서의 성해방과 유사하다"는 비난을 끊임없이 받으면서, 소련과의 차별성을 부각시켜야 할 처지에 있었기 때문에 '가족보존'이니 '민족의 미래'니 하는 구호 앞에서 현실론을 선택하였던 것이다. 보다 정확히 말하자면, 독일의 성개혁론자들에게는 '새로운 성도덕의 성립'보다 '공공보건의 재건' 혹은 '민족의 육체적 갱생'이 더 중요한 문제로 다가왔던 것이다.

이런 담론적 현실은 바이마르공화국이 끝나고 나치가 집권하면서 더 가속화되어, 결국 파시즘국가의 우생학 강조와 적극적인 가족정책을 통해 사적 영역으로서의 가정은 국가에 흡수되고, 가정 내 남성의 가부장권은 결정적으로 약화되었다. 독일에서 민족주의와 성의 결합은 공고한 것이었고, 여권론자와 남성개혁가들이 제기한 성개혁은 종국에는 '사회국가'의 복지정책에 흡수되는 과정을 걷는다.[47]

〔『역사와 문화』 4, 푸른역사 2001. 9〕

---

47) 유정희, 「나치독일의 가족과 인구정책」, 『서양사론』 65집, 131~54쪽 참조.

제3부
여성 · 평화 · 통일

북한여성, 어떻게 만날 것인가

1. 남북공동선언과 여성의 과제

2000년 6월 15일 '남북공동선언' 이후 정부당국과 각 부문의 NGO들이 다양한 방식으로 통일과정에 참여하고 있다. 그러나 이런 움직임이 있기 전부터 여성계는 일찌감치 통일을 준비하기 시작했다. 남북관계가 경직상태를 벗어나지 못했던 1991~94년에 이미 진보적인 여성운동은 '아시아의 평화와 여성의 역할'이라는 주제로 네 차례에 걸쳐 토론회를 개최하였다. 또한 군위안부 문제에 공동으로 대처하기 위한 실무회담이 지난 몇 년 동안 베이징 등지에서 여러 차례 개

---

* 이 글의 제목은 '평화를만드는여성회'의 제3차 여성평화통일포럼의 자료집 제목을 따온 것이다.

최되었고, 이것은 '2000년 일본군성노예전범 여성국제법정'에서 남북이 공동기소장을 제출함으로써 커다란 결실을 맺었다. '남북공동선언' 이후 이러한 남북여성의 만남은 더욱 활발해져 2000년 하반기에는 다양한 단체가 여러 차례 북한을 방문하였다.[1]

이렇게 북한여성과 여러 차례 만나면서, 남한 여성과 여성운동은 우리가 안아야 할 몇 가지 과제를 인식하게 되었다. 첫째로, 북한여성과의 만남 이전에 이미 남한사회는 북한여성 이미지와 만나고 있다는 점이다. 이는 북한여성의 진정한 모습에 대한 왜곡의 우려 못지않게, 남한사회의 가부장적 담론을 강화시키는 방향으로 역기능을 할 공산이 크다. 따라서 남한의 여성과 여성운동은 남북정상회담 이후 급격히 재구성되는 북한여성 이미지를 분석하고, 그것이 과연 온당한 것인지를 검색할 필요가 있다.

둘째로, '북한여성을 어떻게 받아들일 것인가'에 대한 남한 여성운동의 현명한 대처자세가 필요하다는 점이다. 남북 여성의 만남이 이루어질 때, 우리가 겪게 될 차이와 동질성을 어떻게 이해하고 수용할 것인가 하는 문제이다. 우리는 북한여성에 대해 어떤 정형을 만들고 있는 것은 아닌지, 그리고 우리에게 익숙한 서구적인 정교한 이론적 잣대로 그들을 재단하는 것은 아닌지에 대한 통찰이 필요하다는 것이다. 이 과정에서 우리는 오만한 자세로 동독여성들을 평가했던 서

---

1) 2000년 10월 3일의 북조선노동당 창립 55주년 기념식에는 13개 정당·사회단체와 함께 여성단체로는 유일하게 '한국여성단체연합'이 초청받아 북을 방문하였다. 이후 '민족공동행사추진본부'가 결성되고, 6·15 및 8·15 민족공동행사가 이어지면서, 2001년 평양에서 열린 8·15통일대축전 행사에 참가한 여성대표들이 '남북여성통일토론회'를 개최할 수 있었다. 또한 2002년 10월 16~17일에 금강산에서 열린 '6·15공동선언 실천과 평화를 위한 남북여성통일대회'가 성사될 수 있었다. 이는 해방 이후 남북 여성이 최초로 함께 만난 자리였다.

독여성들의 태도가 통일 후 오랫동안 동·서독 여성들 사이에 불화를 낳았던 독일의 역사적 경험을 반추해 볼 필요가 있을 것이다.

셋째로, 전체적으로 진행되고 있는 남북교류 수준 및 양과 비교해 볼 때 여성교류는 미미하기 짝이 없으며, 이는 전체 통일과정에서 여성이 지니는 영향력을 냉정히 측정해 보는 시금석이 될 수 있다는 점이다. 우선 북한여성과의 만남의 기회를 확대하기 위해 남북 여성간의 교류를 촉진하는 방안을 구체적으로 모색해야 할 것이다.

이 글에서는 이상의 세 과제를 중심으로 향후 남한의 여성과 여성운동이 북한여성과의 진정한 만남과 단결을 위해 어떤 지향점과 전략을 가져야 할지를 성찰하고자 한다.

2. 남한사회의 북한여성 이미지

6, 70년대까지도 맥을 이어왔던 우리네 원 조선여인상. 한국여성상이 이곳에는 고스란히 온존해 있었다. 푸근함, 공손함, 절제, 예의바름, 성실, 짜디짠 살림 꾸리기, 그런 미덕들이 두루두루 모아진 기본 품격, 발랑 까지지 않은 깊숙하고 넉넉한 우리네 재래의 여성상. 그렇다. 앞으로 남북간의 바람직한 길도 모름지기 여기에 귀일 될 것이다.[2]

특히나 아직 미혼인 남성 여러분. 기다립시다. 가정에서 부권을

---

2) 이호철, 『동아일보』 1998. 9. 8, 전효관, 「매체에 나타난 북한의 이미지 구성」, 『탈분단시대를 열며』, 105쪽에서 재인용.

상실한 채, 월급통장 꼭 쥔 마누라의 바가지에 하루도 편한 날이 없는 선배·상사들을 보면 떠오르는 것이 없으십니까? 신세대 이혼율 25퍼센트에 속하지 않으시려거든, 통일을 기다리십시오. 자신보다는 남을 위할 줄 아는 북녀들이 있습니다.[3]

이상의 인용문이 보여주듯이, 북한사회가 조금씩 개방되면서 북을 다녀온 남한의 문인이나 북한이탈 남성들이 지닌 북한여성의 이미지에는 공통성이 있다. 특히 남한의 문인들이 만난 북측 안내원·접대원·지도원 여성들은 순수·소박함·수줍음으로 표상되고, 이들에 의해 북한여성은 자연미, 전통미, '민족적 원형미'로 찬미된다. 고운 한복차림, 질박한 양장스타일, 엷은 화장, 수줍은 미소와 뺨의 홍조로 대변되는 북한여성들의 모습은 순종·인내·정절·조신함을 미덕으로 하는 전통적 여성성으로 표상되고, 그 대치점에는 서구화되고 자신의 권리나 내세우고 거칠고 전투적인 남한의 여성상이 놓인다. 통일을 염원하는 남한의 남성들에게 이것은 서구화·산업화 과정에서 남한이 잃어버린 전통적 여성성을 재발견하는 것인 동시에 잃어버린 민족적 정체성을 회복할 수 있는 계기로 받아들여진다.

6, 70년대의 반공드라마에는 세 종류의 북한여성 이미지가 등장하였다. 한편에는 술수와 폭력을 일삼는 열성 공산당원, 피도 눈물도 없는 악녀 그리고 수령에 맹목적으로 충성하는 로봇의 이미지가 복합된 카리스마를 지닌 여성이, 다른 한편에는 권력층의 성의 노예로

---

3) 장영철, 『당신들이 그렇게 잘났어요』, 사회평론사 1997, 184쪽, 권혁범, 「통일교육에서 탈분단 시민교육으로」, 『민족화해범국민협의회 심포지엄 자료집』, 2000, 21쪽에서 재인용.

서의 여성이미지가 있었다. 전자의 여성이 남자들 위에 군림하는, 여성성을 상실한 '중성적 존재'였다면, 후자는 '기쁨조'로 상징화되는 희생자 여성이었다. 세번째로 우리 매체에 등장한 북한여성은 남성과 마찬가지로 중노동을 하면서 억압과 착취를 당하는 '부석부석한 얼굴과 허름한 옷차림'의 가련한 여성이미지이다.[4] 이에 비한다면 최근에 자주 등장하는 북한여성의 전통미에 대한 찬미는 남북관계의 획기적인 개선만큼이나 북한에 대한 국민적 정서가 한결 부드러워졌음을 드러내는 대목이다. 그러나 이런 여성이미지의 형성도 몇 가지 문제점을 안고 있다.

북한여성에게서 전통적 여성미의 재발견은 전근대적 여성성의 복귀를 시도하는 것이면서, 동시에 고도로 복잡해진 약육강식의 남한 자본주의 사회에서 살아가는 남성들에게 전통과 사라진 전근대세계를 향한 향수를 자극한다. 더 나아가, 앞서 설명한 여성이미지의 창조는 더욱 위험한 방향으로 작용하여, 남한남성들이 여기에서 쉽게 민족적 동질성을 추출해 내고 이를 민족적 정체성으로 고정시킴으로써 여성이미지를 단일한 정형 속에 용해시켜 버리는 획일주의로 나갈 가능성도 있다.

물론 이러한 민족적 동질성은 그 안에 권위수의적 위계질서나 가부장적 문화를 내면화하면서, 남북이 '가부장적 통일'을 만들어낼 위험성을 충분히 지닌다. 이러한 획일주의 아래서는 다양한 정체성은 인정되기 어렵거니와, 소수집단이나 개성을 지닌 개인이 숨쉴 공간은

---

4) 유선영, 「분단체제의 여성이미지의 정치: 추방 혹은 포섭 혹은 미등록」, 『여성주의 시각에서 본 남북교류의 문제』, 2000년 한국여성학회 3차 월례발표회 자료집, 2000. 3, 42∼50쪽.

사라질 수밖에 없다.[5] 나아가 이런 편의적인 민족정체성 설정은 남
한의 페미니즘 담론에 위협적인 대항담론으로 작용할 우려 또한 없
지 않다. 그리고 북한여성의 전통적인 여성미를 통해 민족적 동질성
을 발견하려는 시도는 그 내용의 허구성에도 불구하고 일정한 정치
성을 지니는바, 이는 민족주의가 지닌 명암을 직시하기를 거부하고
'민족주의'라는 이름 아래 복고적 낭만주의로 회귀함으로써 민주주의
를 약화시킬 위험을 배태하고 있다.

　북한여성의 전통적 여성성의 이미지는 실제로 남한의 현실에서 영
향력을 행사하고 있다. 『동아일보』(2000. 6. 27)는 한국의 30대남성
29.3%가 북한여성을 배우자로 맞을 생각이 있다고 밝히면서 그 이유
로는 '순박할 것 같다'(33.8%), '남편에게 순종할 것 같다'(20.9%), '같
은 민족으로 반대할 이유가 없다'(19.6%), '검소하고 알뜰할 것 같다'
(15.6%), '정조관념이 강할 것 같다'(7.8%)를 들었다.[6] 또 남북정상회
담의 열기로 전국민이 들떠 있을 당시에 항간에서는 "남북통일이 되
면 누가 가장 손해를 볼 것인가"에 대한 논의가 무성하였는데, 여기
에서 1순위로 떠오른 것이 남한여성이었다. 북한여성의 전통적 여성
성에서 도피처를 찾고자 하는 남한남성의 이러한 정서는, 여성인권
보호를 위해 여성관련 법들이 제정되고 이제 남성도 성희롱 조항을
제대로 숙지하지 않으면 낭패를 당하게 된 현실에 대한 남성들의 반
발심이 작용한 것이라 해석할 수 있다.

　유사한 맥락에서, 두 차례의 이산가족상봉이 전국민을 감동의 도
가니로 몰아넣으면서 모성을 비롯한 전통적인 여성의 미덕이 강조되

---

5) 권혁범, 앞의 글, 21~22쪽.
6) 유선영, 앞의 글, 49쪽에서 재인용.

는 분위기를 더욱 강화시켰다는 페미니스트들의 비판도 제기되고 있다. "모진 시집살이 견뎌낸 할머니" "3일 자고 떠난 남편 기다리다" 등과 같은, 언론을 도배한 '수절'이나 '정절'에 대한 기사가 바로 그것이고, 이를 통해 전통적인 여성이미지 외에도 가족이 분단을 넘어서는 가치로 강조되었다는 지적도 나타나고 있다. 가족의 신성함을 강조하는 이런 기사와 나란히 "여성이 핏줄이라는 논리 앞에 어떻게 대상화되어 가고, 어떻게 억압받는가를 함께 말할 것"을 요구하는 목소리도 나오고 있다.[7] 오랜 냉전의 장벽을 뚫고 처음 화해를 모색하는 과정이니, 흩어진 혈육에 대한 그리움이라는 가장 자연스럽고 인간적인 욕구를 충족시키는 것이 현재로서는 중요할 뿐 아니라 남북관계 개선의 중요한 매개고리가 될 수 있다는 점에서, 이에 대해 시비를 가리는 것은 필자 개인으로는 시기상조라고 생각한다. 그럼에도 이런 가족이데올로기의 강조가 남한사회에서 장기적으로 가부장제를 강화하는 데 이바지할 가능성이 있음을 유의할 필요가 있다.

북한여성과의 올바른 만남을 위해서는 먼저 남한여성들은 남한사회에서 작동하는 북한여성 이미지가 지닌 정치성과 허구성, 강화되고 있는 가족담론과 싸워나가는 일에서부터 출발해야 한다. 동시에 북한을 방문한 많은 문인들의 글에서, 너무 커진 격차로 인해 이제는 연민의 대상으로 정의되는 북한의 자연은 여성의 이미지로 재현되고 북한의 여성은 '미덕과 너그러움을 갖춘 순종하는 주체'로 형상화되는 것처럼, 북한과 북한남성을 바라보는 남한남성의 시선은 강자의 시선이자 내부식민지를 바라보는 제국주의자의 시선이기 쉽다.[8] 보

---

7) 「탈분단시대의 가족과 여성: 남북 이산가족을 지켜보며」(좌담), 『여성이론』 제3호, 84~97쪽 참조.

는 이의 위치에 대한 반성 없이 생산되는 지식이 지닌 위험성을 고려하자면, 북한과 북한여성을 바라보는 우리 남한여성의 시각에 대한 끊임없는 반성적 성찰도 마찬가지로 필요하다.

3. 북한사회 속의 북한여성

북한을 방문하는 사람들에게 북한여성은 순안비행장에서 붉은 꽃술을 흔들며, '반갑습니다'를 외치는 모습으로 처음 다가온다. 만남의 반가움만으로도 눈물을 흘리는 여인들, 화장기 없는 검게 탄 얼굴, 수수한 한복차림 그리고 말을 붙이면 씩씩하고도 쾌활한 목소리로 대답하는 여인들. 이 북한여성들은 우리에게 여전히 이질적인 존재들로 보이기에, 북한여성과의 진정한 만남을 위해서는 '북한여성 제대로 알기'가 선행되어야 한다.

북한여성을 이해하기 위해서는 먼저 북한 사회문화의 특성을 파악하는 것이 필요하다. 북한문화의 가장 중요한 특징은 사회주의적 민족주의 문화이다. 사회주의적 민족주의 문화란 '민족적 형식에 사회주의적 내용'을 담은 것이다. 북한은 민족문화를 그대로 보존하기보다는 그것을 현실에 맞추어 변형하고, 이를 통해 노동자·농민 대중이 용이하게 문화를 향유하도록 배려하였다.[9] 더불어서 '우리민족제일주의'의 기치 아래 사대주의 문화를 배격하고 자주성을 견지하면

---

8) 전효관, 앞의 글, 95~113쪽 참조.
9) 김귀옥, 「북한여성, 어떻게 이해할 것인가」, 평화를만드는여성회 제3차 여성평화통일포럼 자료집, 2000. 12, 7~14쪽.

서, ‘우리 식대로의 사회주의’를 천명한다.

그 다음으로 북한문화의 중요한 특징은 집단주의이다. ‘하나는 전체를 위하여, 전체는 하나를 위하여’ 존재하는 사회이기에 개인간의 경쟁보다는 집단간의 경쟁이 중요하다. 특히 ‘사회정치적 생명체론’은 수령-당-인민대중이 삼위일체가 되어, 대가정을 이룬다. 이에 따라 조직생활과 여가생활은 결합되어 있고, 사적인 갈등에 대해서도 조직이 개입하는 경우가 적지 않아서, 결국 공/사 영역의 분리가 모호해졌다. 거기에다가 북한의 사회문화는 여전히 항일무장투쟁 정신의 연속선상에 놓여 있다. 아직 제국주의 전쟁의 위협에서 완전히 해방되지 않았다는 현실인식에다가 1995년 이후의 식량위기로 ‘고난의 행군’이 계속되자, 자력갱생과 선군정치를 표방하며 극도의 절약과 노동을 통한 헌신을 강조하는 절제된 생활문화를 고수하고 있다.

결론적으로 북한 사회문화는 고도의 긴장감과 집단성에 토대를 두고 있다. 이런 북한의 사회문화가 지닌 특수성을 염두에 두지 않는다면, 우리 식의 잣대로 북한여성을 재단하게 될 것이고, 종국에는 그들에 대한 몰이해를 자초하게 될 것이다.

북한여성을 알기 위해서는 북외 사회문화 외에도 여성정책과 여성의 지위를 고찰하는 것이 필요하다. 북한의 경우, 마르크스-엥겔스의 여성해방관을 수용하면서 국가 차원에서 여성평등을 대원칙으로 천명하였다. 이미 북한은 1946년에 ‘북조선의 남녀평등권에 대한 법령’을 공포하여 남녀평등을 법적으로 보장하고 있다. 또한 토지개혁을 통해 여성들에게도 일정 토지를 배분함으로써 견실한 경제적 기반을 제공하였고, 동시에 여성인력을 계획경제 속에 전면적으로 배치하였다. 육아와 교육의 사회화도 적극적으로 추진하여 탁아소 증설,

작업중 수유시간 보장, 산전산후 휴가 150일, 임신중인 여성의 야간 작업 금지, 자녀 있는 여성의 노동시간 단축 등이 실현되었다. 그리고 봉건적 가족관계의 반영인 호적 대신에 공민증으로 신원을 확인토록 하였고, 만 18세 이상의 모든 여성이 동등하게 공민증을 교부받을 수 있게 하였다.[10]

또 북한은 여성을 대상으로 하는 대대적인 사상혁명을 도모한바, 이를 위해 북조선민주여성동맹(이하 '여맹')이 1945년 11월에 창설되었고 1973년에는 170만의 맹원을 거느리는 거대한 조직으로 발전하였다. 초기의 여맹은 사상교양사업과 노동력 지원사업을 동시에 수행한 데 비해, 1961년 이후로는 전자가 더 중요성을 지니게 된다. 특히 여맹은 가두여성(전업주부)의 사회적 참여와 가사노동의 사회화를 추진하면서, 동시에 '가정의 혁명화'에 주력한다. 가정에 안주하려는 여성들을 비판하고 전업주부들을 초대형 행사에 열심히 동원함으로써, 가정을 사회와 공고히 결속시키는 역할을 하고 있다.[11]

북한정부의 적극적인 여성정책의 결과, 북한에서 여성의 사회참여율은 대단히 높다. 북의 발표에 따르자면, 1991년 현재 전체 노동력의 49%, 경공업노동자의 70%, 인민학교 교사의 80%, 대학교수의 15%가 여성이다. 그러나 기혼여성의 70~80%가 직장을 포기한다는 귀순자의 증언을 감안하면, 여성이 전체 노동력의 49%라는 수치에는 전업주부로 구성되는 가내작업반·가두지원반의 인원이 포함된 듯 보인다. 또한 여성 기술자·전문가의 비율이 북한 전체 인텔리의 40%인 58만 명이라는 발표가 있는데, 그렇다면 북한 관리직의 거의 40%가

---

10) 윤미량, 『북한의 여성정책』, 한울 1993, 76, 113쪽.
11) 김귀옥, 앞의 글, 18~21쪽.

여성이어야 한다. 그러나 실제로 북한에서 여성관리직의 비율이 그리 높게 나타나는 것은 아닌지라 이를 감안하여 받아들일 필요가 있다.[12] 또한 여성의 정치적 대표성이 높은 편이다. 1998년 7월 26일에 구성된 제10기 최고인민회의 대의원의 경우 여성이 20.1%나 되며, 상임위원회에서 여성의 비율이 8기와 9기는 20%, 10기는 11.8%이다. 당이나 행정기관의 여성비율 또한 구소련이나 중국보다는 낮은 편이지만, 남한에 비해서는 훨씬 높다고 할 수 있다.

전체적으로 볼 때, 제도적으로는 남녀평등이 상당히 실현된 것으로 보인다. 그러나 식량위기 이후 북한에서 여성의 상황은 훨씬 열악해진 것 같다. 우선 여성의 노동참여율이 크게 낮아졌다.[13] 많은 여성들이 가정으로 돌아간 것 외에도 경제위기는 국가가 감당하던 가사노동의 사회화나 모성보호비용을 개별가정의 책임으로 전가하였을 것이다. 그래서인지 90년대 이래로 '미풍양속' '가족' '전통' 등이 강조되고 있으며, 이는 결과적으로 여성성을 강화하는 결과를 가져왔다. 그럼에도 북한사회에서 경제위기는 반대급부의 효과도 수반하고 있다. 즉 여성들이 사회적 위기에 대처하는 적극적인 주체로 나서면서 농민시상, 외화벌이, 장마당 등에서 앞장서는 층이 되었고, 이를 통해 국가의 가부장적 배려를 넘어서서 독립심과 자신감을 높여가는 긍정적인 측면도 보이고 있다.[14]

---

12) 김귀옥 외, 『북한여성들은 어떻게 살고 있을까』, 당대 2000, 42쪽; 윤미량, 앞의 책, 198~205쪽.
13) 지난해 필자가 북을 방문하였을 당시, 홍선옥 조선여성협회 위원장은 식량위기 이후 여성의 노동참여율이 50% 정도라고 말하였는데, 이 수치는 남한여성의 노동참여율과 거의 비슷한 수준이라 할 수 있다.
14) 김귀옥, 앞의 글, 23쪽 참조.

그러나 북한사회에서 통용되는 여성관을 들여다보면, 북한에서 여성의 지위를 가늠하기가 간단치 않음을 알게 된다. 다시 말해 제도적 평등이 곧바로 실질적 평등으로 이어진 것 같지는 않다. 북한정부는 여성들의 사회적 역할을 강조하고 여성의 평등권을 사회주의 질서의 필수적인 부분으로 상정하기 때문에, 건국 초기에 북한이 지향한 여성관은 능동적이고 사회적인 혁명가로서의 여성이었고 중노동현장에 여성의 투입이 적극 장려되었다. 어쩌면 사회주의적 여성해방사상의 세례 외에도 반제반봉건혁명의 수행과 전후복구를 위해, 여성노동력의 생산현장에의 투입이 불가피했는지도 모른다. 그러나 1961년경부터 마르크스-엥겔스사상에 기초한 북의 여성관은——김일성-김정일 체제의 공고화와 함께——서서히 변화되었다는 시각이 지배적이다.

이미 1962년 11월의 최고인민회의에서 여성들이 누리는 자유와 권리는 김일성 주석의 '깊은 사랑과 육친적 배려'에 의해 주어졌음이 강조되었고, 여성의 본연의 역할은 '알뜰한 주부·자애로운 어머니'에서 찾을 수 있으나 동시에 여성은 '천리마운동의 기수'로서 사회주의 건설에 적극 참여할 것이 요구되었다. 이때부터 어머니로서의 여성상이 강조되면서, '강반석 녀사를 따라 배우기'가 적극적으로 추진되다가 80년대에 이르면 김정일 위원장의 생모인 '김정숙 녀사 따라 배우기'가 전면에 등장하게 된다. 여맹이 출판한 『강반석 녀사를 따라 배우자』를 보면, 북한이 추구하는 여성상이 상징적으로 드러난다.

녀사께서는 안해로서, 혁명가의 어머니로서 그리고 또 혁명적 가정의 주부로서뿐만 아니라 직접 혁명활동을 전개하신 혁명가로서의 투쟁을 가장 큰 락으로 삼으셨고 가장 귀중한 영예로 여기시었다.

녀사의 빛나는 생애와 활동은 혁명하는 남편을 어떻게 도우며 자제분들을 어떻게 키우며 시부모는 어떻게 공대하고 가정은 어떻게 혁명해야 하는가를 우리 녀맹원들과 녀성들에게 가르쳐주는 생활과 투쟁의 본보기이다.[15]

북한여성들에게 본보기로 내세워진 강반석 여사에 관한 이 글에서는 혁명가로서의 여성이자 어머니, 며느리 그리고 가정주부로서의 여성을 강조함으로써 원칙적으로 여성에게 이중적인 역할을 부여하는 것 같다. 그러나 강반석 여사나 김정숙 여사에 관한 많은 일화에서는 현명하고 자상한 어머니, 순종적인 며느리, 헌신적인 주부, 가사노동 전담자로서의 여성의 역할이 더 적극적으로 전달된다. 혁명가로서의 독자적인 역할은 강반석 여사의 경우에는 야학과 부녀회를 통한 정치교양이나 군복과 식량을 준비하는 것 등으로 나타났다면, 김정숙 여사의 경우에는 영화와 문헌 등을 통해 무장투쟁의 빼어난 전공과 탁월한 전략전술이 있었다고 묘사된다. 김정숙 여사가 실제로 항일 무장투쟁에 참여했는가에 대해서는 논란의 여지가 있겠지만, 우리의 관심을 끄는 부분은 북한이 이상적인 여성상에 무장투쟁의 공헌까지를 포함시켰다는 점이 주목할 만하다. 이렇게 김정숙 여사는 '전사' 역할까지 하였지만, 남편과의 관계는 철저하게 수직적이다. 그녀는 김일성 주석에게 헌신적인 충성심을 보여주어서, 그 일례로 항일투쟁 중인 밀영을 떠나면서 은수저를 깨끗이 닦아 무궁화 꽃수건에 정갈

---

15) 조선민주녀성동맹, 『강반석 녀사를 따라 배우자』, 동경: 조선청년사 1967, 2쪽, 윤미량, 앞의 책, 141쪽에서 재인용.

하게 싸두고, 자신의 머리카락을 잘라서 남편의 신발깔개를 만들었다
는 일화가 소개되고 있다.[16]

　이런 맥락에서 북한의 여성관이나 여성의 지위와 관련하여 중요한
것은 가족의 역할이다. 북에서는 가정을 사회의 세포로 규정하고, 가
족이 혁명화의 중요한 단위가 된다. 특히 '강반석·김정숙 따라 배우
기'를 내세우기 시작하면서, 모성의 강조 못지않게 혈연적 유대가 더
적극적으로 강조되었다. 특히 가정을 지키는 역할이 여성에게 부여
되면서, 여성=가사전담자라는 전통적 여성관이 온존하게 된다. 뿐만
아니라 정치적으로 김일성 주석-김정일 위원장으로 이어지는 정치권
력의 이양이 사회적으로 남편-아들을 중심으로 하는 가부장적 가족
질서를 정당화·강화시키는 기능을 하기도 한다. 실제로 김정일 위
원장의 대두 이후 여맹의 역할은 위축되고, 가정에 남는 여성의 비율
이 월등히 높아지고 있다고 한다.[17] 물론 이는 80년대부터 경제성장
이 둔화되고 노동력 수요가 감소하자, 여성을 노동력으로 동원할 필
요성이 줄어드는 점과도 밀접한 관련이 있다.

　가정의 역할이 강조되고 있지만, 북한에서 근대 부르주아사회 이
후 일반적으로 강조되는 사적 영역으로서의 가정의 기능은 크게 약
화되었다. 예를 들어 여성은 조선의 전통문화에 맞게 '조선 치마저고
리'를 입는 것이 좋다는 김정일 위원장의 교시가 있은 후에, 모든 여
성들이 치마저고리를 착용하게 되는 것도 바로 사적 공간의 국가에
의 종속을 의미한다. 또 앞에서 언급했듯이, 직장조직이나 지역조직
이 고부갈등이나 부부갈등 문제에 적극적으로 개입하여 갈등을 중재

---

16) 같은 책, 149쪽.
17) 같은 책, 123쪽.

하는 역할을 한다. 즉 국가가 가정이라는 사적인 세계에 적극 개입함으로써, 가정의 자율적인 기능은 대단히 약화되었다.

뿐만 아니라 가정과 관련된 기사나 문학작품, 영화 등을 분석해 보면, 자녀교육에서 부권의 역할을 상당 부분 국가가 흡수하였다.[18] 그럼에도 불구하고 가정에서 통용되는 가장의 권위는 손윗사람에 대한 존중이 자연스레 내면화된 권위주의 사회의 한 모습이 아니겠는가. 그렇기 때문에 아버지는 국가의 부름에 따라 가정 내에서도 스스로의 역할을 바꿀 채비가 되어 있다. 가령 영화나 소설에서는 어머니가 국가의 부름을 받아 가사를 돌볼 수 없을 때는 아버지가 기꺼이 가사를 담당하는 모범사례들이 예시되고 있다.

이렇게 볼 때 북한의 가부장적 문화는 독특한 것이다. 북한사회에서는 가부장제가 존립할 기반이 없다고 말할 수 있다. 왜냐하면 첫째 사유재산의 철폐로 가부장제의 물적 기반이 없고, 둘째 여성의 경제활동참여가 보장되고 있어서 여성이 경제적으로 독립할 수 있기 때문이다. 아동의 사회적 양육을 통해서도 국가가 전통적인 가정의 역할을 대체하고 있다.[19] 그런 점에서 북한의 가부장적 문화는 상당 정도 전통적인 여성관과 김일성-김정일 숭배체제기 가저다준 권위적 위계구조에 토대를 두고 작동하는 것이라 할 수 있다.

북한의 가부장적 문화가 지니는 독특성은 그것이 강조하는 '여성다움'에서도 잘 드러난다. 『조선녀성』에는 다음과 같은 글이 실려 있다.

---

18) 김귀옥, 앞의 책, 105쪽. 또한 국가에 의한 사적 영역의 개입 및 흡수는 서구의 파시즘국가들에서 전형적으로 나타나는 형태여서, 흥미로운 유사성을 지니고 있다 (유정희, 「근대국가주의와 여성: 독일 나치정권의 여성정책」, 『역사비평』 제52호, 345~52쪽; 「나치독일의 가족과 인구정책」, 『서양사론』 제65호, 131~54쪽 참조).
19) 윤미량, 앞의 책, 125쪽. 그외에도 김귀옥, 「현대 북한 대중매체를 통해서 본 북한 여성」, 『여성과평화』 창간호, 당대 2000, 205~209쪽 참조.

녀성은 꽃이라네, 생활의 꽃이라네
한 가정을 알뜰살뜰 돌보는 꽃이라네
정다운 안해여 누나여 그대들 없다면
생활의 한자리가 비어 있으리
녀성은 꽃이라네 생활의 꽃이라네[20]

물론 녀성들이 자신의 해방과 권리를 쟁취하기 위하여 투쟁하는 것은 중요한 일이요. … 그러나 녀성들은 자신의 해방과 권리·평등만을 생각하는 나머지 조선여성들이 예로부터 가지고 있는 고유하고 아름다운 품성을 잊어버려서는 안 되오. …녀성은 녀성다와야 하오. 례절 있고 검박한 언행과 몸가짐은 사람의 품위를 높여주며 존경과 신망을 받을 수 있게 하여주는 것이오.[21]

'여성을 꽃'으로 비유하는 것은 북한 사회주의에서만 나타나는 독특한 특징이다. 북이 여성의 혁명적 역할을 강조하면서도 이런 은유를 사용하는 것은, 여성의 아름다움이 대중에게 주는 감성적 효과를 염두에 둔 것 같다. 이는 한편으로는 북한 정치엘리트집단 자체가 전통적인 여성상에 상당 정도 고착되어 있는 점에도 원인이 있지만, 다른 한편으로는 대중에게 사적 영역에서까지 철저한 사회주의혁명, 즉 엥겔스가 주창하는 여성해방을 관철하는 것을 주저하였기 때문이다.
두번째 인용문에서 조선여성의 고유한 품성이란 순종, 참을성, 다소곳한 태도, 어른공경, 단정한 몸가짐, 예의바름 등등을 포괄하는 것

---

20) 『평양신문』 1991. 1. 19, 김송남 작사·리종호 작곡.
21) 「녀성은 녀성다와야 하오」, 『조선녀성』, 1989, 4~5쪽.

이다. 남녀차별이나 여성비하 사상이 담긴 구래의 전래동화 중 상당 부분은 '봉건적'이라는 이유로 폐기되기는 하였지만, 전래동화나 창작동화에 대한 분석에서도 여전히 남자다움과 여자다움을 구별하는 표현이나 성역할 설정이 드러나고 있다. 예를 들어 '늠름한' '씩씩한' 등의 형용사는 남성에, '예쁜' '수줍은' 등의 형용사는 여성에게 사용되고 있다.

그러나 북한사회의 여성관이 지니는 진보적인 측면은 사회주의 국가의 건설이나 사회적 생산에의 참여에 대해 여성이 지니는 높은 자긍심에서 잘 드러난다. 특히 북한소설은 신세대 여성들의 의식구조 변화를 잘 드러내고 있다. 이제 다소곳하고 남성에게 순종하는 여성보다는 자신의 주장을 펼치고 능력이 있으면서 동시에 자립심이 강한 여성들이 자주 등장한다. 이들은 일이나 사랑 모두에 적극적이다. 신세대 여성들은 사랑과 자신의 일을 일치시키려 하되, 양자의 갈등 관계가 생겨날 때 이 여성들은 자신의 일을 포기하기를 거부한다. 건국 초기에는 사회주의 건설이나 사회적 생산에서 주어지는 여성의 역할에 대한 책임감이 강조되었지만, 최근의 소설로 올수록 여성들은 너욱 적극적인 모습을 보여 잘못된 길로 들어선 남성을 설득하기도 하고, 조국에 대한 애정과 일에 대한 책임감을 위해 과감히 애인을 떠나는 과단성을 보인다. 농촌생활에 염증을 내며 도시로 가는 애인을 떠나보낸 후, 자신의 고향마을을 개간하여 커다란 농업개혁을 달성하는 여성의 사례는 북한의 영화나 소설에 자주 등장하는 이야기이다. 이런 자의식과 자긍심은, 장기적으로 보자면 북한여성의 자기발전과 해방에 중요한 토대를 이룰 수 있다.[22]

그래서인지 북한을 방문한 남한사람들은 북한여성으로부터 이중적인 인상을 얻게 된다. 한편으로는 앞에서 말한 대로 북의 여성들은 다소곳하고 순종적이며 늘 치마를 착용하고 담배나 술은 입에 대지도 않는다. 그러나 이 여성들은 쉽게 감동받고 솔직하고 그리고 단호하게 행동한다. 마이크를 대어주면, 그녀들은 망설이지 않고 씩씩하게 연설하거나 즐겁게 노래를 할 줄 안다. 즉 북한여성들은 훨씬 더 사회화되어 있다.

이렇게 북한여성들이 지닌 양면성에도 불구하고, 우리는 북한여성을 몇 가지 특성을 중심으로 정형화하려는 경향이 있다. 은박이 번뜩거리는 한복치마를 입은 다소곳하고 순종적인 여성 그리고 집체화된 집단문화를 내면화한 존재들로 정형화된 이면에는, 그들이 지닌 적극적이고 열정적인 내적 동력이나 자의식이 있을 수 있다. 따라서 북한여성을 이해하기 전에 그들을 정형화하는 것은 참으로 위험한 방식이다. 그렇기 때문에 서로에 대한 섣부른 정형화가 결국 여성운동 사이의 불화와 반목을 낳았던 통일독일의 사례를 고찰할 필요가 있다. 물론 통일독일의 사례는 한쪽에 의해 다른 쪽이 흡수·통합되었다는 점에서는 우리 현실과 차이가 있다. 남북간의 관계는 장기적인 대화와 교류를 통해 평화공존체제를 정착해 나가는 과정이 될 것이라 예측되기에 무차별적인 비교는 곤란하다. 그럼에도 불구하고 각론에 해당하는 부문에서 동·서독의 시행착오는 우리에게 시사하는 바가 적지 않다.[23] 우리는 어떻게 남북 여성들이 독일과 같은 시행착오를 겪지 않으면서 여성해방의 과제를 함께 수행해 갈 수 있을지를 성찰해야 할 것이다.

---

22) 김귀옥, 앞의 책, 105, 130, 136쪽.
23) 이에 관해서는 이 책의 「통일독일의 식민지, 여성」을 참조할 것.

4. 남북을 아우르는 여성주의를 위하여

남북 여성의 만남에서 중요한 점은 남과 북의 여성이나 여성의 지위를 단순하게 비교·평가하려는 자세를 버리는 일이다. 우선 필요한 전략은 서로의 차이를 알고 이해하고 그대로 받아들이는 것이다. 50여 년 동안 폐쇄된 집체문화의 사회, 고난의 행군 시기를 보내면서 전국민이 생존에 몸부림치고 있는 북한사회의 여성을 우리와 단순 비교하는 것은 대단히 위험한 발상이다. 마찬가지로 남북 사이의 동질성을 쉽게 추출해 내려는 발상도 위험하다. 오히려 우리에게 당장 필요한 것은 제대로 된 '북한여성 알기'이다.

최근에 여성들 사이에서 북한의 '긍정적 이질성'을 통해 남북간의 '부정적 동질성'을 해체할 것을 주장하는 목소리가 나오고 있다.[24] 특히 90년대 들어와 북한여성의 여성성에 주목하기 시작하면서, 북한여성에 대한 두 가지 정형이 가능해졌다. 그 하나는 북한여성의 여성미를 남한식 '미의 신화' 속으로 포섭시키는 방식이고, 또 하나는 앞에서 언급한 대로 민족문화의 정수로 간주되는 '전통적인 여성미'를 예찬하는 시각이다. 그러나 이 양자는 모두 문제점을 지니고 있다. 북한여성을 남한식 '미의 신화'에 통합시킬 경우, 북한여성은 촌스럽고 구식인 패션과 미용으로 인해 주변부에 배치되면서 내부식민지를 이룰 염려가 있다. 그러나 반대로 북한여성이 지닌 전통적인 미가 강조될 경우, 이는 남북 사이에 부정적 동질성을 부채질하면서 가부장적·민족주의적 담론을 강화시킬 우려가 없지 않다.

---

24) 조순경, 「가부장적 시장경제와 가부장적 계획경제의 만남: 남북경제협력과 여성노동」, 『여성주의 시각에서 본 남북교류의 문제』, 22쪽 참조.

진정한 남북 여성의 통합을 위해서 우리에게 '제3의 길'이 필요하다. 다름아니라 북한여성이 지닌 긍정적인 이질성을 부각시킴으로써, 남의 여성에게 북의 여성들이 지닌 여성적 정체성 속에서 남한사회에 필요한 대안의 가능성을 찾게 하는 방식이다. 예를 들어 북한여성들의 사회적 생산참여에 대한 자긍심, 솔직함, 활달함, 공적 영역에서 쌓아온 자의식, 지역공동체에의 헌신 등은 남한사회의 여성에게서는 찾아보기 어려운 덕목이다. 북한의 여성성이 지닌 이런 부분들을 부각시키면서, 북한여성을 남한사회의 담론에서 정당하게 자리매김하는 작업을 해야 한다.

또한 북한여성의 긍정적 이질성에 대한 찬사는 향후 남·북한 여성의 대등한 만남을 준비하는 데 크게 기여할 것이다. 혹자는 이런 주장은 북의 체제가 지닌 문제점, 예를 들어 개인숭배나 여성에게 순종과 혹심한 노동을 강요하는 사회분위기 등의 문제점을 덮어주는 결과를 가져올 것이라고 지적한다. 그러나 북한여성이 지닌 부정적인 여성성의 측면이나 열악한 지위에 대한 비판과 투쟁은, 북한여성 그들의 몫이다. 우리 남한여성들이 할 수 있는 일은 남한사회에서 통용되는 북한여성에 대한 왜곡된 이미지나 가부장적 담론과 집요한 싸움을 계속하는 일이다. 남한여성들은 북한여성과의 만남에서 섣부른 페미니즘을 설교해서는 안 된다.

마지막으로, 남북간의 민간교류가 남성교류, 경제교류, 기득권층 교류로 흐르고 있는 데 대한 여성운동의 비판이 필요하다. 경제력을 가지지 못한 여성의 경우, 북한여성과의 교류를 뚫지 못하고 있고 자연히 서로를 알고 이해할 수 있는 기회가 축소된다. 따라서 남북 여성교류에 대한 남한여성계의 지속적인 요구, 여성교류에 대한 국가의 특별지원 요구, 정부의 경제지원에서 여성경제인들에 대한 우대조치 등을 통해서 남북간의 여성교류를 확산하는 것도 시급한 과제이다.

또한 북에서 여성의 정치참여가 높음에도 불구하고, 핵심적인 권력층 내에서는 여성의 영향력이 미약하여 여성을 배려하는 통일정책이 수립되지는 못한 것 같다. 따라서 남한의 여성운동은 통일정책 수립과 그 집행과정에 여성의 참여가 보장되도록 할당제 실시를 촉구해야 한다. 특히 통일관련 전문위원회에 여성비율을 높이고 통일부 내에 여성담당 부서를 설치하는 것을 통해, 통일정책에 여성의 참여가 늘어난다면, 이는 북한당국에 동일한 수순을 밟게 만드는 압력수단이 되리라 생각한다. 정부당국간의 실무회담에서도 여성의제가 비중 있게 다루어지도록 압력을 가해야 한다. 북한에서는 NGO운동이 부재한 만큼, 당국간 논의를 통한 여성의제의 채택도 불가피한 수단이 될 수밖에 없다.

우리 여성들에게 통일을 향한 미래는 열려 있다. 여성들이 희구하는 평화공존의 시대는 어떤 내부식민지도 생겨나지 않는, 양성평등과 민주주의가 아울러 실현되는 공간이다. 그런 점에서 여성들은 '핏줄'에 호소하는 통일론, 통일이 경제적 이득을 가져다주리라는 실리론을 넘어서서, 통일사회 자체가 대안사회가 될 수 있는 그런 미래를 열기 위해 북한여성과 단결해야 할 것이다.

〔『여성과사회』 12, 창작과비평사 2001. 3〕

페미니즘과 통일운동

1. '시비걸기'를 넘어서는 문제제기

2000년 6월 13~15일에 개최된 남북정상회담은 전국민을 흥분과 열기로 휘몰아갔다. 매스컴들은 엄청난 지면과 시간을 이 역사적 사건에 할애하였다. 그러나 "김정일을 괴수라고 우리 아이에게 설명했는데, 다시 물으면 뭐라고 대답하지요?"라는 어느 평범한 어머니의 평범한 질문에 대한 만족할 만한 해답은 아직 나오지 못한 것 같다. 해묵은 반공이데올로기와 남북공동선언 사이의 간극으로 인한 국민들의 이같은 혼란은, 김정일 국방위원장의 '스타'이미지와 언론의 가세로 증폭된 남북정상회담의 다분히 포퓰리즘적인 호소력에 의해 가려지고 있다. 물론 이런 현상의 배후에는 한층 강화된 민족주의 담론이 작동하고 있다.

남북정상회담을 전후한 시기에 국민이나 각종 이해집단은 자신들이 지닌 다양한 견해를 표출하기보다는 이를 자제하는 성숙한 모습을 보여주었다고 생각한다. 우선 어렵게 성사된 이 역사적인 사건을 훌륭한 결말로 유도하려는 국민들의 바람이 모든 '딴지걸기'와 '흠집내기'를 잠재운 것이다. 놀랍게도 우리 국민들이 남북문제에 대해 실용적인 입장을 갖기 시작했다는 사실도 확인되었다. 통일문제에 관한 한 지나치게 감정적이었던 그간의 자세를 벗어난 것은 반가운 일이지만, 정상회담을 전후해 국민이나 시민단체가 보인 신중함이나 실용주의적 태도는, 통일논의가 지나치게 정부주도로 흘러가면서 민간운동의 활동공간을 위축시키거나 공론의 장에서 제기될 수 있는 큰 문제들을 사장시키는 결과를 초래하리라는 염려를 갖게 한다. 실제로 정상회담 이후 민간단체들은 대북접촉이 어려워졌음을 토로하고 있다. 따라서 흠집내기나 시비걸기를 넘어선 좀더 심화된 문제제기와 전문적인 토론을 통해, 이 엄청난 역사적 도약이 초래하는 혼란을 국민들이 제대로 소화할 수 있게 하는 한편, 통일의 큰 방향을 잡아가는 데 있어 시민·사회 운동단체의 참여의 폭을 넓혀가야 할 것이다. 여기에 여성운동이 담당해야 할 몫도 크다고 생각한다.

남북정상회담이 모든 이들의 대화주제가 되면서, 금방 통일이 이루어질 듯이 들떠 있었던 시기에, 통일이 되면 남한남성들은 페미니즘이나 들먹거리는 남한여성보다 북한여성을 선호하게 될 것이라는 말들이 떠돌았다. 반 농담조이기는 했지만 여성들에게는 이 이야기가 위협적으로 들리게 마련이다. 이는 남한사회에서 페미니즘 담론이 무성해지고, 이에 대한 남성들의 높아진 경계심에서 기인한 예측일 수도 있다. 그러나 여성의 지위가 '노동력의 주변화'를 통해 더욱 열악해지는 현실을 감안할 때, 통일 아니 최소한 남북교류의 활성화만으로도 노동시장이나 사회적 역할 속에서 여성의 지위는 더 나빠질 것으로 보인다.

사실 그간 여성계는 통일 후 급속히 열악해진 옛 동독여성들의 현실을 접하고 또 동·서독 여성운동가들간의 갈등과 불화를 지켜보면서, 통일이 성(gender)과 연루되는 방식에 대한 여성들의 고민이 절실히 요청됨을 자각하게 되었다. 마찬가지로 통일 후의 미래사회와 관련해서도, 성문제가 성찰되지 않는 통일은 '온전한 내적 통일'(Innere Wiedervereinigung)이 될 수 없다는 인식이 높아졌다. 이 글을 통해 필자는 통일과정에 대한 여성의 적극적인 개입이 단순히 여성의 지분 확보를 요구하는 수준을 넘어서서, 그간의 통일정책과 통일운동의 일보전진을 위한 새 시도와 결합하는 과정이 될 것임을 강조하고 싶다.

2. 민족주의 담론, 민족국가 그리고 여성

남북정상회담은 민족의 동질성을 확인하는 언술과 함께 남한사회 내에서 민족주의 이념을 고양시키고 있다. 지난 반세기를 거치면서 나타난 남북한간의 차이와 갈등을 해소하는 데 한민족임을 확인하는 일이 도움이 됨은 물론이다. 우리 민족처럼 거의 반만년 동안 외세에 위협받고 고통당해 온 민족에게 민족주의 담론이 주권을 지키는 생존전략이 되는 것은 당연하다. 그러나 문제는 그 민족주의가 담고 있는 구체적 내용물이 무엇이냐 하는 것이다. 한반도의 민족주의는 혈통적 민족주의 혹은 문화적 민족주의에 근접했는데, 특히 남한의 경우는 분단 이후 극단적인 자본주의 경쟁사회와 군사주의 문화에 의해 더욱 경직되었다. 이 이념이 통일문제와 결합될 경우 지니는 문제점은 두 가지이다.

첫째는 '민족의 생존'이라는 최고가치를 위해 일반민주주의가 약화될 수 있다는 것이다. 군부독재를 물리치면서 간신히 형식적 민주주의가 정착된 우리 현실에서, 폐쇄적 민족주의와 통일운동의 결합은 민주주의의 실질적 발전에 장애요인으로 작용할 수 있다. 이미 남한의 민족주의는 남한사회의 경제적 발전 정도나 국제적 위상에 맞지 않게 폐쇄성을 지니고 있음이 학계에서도 종종 지적되고 있다. 우리 경우는, 역시 강대국의 틈바구니에 끼인 약소국이지만 외세로부터의 해방을 위한 민족주의 운동 단계를 넘어서 이제 민주주의 담론이 사회의 전면으로 등장한 노르웨이·핀란드·덴마크 등과는 대조적이다. 이제 우리도 강력한 민족주의적 호소력을 민주주의체제에 대한 애호심으로 서서히 전환하려는 노력을 해야 한다. 독일통일은 서독인들이 성취한 사회적 시장경제, 개방사회, 민주주의혁명에 대한 체제애호심(Verfassungspatriotismus) 때문에 반쪽의 성공이나마 거눌 수 있었다는 점을 상기할 필요가 있다.[1]

둘째로, '민족의 생존'이라는 거대담론 앞에서 여성이나 여타 소수집단의 인권침해 문제가 무시될 공산이 크다는 것이다. 역사를 돌이켜보면, 대다수의 식민지국가에서는 자율적인 민족국가를 구성하고

---

1) 한운석, 「하나의 민족, 두 개의 과거: 독일인의 민족의식(1945~1994)과 내적 통일의 문제들」, 『해외지역연구』 제1권 제1호, 1997 참조.

근대화에 박차를 가하는 것이 지상최대의 과제였다. 봉건적 잔재와 투쟁하면서 민족정체성을 만들어가야 했던 민족주의자들에게, 여성은 근대화된 민족의 이미지를 위해서 개화되어야 했고, 여성운동은 민족해방이라는 과제의 달성을 위해서 민족주의 운동에 통합되어야 했다.

그러나 또 한편으로 민족주의자들의 어머니 담론은 민족의 이익을 위해서는 여성의 이익을 희생할 수 있다는 것을 은연중에 학습시켰다. 식민치하에서 여성은 투옥된 남편과 아들을 말없이 뒷바라지하는 생계담당자로서 민족주의 운동의 일부여야 했다. 하지만 민족주의자들에게 여성이 성차별의 희생자라는 점은 제대로 인식되지 않았다.

식민지 해방 이후 생겨난 주권국가에서 민족주의는 여성희생의 메커니즘을 활용하였다. 독립 이후의 제3세계는 한편으로 식민통치를 통해 구축된 법·관료·군대·교육제도 등을 그대로 물려받았다. 그러나 다른 한편으로 식민통치에 대한 반감은 '민족문화 찾기'라는 명목 아래 가부장제의 봉건적 유제를 다시 강화하는 방향으로 전개된다. 또한 식민지 유제와 봉건적 전통이 결합하면서 근대화과정에서 기묘한 동력으로 작용함에 따라, 여성에 대한 노동착취와 성차별이 강화되었다. 남한의 경우에도 7, 80년대 공업화를 위한 값싼 여성 노동력의 동원과 착취는 여성의 전통적인 미덕으로 알려진 충순함과 희생정신을 매개로 이루어졌다.[2]

이처럼 근대 민족주의는 여성에게 일정한 자리를 할당하면서 동시

---

2) 7, 80년대 여성노동자 수기에서 그나마 이들의 실상을 읽을 수 있는데 장남수, 『빼앗긴 일터』(창작과비평사 1984); 석정남, 『공장의 불빛』(일월서각 1984) 등이 대표적이다.

에 주변화시키는 이중기제를 행사하였기에, 최근에 페미니스트들은 민족주의 담론을 선택적으로 받아들일 수밖에 없게 되었다. 결국 여성은 민족주의에 대해 양면적인 태도를 지닐 수밖에 없다. 이런 역사적 경험은 남북관계가 활성화되면서 재연될 소지도 있다. 남북경제협력이 본격화될 경우 노동력의 활용이 어떤 방식으로 젠더화될지, 그리고 통일과정에서 성별이나 출신지역에 따른 내부식민지가 중층적으로 만들어지지 않을지 여성들은 냉철하게 판단하고 대비해야 한다.

지난 2~3년 사이에 민족문제와 예민하게 결부된 이슈는 매향리 사격장, 여중생 압사사건과 관련된 한미행정협정 문제이다. 전자는 민족문제이자 생존권의 문제라면, 후자는 민족자주의 문제인 동시에 성차별과 연결되어 있다. 애초에 불공정한 한미행정협정의 개정문제를 폭발시킨 기폭제는 기지촌여성에 대한 미군범죄였기 때문이다.

그러나 여성의 입장에서 개탄할 점은, 기지촌여성 문제가 떠오를 때마다 늘 민족문제로 상징화되면서 피해자 여성의 인권이나 성차별 문제는 논의의 핵심에서 사라진다는 것이다. 가령 기지촌여성의 잔혹한 살해현장을 취재하기 위해 모여든 기자나 운동가들은 확실한 미군범죄가 아닌 경우에는 이내 관심을 잃고 흩어져버리고, 힘없는 기지촌여성들만 홀로 힘겨운 싸움을 계속해야 하는 일도 많았다. 일본군위안부 문제도 같은 맥락에서 평가될 수 있다. 일본제국주의자의 잔혹한 착취나 조선의 순결한 처녀가 일본군인들에 의해 더럽혀진 데 대한 분노가 주된 담론이 되었고, 이렇게 희생당한 여성들이 해방된 조국에서 50년 동안 멸시받으며 숨죽인 채 살아야 했던 데 대한 반성은 한번도 제대로 이루어지지 않았다.

'민족자주'와 '민족통일'에 대한 높은 관심에 비해, 남한 내 외국인

노동자 문제나 기지촌 성매매의 70%를 이루는 외국인여성의 짓밟히는 인권에 대한 상대적 무관심도 우리 민족주의 담론이 지닌 양면성이다. 민족주의 담론은 분단이라는 비극적 현실을 극복하는 동력이 될 수밖에 없겠지만, 이 과정이 국민의 절반인 여성이나 여타 소수자 집단의 이해관계를 도외시하는 방향으로 진행된다면 이 또한 참된 민족국가 형성으로 나아가는 길이라 할 수 없다.

'여성'이라는 새 주체의 참여가 이루어지면 그간 은폐된 또 다른 현실이 더욱 명료하게 가시화될 것이고, 이는 통일과정에 대한 새로운 관점의 접합이자 미완의 민족국가를 또 다른 의미에서 완성하는, 즉 성이나 출신지역에 따른 차별이 존재하지 않는, 더욱 평등한 국민화의 과정이 될 것이다.

민족국가에서 여성이 배제되는 방식은 우리의 통일정책이나 통일운동에서도 예외가 아니었다. 그간의 통일정책이나 통일운동에서 여성은 보이지 않았다. 남북정상회담 이전, 통일관련 자문위원회에서 여성참여는 저조하여서 여성계가 요구하는 30%에 미치지 못하였다. 2002년에 와서야 여성비율은 30%에 육박하게 되었다. 그러나 실무를 담당하는 정책부서에는 여전히 여성의 수가 극히 적고, 통일부의 경우 여성정책담당관도 임명되지 않았다.[3]

남북정상회담이 열리기 열흘 전에 '한국여성단체연합' 'YWCA' '평화를만드는여성회' '흥사단여성위원회' 등이 남북정상회담에 즈음한 건의문을 발표하였다. 여기에서 여성들은 몇 가지 요구를 제기하였다. 첫째 정상회담과 관련된 대표단 구성이나 실무에 여성의 참여도

---

3) 이에 대해서는 대통령직속여성특별위원회, 「국민의 정부 대북정책과 여성교류현황」, 통일간담회 자료, 1998. 11, 10쪽 참조.

를 높이고, 둘째 남북여성교류를 정부가 적극적으로 지원하며, 셋째 후속 실무회담에서 여성의제를 함께 제기하고, 동시에 경제협력에 대한 지원시 여성에 대한 배려와 우대조치를 취할 것을 요구하였다.[4] 그러나 정상회담 과정에서 여성은 보이지 않았다. 특별수행원과 수행기자로 각각 1명씩 선발되었을 뿐이다. 남북정상회담을 전후하여 봇물 터지듯 쏟아진 TV프로나 관련기사에서도 여성은 보이지 않았다.

사실 통일문제 관련분야에 여성전문인력이 전혀 없다고 말할 수는 없다. 그러나 그나마 갖추어진 여성인력도 남성중심적 구조 속으로 진입하기가 쉽지 않은 것이다. 지금이라도 정부는 (제도적 장치를 통해서) 통일관련 실무에 여성의 참여도를 높이고, 아울러 통일부 산하에 여성관련 전담부서를 설치해야 한다. 또한 남북합의서에 따른 분야별 위원회 중, 특히 남북사회문화교류협력공동위원회 산하에 여성위원회를 설치하거나 아니면 새로이 만들어질 실무기구에 여성위원회를 설치하는 방안을 검토해야 한다.[5]

대북 포용정책이 진행되면서 사회·문화 교류가 활발해질 것이라 예측되지만, 이 과정에서 다시 여성이 소외되지 않을까 하는 우려가 여성계에서 나오고 있다. 북한동포돕기운동이 활발해진 이후, 민간교류는 사실상 남성교류, 경제교류, 기득권층의 교류가 되어왔다. 남성에 비견할 만한 경제력을 지니지 못한 여성들의 경우, 남북교류의 기회가 매우 제한적으로 주어졌다. 뿐만 아니라 여성들은 각 분야, 특

---

4) 정현백, 「남북정상회담에 대한 여성의 요구와 역할」, 『남북정상회담: 여성, 무엇을 할 것인가』, 평화를만드는여성회 주최 제1회 여성평화통일포럼 자료집, 2000. 5 참조.
5) 김윤옥, 「남북정상회담 이후 남북여성교류의 방향과 과제」, 『남북여성교류, 어떻게 할 것인가』, 평화를만드는여성회 주최 제2회 여성평화통일포럼 자료집, 2000. 7, 30쪽 참조.

히 종교계에서 열심히 모금활동에 참여했지만, 이러한 노력은 가시적
으로 드러나지 않았다. 여성의 이름으로 지정기탁이 이루어지지 않
았기 때문인데, 남한여성의 이같은 노력이 드러나지 않을수록, 북한
의 권력구조 내에서 여성의 목소리도 약해질 수밖에 없다.

진보적 여성운동은 1991년 이래 북한·일본 여성들과 함께 네 차
례에 걸쳐 '아시아의 평화와 여성의 역할'이라는 주제로 토론회를 개
최했고, 이를 통해 서로의 동질성과 이질성을 확인하는 기회를 가졌
다. 그러나 5차 토론회는 속개되지 못하고 있는데, 최초로 판문점을
통해 이루어진 민간교류였던 이 여성토론회는 정부의 통일백서 서술
에서도 누락된 채 그 진가를 제대로 평가받지 못하고 있다. 이러한
현실에서 우리는 민족국가 내에서 일어나는 여성의 배제를 다시 확
인하는 셈이며, 이는 남북 모두에서 약화된 여성의 위상을 반영한다.
때문에 여성들은 정부를 향해 남북교류협력기금을 교류가 제대로 진
척되지 않는 부문에 지원하고, 그 일환으로 여성교류에 대한 특별지
원조치를 취할 것을 요구하고 있는 것이다.

이와 함께 향후의 통일논의나 통일정책에서는 성평등적인 관점이
보완될 필요가 있다. 또한 남북교류과정에서 여성을 비롯한 소수자
집단에 대한 특별지원이 필요하다는 점이 남북 쌍방간에 합의되어야
한다. 향후 남북교류는, 특히 경제협력을 통해서 상당히 가속화될 전
망인바, 국제금융기관으로부터의 차관에 대한 남한정부의 보증이나
북한투자기업에 대한 자금지원 등에서 여성경제인이 우선적인 혜택
을 받을 수 있는 조치가 취해질 필요가 있다.

3. 왜 여성이 개입하려 하는가

여성이 통일에 개입하려는 것은 단지 여성의 정당한 몫을 받기 위해서만은 아니다. 오히려 통일이 여성의 운명과 직결되어 있고 또 여성적 관점이 첨가됨으로써 우리 통일과정이 더 원숙해질 수 있다는 믿음 때문이다.

앞서도 잠깐 언급했지만, 여성들이 통일문제에 적극적으로 참여할 필요성을 한층 실감하게 된 계기는 독일통일이다. 독일통일은 여성, 특히 동독출신 여성들의 지위를 두드러지게 약화시켰다. 통일 이전에 동독에서는 여성의 수입이 가계수입의 40%를 차지한 데 비해, 서독의 경우는 18%에 불과하였다. 그러나 통일 이후 동독지역에서 여성의 일자리는 40∼45%가 감소했고, 여성실업률은 13배로 늘어났다. 여성이 남성보다 먼저 해고된데다가 국가에서 경영하는 탁아소가 자본주의적 영리경영으로 전환되면서 탁아비가 엄청나게 오르자, 이를 감당하지 못하는 여성들은 결국 일자리를 떠나야 했기 때문이다.[6] 또한 사회주의하에서는 허용되던 낙태가 전면 금지됨으로써, 여성들은 자신의 봄에 대한 자율성을 잃게 되었다.

여성의 정치참여도 크게 낮아졌다. 1989년 10월 베를린장벽 붕괴 직전의 급박한 정치적 상황에서 여성들은 적극적으로 정치적 시위운동에 참여하였다. 사실 동독체제하의 반체제운동에서도 여성의 참여는 적극적이었는데, 여기서는 반체제운동의 주축이 교회였던 점도 하나의 요인이었다. 그러나 동독 공산당체제가 무너지고 임시정부가

---

6) 이런 현실들이 동독지역 여성들의 임신기피로 이어지자, 결국 통일독일 정부는 탁아의무제도를 비롯해 여성에게 유리한 몇 가지 정책을 입안할 수밖에 없었다.

구성되자마자, 여성들은 정치무대에서 사라져버렸다. 역사의 대변혁기에 늘 나타나는 이러한 아이러니는 독일통일과정에서도 비켜가지 않았던 것이다. 남북의 통합과정에서도 이와 같은 역사적 불행이 반복되지 않기 위해서는 여성 나름의 대비가 필요하다.

전체적으로 보자면, 옛 서독의 여성들은 통일 이후 여성정책 면에서 과거에 비해 많은 혜택을 볼 수 있었으나, 옛 동독여성들의 지위는 형편없이 열악해졌다. 이는 옛 동독여성의 높은 자살률에서도 잘 드러난다. 결국 분단되었던 자본주의권과 사회주의권의 통합이 자본주의권 여성들에게는——사회주의 국가의 여성정책 수준에 부응하려다 보니——어느 정도 이득을 가져다주었으나, 사회주의권 여성들에게는 그 반대의 결과를 가져온 셈이다.[7] 결국 독일통일은 통합된 국가 내에서 중층화된 '내부식민지'를 만들어내는 방식으로 진행되었던 것이다.

이런 독일의 경험을 우리 현실에 비추어볼 때, 우선 분명한 점은 통일이 여성의 삶에 엄청난 변화를 가져오리라는 것이다. 이 점이 바로 여성들의 통일운동참여의 당위성을 확인시켜 주는 대목이라 하겠다. 그나마 독일의 경우에는 통일이 옛 서독지역 여성들의 지위향상에 기여하기도 했다. 그러나 우리의 경우에는 통일이 북한여성뿐 아니라 남한여성의 지위향상과도 반대되는 방향으로 나아갈 가능성이 적지 않다. 무엇보다 우리 사회에서는 '남성=생계부양자' 이데올로기가 훨씬 더 강력하기 때문에, 노동시장에서 북한의 값싼 남성노동력이 남한의 여성노동력과 경쟁함으로써 여성을 노동시장에서 축출할

---

7) Ninnon Colneric, "Wiedervereinigtes Deutschland-Haben wir die Chance genutzt?," 프리드리히 에베르트 재단 강연원고, 1999. 8 참조.

가능성도 적지 않다.

베트남이나 중국의 경우에는, 독일과 달리 통일이 여성의 지위향상에 크게 기여했다. 통일 후 베트남여성들은 사회나 정치 활동에 광범하게 참여해, 공무원·고위간부직의 45%, 기술직의 42%, 교육부문의 60% 그리고 보건부문의 65%를 차지했다. 또한 베트남여성동맹은 1982년 900여만 명의 회원을 거느린 영향력 있는 정치단체로 성장했다.[8] 이런 여성의 지위향상은 여성들이 오랜 베트남전쟁 동안 정규군에서 게릴라, 그리고 농업생산활동에 이르기까지 엄청난 공헌을 한데다가, 전후의 재건·복구 과정이 여성의 노동력을 대대적으로 필요로 했던 데 기인한 것이다. 또한 전쟁과 통일과정에서 여성의 적극적인 참여가 여성의 정치의식과 여성의식 향상에 크게 기여했음은 두말할 나위도 없다.

앞서 통일을 경험한 몇몇 사례에서 본다면, 통일이 여성의 운명과 연관되는 방식은 다양할 수 있다. 따라서 통일과정이나 통일 후의 사회에서 여성의 지위가 더 향상되기 위해서는 여성이 통일운동에 적극 참여하고 또한 통일정책의 입안과 집행 과정에 능동적·주도적으로 개입하는 것이 절실히 요청된다.

그러나 통일된 미래사회를 고려하지 않더라도, 여성의 삶이 당장 분단현실과 직결되어 있고, 그래서 여성이 분단의 최대피해자라는 사실만으로도, 여성이 평화공존체제의 실현에 동참해야 할 더욱 절실한 이유가 있다. 우리 어머니세대가 겪은 이산의 아픔이나 홀로 가족을 부양해야 했던 고통도 고통이지만, 타국에서는 유례가 없을 정도로

---

8) 김지해 엮음, 『세계의 여성운동 2: 민족해방여성운동 편』, 동녘 1988, 107, 115쪽.

심한 성폭력과 매춘의 일상화 등도 이런 분단현실과 무관하지 않다. 매춘이나 성폭력 외에도 분단사회가 확대재생산해 온 군사주의가 일상생활과 사회관계 곳곳에 모세혈관처럼 스며들어, 우리 삶을 폭력화·황폐화한 것도 간과할 수는 없다. 물론 병영생활을 비롯해 남성에게 부과된 여러 가지 의무를 보면 남성도 피해자이긴 하지만, 그렇다 해도 군사주의의 피해는 여성에게 훨씬 중층적이다.[9]

4. 평화가 실현되는 통일사회로

최근에 와서 여성학자들을 중심으로 군사주의를 새로이 개념화하고 문제시하려는 노력이 있다. 군사주의는 가시화된 폭력을 유발하는 기제만은 아니다. 군사주의는 내재화된 가치체계나 일상적인 실천 속에 자리잡은 이념이나 무의식적 관행을 의미한다. 군사주의와 성의 관련성을 분석한 여성학자 인로(C. Enloe)는 군사주의를, 집단적 폭력을 행사하는 집단이 유지되거나 강화되는 데 필요한 이른바 전사로서의 남자다움, 그런 남자다움을 보조하는 여자다움의 사회적 형성, 그리고 이런 집단의 보존을 위한 단일한 위계질서, 훈련 및 역할분업들을 자연스럽게 보이도록 하는 여러 제도적·신념적 장치들을 포함하는 개념이라고 설명하였다.[10] 이런 군사주의의 특징은 남

---

9) 젊은 남성들 역시도 불합리한 병역제도와 군사문화로 고통당하고 있음을 부인할 수 없다. 그러나 우리 사회의 '남성성'의 규범 아래서 남성들은 이런 피해를 당당하게 이야기할 수 없거나, 아예 이런 군사화된 일상문화를 문제로 인식하는 감수성을 결여한 경우도 있다. 그런 까닭에 공무원시험 군가산점제도를 둘러싸고, 남성과 여성들은 모순의 본질에서 비켜선 채 선정적이고도 격렬한 설전을 치렀던 것이다.

10) 권인숙, 「우리들 삶 속의 군사주의: 여성과 군사주의의 관계를 중심으로」, 미발표

녀 모두 자신이 군사주의에 물들어 있음을 인식하지 못하는 경우가 허다하다는 점이다.

군사주의를 이런 새로운 개념으로 고찰할 경우, 우리는 더 이상 여성이 군사주의의 피해자만이 아니라 가해자이기도 하다는 사실을 알 수 있다. 이는 여성사가들이 여성의 역사를 재구성하는 작업을 통해 여성대중이라고 해서 반드시 '전쟁'을 부정적으로 받아들인 것만은 아님을 확인한 데서도 드러난다. 이런 자성적인 논의는 2차대전을 일으킨 일본의 여성사가들에 의해 제기되었다. 전쟁을 통해 일본여성들은 '공적 영역'에 참가하게 되었고, 이는 여성에게 무엇인지 알 수 없는 흥분과 새로운 정체성을 부여했다는 것이다. 이와 더불어 여성이 역사의 객체가 아닌 주체라고 하는 페미니즘의 패러다임 전환 역시 여성이 단지 전쟁피해자가 아닌 능동적인 가해자였다는 인식을 불러왔다.[11] 요컨대 여성이 분명 군사주의와 전쟁의 가장 중층적인 피해자임에는 틀림없지만, 그렇다고 여성들 스스로가 피해자로서 면죄부를 받는 것만은 아니라는 것이다.

이제 여성들도 '내 안에 있는 군사주의'를 스스로 읽어내야 한다. 이렇게 분단의 중층적 피해자에서 '내 안에 있는 군사주의'를 문제삼는 적극적 주체로의 전환과 함께, 여성들은 평화주의와 통일운동의 결합 문제를 주도적으로 제기해야 한다. 물론 군사주의의 해소만으로 여성해방이 달성되는 것은 아니다. 그렇다고 해도 군사주의의 제거는 여성지위 향상의 가장 큰 걸림돌을 제거하는 과정이 될 수 있다.

지난 30년간 군부독재체제의 탄압 아래서 우리 통일운동은 정치

원고, 5쪽.

11) 우에노 치즈코, 『내셔널리즘과 젠더』, 이선이 옮김, 박종철출판사 1999, 57~58쪽.

지향적인 운동이 될 수밖에 없었다. 이와 더불어 통일방안 중심의 통일논의나 남북 정치권력의 형식적·기계적 결합을 중심으로 한 통일담론이 핵심을 이루었다. 또한 통일운동 내의 문화도 남성적·가부장적이었다. 그러나 남북공동선언과 함께 이제 평화공존체제의 모색이 우리의 일차적인 과제가 되었고, 이를 위해서는 적대적 군사대결 구조를 완화하는 작업이 시급하다. 따라서 통일운동을 포괄하는 좀더 확장된 범주로서 평화운동의 중요성을 제기할 시점에 이르렀다.

작금의 통일운동이 화해·협력 체제를 모색한다는 점에서 평화운동에 접근하고 있는 것은 사실이지만, 그 자체로서 평화운동이 되기는 힘들다. 우리 통일운동은 민족주의 담론이 여전히 중요한 동력이며, 현재 국제적으로 진행되고 있는 평화운동의 새로운 문제의식과 공유하는 바도 적다. 한 국가의 안보는 이제 국제적 연대나 제휴 없이는 달성하기 어렵기에, 시민·사회운동은 통일운동을 '국제적 시민공동체'의 건설과 연관지어 사고해야 한다. 기아와 국제적 고립으로 고통받는 북한을 생각하면, 이런 발상 자체가 '한가한 소리'로 들릴 수도 있다. 그러나 우리는 과정의 중요성이 생략된 운동의 비극적 결말을 자주 보아왔기에, 국제적 시민공동체를 지향하는 평화운동의 문제의식이 우리의 통일담론에 적극적으로 수용되어야만 진정한 내적 통일이 가능해진다고 항변하고 싶다. 이제 여성들은 여성의 개입을 통해 패거리의식, 헤게모니 장악 욕구, 절차의 비민주성 그리고 성차별이 사라진 운동문화를 지향하고자 하며, 바로 여기에서부터 우리 미래사회의 희망을 읽으려 한다.

한국 여성운동은 이미 70년대 말 이래 지속적으로 평화운동을 전개해 왔고, 한반도 안에서 가장 먼저 평화운동을 시작했다. 교회여성

연합회가 주관한 원자폭탄피해자 지원활동, 여성단체연합과 기독교
여민회가 주관한 '여성평화한마당', 핵발전소건설 저지운동, 핵무기와
군사기지 철수운동, '패트리어트 미사일 배치를 반대하는 여성모임',
'방위비 삭감을 위한 연대모임', 1987년의 최루탄추방운동 등이 그 좋
은 예이다.

그러나 불행하게도 여성들의 평화에 대한 높은 감수성과 평화운동
은 가부장적 언론에 의해 무시되었고, 이들의 운동은 세인의 관심을
끌 정도의 대중운동으로 발전하지 못함으로써 상징적인 의미만을 지
니고 있다. 그렇더라도 여성들의 통일문제에 대한 인식은 여성평화
운동의 전통에서 출발했음을 환기해야 한다. 이를 기반으로 해서 향
후 통일문제에 대한 여성적 접근도 그간의 통일운동에 평화주의적이
고 성평등적인 관점을 추가하는 방향에서 이루어져야 할 것이다.

이런 맥락에서 여성은 본성적으로 평화에 대한 감수성과 자각이
남성보다 훨씬 높다거나 여성이 생명을 잉태하고 키우기 때문에 기
질상 더 평화운동에 적합하다는 주장이 제기되어 왔다. 그러나 이는
잘못하면 본질주의로 흐를 위험이 있을 뿐 아니라 여성을 둘러싼 성
별분업을 더 고착시킬 가능성이 있다. 그래서 평화운동가이자 여성
학자인 루딕(S. Ruddick)은 여성의 생활상의 실천이나 노동방식이
생명을 돌보고 배려하는 데 더 가깝기 때문에 여성이 현재로는 평화
운동에 더 강한 감수성을 가지고 있다고 주장한다. 모성적 사고와 여
성들이 지닌 '돌봄의 윤리'는 군사주의와 같은 기존의 지배적인 사고
방식과 실천들을 비판할 수 있는 가장 우월한 관점이자, 일상생활의
평화를 실현할 수 있는 중요한 정초지가 된다.[12] 또한 여성은 권력의
배분과정에서 소외되어 있기 때문에, 기존 권력층의 전쟁관에 더 쉽

게 '아니오'라고 대답할 수 있는 장점도 있다. 따라서 통일운동에 대한 여성참여, 더 적극적으로 여성주의적 관점의 결합은 우리 통일운동이 정치 일변도의 운동에서 한걸음 더 나아가게 할 것이다.

그러나 우리는 여성은 평화, 남성은 전쟁이라는 도식적 분류에는 반대할 필요가 있으며, 가부장제가 남성성이 지닌 다양한 기질을 남성 스스로 봉쇄하고, 공격적이고 경쟁적인 단일한 남성성의 모습만을 드러낼 것을 강요한다는 점을 간과해서는 안 된다.[13] 마찬가지로 이런 여성참여가 은연중에 여성은 평화운동, 남성은 통일을 둘러싼 정치적 운동으로의 역할분담에 기여한다면, 이도 바람직하지 않다. 사실상 군사주의, 국제적 담합자본주의, 인종차별주의, 성차별주의, 제3세계의 빈곤은 서로 연루되어 있다.[14] 그러나 은연중에 이루어지는 남녀 역할분담은 여성에게는 정치경제의 구조적 특성, 남성에게는 일상생활의 비평화와 군사주의를 제대로 포착하는 것을 어렵게 한다.

더불어 여성운동이 남성들이 정치적인 차원에서 풀어보고자 하는

---

12) 여기에서 짚고 넘어갈 점은 여성들이 사용하는 평화개념은 전쟁을 종식시킨다는 의미의 소극적인 평화를 더 이상 의미하지 않는다는 것이다. 우리 사회 곳곳과 우리 일상생활 속에 때로는 가시적으로, 때로는 비가시적이지만 모세혈관처럼 퍼져 있는 폭력들에 저항하는 것이다. 여기에서 폭력이란 물리적인 폭력만이 아니라, 구조적 폭력이나 잠정적 폭력도 포함한다. 이 과정에서 우리의 평화운동은 갈등하는 국가나 사회집단간의 분열을 극복하는 것만이 아니라, 양 집단간의 상호작용을 활발하게 하여 공통의 이익을 증진하고 평화를 실현하는 적극적인 평화전략에 기초해야 한다. 그러기 위해서는 지켜지는 평화(protected peace)가 아니라 작용하는 평화(working peace), 평화유지(peace keeping)가 아니라 평화만들기(peace making)를 지향해야 한다(김윤옥, 「남북한 평화와 화해를 위한 실천」, 한국여성단체연합 10주년기념 국제여성평화심포지엄 '여성·평화·화해' 자료집, 1997. 6, 109~14쪽).

13) Sara Ruddick, "Notes Toward A Feminist Peace Politics," Miriam Cooke/Angela Woollacott eds., *Gendering War Talk*, New Jersey: Princeton University Press 1993, pp. 112~13.

14) Cynthia Enloe, *Bananas, Beaches and Bases*, Berkely: Univ. of California Press 1990 참조.

통일과 평화체제의 문제를 좀더 평화주의의 관점에서 그리고 일상생활 속의 평화실현과 관련하여 풀어보고자 노력할지라도, 이런 평화운동이 통일운동으로부터 괴리될 경우 결국 여성들은 앞에서 말하는 역할분리를 다시 받아들이는 악순환에 빠지게 된다는 점을 유의해야 한다. 그런 점에서 우리에게 필요한 것은 평화·통일운동이 요청되는 현실에 대한 총체적 이해, 구조적인 차원의 문제해결 모색 그리고 일상적인 차원에서 일어나는 작은 비평화의 관행에 대한 집요한 싸움을 동시적으로 전개하는 일이다.

통일과 관련하여 여성들이 제기하는 또 다른 문제의식은 미래 통일사회로의 움직임이 대안사회의 모색과 결합되어야 한다는 점이다. 우리 시민운동이 아직 출발단계에 있는 까닭에, 대안사회의 모색에 관심을 두기보다는 당장 시급한 정치적 개혁현안에 매달려 있는 실정이다. 이에 비한다면 진보적 여성운동은 상대적으로 '대안사회의 실현'과 '여성운동의 결합'을 더 진지하게 모색해 온 편이다. 특히 자본의 전세계화가 2 대 8의 사회로의 진입을 재촉하면서, 공/사 영역의 분리나 남성=생계부양자의 이데올로기로 말미암아 여성은 임금노동이나 시장경제에서 더욱 빠른 속도로 배제되고 있다. 따라서 사회적 노동뿐 아니라 사회적 역할에서 주변화되는 여성이 모색할 수 있는 역공은 대안사회 실현을 위한 운동에 적극적인 주체로 나서는 일이다. 대안사회 모색에서 전제가 되는 것은 시장경쟁력 강화를 중시하는 시장경제에 대한 비판과 완전고용이라는 환상으로부터의 탈피이다.[15]

---

15) 김미경, 「노동사회의 미래와 대안사회를 위한 여성주의 정책」, 한국여성단체연합 대안사회정책연구소 창립심포지엄 자료집, 2000. 2 참조.

　최근 들어 평화의 개념이 확장되면서, 국제 여성평화운동은 생태계의 평화도 포괄하게 되었고, 여러모로 대안사회를 실현하는 과제와 더 적극적으로 결합하고 있다. 우리의 경우에 평화운동은 광범한 이슈를 포함하는 것보다는 한반도 내에 평화체제를 정착시키고 일상생활의 평화를 회복하는 일에 집중해야 하지만, 바로 이런 작업이 대안사회 실현과 연결된다면, 여성은 대안적인 노동형태나 노동에 대한 새로운 전범을 만들어가면서 더욱 새로운 사회적 역할을 찾아갈 수 있을 것이다.

　외교적으로나 경제적으로 어려운 처지에 있는 북한을 끌어내어 남북관계를 정상화하려는 마당에 대안사회를 논하는 것은 ‘구름 잡는 소리’로 들릴 가능성이 높다. 그러나 남한여성들은 또 다른 반쪽의 땅에서도 성매매 여성이 100만을 넘고, 성폭력과 음란물이 난무하고, 여성이 직장에서 축출되는 그런 사회가 생겨나는 것을 원치 않는다. 시민·사회운동이 이제부터라도 대안사회의 상을 적극적으로 제기하고, 이에 대한 국민적 합의를 획득해 가는 작업에 나서야 하며, 바로 여기에서 여성은 주도적인 역할을 해야 한다. 이제 여성운동은 기존 정치에의 ‘끼여들기’에 그치는 것이 아니라 대안정치를 지향하는 ‘새판짜기’를 시도하면서 평화·통일운동의 적극적인 주체로 나서야 한다.

〔『창작과비평』 109, 2000. 7〕

한국 여성통일운동의 현황과 과제

1. 머리말

지난 50여 년 동안의 분단의 역사 속에서 통일은 한국 현대사의 핵심적인 과제가 되어왔다. 분난은 우리의 징치·사회·문화·경제 생활 곳곳에서, 아니 나아가서 우리의 일상생활 속에 그 상처를 안겨 주었다. 그런 만치 남북문제의 해결이나 통일은 우리의 지상과제가 되었고, 여기저기에서 각기 다른 방식으로, 각기 다른 이념적 입장에서 통일을 추구하는 단체나 운동들이 활발하게 일어났다. 이런 통일에의 열정은 통일부 추산으로 전국에 통일관련 단체가 1천 개가 넘는다는 사실에서도 잘 드러난다.

그러나 여성들은 이런 통일운동과는 거리가 멀었던 것 같다. 자발적이건 비자발적이건 여성은 통일운동에서 배제되었다. 통일관련 단체의 산하에 여성조직들이 있긴 했지만, 이는 남성들의 통일운동이나 통일정책을 위해서 동원되는 단위였을 뿐 실제로 통일단체 내에서 여성들의 목소리를 제대로 낸 것은 아니었다. 사실 여성통일운동은 80년대 말 이래 소수의 여성단체나 여성들에 의해서 소규모적으로 진행되었다고 할 수 있다.

김대중정부가 들어서고 '햇볕정책'이 미국의 연착륙정책과 함께 자리를 잡아가면서, 점차 통일운동이 열기를 띠어가고 있다. 거기에다가 1997년 이래로 북한동포의 기아실상이 알려지면서, 북한동포돕기운동의 활성화는 이러한 통일운동의 열기를 한층 고조시키는 역할을 하고 있다. 이와 같이 통일운동의 열기가 높아진 만큼이나 통일운동의 방향성에서도 서서히 변화의 조짐을 보이고 있다. 과거에는 통일운동이 정부당국의 시종일관된 탄압에 직면하여, 가두투쟁과 자못 선언적인 구호로 일관하였다면, 최근에 와서 통일운동은 좀더 구체적이고도 현실적인 방식으로 운동을 전개해야 할 필요성에 부딪히게 되었다. 이는 국제 및 국내 정세의 변화 못지않게 시민운동이 활성화되면서, 더욱 대중적인 통일운동의 필요성이 대두되었기 때문이다.

이렇게 통일운동 전체가 변화의 기로에 서 있다면, 여성통일운동은 어떤 방식으로 새로운 시대적 요구와 상황에 대처해야 할 것인가? 이 글은 이런 질문에 대한 답을 찾기 위한 시도이다. 이를 위해서 먼저 그간의 여성통일운동을 반성적으로 되돌아보고 최근의 변화된 국내/국제 정세와 통일운동의 새 흐름을 짚어보고자 한다. 그리고 궁극적으로는 여성통일운동 내에서 제기되고 있는 몇 가지 쟁점들을 검토하면서, 한국 여성통일운동의 방향과 과제를 탐색하고자 한다.

2. 여성통일운동의 전개과정

1) 통일운동에 대한 인식의 태동

여성들에 의한 통일운동이 제일 먼저 시작된 것은 기독교 여성들
에 의해서이다. 1987년을 전후하여 진보적 사회단체와 기독교단체가
중심이 되어 통일운동은 당국의 탄압 속에서도 서서히 불타오르기
시작하였다. 특히 학생들은 통일운동을 대중화하고 전국민의 관심을
불러일으키는 데 적지 않은 공헌을 하였다.

이같은 사회적 분위기에 힘입어 한국여신학자협의회는 1987년부
터 3년 연속으로 통일문제에 관한 신학정립협의회를 열어 그 결과물
로「한국여성신학과 제4, 5, 6차 여성신학정립협의회 보고서」를 출간
하였다. 여기에서 여성들은 "남성중심적이고 여성의 경험이 배제된
통일운동을 비판하고 오히려 여성민중이 고난을 딛고 해방되는 주체
적 통일운동"에서 그 대안적 모습을 발견하였다.[1] 또 한국기독교교
회협의회는 1988년 2월에 분단 50년째인 1995년을 희년[2]으로 선포하
는 '민족의 통일과 평화에 대한 기독교선언'을 발표하였다. 구약 레위

---

1) 권미경·김신아·심미영,「교회여성운동」, 한국여성단체연합,『열린 희망: 한국여
   성단체연합 10년사』, 동덕여대 한국여성연구소, 1998, 254~76쪽.
2) 희년의 기원은 히브리 노예들이 애굽을 탈출하여 광야생활 40년을 거쳐 가나안에
   정착한 후에 12지파가 땅을 공평하게 분배한 시점을 기준으로 7년이 7번 지난 50년
   째 해의 7번째 달 10일에 숫양의 뿔로 나팔을 불어 희년을 선포한 데서 유래한다.
   이는 온 땅에 사는 모든 사람들에게 자유를 선포하는 것을 의미하고, 이와 함께 빚
   진 자의 빚이 탕감되고 노예가 자유인이 되어 자기 땅으로 되돌아갈 수 있게 되는
   것이었다. 이는 바로 우리와 같은 분단국에서도 나라가 하나로 합치고 헤어진 사람
   들이 다시 만나고 그리고 사회경제적 정의가 실현되는 것을 의미하는 것이다. 같은
   글, 266쪽.

기 21, 25장과 이사야서 61장 그리고 누가복음 4장에 근거를 두고 있는 희년의 선포는 '한반도의 평화통일과 통일 후의 평화사회를 실현하기 위해 기독인들이 좀더 책임 있는 역할을 하겠다'는 의지표명으로 받아들일 수 있다. 여신학자협의회도 '민족통일과 평화에 대한 한국여신학자 선언'을 발표하였다. 이 선언서는 분단을 '가부장적 문화의 극단적 형태인 제국주의 지배의 결과'라고 비판하면서 여성들은 바로 이런 지배가 초래한 정치·경제·사회적 모순들과 가부장적 관행에 의해 고통받고 있음을 분명히 밝혔다. 그리고 희년선포의 주체는 교회가 아니라 하나님임을 주장하면서 남성들의 기득권 포기와 교회 내 권위주의 문화의 불식을 주장하였다.

마찬가지로 1987년부터 평화통일사업을 실시해 온 YWCA연합회에서도 평화와 통일을 기원하는 기도운동을 펴면서 평화통일에 대한 연구모임·심포지엄·세미나를 갖기 시작하였다. 조금 늦은 1990년에는 한국여성정치연구소도 북한여성과 통일정책에 관한 연구를 시작하여, 북한연구회모임을 결성하였다.

좀더 본격적인 여성통일운동은 민족민주진영 가까이에 있는 여성들을 총망라하여 결성된 한국여성단체연합(이하 '여연')에 의해 이루어졌다. 1987년에 창립된 여연은 1989년 4월에 '반전반핵평화위원회'를 만들어 반전반핵 및 평화운동을 전개하였다. 이후 1990년에 들어와 통일평화운동을 조직적으로 전개할 '틀'이 필요하자, 여연은 특별위원회의 형태로 '조국통일위원회'를 만들었다. 이 위원회가 만들어진 초기부터 여연의 관심은 어떻게 통일운동과 여성운동을 연결할 것인가 하는 문제를 고민하면서, 통일운동의 방향을 평화·군축에 두었다. 바로 이런 문제의식의 연장선상에서 평화운동을 더 구체화

하기 위하여 1993년에는 '조국통일위원회'를 '평화통일위원회'로 개
칭하고, 여연은 통일평화운동과 관련하여 가장 활발한 활동을 전개하
였다.

2) 남북교류

여성통일운동과 관련하여 가장 세인의 주목을 끌었던 사업은 남북
교류사업이었다. 그동안 남북한에는 남북 단일축구팀과 통일음악제
등 스포츠와 음악을 통해서 남북한의 화해와 단합을 돈독히 하는 민
간교류가 있었지만, 여기에서는 남북한의 정부가 상당히 주도적인 역
할을 하였다. 1991년 진보적인 교회여성단체들과 여연이 중심이 되
어 성사시킨 남북여성모임은 분단 이후 최초의 실질적인 '민간 차원
의 남북교류'라는 점에서 그 의미가 크고, 특히 최초의 남북교류를 여
성들이 해냈다는 사실은 우리 통일운동사에서 길이 기억될 만한 일
이라고 생각한다. 물론 이런 교류에서는 일본 여성지도자들의 중개
가 결정적인 역할을 하였다. '아시아의 평화와 여성의 역할'이라는 주
제로 네 차례에 걸져 개최된 토론회를 잠시 살펴보면 다음과 같다.
도쿄에서 열린 제1차 토론회에서는 처음으로 대면한 남북 여성들
이 "비참한 역사를 되풀이하지 않기 위해서 해야 할 일"을 그리고 일
본여성들은 "우리들 일본은 조선여성들에게 무엇을 했는가"를 주제
로 토론하였다. 이 회의는 종군위안부, 천황제와 조선지배, 재한피폭
자 문제, 재일동포의 권리 문제, 통일문제 등의 다양한 주제에 대하여
서로간의 의견을 교환하는 정도에 머물렀다.[3]
서울에서 열린 제2차 토론회에서는 '가부장제 문화와 여성' '통일

과 여성' '평화와 여성' 등 제법 묵직한 주제들이 다루어졌는데, 이 토론회에서 특히 두드러진 것은 남북통일 방안을 둘러싼 의견차이였다. 북측대표인 정명순은 고려연방제 통일방안[4]을 강조하면서, 남북통일을 민족적 공통성에 기초하여 일방이 타방에 의해 먹히는 것이 아닌 평화적 해결을 모색해야 한다고 강조하였다. 또한 북측은 합리적인 남북통일 방안의 공동연구를 위해 '민족통일정치협상회의'를 구성할 것을 제안하기도 하였다. 이에 한국측 토론자였던 이경숙은, 한국이 다원주의 사회여서 정부와 민간의 통일방안이 다양함을 설명하고 민족적 이질성이 심각한 현재의 상황으로서는 교류와 협력을 통해 남북이 서로의 공통점을 확인하는 작업이 선행되어야 한다고 주장하였다.[5]

여기에서 남북 여성간의 접근방식의 차이가 여실히 드러난다. 북측대표들은 '평화체제의 정착'이라는 정치적 해결을 우선과제로 제기한 반면, 남측대표의 발표는 사회·문화 교류를 우선과제로 제시하였던 것이다. 이런 견해차이는 논의나 교류의 한 단계 진전을 어렵게 만들었다.

1992년 9월 1~6일 평양에서 열린 제3차 토론회의 주제는 '민족대단결과 여성의 역할' '일제의 조선침략과 지배, 전후보상문제' 그리고

---

3) 김윤옥, 「남북여성 교류의 전망과 과제」, 평화를만드는여성회 주최 남북여성 교류 방안 개발을 위한 심포지엄, 1998, 11쪽.
4) 연방제는 남북에 서로 다른 두 제도를 그대로 두고 남북이 동수로 연방정부를 구성하며 그 산하에 동일한 권한과 의무를 지니는 지역자치정부를 가지되 일정 기간 두 지역정부에 더 많은 권한을 두고, 서서히 연방정부의 기능을 높여가는 방안이라고 북측대표는 설명하였다(한명숙, 「통일평화운동」, 『열린 희망: 한국여성단체연합 10년사』, 동덕여대 한국여성연구소. 1998, 208~29, 219쪽).
5) '아세아의 평화와 여성의 역할' 서울토론회준비위원회, 『평화와 통일 향한 따스한 자매애』, '아세아의 평화와 여성의 역할' 서울토론회 보고집, 1992 참조.

'평화창조와 여성의 역할'이었다. 재차 북측은 북과 남·해외 여성의 협의기구로서 가칭 '민족통일여성단체협의회'를 조직할 것을 제안하였으나, 이는 우리측 대표단 과반수가 정부측 추천자인데다 또 북에 의한 정치적 이용의 우려 때문에 성사되지 못하였다. 그러나 평양토론회의 성과는, 남북 여성간의 명백한 입장차이에도 불구하고, 남북이 계속해서 공동작업을 할 수 있는 주제로 '일본군위안부 문제'를 합의하고 토론회를 정례화할 것을 결정하는 성과를 거두었다.[6]

1993년 4월 27일 도쿄에서 열린 제4차 토론회의 주제는 '일본의 식민지지배·전쟁책임과 전후보상—종군위안부 문제를 중심으로'였다. 또한 '아시아의 평화와 한반도의 통일을 실현하기 위해 우리는 무엇을 할 것인가'에 대한 열띤 토론도 있었다. 이 대회는 1천여 명의 여성들이 참가한 성공적인 대회였지만, 이때 북측은 이런 방식의 남북 여성간의 만남에 대해 회의적인 태도를 보이기 시작했다. 그래서 1993년 10월에 남측 실행위원회가 제5차 토론회를 위해 북측 여성대표들을 초청하였으나, 서울토론회는 6년이 지난 지금까지도 성사되지 못하고 있다.

그외에도 일본군위안부 문제를 둘러싼 세 차례의 만남이 있었는데, 1993년 10월 21~23일에 도쿄에서 열린 제2차 위안부문제 아시아연대회의에 북측 여성대표가 참석한 것과 1993년 11월 7일 북측 '종군위안부 및 태평양전쟁 피해자 보상대책위원회'가 주최한 '일본의 전후처리 문제에 관한 평양여성토론회'에 남측 윤정옥·이효재 대표가 참석한 일이다. 그러다가 6년이 지난 1999년 6월 23일 보상대책위원

---

6) '아세아 평화와 여성의 역할' 토론회 한국실행위원회, 『아세아의 평화와 여성의 역할』, 평양토론회 자료집, 1993 참조.

회 명의로 '종군위안부 문제와 여성의 존엄'을 주제로 베이징에서 3자회합을 열자는 제안이 왔고, 이것이 성사되어 1999년 10월 8~12일 '일본군위안부 문제 해결을 위한 베이징 3자회합'이 이루어져서, 위안부 곽금녀 할머니를 포함한 북측대표 8명과 남측대표 6명이 만날 수 있었다.

이상과 같은 여성교류는 정부 주도 아래 진행되었던 대북교류의 창구를 민간여성운동이 뚫었다는 점, 여성문제를 남북 여성들이 함께 토론하였다는 점 그리고 이를 통해 서로의 동질성과 차이를 확인했다는 점에서는 큰 성과가 있었다고 할 수 있다.

그러나 다음과 같은 점이 논의진행에 부담으로 작용했다는 것 또한 사실이었다. 첫째 남측대표들은 재야 여성운동가들이고 북측대표들은 정부측 여성들이라는 점에서 비롯되는 서로의 입장차이가 진솔한 대화를 방해하였으며, 둘째 50년이 넘는 분단으로 인해 서로간의 인식차이가 매우 컸다는 한계점을 지님으로 해서 민족문제나 여성문제 해결에 있어 견해차가 가시화되었고, 셋째로 남북정부간의 대결구조가 순수한 민간교류를 정치적으로 이용하려 하였는데, 특히 남측의 경우에는 정부의 압력으로 대표단 구성에서부터 어려움을 겪었을 뿐 아니라 공동입장 표명을 내지 않겠다는 조건으로 접촉승인을 받은 점을 들 수 있다. 뿐더러 회의장에 기관요원들이 끊임없이 드나드는 일도 껄끄러움으로 작용했다.[7] 결국 4차 이후 남북여성토론회는 남북이 지닌 각기 고유한 정치상황이 주는 압력, 발언이 제한될 수밖에

---

7) 김윤옥, 「남북한의 평화와 화해를 위한 실천들, 여성·평화·화해를 위한 실천들, 여성·평화·화해」, 한국여성단체연합 10주년기념 국제여성평화 심포지엄, 1997, 14쪽.

없는 현실, 무언가 만남의 성과가 가시화되어야 한다는 압박감, 함께 토론할 수 있는 주제의 제한 등으로 결과적으로 토론이 지루하게 반복되고 또 불투명한 남북한의 정치적 상황 등이 착종됨으로써 교착상태를 면치 못하고 있다.[8]

한편 1988~97년에도 여성들은 통일원에 총 45건의 북한주민 접촉신청을 내었다. 그러나 그중 성사된 건수는 12건에 불과하였는데, 이는 1989년 6월에서 1998년 1월까지의 전체 접촉승인 건수 261건의 5%밖에 되지 않는다. 여성들이 '아시아의 평화와 여성의 역할' 토론회를 통해 제일 먼저 민간교류의 물꼬를 트는 역사적인 작업을 한 것은 사실이지만, 전체적으로 여성들이 남북교류에서 차지하는 비율은 대단히 적음을 알 수 있다. 앞에서 말한 토론회와 일본군위안부 관련 국제회의 두 건을 제외한다면, 나머지는 판소리연주회 1건, 조총련과 여맹의 학술교류 제의 1건, One Korea Festival 합창단 참가 2건이 전부이다.[9] 교류가 이루어진 예술제의 경우에는 주로 민족예술을 다루는 경우에 성사 가능성이 높았다. 또한 제3국 여성들이 '중재자' 역할을 하였을 경우, 성공률이 높게 나타났다.

또 지난 10년 사이에 경제교류의 비중이 점점 늘어나서 전체 성사 건수 중 경제분야가 거의 절반에 이르고 있는데, 이는 북측이 경제적 이득과 개방의 균형을 조정하면서 자신들의 필요성에 따라 제한된 범위에서만 교류를 허용하고 있기 때문이라고 볼 수 있다. 이에 따라

---

8) 같은 글, 13쪽.

9) 이 통계는 김원홍, 「북한여성 교류 활성화 방안」(『남북한 관계의 분야별 현황과 과제』, 한국정치학회 주최 통일문제특별학술회의 자료집, 1997, 7~9쪽)에서 인용하였으나, 제시된 통계 가운데 '버클리대 한반도평화통일심포지엄'은 여성계 사업으로 분류하기 곤란하여 배제하였음을 밝혀둔다.

교류의 대상과 개방의 정도는 순전히 북측의 의지에 달려 있었다. 게다가 남북교류가 경제협력에 치우치다 보니, 남측의 단체들 사이에 필요 이상의 경쟁이 일어나고 이 와중에서 모종의 경제적 뒷거래까지 이루어지고 있는 실정이다. 이런 현상은 경제단체들뿐 아니라 사회단체들 사이에서도 이루어지고 있어 매우 유감스런 일이 아닐 수 없다. 이와 같은 과정에서는 당연히 재력과 정치력이 부족한 여성들은 항시 뒷전으로 밀리게 마련인데, 최근 3년 사이에 이루어진 '북한 동포돕기운동'에서 여실히 드러나고 있다.

앞서 언급한 현실적 난관에도 불구하고, 2002년 10월 15〜17일 사이에 이루어진 남북여성통일대회는 남북 여성이 주체적으로 만난 최초의 행사라는 점에서 그 의미가 크다. 2002 민족공동행사 추진본부의 후원 아래 금강산에서 열린 이 행사에는 남측 357명, 북측 300명, 해외 20여 명이 참여하였고, 어떻게 남·북·해외 여성이 함께 평화체제를 실현할 것인가가 중요한 화두가 되었다. 6·15공동선언 관철과 평화를 위한 여성토론회가 열리기는 하였지만, 행사는 주로 문화와 친교모임의 성격을 띠고 진행되었다. 남북 여성이 만나 서로를 알고 이해하고 가까워지는 것이 남북여성통일대회의 주요한 목적이었기 때문이다. 결과적으로 이 행사는 서로간의 차이를 확인하는 과정이었지만, 이를 통해 서로에 대한 이해를 높이기도 하였다. 이런 대규모 행사를 시작으로 하여 앞으로는 부문별·사안별 남북 여성교류가 이어질 예정이다.[10]

---

10) 이에 대해서는 『한겨레』 2002년 10월 21일자 참조.

3) 군축 및 방위비 삭감운동

1999년 통계에 따르면, 남한은 국가예산의 22%를 방위비에 소모하고 있고 국방예산의 29.6%가 방위력 개선비로 지출되고 있다. 이처럼 22%를 웃도는 방위비는 급변하는 세계경제에서 우리의 경쟁력을 약화시킬 뿐 아니라 국민복지예산의 삭감을 가져왔다. 1996년의 복지예산이 4.03%에 불과한 데서 우리는 한국의 복지가 거의 후진국 수준임을 확인할 수 있다. 뿐만 아니라 1993년의 경우 여성복지비는 전체 사회복지비 가운데 0.31%에 불과하였다. 1991년 현재 한국의 방위비를 중상위 자본주의국가 수준인 7.4%로 삭감한다면, 전산업 여성노동자에게 최저임금제 보장, 기술훈련비 지급, 유급 출산휴가 2개월 임금 100% 지급, 2개월부터 유급 육아휴직비 지급, 생활보호대상 아동의 탁아비 전액지급, 무주택 생활보호대상자에게 임대주택 공급, 고등학교 의무교육 등이 가능하다는 주장도 있었다.[11] 이와 같이 방위비가 여성의 열악한 삶과 직결되어 있음을 인식한 여성들은 어느 사회단체나 시민운동보다도 먼저 군축운동을 시작하였다.

1991년 9월의 남북한 유엔 동시가입, 남북한 당국의 불가침선언 채택 가능성에 힘입어 평화군축운동이 여러 형태로 진행되고 있는 가운데, 사회간접시설 확충 및 국민복지 수요충족을 근거로 방위비 삭감운동이 여성들 사이에서 일어나기 시작하였다. 기독여민회, 교회여성연합회, 여성단체연합을 비롯한 여성운동단체들은 국회 회기중에 방위비 삭감의 필요성과 이유를 설명하고 이를 사회적으로 알리기

---

11) 조미진, 「군축과 여성복지의 전망」, 한국여성단체연합 편, 『평화군축운동과 여성운동 자료집』, 1991, 36~47쪽.

위해 '방위비삭감 캠페인 설명회'를 개최하는 한편, 이런 국민의 뜻을 전달하기 위해 1천명 서명운동을 전개하였다. 또 국방부 후원으로 군사 무기와 장비의 국제전시회가 준비되자, 교회 내 6개 여성단체는 공동으로 기자회견을 갖고, 방위비 삭감을 강력히 요구하였다. 그리고 1992년 9월에는 세계적인 군축과 평화 운동 조류에 부응하여, 군비의 과도한 지출로 인해 상대적으로 과소 지출되는 사회복지예산의 확대와 특히 여성복지 확대를 체계적으로 전개하기 위해 '방위비삭감을위한연대모임'을 결성하였으며, 이 모임은 방위비 삭감의 필요성을 알리는 전단형식의 편지 8천 부를 제작하여 '편지쓰기 활동'을 조직적으로 전개하였다. 또 1993년부터는 방위비 증액이나 삭감 관련 자료정리 및 내용 비교분석, 방위비 예산의 심의과정 및 집행의 문제점 점검, 방위비 삭감을 위한 구체적인 활동방안을 연구하는 활동을 진행하면서 방위비 삭감과 여성복지 증액을 위한 활동을 장기적으로 기획하기에 이르렀다.

한반도의 핵사찰과 관련하여 북한의 핵사찰 불응이 국제적인 쟁점으로 부상되었던 1994년 2월에는 여성단체연합 등 9개 여성단체가 중심이 되어 '패트리어트 미사일 배치를 반대하는 여성모임'을 결성하였다. 이 단체는 이미 유럽 국가들에서 제기한 대로 패트리어트 미사일이 우리 지형에도 맞지 않고 성능도 좋지 않은데도 이를 한반도에 배치하려는 것은 사양길에 들어선 미국 무기산업의 활로를 제3세계에서 찾는 작태라 규정하고 격렬하게 반대운동을 펼쳤다. 또 1997년에 창립된 '평화를만드는여성회'는 1998년을 '군축운동의 해'로 정하고 다양한 캠페인 활동과 교육사업을 수행하였다. 이 단체를 통해 군축운동을 전담할 수 있는 여성운동단체가 생겨난 것은 환영할 만한 일이지만, 군축운동이 현실화되기에는 많은 어려움이 있다.

여전히 불안한 남북한 정세 외에도 북한에 대한 불신과 적대감은, 많은 국민들에게 국방비 삭감은 전쟁 불안과 위기감을 고조시키는 것으로 인지되고 있는 것이다. 바로 여기에 평화·군축 운동의 대중화가 어려운 지점이 존재한다. 우리 국민 사이에는 북한붕괴론, 북한우위론 그리고 무력적화론이 팽배해 있어서, 군축이 수반할 엄청난 이득을 직시하는 것을 어렵게 하고 있다.

그러나 김대중정부가 남북관계의 기본 틀로 삼으려고 하는 '남북기본합의서'는 군축문제의 단계적 실행을 주요 과제로 설정하고 있다. 또한 1999년 국방예산안은 1998년에 비해 0.4%가 감축되었는데, 이는 분단 이후 처음 있는 일이어서 상징적 의미가 있다. 바로 이런 사실들은 시민운동이나 사회운동이 본격적으로 군축운동을 전개할 수 있는 발판을 만들어주고 있다. 뿐만 아니라 지난 10년 사이에 전 세계적으로 방위비가 약 24% 감소하였고, 미국의 방위비도 2001년에는 GDP의 2.3%로 축소될 예정이다. 이에 비해 아시아 국가들의 군사비는 계속 증가추세에 있는데, 한국은 여전히 방위비가 GDP의 3.2%를 차지하고 있는가 하면 연구비 등과 같은 감축이진 군사비 항목도 적지 않다. 더구나 방위비의 생산개발 지수는 가장 낮은 것으로 알려지고 있다.[12] 하지만 경제기획원과 전경련, KDI 등은 경직성 예산인 방위비가 자본축적에 장애가 된다고 주장하면서 이를 삭감하여 사회간접자본 확충으로 전환할 것을 요구하고 있다.

이런 맥락에서 국방예산을 검토해 볼 경우 우선 1999년 예산의

---

12) 이철기, 「국방비 감축의 필요성과 99년도 국방예산안의 문제점」, 평화를만드는여성회 평화군축을 위한 전문가 초청 워크숍 발제문, 1998, 1~2쪽.

30.1%를 차지하는 방위력 개선비를 축소하는 방안을 검토할 수 있고, 그 다음으로는 69.9%를 차지하는 운영유지비를 축소해야 할 것이다. 특히 전자의 경우는 외화부담이 대단히 커서, IMF 관리체제 이후 우리가 겪고 있는 외화부족을 줄이는 데 큰 역할을 할 수가 있다. 운영유지비의 경우는 주로 인력유지와 부대운영 등에 드는 비용인데, 이것의 감축을 위해서는 북측과의 협상을 통한 병력감축이 불가피하다. 이렇게 볼 때, 결국 여성운동이나 시민운동이 합심하여 평화체제를 위한 군축의 압력을 가하는 길 외에는 다른 방법이 없을 것이다. 특히 우리도 우리려니와 심각한 식량난을 겪고 있는 북측이 계속 군사비에 많은 비용을 투자하는 것은 북한의 기아상태를 더 악화시키는 매우 불운한 일이기 때문에 더욱 그러하다.

또한 독일이나 일본에 비해 과다하게 부담하고 있는 주한미군 분담금도 다시 고려해 보아야 한다. 1998년에 한국은 직접분담금으로 3억 9900만 달러를 지불한 바 있으나, 부동산 임대료 지원과 조세감면 등을 감안하면 사실상 미군은 거의 22억 333만 달러에 달하는 분담금을 우리로부터 받고 있는 셈이다.[13] 미군주둔이 대북문제만이 아니라 동아시아 방위체제를 위한 미국 자신의 이해관계가 작용하고 있다는 점을 고려한다면, 과도한 미군주둔 분담금의 감축도 앞으로 여성운동의 주요한 캠페인 대상이 되어야 할 것이다.

---

13) 이장희, 「주한미군 방위비 분담의 조정방안」, 『99년도 국방예상의 문제점과 개선방안』, 평화를만드는여성회 · 경실련통일협회정책토론회, 1998, 16쪽.

4) 북한동포돕기운동

북한은 1995년과 96년의 잇따른 홍수피해, 97년의 가뭄 및 해일 피해, 사회기간시설의 만성적인 피폐화, 영농기술의 낙후 그리고 외환 보유량의 부족으로 심각한 식량난을 겪게 되었다. 국제기구나 관계자들의 증언에 따르면, 이미 100만 이상이 식량난으로 사망한 것으로 추정되고 있으며, 현재 북한 주민들의 1일 배급량은 1인당 약 100g으로 이는 유엔이나 국제기구들이 르완다와 소말리아 사람들에게 지급하는 배급량 400g의 1/4에 지나지 않는다. 바로 이같은 참상이 전해지면서, 1995년부터 종교계를 중심으로 북한수재민 돕기운동이 시작되었다. 1996년 강릉 잠수함 침투사건으로 모금운동이 잠시 주춤했으나, 남북간의 긴장완화 노력이 시작되면서 1997년 봄부터 다시 '북한동포돕기운동'이 본격화되었다.

이에 여성단체연합, 평화를만드는여성회 그리고 한국기독교교회협의회 여성위원회는 함께 모금운동을 전개하였다. '밥나누기 사랑나누기 운동'이라는 이름 아래 여성운동단체들이 가두 캠페인을 통해 모은 모금액은 곡물 1천 톤어치에 해당하는 1억 5천만 원이었는데, 이것으로 분유 26톤을 마련하여 3개 단체의 이름으로 북한의 '민주여성동맹'과 '아세아의 평화와 여성의 역할 토론회' 북측 실행위원회에 보냈다(평화를만드는여성회, "1997년 통일사업위원회 사업 보고 및 계획" 참조). 어린이들과 임산부를 위해 보내진 이 분유에 대하여 북측여성들은 제3국을 통해 감사의 인사말을 전해 왔다.

그러나 이런 북한동포돕기운동은 여성의 시각에서 볼 때 많은 문제점이 있어 보인다. 1997년 한 해 동안 한국 민간단체의 식량지원규모는 곡물 약 10만 톤이었다. 아무리 민간단체들이 온 힘을 다해서 모은다고 하더라도, 이는 북한이 필요로 하는 식량의 10%쯤을 간신히 조달하는 정도이다. 게다가 이것은 남측의 NGO들 사이에서 모금액을 둘러싼 보이지 않는 경쟁을 불러일으켰고, 남측 사회단체들이 시도하는 북측과의 교류도 이런 모금액에 따라 성패가 결정되는 경우도 적지 않았다. 또한 여성단체들이 모은 총액이 전체 모금액의 겨우 1%가 될까 말까 하면서, 여성들의 무력함을 확인시켜 주는 계기가 되기도 했다. 여성들이 지정 기탁할 수 있는 식량이 적으면 그만큼 남북교류에서 여성의 역할은 약화되게 마련이었던 것이다.

5) 북한이탈 여성주민[14]을 위한 활동

1998년 9월까지 남한에 입국한 북한이탈 여성의 숫자는 115명이고, 그중 96명이 국내에 거주하고 있다. 일단 북한 주민들이 남한으로 망명을 할 경우, 이들은 6개월간 국가정보원의 보호 아래 생활하게 되고, 이 기간 동안 남한사회에의 적응훈련을 받는다. 그런 다음 이들은 정부가 제공하는 유상 임대아파트에서 정부가 지원하는 생활정착금으로 생활한다. 1994년 이후 북한이탈 주민에 대한 지원법이 개정된 이후, 생활정착금도 줄어들었을 뿐 아니라 환난위기 이후 많은 이들이 실직상태에 놓이게 되었다.

북한이탈 여성주민에 대한 조사에 따르면, 이들의 생활은 매우 열

---

14) 흔히 북한에서 온 여성들을 '탈북여성'이라는 명칭으로 지칭하지만, 당사자들이 이 용어를 싫어하기에 이보다는 좀더 중립적인 용어로 '북한이탈 여성주민'이라는 용어를 사용하고자 한다.

악하다. 이들 중 82.4%의 여성이 일하고 싶다고 하는 데 비해 실제 취업하고 있는 여성은 29.4%에 불과하며, 가구당 월소득이 100만 원 이하인 경우가 79.4%에 이르렀다. 그리고 부부로 이루어진 가정을 가진 여성은 5.9%, 부부/자녀로 이루어진 가정은 50%, 편모가정도 20.6%에 이르렀다.[15)]

뿐만 아니라 북한이탈 여성주민들은 남한사회에서 사회·문화적인 적응에 어려움을 겪고 있다. 우선은 기술발전이 앞서 있는 남한사회의 생활에 적응하는 데 제일 큰 어려움을 겪고 있는데, 예를 들면 컴퓨터를 전혀 다룰 줄 모른다든가 일상생활에서 혼용되는 영어 단어를 모르는 것 등이다. 그러나 이에 못지않게 남한사람들과의 교류나 대화에서 단절감을 느끼고 있으며, 부부관계에서의 갈등도 적지 않았다. 특히 북한 사회주의 내에서 유교적 가부장제의 뿌리가 공고한 까닭인지, 북한남성들의 경우 가부장적인 태도나 의식구조를 가진 경우가 많았다. 게다가 적지 않은 남성들이 실직상태이기 때문에, 아내가 남한의 자유로운 생활과 인간관계를 누리는 것에 큰 불안을 느끼는 것 같았다. 이런 북한이탈 주민들의 열악한 현실은 훌륭하게 발전된 사회보장제도가 이주민들의 적응에 큰 버팀목이 되어주고 있는 독일의 현실에 비해 형편없이 열악한 것이나.[16)]

---

15) '평화를만드는여성회'는 전체 96명의 북한이탈 여성주민 가운데 조사가 가능한 34명을 대상으로 실태조사를 실시하였다. 이를 통해 이 여성들이 처한 현실이 개략적으로 드러났다. 김엘리, 『북한이탈 여성주민 생활실태 조사결과 발표 및 지원방안을 위한 정책토론회』, 미공개 자료집, 1998, 4~7쪽 참조.

16) 독일의 경우에는 2차대전 이후 현재까지 구 서독지역으로 이주한 숫자는 총 1500만 명에 이르고 있다. 이런 대량 이주민에 대한 서독정부의 정책은 가히 성공적이라 할 만한데 여기에는 다음과 같은 기본 원칙이 있었다. 첫째, 구 동독인은 신분 여하에 상관없이 서독인과 똑같은 대접을 받았다. 둘째, 발달한 서독의 사회보장제도가 이주민의 정착에 결정적인 역할을 하였다. 셋째, 이주민의 적성과 이전에

그간 몇몇 단체와 교회가 북한이탈 주민들에 대한 지원 프로그램을 수행하였다. 여기에서는 개신교의 역할이 압도적으로 컸으며 또 북이탈주민후원회와 같은 단체도 설립되어 활동하였다. 그러나 이런 지원 프로그램의 특징은 단기적이거나 일회적이기가 쉬웠고, 주로 물질적인 지원에 치우치는 경우가 많았다. 비물질적인 지원의 경우에도 신앙권고나 상담에 치우쳤고, 아주 간헐적으로 아동 학습지도 프로그램을 운영하는 경우도 있었다.[17] 이같은 지원활동은 북한이탈 주민들이 겪고 있는 갖가지 어려움을 해소하는 데 구체적인 도움을 줄 수 있는 장점을 지니고 있기 때문에, 지금까지의 단기적이고 생활지원에 토대를 둔 프로그램을 넘어서서 통일을 고려하는 장기적인 방안모색이 필요하다.

바로 이런 문제의식 아래 '평화를만드는여성회'는 남북한 여성간의 대화모임을 9차례에 걸쳐 시행하였다. 서울시의 지원 아래 이루어진 이 사업에서는 남과 북의 가정생활, 사회보장제도, 사회화, 교육·결혼과 가족·친족 관계, 관혼상제, 북한이탈 여성들의 남한생활 이야

일한 분야를 고려하여 직업기회가 주어졌다. 넷째, 각종 정착지원금이 시간적으로 분할되어 지급되었으므로 정부의 재정부담도 줄어들었고 이주민들이 정착금을 날리는 사례도 막을 수 있었다. 다섯째, 이주민들의 지역별 분산수용 원칙을 사용하였기 때문에 지자제 정부가 비용부담을 나누어 질 수 있었다. 여섯째, 이주민의 사회적응력을 높이기 위해서 민간단체가 독자적인 프로그램을 마련하되 정부가 이를 정치교육센터를 통해 실시하는 방식을 택하였다. 정부가 하향식 사상전환 교육을 실시한 것이 아니라 민간단체들이 이들에 대한 민주시민 교육을 시도할 수 있었던 것이다. 박종철 외, 「북한이탈 주민의 사회적응에 관한 연구: 실태조사 및 개선방안」, 『민족통일연구보고서』 96-18, 1999, 12, 56~57쪽; 이정우, 「탈북 이주자 사회정착지원 개선방안」, 『한국보건사회연구원 연구보고서』 96-08, 1996, 15쪽; 평화를만드는여성회, 『탈북여성 정책토론회 자료집』, 1999, 4쪽에서 재인용.

17) 김동배·이기영, 『민간기관의 탈북자 지원 현황과 과제』, 연세대학교 통일연구원, 1997, 13쪽 참조.

기 등을 주제로 다룸으로써 서로를 이해하는 데 큰 도움이 되었다.

또 이 대화모임은 '진달래와 무궁화'라는 남북한 여성들의 모임의 결성으로 이어졌다. 이 모임에서는 북한이탈 여성주민을 돕는다는 취지 못지않게 양자간의 대화가 더욱 강조되었다. 즉 남과 북의 여성들이 함께 대화하고, 우선 '서로가 어떻게 다른가를 확인하고 이 차이를 넘어서서 어떻게 서로간의 간격을 좁힐 수 있을까'를 모색하는 모임이다. 생필품 나누기, 가정방문, 캠프, 취미생활 함께하기, 놀이동산 함께 가기 같은 프로그램은 북한이탈 여성주민들의 외로움을 덜어주고 남한사회의 문화를 이해할 수 있게 함으로써 이들의 자신감을 높이는 데 크게 기여하였다고 평가된다. 나아가 남한여성들에게도 북한을 바로 알고 북한여성들을 있는 그대로 이해하고 수용할 수 있는 자세를 훈련할 수 있는 좋은 기회가 되었다. 남한여성들 스스로도 우리보다 경제적으로 낙후되어 있다는 이유로 북한이나 북한여성에 대해 갖고 있던 편견과 오해를 해소하는 훈련을 할 수 있었기 때문이다.

장기적으로 볼 때 '진달래와 무궁화' 모임이 지니는 의의는, 미래의 통일을 대비해서 북측 여성들 내에서 통합사회를 위한 지도력이 형성되는 계기가 될 수 있다는 점과 서로를 알고 이해하는 과정이 바로 통일 이후 남과 북의 여성들이 진정한 통합을 이룰 수 있는 모델개발을 위한 실험의 장이 될 수 있을 것이라는 점이다. 독일의 통일과정은 형식적인 그리고 정치적인 통일이 진정한 내적 통일을 가져오는 것은 아니라는 사실을 여실히 보여주었다. 그러기에 남과 북 여성 사이의 이같은 시도는 진정한 내적 통일을 준비하는 초석이 될 수 있을 것이다.

그러나 북한이탈 여성주민 프로그램은 그 한계를 지니고 있다. 우선 아직은 초기단계라 서로의 생활문화와 생각을 이해하는 수준에서 프로그램을 진행할 수 있으나, 향후에는 북한여성들을 위한 포괄적이고 구체적인 사회적응 훈련사업을 진행하여야 하는데 여성운동단체의 재정이나 인력 측면에서 이를 실천에 옮기는 것은 쉬운 작업이 아니다. 뿐만 아니라 북한이탈 여성주민들의 문제를 해결하기 위해서는 그들의 생계기반을 확보하는 것이 관건이다. 가장 초석이 되는 작업은 북한이탈 초기에 곧바로 직업교육과 취업알선이 이루어져 이들이 경제적으로 자립할 수 있는 제도적 기반이 갖추어지는 것인데, 이를 위해서는 정부를 상대로 지속적으로 요구하고 이를 실행에 옮기도록 압력을 넣어야 한다.[18] 또한 북한이탈 여성주민의 인권보호와 남북한 여성간의 대화를 위해서 시민운동이나 여성운동단체의 역할이 필요하다는 사실을 정부가 인식하고, 민간단체에 대한 지원을 아끼지 않는 제도적 방안도 시급히 마련되어야 할 것이다.

6) 다양한 평화운동의 전개

이 글이 여성통일운동을 핵심적으로 다루는 내용이기에 자세하게 취급하지는 않았지만, 여성들이 수행한 평화운동의 성과를 잠시 언급할 필요가 있다. 무엇보다도 중요한 사실은 여성들이야말로 한반도 내에서 가장 먼저 평화운동을 시작한 집단이라는 점이다. 여성들의 선견지명과 실천은, 바로 자신들이 일하는 사회·환경 조건을 통해

---

18) 평화를만드는여성회, 앞의 책, 9~10쪽.

누구보다도 평화를 사랑하게 된 여성들이 평화운동에 대한 감수성과 실천력을 가지게 되었음을 확인케 해주는 대목이다.

이미 70년대에 한국교회여성연합회는 2차대전시 히로시마와 나가사키에 투하된 원폭에 의해 발생한 피폭자 2만 명이 여전히 병고와 빈곤 속에서 살아가고 있음을 알고 원폭피해자 문제를 여론화하고 그들에 대한 치료와 생계지원을 계속해 왔다. 또 1985년부터는 '반전, 반핵, 평화'라는 이슈 아래 '평화마당'이라는 대중행사를 꾸준히 개최해 왔으며, 기독교여민회는 1990년부터 여연과 함께 '여성평화한마당' 행사를 여러 번 개최하였다. 여성들은 집에서 전쟁장난감을 가져오면 대신 무공해비누를 나누어주는 전쟁문화 퇴치운동도 여러 차례 전개하였는가 하면 통일을 염원하는 통일마라톤대회도 열었다. 1991년에는 미국과 유엔 다국적군에 의해 이라크전쟁이 개시되자, 교회여성연합회와 여연은 이같은 반생명적·반평화적 전쟁은 정당화될 수 없다는 입장을 재확인하고 전쟁중지를 호소하였다. 여성들은 '걸프전과 한국군 파병을 반대하는 어머니모임'을 결성하고 '걸프전쟁과 전쟁문화에 대한 토론회', 어머니 편지보내기, 전단배포 등을 펼쳤다.

그외에도 여성들이 수행한 평화운동은 최루탄 추방운동이다. 1987년에 민주화를 요구하는 시위가 전국으로 확산되면서 불안해진 당국이 최루탄 사용을 통한 진압에 의존함에 따라, 학생과 경찰의 심각한 피해, 최루탄가스의 독성 문제, 인명피해, 생태계파괴, 피해보상 등의 문제가 대두되었다. 교회여성연합회와 한국기독교교회협의회 여성위원회는 최루탄 피해 고발센터를 개설하고 평화행진, 최루탄 제작회사 조사 및 항의전화, 서명운동 등을 통해 항의운동을 전개하였다.[19] 여성들의 이같은 참여는 노태우의 6·29선언 발표에 중요한 기여를 하였다고 생각한다. 그러나 여성들의 평화운동은 최초 시도라는 점에서 상징적인 의미를 지니지만, 이것이 여전히 소수의 운동이고 가부장적 언론이나 사회에 의해 무시당하거나 주변화됨으로 해서 그 파급력은 미미하기 짝이 없다.

여성평화운동이 좀더 활발해진 것은 1997년 평화를만드는여성회가 창립되면서부터이다. 이때 이래 다양한 방식으로 평화교육이 진행되고 있고, 아프간전쟁과 이라크전쟁에 반대하는 반전운동도 활발히 전개하고 있다. 또한 F-15K전투기 구입과 관련된 캠페인, 북핵위기에 대응하는 각종 평화캠페인에도 여성의 적극적인 참여가 일어나고 있다. 특히 최근에는 여성평화네트워크나 전쟁에 반대하는 여성연대 등을 중심으로 젊은 세대의 평화운동이 활성화되고 있는 것도 흥미로운 현상이다.[20]

3. 변화의 기로에 놓인 통일운동

우리는 발상전환을 시도해야 할 역사적 시점에 와 있다. 80년대 말부터 탈냉전이라는 세계사적인 지각변동을 경험하면서, 세계적으로 현대사를 지배해 온 '대립적인 사고방식'과 '적대적인 대치관계'는 종언을 고하게 되었다. 이는 한반도의 환경에도 영향을 끼쳐서, 1991년 11월에 남북기본합의서가 채택되었고 1994년 10월 제네바에서 북·

---

19) 한국여성개발원, 『나이로비 여성발전 미래전략과 우리나라 여성단체활동』, 한학사 1994, 97~101쪽.
20) 정현백, 「김대중정부에서의 민간단체 여성평화통일운동의 평가와 발전방향」, 『평화를만드는여성회 제6회 여성평화통일포럼 자료집』(2002. 11. 6) 참조.

미 핵합의문이 채택되기에 이르렀다. 이와 더불어 한반도 내에서도 남북한의 긴장관계는 두드러지게 약화되었다. 또한 우리 역사상 최초의 정권교체가 이루어지면서 김대중정부가 들어섰고 더불어서 '햇볕정책'이 추진되기에 이르렀다. 햇볕정책의 연장선상에서 정·경 분리의 원칙과 함께 금강산관광이 시작되었다. 이미 10만 명 이상이 다녀온 금강산관광은 북한에 대한 남한 국민들의 이해를 높여주는 역할을 하였다. 그리고 지난 2년 동안 성공적으로 진행되었던 '북한 동포돕기운동'은 북한동포에 대한 우리의 관심과 애정을 높이는 데 큰 역할을 하였다.

그러나 다른 한편으로는 한반도에서 긴장이 완화되었다고 보기도 어렵고 평화는 여전히 위협당하고 있다. 서해안의 남북한 교전사태 라든가 금강산관광객 억류사건은 다시 한번 국민들에게 북에 대한 경계와 불신을 심어주는 계기를 제공했다. 북한 미사일 문제도 여전히 해결되지 않고 있는 실정이고, 미·일 신가이드라인 역시 한반도의 구성원 모두에게 위협적인 요소로 다가오고 있다.

이러한 위기적 요소가 여전히 남아 있더라도 우리 통일운동을 되돌아보면, 우리는 엄청난 변화들을 확인하게 된다. 이미 언급한 대로 한반도의 분단고착화를 냉전에서 탈냉전 식으로 전환시킨 미국의 정책도 정책이려니와, 민간부문에서도 범국민적인 차원에서 북한돕기 운동이 일어난 점 그리고 북한이탈자들이 이제 우리와 어울려 살게 된 점도 크나큰 변화이다.

이에 못지않게 우리가 주목해야 할 점은 국민들의 대북관도 엄청난 전환을 경험하였다는 사실이다. 과거에 북한을 보던 국민들의 시각이 북의 공격이나 침투에 대한 방어의식을 중심으로 형성되었다고 한다면, 지금 우리들의 의식구조는 반공의식보다는 북한 경시나 대북 우월의식에 토대를 두고 있다. 통일 후 남한 국민들이 북한동포를 대할 태도는 이미 국내에 거주하는 외국인노동자나 조선족동포 문제를 통해서 잘 드러나고 있다고 생각한다. 급속한 산업화 속에서 정신적·문화적으로 이를 소화할 여력이 없었던 남한 국민들 사이에 만연한 천민자본주의적 행태가 통일의 과정 혹은 통일 이후에 북녘 동포들과의 관계에서도 잘 드러날 것이기 때문이다. 뿐만 아니라 한국 자본주의의 양적 성장에 따라 물질적 소비수준이 높아지면서 얄팍한 실리주의적 정신으로 무장한 국민들은 통일과정에서 부담할 수밖에 없는 비용을 부담하지 않겠다는 태도를 보여주고 있어서, 이 역시 통일과정에서 심각한 문제로 다가올 것이다. 한마디로 남한 국민들은 통일이 과연 필요한가에 대해 회의를 느끼고 있는 것이다. 이렇듯 국민 대다수가 '더불어 사는 삶'에 대한 준비가 아직 되어 있지 않거니와 다양성과 다름을 포용할 줄 아는 훈련이 되어 있지 않은 사회에서, '북한의 위기징후'와 관련된 소식이 들릴수록 우리는 걱정스런 마음을 금하지 않을 수 없다.

　이런 국내외 여건의 변화와 국민의식의 변화 속에서 우리 통일운동도 이제 발상전환을 모색해야 할 시점에 이르렀다. 즉 현실사회주의의 붕괴와 함께 급진적인 통일운동과 통일논의는 이제 설득력을 잃게 되었다. 과거의 급진적인 통일론——반미 민족자주, 미군철수, 연방제통일에 대한 주장이나 과격한 시위방식——을 고집하면 할수록, 그만큼 국민들에게 관념적이고 감상적인 태도로 비쳐지는 현실에 이르렀다는 말이다. 또한 북한으로 경사된 운동적 관점도 대중이나 지식인 사이에서 소외되는 상황이 되었으며, 국민들의 통일에 대한

의식 역시 다원화되었다. 이제 통일운동이나 통일과정은 시민사회의 대중적 지원을 통해서 발전할 수밖에 없게 된 것이다. 이런 현실에 비추어볼 때 북과의 적대적 대결은 소모적이고 반통일적이다.

통일운동에 대한 발상의 전환을 위해서는 먼저 통일방안 중심의 통일논의에서 벗어나야 한다. 이는 남북한 정치권력의 형식적·기계적 결합을 중심으로 한 통일과정 연구에서 탈피하는 것을 의미한다. 우선 제대로 된 통일이 이루어지기 위해서는 통일 주체세력 혹은 구심세력의 형성이 중요한데, 여기에서는 무엇보다도 남한 내에서 통일의 개념과 의미에 대한 사회적 합의의 확산이 선결되어야 하며 이를 위해서는 남남대화가 필수불가결하다. 그러지 않고서는 참된 내부통합은 불가능하다. 이런 남남대화의 토대 위에서 통일은 남북한의 적대적 대결을 해소하는 데서부터 출발하여야 한다. 바로 이것이 공존공영의 원칙을 현실화하는 것이다. 공존공영이란 남북한의 두 체제가 함께 살고 함께 번영한다는 의미인데, 이 단계는 이미 통일이 시작된 것이나 다를 바 없다.

공존공영을 구체화하는 가장 우선적인 작업은 현재의 적대적 군사대결 구조를 완화하고, 화해·협력의 정신 속에서 평화세세를 구축하는 것이다. 공존공영을 구체화하는 또 하나의 작업은 사회경제적인 통일의 모색인데, 이는 형식적·기계적 통합이 아닌 실질적인 결합으로 가는 길이라 할 수 있다. 과거 남한정부는 정치적 통일과 사회경제적 통일을 분리하여 후자를 앞세우는 경향이 있었는데, 우선 사회·경제·문화 교류를 통해 신뢰감을 회복한 후에 정치적 통일을 달성하자는 입장이었다. 이에 비해 북한은 먼저 군축과 평화체제 구축을 통해 정치적 통일을 달성하자는 입장이었다. 그러나 최근에

와서 북한은 심각한 경제난 때문인지 정·경 분리노선을 취하는 데
비해 오히려 남한은 정·경 연계노선으로 선회하는 경향을 보인다.
통일을 점진적으로 달성해야 한다는 주장은 원칙적으로는 타당하지
만, 우리가 처한 구체적인 현실을 고려하자면 비현실적인 제안일 수
있다. 정치적 통일을 빨리 달성해서 남북한의 적대적인 대결을 완화
시키고 그것이 초래하는 엄청난 군사비 지출을 줄이는 단계로 진입
한 이후, 남북의 사회경제적인 차이를 극복하는 것이 훨씬 신속한 경
로이기 때문이다.[21]

물론 공존공영의 원칙에 입각한 통일논의는 사회주의나 자본주의
냐 하는 도그마를 극복하고, 남북한 양측의 상호변혁을 지향해야 한
다. 또 20세기의 대립구도를 벗어나서 미래지향적인 대안체제를 모
색하는 것이어야 한다. 지금까지 통일운동 내에서 북한을 둘러싸고
많은 논란과 분열이 있었던 것은 북한을 체제대안적인 관점에서 인
식하였기 때문이다. 지금은 북한을 남한체제의 대안이라고 단언하는
사람은 드물지만, 북한이 대안적 체제가 아니기 때문에 통일이 무의
미하다는 주장이 제기되는 것은 극복되어야 한다. 북한이 대안적인
체제가 아니더라도 통일을 향한 노력 혹은 더 정확하게는 평화공존
을 향한 노력은 계속되어야 한다.

이런 맥락에서 흡수통일과 마찬가지로 적화통일에 대해 반대해야
한다는 주장도 명백히 제시되어야 한다. 다시 말해 우리 통일운동은
남북한 정부 사이에서 중립적인 입장을 유지하면서 균형추 역할을
해야 한다는 것이다. 이것은 양 체제에 대한 상호존중이 있어야만 평

---

21) 조성범, 「민간통일운동의 진단과 이후 방향모색」, '97평화통일민족대회추진위원회
주최 '97평화통일민족대회 토론회 발제문, 1997, 97쪽.

화체제가 가능하다는 의미인데, 그렇다고 해서 상호존중이 통일과정
에서 남한 체제나 북한 체제의 개혁과 변화가 불필요하다는 의미는
아니다. 진정한 내적 통일을 이루기 위해서는 우리는 남한 체제나 북
한 체제의 한계를 넘어서는 제3의 길을 찾아가려는 자주적인 관점과
노력이 필요하다. 그러나 남한사회에서의 무분별한 북한비판은, 잘못
하면 반공기류가 여전히 흐르고 있는 현실 속에서 평화체제 구축을
거스르는 방향으로 악용될 소지가 있음을 명심할 필요가 있다.

이렇게 통일운동을 공존공영의 평화체제를 모색하는 것으로 전환
하는 과정에서 우리는 새로운 국제관계를 모색할 필요가 있다. 관념
화되고 구호 위주의 반미를 넘어서면서, 민족자주를 모색하는 구체적
인 방안을 궁리하여야 한다. 물론 이런 통일운동의 새로운 방향모색
은 미국의 '연착륙'으로 불리는 탈냉전식 분단고착화 정책과 현정부
의 대외의존적인 통일외교를 비판해야 한다. 그렇더라도 클린턴행정
부의 대북정책을 통일정세의 돌파구로 만들려는 주체적인 노력을 하
지도 않은 채, 민족자주의 목표를 선명하게 과시하기 위해서 반미구
호만을 무차별하게 주장하는 것이 결코 진정한 민족자주의 길이 될
수 없다는 것이 이제 자명해졌다. 이런 맥락에서 주한미군의 철수문
제도 동북아에서 이들이 히고 있는 균형추로서의 역할을 고려하면서
탄력적으로 대처할 필요가 있겠다.

4. 여성통일운동의 쟁점과 과제

지금까지 여성들이 시도한 다양한 통일운동의 흐름을 개괄적으로

언급하였다. 결론적으로 말하자면 여성은 남성 못지않게 통일·평화 운동을 가열차게 전개해 왔다고 할 수 있다. 여성들의 이런 활발한 활동에 경탄을 금할 수 없지만, 전체 여성 차원에서 본다면 이것은 소수의 운동에 불과한 것이었다. 또한 여성통일운동은 한국적 상황이 낳은 태생적 한계와 몇 가지 문제점을 안고 있다. 여기서는 여성통일운동에서 논의되고 있는 몇 가지 문제점을 중심으로 여성통일운동에 대한 전망과 과제를 제기해 보고자 한다.

1) 왜 여성통일운동이 필요한가

여성통일운동의 대중화를 고민할 때 가장 먼저 부딪히는 장애는 여전히 대다수 여성들이 통일운동을 자신의 삶과 연결시켜 고민할 만한 현실적 연결통로를 찾기가 어렵다는 사실이다. 학부모운동, 실업가장 문제, 가정폭력, 성폭력 등의 이슈는 여성들의 일상생활과 직결되어 있지만, 왜 여성들이 통일운동과 평화운동을 해야 하는지, 과연 우리가 추구하는 바가 단기적으로 해결될 전망이 있는 것인지 등에 대해서는 여전히 명쾌한 대답을 주기가 어렵기 때문이다. 많은 여성들이 도대체 "왜 현시점에서 여성운동의 많은 당면한 과제를 남겨두고 통일운동에 에너지를 쏟아야 하는가"라는 질문을 던지는 경우도 이런 까닭에서이다. 바로 이런 지점이 설득력 있게 제시되지 않는다면, 여성통일운동은 앞에서 말한 대중화 지점을 놓치기 쉽다.

여성통일운동이 여성의 삶에 가져다줄 변화는 긴 시간이 걸릴 뿐만 아니라 즉각적으로 그 인과관계가 드러나는 일도 아니다. 여성통일운동이 평화운동과 결합하여 국방예산 감축을 가져온다 하더라도,

이것이 실제로 여성을 위한 복지비용으로 전용되기까지는 길고 복잡한 투쟁과 협상 과정이 필요하기 때문이다. 또 여성들간의 남북교류 사업도 여전히 서로를 조금씩 알아가는 수준에 머무르고 있고, 그나마도 남북한 여성간의 접촉도 남북관계가 트이고 서로간에 평화를 진척시키려는 노력이 진행되지 않는 한 그리고 제한된 기간 안에 통일이 성사될 가능성이 희박한 한에서는 여성통일운동은 먼 미래를 기대하며 마냥 기다려야 하는 기약 없는 사업이다.

그럼에도 불구하고 여성이 통일운동에 적극 참여해야 할 이유는 무엇인가? 역사 속에서 여성은 폭압적 권력에 대한 저항에 적극 참여하였으나, 막상 새로이 수립된 권력에 의해서는 배제되거나 다시 억압당했던 경험을 지니고 있다. 이는 여성을 내부식민지로 전락시킨 독일통일에서도 예외는 아니었다. 이런 역사적 경험에 비추어볼 때, 여성이 민족국가의 새로운 형성과정이라 할 수 있는 통일과정에 적극적으로 개입해야 할 근거는 분명해진다. 또한 통일운동에의 적극적인 참여는 여성 스스로를 정치적으로 훈련된 집단으로 만들면서, 정치의식을 높이는 반사적 효과도 동반할 수 있다.

그래서 통일이 달성되고 그후 여성해방에 좀더 디가가는 여성정책이 수립되기 위해서는, 여성이 통일의 전단계에 미리 참여하고 또 통일정책의 입안과 집행 과정에 능동적·주도적으로 개입해야 한다. 나아가 통일을 달성하는 과정에서도 군축과 평화체제 구축에 참여하면서, 여성들은 축소된 방위비를 여성복지비로 전용토록 압력을 넣는 일에 앞장서야 할 것이다.

2) 어떻게 정책결정과정에 주도적으로 참여할 것인가

여성특별위원회의 자료에 따르면, 통일관련 위원회 등에의 여성참
여는 여전히 여성계가 요구하는 30% 할당에 이르지 못하고 있다. 여
성은 통일고문회의 22%, 정책자문회의 8.3%, 통일정책평가회의 0%,
민주평통자문회의에 14.9%가 참여하고 있을 뿐이다. 그리고 평화적
통일을 위한 초석이 될 '남북기본합의서'의 부문별 부속합의서 이행
및 정부당국간 교류를 위한 공식기구인 분야별 공동위원회 중 사회

〈표〉

(단위: 명, %)

	계	여성	비율
통일고문회의	27	6	22
정책자문회의	48	4	8.3
통일정책평가회의	15	0	0
민주평통자문회의	13340	1998	14.9

* 자료: 여성특별위원회, 「국민의 정부 대북정책과 여성교류현황」, 통일간담회자료, 1998,
10쪽.

문화공동위원회에 1998년부터 여성특별위원회의 국장급 여성공무원
한 명이 겨우 참여하고 있을 뿐이다. 이를 통해서도 통일정책에서의
여성대표성을 확인할 수 있다.

이렇게 여성의 주도적 참여가 저조한 이유는, 첫째로 통일문제의
중요성과 여성의 능동적 참여 필요성에 대한 인식이 여성들에게 부
족하다는 점을 들 수 있을 것이다. 둘째로는, 유교적 전통과 분단현
실에 의해 강화된 가부장적 사회분위기는 통일정책 분야를 남성의

영역으로 간주하고 여성참여를 배제하는 방향으로 작용하였다. 셋째로, 정부 차원에서의 통일정책 추진과정에서 여성의 참여와 역할을 확대시키는 제도적 장치의 마련도 미진하였다.[22] 사실 통일문제 관련분야에 여성 전문인력이 전혀 없다고 할 수는 없지만, 그나마 갖추어진 여성인력도 남성중심적 구조 속에서 제대로 뚫고 들어가기가 쉽지 않다. 정부 차원의 제도적 장치를 통해서 그리고 여성운동의 지속적인 요구를 통해서 통일정책 과정에 여성의 참여가 증대되어야 할 것이고, 이를 위해서는 여성 전문인력을 발굴하려는 노력 또한 양측에서 동시에 진행되어야 할 것이다.

통일 정책이나 운동 분야의 여성참여율 향상과 관련하여 부딪히는 또 하나의 딜레마는 과연 여성참여가 비율 면에서 증가한다고 해서 그것을 마냥 손뼉치고 좋아할 것인가 하는 문제이다. 개별적인 연줄을 통해서 통일관련 위원회에 참여한 여성의 경우에는, 그 활동이 여성적 관점을 역행하거나 기득권 세력의 이익을 보호하는 방향으로 작용하는 경우도 적지 않았다. 그래서 우선 통일정책 과정에 여성의 참여를 늘리는 것도 중요하지만, 이에 못지않게 할당제와 같은 제도적 장치에서 사용되는 선발기준도 문제삼아야 한다. 다시 말해 조직된 여성운동에서 대표성이 나오면 나올수록, 그 여성은 개인의 이해관계가 아니라 여성 전체의 집단적 이해관계를 대변할 수 있기 때문이다.

---

22) 여성특별위원회, 「국민의 정부 대북정책과 여성교류현황」, 통일간담회자료, 1998, 10쪽.

3) 여성통일운동은 민족주의적이고 그래서 반페미니즘적인가

여성들의 통일운동이 페미니스트 여성들 사이에서 좀더 광범위한 지지를 받지 못하는 이유 중의 하나는, 통일운동은 민족주의 운동의 일부가 될 수밖에 없고 민족주의는 남성성을 고무하면서 가부장제를 강화하는 역할을 해왔다는 의구심 때문이다. 우리 역사에서 보수적인 통일운동은 군사주의의 후원 아래 진행되는 경우도 적지 않았고 또 첨예한 권력 각축전이 벌어졌던 장인 만큼, 애초부터 여성은 여기에서 배제되었던 것도 사실이다. 또 진보진영의 통일운동조차도 지금까지는 원론적인 정치투쟁 일변도여서, 페미니스트들이 이런 반응을 보이는 것 자체가 이해할 수 없는 바도 아니다.

그러나 이런 일부 페미니스트들의 반응은 제국주의, 파시즘 그리고 인종차별주의와 같은 쓰라린 과거와 동거하였던 관계로 민족주의가 부정적인 함의를 지니는 서구 국가들의 경험을 토대로 서구의 페미니스트들이 지녔던 거부반응을 그대로 수용한 측면도 없지 않다. 우리와 같은 제3세계 국가에서는 민족주의가 지닌 건강한 측면과 병적인 측면이 동시에 고찰될 필요가 있다. 또한 우리는 동원수단으로서 민족주의는 성이나 계급보다도 더 강력한 힘을 발휘하고 대다수의 여성은 민족주의적 선동이나 구호에 노출되어 있으며 페미니스트들이 조직·동원할 수 있는 여성대중이란 한줌에 불과하다는 점도 염두에 둘 필요가 있다. 즉 이는 어떤 형태로든 여성은 민족주의에 연루될 수밖에 없는 현실을 드러내는 것이다. 뿐만 아니라 여성의 삶과 지위는 그들이 소속된 민족국가의 운명에 따라 좌지우지된다. 때때로 가부장적 제도나 담론을 해체하려는 페미니스트들의 시도는

‘민족적’이라는 수식어가 붙은 문화·전통·관습에 의해 방해받기가 일쑤이지만, 그렇다고 해서 페미니스트들이 민족주의 운동이나 민족문제로부터 결별하는 것이 그 대안이 될 수는 없다.

여성운동이 소수의 여성학자나 활동가를 중심으로 ‘하부문화’를 결성하고, 그 안에 자족할 수도 있다. 여성주의적 관점을 우리 정치나 사회 분야에 원론적으로 적용하려고 할 경우에 이론적으로나 논리적으로 페미니스트들은 그 순수성을 간직할 수 있을 것이다. 그러나 이 격리된 안식처 안에 머무는 한 페미니즘이나 여성운동이 여성대중에 대한 광범한 영향력을 행사할 수 있는 길은 차단되게 마련이다. 서구 여성들의 현실과는 다른 우리의 역사적·사회적 맥락을 고려한다면, 차라리 한국의 여성운동이 더욱 적극적으로 민족국가의 형성이나 그 근대적 발전과정에 개입하는 것이 필요하다. 민족국가의 근대적 형성은 어느 한 시점에서 완결되는 것이 아니라, 지속적으로 그 형성과정에 있기 때문이다. 즉 우리 민족주의가 지닌 문제점이라 할 수 있는 혈통적·문화적 민족주의를 넘어서서, 민주주의와 민족주의가 상호 융합되는 과정, 다시 말해 시민적 민족주의를 형성해 가는 과정에서 여성들은 자신들의 목소리를 내면서 동시에 여성주의적 시각을 첨가해야 한다.

바로 이런 민족국가 형성에 대한 여성의 개입은 마찬가지로 통일운동에도 그대로 적용된다. 전라도니 경상도니 하는 지역갈등이 정치의 불안정성에 가세하고 있거나 분단으로 인해 남북한이 최소한의 대화나 합의도 도출하기 어려운 우리 현실은 여전히 우리에게는 근대적인 민족국가 건설이 완결되지 않았음을 의미하기 때문이다. 국민의 절반을 차지하는 여성들이 좀더 적극적으로 통일운동에 참여할 때 비로소 온전한 통일국가 건설이 가능해질 것이다.

4) 통일운동의 여성주의 관점이란 무엇인가

여성통일운동이 단지 전체 통일운동 내에서 여성의 참여와 목소리를 높이자는 것만으로 끝난다면, 여성이 통일운동에 동참하는 의의는 삭감된다. 그 중요성은 여성주의 관점의 관철을 통해 통일운동이 질적으로 한단계 승화되는 일일 것이다. 그렇다면 전체 통일운동에서 여성주의 관점이 첨가될 경우, 통일운동은 어떻게 달라져야 할 것인가?

그것은 바로 정치적 통일의 달성만이 아니라 통일과 평화주의 이상을 결합하는 일이다. 지난 30여 년간의 독재체제 아래서 우리의 통일운동은 반공법과 국가보안법이라는 무시무시한 탄압체제하에서 지나치게 정치지향적인 운동이 되어왔던 것이 사실이다. 그러나 이제 형식적 민주화가 어느 정도 관철되고 보니, 우리 통일운동의 이런 정치지향성의 한계가 드러나고 우리 일상생활 속의 비평화적 요인이 사실상 남북한의 화해에 장애로 작용할 수 있다는 인식이 높아지면서 평화운동의 확산 필요성이 제기되었다. 최근 통일운동의 일각에서도 공허한 체제논쟁이나 남북한의 형식적·기계적 결합을 넘어서서 화해·협력 및 평화체제를 모색하면서 대중운동을 통해 이를 달성하려는 시도가 일고 있고, 이런 점에서 통일운동이 평화운동에 접근하고 있는 것은 사실이다. 과거 운동에 대한 이런 반성적 성찰들은 아직은 작은 출발에 불과하다.[23] 오히려 십수년 전부터 평화운동에

___

23) 이미 '평화네트워크'가 결성된 것이나, 2003년에 들어와 참여연대가 '평화군축센터' 설립에 박차를 가하는 것은 한국에서 평화운동의 본격적인 확산을 시사하는 것이

적극적인 것은 여성들이었고, 군축과 반전운동의 구호도 여성운동에서 제일 먼저 터져나왔다.

여성의 평화운동에의 적극적인 참여가 여성이 지닌 본성적인 평화감수성에서 기인하는 것은 아니다.[24] 오히려 평화지향성은 남성과 여성 모두가 갖추어야 할 품성임에는 틀림이 없지만, 생활환경이나 노동방식에서 여성이 평화에 대한 친화력을 더 가졌기 때문이라 말할 수 있다. 과거처럼 일방에 의한 타방의 흡수통합이 운위되던 상황을 넘어서서, 쌍방의 화해·협력에 토대를 둔 평화공존이 모색되고 있는 현재의 상황에서 서로 대화하고 이해하고 협력해 가는 과정에 더 익숙한 것은 여성이기 때문에, 통일운동에서 여성의 역할이 기대되고 있다.

그외에도 한 가지 더 언급해야 할 점은 우리 평화운동의 절실한 필요성은 분단현실과 군사주의 문화의 극복을 위해서만은 아니라는 것이다. 한국처럼 단기간에 집약적으로 산업화가 이루어진 사회에서는 일상생활은 전투성으로 점철되어진다. 단기간에, 위로부터 강요된 산업화는 국민들에게 정신적 혹은 사회·문화적으로 이를 준비할 기회를 주지 않았다. 국민들은 산업화와 급격한 도시화가 가하는 압력을 균형 있게 견디어내기가 힘들다. 자본주의가 아래로부터 자생적으로 거의 수백여 년에 걸쳐 진행된 영국에서조차도 산업화 기간 동안 정신질환자가 많았다는 통계가 있다. 하물며 우리 사회는 오죽할 것인가? 많은 외부의 관찰자들은 한국인의 일상생활이 얼마나 황폐하며,

---

다. http://www.peacekorea.org 참조.

24) S. Ruddick, "Notes Toward A Feminist Peace Politics," M. Cooke/A. Woollacott eds., *Gendering War Talk*, New Jersey: Princeton University Press 1993, pp. 112~13.

얼마나 약육강식 논리가 판치는 사회인가에 대하여 경악한다. 물질
만능주의, 인간에 대한 능멸, 이기주의가 팽배한 우리의 일상생활을
탈출하여 우리의 삶 속에 평화심성을 안착시키려는 노력이 없이는
남남갈등은 해소되지 않을 것이고, 남남갈등의 해소 없이는 남북관계
의 평화적 정착도 사실상 불가능하다. '차이'의 존중과 상호공존의 모
색을 지향하는 평화심성이 없이는 '퍼주기 논쟁'도 끊없이 계속될 것
이기에 '평화를 통한 통일로'의 과정을 모색하는 여성통일운동의 의
미는 과소평가될 수 없다.[25]

5) 여성통일운동의 대중화문제

여성통일운동의 대중화를 부르짖고 있지만, 이 과제의 실현은 녹
록한 일이 아니다. 분단으로 인한 우리 사회의 군사주의적 분위기와
그것이 여성의 일상생활에 얼마나 질곡으로 작용하는가를 설명한들
혹은 평화체제의 정착과 방위비 삭감이 여성의 복지향상에 얼마나
기여하는가를 아무리 주장한들, 여성들이 이에 대한 절실한 현실감을
갖기란 쉽지 않다. 거기에다가 여성의 대다수는 여전히 정치에 무관
심한 실정이다. 이런 현실을 감안하면, 1997년에 활발하였던 '북한동
포돕기운동' '금강산관광' 그리고 '겨레 손잡기 대회'와 같은 행사들
은 대중화의 중요한 지점으로 거론될 수 있겠다. 그러나 이런 행사들
은 그저 대규모 행사의 집행에 급급하여, 왜 이런 행위들이 필요한지
혹은 통일운동에 대한 방향은 어떠해야 하는지를 대중들이 충분히

---

25) 264쪽 주) 12 참조.

숙고할 수 있는 기회를 제공하는 데는 실패하였다고 평가할 수 있다. 일회성 행사에 여성이 참여하는 경우에도 사전교육을 통해서 그 의미가 충분히 내화될 수 있는 방향으로 사업이 추진되어야 할 것이다.

마찬가지로 우리가 놓치고 있는 지점은 기존의—엉성한 형태로나마 조직되어 있는—여성대중을 활용하는 방안이 있을 수 있다. 경기도나 대전직할시의 여성단체 조사통계를 살펴보면, 전체 성인여성의 대략 1/4이 여성단체에 소속되어 있다. 물론 이들 대다수는 하향식으로 조직된 관변단체나 봉사단체에 소속되어 있어서 이 단체들을 과연 여성운동단체라 부를 수 있지에 대해서도 의문이 들 뿐 아니라 소속 여성들의 대부분이 여전히 반공의식에서 벗어나지 못하고 있다. 그럼에도 불구하고 이런 여성단체들은 뛰어난 동원력을 지니고 있고, 또 여기에 참석한 여성들은 수재와 같은 국가재난시 중노동에 가까운 봉사활동을 말없이 수행해 왔다. 이런 여성의 헌신성이 지속적으로 국가의 동원대상으로 머무는 것보다는 이를 여성운동과 통일운동의 잠재력으로 전환해 내려는 노력이 필요하다.

이를 위해서는 국가와 여성운동의 일정한 공조체제가 필요하고, 국가의 적극적인 재정지원이 필요하다. 그러나 우리 사회에서 정부의 지원은 운동의 독자성과 역동성을 약화시키는 방향으로 작용해 왔고, 집권체제의 여성에 대한 관심은 선거득표율 향상의 수준을 벗어나지 못했던 것이 현실이다. 이제는 정책입안자들도 사회운동이나 시민운동의 발전이 풀뿌리 민주주의의 근간임을 이해하고, 이들에 대한 조건 없는 지원이 필요하다. 특히 정부가 아래로부터 올라오는 통일교육을 조건 없이 재정적으로 지원한다면, 이는 전체 여성의 통일의식 향상에 크게 기여할 것이다. 정부가 민간단체를 믿지 못하고 직

접 통일교육을 담당하는 것은 대중의 통일의식 향상에 크게 도움도
되지 못할 뿐 아니라, 자칫 관변화될 소지를 낳을 염려가 있다. 이런
점에서 독일은 민간단체들을 통한 평화의식 확산의 성공사례를 잘
보여주고 있다.

마찬가지로 여성통일운동의 대중화에서 중요한 역할을 수행할 수
있는 부분은 교회운동이다. 교회나 성당 내에서 여신도들의 활동은
대단히 활발하다. 이는 북한동포돕기운동에서도 여실히 드러났다고
생각한다. 그러나 교회 내의 여성들은 그 활동의 주축을 이루면서도
독자적인 단위로 조직화되지 않아서, 여성해방 차원의 이슈나 관점은
교회 내에서 잘 떠오르지 않는다. 그래서 각 교단이나 교회 내에서
어떻게 여성들을 활성화된 독자조직으로 이끌고 그들에게 여성주의
적 관점을 가지도록 할 수 있을지를 고민해야 하고, 이와 함께 이들
을 여성통일운동으로 견인해 내어야 한다. 이미 앞에서 언급한 대로
교회여성들은 어느 여성운동집단보다도 먼저 통일·평화 운동의 활
시위를 당겼다. 그러나 아쉬운 점은 '왜 이런 여성들의 선구자적인
활동이 소수의 운동을 넘어서지 못하는가'이다. 이것은 그간의 교회
운동이 7, 80년대에 행하던 순교자적이고도 선구자적인 활동의 환상
에 자족하면서, 새로이 대두되는 시민사회에서 진보적인 교회여성운
동이 어떻게 대중화의 지점을 찾아야 할 것인가를 충분히 고민하지
않은 것이 아닌지 자문해 봐야 할 시점임을 의미한다.[26]

결국 대중화의 지점과 관련하여 결론적으로 말할 수 있는 것은 여

---

26) 물론 이런 작업은 결코 쉬운 일이 아니다. 교회여성을 여성운동으로 결집하는 데
　　장애가 되는 것은 목사나 그 부인의 사고방식이나 행동패턴이다. 목사에 대한 가
　　부장적인 종속관계가 실제로 대부분의 경우 큰 장애요인으로 작용한 것은 오랫동
　　안 기독교 여성단체를 꾸려왔던 여성실무자와의 대화에서 확인되었다.

성통일운동은 어느 정도는 여성에 대한 관용과 평화체제를 지향하는 여성통일교육에서 시작해야 함을 암시하는 것이다. 그러기 위해서는 체계적인 교육프로그램과 실행방향을 정교하게 짜는 일에서부터 출발해야 할 것이다. 독일의 경우 7, 80년대의 치열한 환경운동과 평화운동에서 중요한 기초단위를 형성한 것은 교회와 교회목회자였다. 지역단위의 운동거점을 기꺼이 제공한 것은 교회였고, 교회는 운동을 위한 의사소통망을 형성하였다. 독일의 수도 본에서 중거리 핵미사일 배치를 반대하는 시위에 100만 명의 시민을 모은 데는 교회의 힘이 컸다. 마찬가지로 흥미 있는 사실은 이런 대중의 주축을 이룬 것이 가정주부와 연금생활자들이었다는 점이다. 직장인들은 점점 강화되는 노동강도로 생업에서의 생존에 골몰해 있기에, 상대적으로 시간을 낼 수 있는 주부와 연금생활자들이 신사회운동의 주력군을 형성한 것은 우리에게도 고무적인 에피소드라 하지 않을 수 없다.

　그러나 우리가 통일·평화 교육의 성과를 더욱 본격화할 수 있는 곳은 학교교육이다. 과거 교육제도 내에서 이루어진 통일교육이 보수적인 반공교육에 치우쳤다면, 이제 학교교육을 통해 평화교육을 확산하는 작업은 매우 중요해졌다. 특히 자라나는 여학생들이 미래 여성운동의 잠재력이라면, 이들이 올바른 대북의식과 통일관을 갖는 것은 여성운동의 미래와 직접적인 관련이 있다. 따라서 여성통일운동은 다양한 제도적 차원을 통해 학교교육 내에 올바른 통일·평화 교육을 실시할 것을 구체적으로 제안해야 한다. 우선 교육부를 상대로 평화교육을 기존 교과과정 내에 포함시킬 것을 꾸준히 제기해야 한다. 또한 과거 통일교육의 폐해를 생각한다면, 이제는 '통일교육'이라는 용어 대신에 '평화교육'이라는 용어를 사용할 것을 제안하는 것도

바람직하다. 사실상 평화체제가 실현된다면, 통일은 절반 이상 실현
된 것이나 다를 바가 없기 때문이다. 그외에도 여성통일운동은 교사
연수과정, 공무원 교육 등에도 별도로 평화교육 과목을 개설할 것을
제안하고 그것을 제대로 실시하는지 감시해야 한다. 교사나 공무원
들이 올바른 평화주의에 토대를 둔 통일관을 지니지 않는다면, 실제
로 제대로 된 통일의식의 확산이 어렵기 때문이다. 또 제도화된 차원
의 교육제도에서의 통일교육 실시는 정부가 주도하더라도, 정부는 또
한 민간단체를 통한 평화교육에 대한 지원을 아끼지 말아야 한다. 이
런 교육을 정부가 독점하는 것은 전체 통일교육의 올바른 변화를 위
해 도움이 되지 않음도 명심할 필요가 있다.

6) 여성간의 차이와 거리 좁히기

남성들은 통일운동에 너무 관심이 많아서 문제가 많다. 다양한 단
체만큼이나 통일에 대한 입장이 있고, 이런 입장들은 도저히 합리적
추론이나 토론이 가능하지 않을 정도로 감정적으로 채색되어 있다.
남성들의 경우에는 차라리 통일운동에 대한 관심이 적다면, 오히려
거리를 두고 문제를 바라보고 합리적인 해결이 가능할 것이다. 그에
비해 여성들의 경우는 정반대이다. 여성들은 그간 통일운동에 대한
독자적인 생각을 거의 드러내지 않았고 남성이 주관하는 통일운동
혹은 정부의 통일캠페인에 동원되기가 일쑤였다. 게다가 일부 페미
니스트들은 통일운동 자체를 민족주의적이고 남성적인 것으로 치부
해 거부해 왔기 때문에 통일방안에 대한 입장이 거의 없다고 해도 과
언이 아니다. 이것은 역설적으로 서로의 차이를 인정하면서 거리 좁

히기를 시도하기에는 여성들이 유리한 고지에 있음을 의미한다.

그러나 상대적으로 여성들 사이에서 통일을 둘러싼 의견차이가 없거나 그를 둘러싼 갈등이 전혀 없는 것은 아니다. 우리 여성운동에서 여전히 많은 여성들은 과거의 반공주의적 구호 수준에서 남북문제를 이해하고 있을 것으로 생각한다. 남북한 관계에서 왜 급박한 통일보다는 서로를 인정하고 화해·협력하는 과정이 더 중요한지에 대한 합의에 도달하는 것은 쉬운 일이 아니다. 이런 점에서 여성들간에도 남남대화는 매우 중요하다. 루딕이 주장한 대로, 노동환경이나 생활에서 타인을 돌보고 배려하는 여성은 '돌봄의 윤리'를 지니고 있고 그래서 전쟁이나 군사주의와는 비교적 거리를 두고 있는 것이 사실이다.[27] 하지만 여성들의 이런 식의 평화지향성은 동시에 계급이나 민족 혹은 인종에 좌우되는 경우가 적지 않아서, 여성들이 일치하여 평화체제를 추구하기란 쉬운 일이 아니다.[28]

여성들간에도 계급에 따른 입장차이는 미래 통일사회의 성격이 어떠해야 하는가를 둘러싸고 심각한 갈등으로 발전될 소지가 있다. 보수적 성향 혹은 진보적 성향을 지닌 여성에 따라 미래 통일사회를 자유주의적 자본주의 혹은 사회(민주)주의적 체제를 주장할 것이기 때문이다. 그러나 남북 화해·평화·협력 체제를 구현하는 것이 가장 현실적인 통일방안이라는 주장에 대해서는 비교적 이견이 있을 소지가 적다. 그렇기 때문에 여성들은 평화운동에 방점이 찍힌 통일운동

---

27) Ruddick, 앞의 글, pp. 109~27.

28) 루딕의 주장을 인종과 계급문제를 중심으로 비판한 것으로는 A. Bailey, "Mothering, Diversity, and Peace: Comments on Sara Ruddick's Feminist Maternal Peace Politics" (K. J. Warren/D. L. Cady eds., *Bringing Peace Home. Feminism, Violence and Nature*, Bloomington: Indiana University Press 1996, pp. 88~105 참조)를 들 수 있다.

에 열중하는 것이 바람직하다. 다시 말해 이는 남남대화를 시도하기 위한 주제를 선택하는 데 있어서 신중할 필요가 있음을 시사한다. 만약 우리가 국가보안법에서부터 남남대화를 시도한다면, 우리의 대화는 처음부터 감정대립과 고성으로 치달을 염려가 있기 때문이다. 이런 맥락에서 서독의 경험은 우리에게 시사하는 바가 적지 않다.[29]

또한 여성간의 남남대화의 경우, 서로의 의견차이는 입장이 정말로 다르기 때문이라기보다는 많은 부분 정보의 부족에서 기인한다. 많은 여성들이 과거 군사독재 시기에 행해진 반공주의 선전에 익숙해 있을 가능성이 높다. 그래서 입장차이를 줄이기 위한 대화는 사실상 더 많은 정보와 국제사회에 대한 지식이 필요한 '보다 높은 학습 과정'이 요구되는 과정이라 할 수 있고, 이를 위해서는 민간기구들에 의한 더욱더 적극적인 통일교육이 필요하다.

마찬가지로 이것은 상대적으로 장기적인 과제가 될 수밖에 없지만, 북한여성들과의 대화 역시 필요하다. 1992년 열린 '아시아의 평화와 여성의 역할'을 위한 서울토론회는 남북한 여성들이 만남의 반가움과 감격에 못지않게 서로의 차이를 확인하는 장이기도 하였다. 북한 여성들이 사용하는 '가부장제'는 거의 자본주의와 동의어였다. 바로

---

29) 교육개발원이 주최하는 통일교육토론회에 참가하였던 함부르크대학 자세(Sasse) 교수는 통일을 달성하기 위해 서독은 통일교육을 하지 않았다는 의미심장한 주장을 하였다. 즉 통일교육을 할수록 통일을 둘러싼 견해차이와 갈등이 격화될 것이니, 차라리 통일은 접어두겠다는 입장이다. 대신 서독에서는 70년대 이후에 모든 교과과정에서 평화교육을 실시하였다. 실제로 서독의 이런 전략은 상당히 성공해서 통일논의나 통일교육의 배제는 이를 둘러싼 의견대립이나 국수주의적 민족주의의 고양을 저지하였다. 1989년 11월 베를린장벽의 붕괴가 불현듯 들이닥친 1년 후, 독일통일이 서독 의회민주주의·사회적 시장경제로의 흡수통합의 형태로 실현된 것은 동독 주민들의 서독 민주주의에 대한 신뢰와 프랑스·영국을 포함한 주변 강대국들이 독일의 국수주의적 민족주의에 대한 의구심을 해소할 수 있었기 때문이다.

이런 자본주의 착취와 제국주의 침략이 만들어내는 여성억압만이 북한여성들에게 중요하였고, 페미니즘이라 일컬을 만한 사고의 흔적은 찾을 수가 없었다. 그렇기 때문에 북한여성들은 남한의 페미니즘운동을 자본주의적 상업주의와 퇴폐주의의 결합으로 간주할 소지가 없지 않다. 그래서 남북한 여성들간의 여성지위 향상을 위한 대화는 더 긴 시간이 걸리고, 더욱 많은 인내를 요구하는 작업이 될 것이다. 당장 남북간의 교류도 진척되지 않는 상황이어서 이런 염려들이 추상적으로 들릴지 모르지만, 이에 대한 대비는 서서히 시작하는 것이 좋겠다. 그리고 남북 여성간의 더 원활한 대화를 위해서는 페미니즘 이론이나 이념을 둘러싼 논쟁보다는 이산가족문제 혹은 좀더 나아간다면 통일 후의 여성정책과 같은 좀더 구체적인 이슈를 통해서 서로를 이해해 가는 것이 현명한 작업이 될 것이라고 생각한다.

5. 맺음말

성폭력, 성희롱, 동일노동 동일임금, 고용 상의 불평등 세서 등의 이슈는 대다수 여성들에게 친숙하지만, 여성통일운동은 여전히 우리에게 낯설다. 이 낯선 주제를 어떻게 여성대중에게 친숙한 그 무엇으로 다가가도록 하고, 통일운동이 왜 여성의 삶과 지위에 결정적인 역할을 하는가를 이해시키는 것이 여성통일운동의 과제이다.

그러나 여전히 광범한 여성대중의 남북문제에 대한 정보획득은 매우 제한적이다. 우리의 시급한 과제는 먼저 여성들에게 '북한 바로 알기'와 '북녘동포에 대한 이해'의 기회를 제공해 주는 것이다. 여기에서 여성들이 통일운동에 그다지 관심이 없었다는 사실이 오히려 어떤 편견이나 특정한 이념적 편견에 덜 사로잡혀 있을 긍정적인 면을 동시에 내포한다. 바로 이같은 이점을 대폭 활용하면서, 여성운동은 광범한 여성통일교육을 추진하여야 한다. 여기에서 우리는 여성통일운동의 출발점을 발견하면서 동시에 대중화를 모색해야 한다. 물론 '북한 바로 알기' 사업은 북한 문제에 대한 지식의 확대 이상이어야 한다. 즉 이것은 북한동포돕기운동, 금강산관광, 남남대화의 모색, 일상적 폭력에 저항하는 평화캠페인 등과 같은 일상적인 실천과정과 결합할 때 비로소 그 진정한 의미를 찾을 수 있다.

그러나 여성이 여성만의 통일운동에 참여하는 것이 기존의 남성 중심의 통일운동에 일정 세력을 가세해 주거나 혹은 남성에 적대해서 통일운동을 통해 '여성의 세 불리기'를 시도하는 것에 머물러서는 안 된다. 더 나아가 여성통일운동은 여성적 관점에서 통일운동을 재창조하는 과정에 참여해야 한다. 다시 말해 여성통일운동은 그간의 정치 일변도의 통일운동에 평화주의적 시각을 첨가하고, 전쟁을 정당화하는 이론(just-war theory)에 맞서서 '돌봄'과 '배려'의 시각에서 그간의 남북관계를 돌아보고, 대안적인 화해·협력 체제의 모색을 제안해야 한다.

마찬가지로 우리는 여성통일운동을 활성화하기 위해서는 그간 일부 페미니스트들이 지닌 편견, 즉 통일운동은 민족주의와 연결되고 동시에 이는 가부장제를 공고히 하는 데 기여하기 때문에 통일운동을 백안시하는 태도 역시 토론을 통해 극복할 필요가 있다. 여성들에게도 '민족주의'와는 다른 민족문제는 현존하고 있고, 특히 한국여성들은 한반도 분단의 공동운명체이다. 따라서 여성들이 통일·평화운동을 기피하는 것은 바로 우리 운명의 개척을 스스로 거부하는 꼴이 된다. 지금도 진행중인 민족국가의 형성과정에 여성은 적극적으로 동참하면서 여기에 여성적 관점을 관철하는 것이 중요하다.

지금까지 다룬 이상의 논점들은 사실 여성통일운동을 위한 하나의 시론에 불과하다. 여성통일운동은 다양하게 진행되었지만, 냉정한 자기평가나 입론은 아직 본격적으로 제기되지 않았다. 그런 점에서 이 글은 많은 문제점을 안고 있겠지만, 그래도 이를 통해 열띤 토론과 반성적 숙고의 출발점이 이루어지기를 기대해 본다.

〔『여성과평화』 1, 당대 2000. 9〕

통일독일의 식민지, 여성

1. 머리말

예기치 않았던 1989년의 베를린장벽 붕괴와 1990년의 독일통일 과정을 전세계 사람들은 충격 속에서 지켜보았지만, 우리 한국인들처럼 많은 설렘과 기대를 가지고 이 역사적 사건을 지켜본 민족은 없을 것이다. 양차대전을 일으킨 전범자로 낙인찍힌 독일에서, 4강대국의 이해관계가 첨예하게 엇갈린 독일에서 대중의 힘으로 통일이 실현될 수 있었던 사건은 우리에게도 통일이 성큼 다가올 수 있다는 희망을 안겨주었다. 그리고 많은 한국 학자나 관료들에 의해서 독일통일 과정에 대한 연구가 진행되었다. 특히 어떻게 독일통일이 무혈혁명으로 성공할 수 있었고, 역사적으로 독일인의 침략적 야욕에 의해 큰 피해를 보아온 강대국들이 어떤 이유로 독일통일에 동의하였는지, 그리고 통일의 후유증은 무엇인지가 그 내용의 핵심을 이루었다. 여성들의 경우에도 통일이 동·서독 여성 모두에게 가져온 결과를 분석하기 시작하였다.

"독일여성은 통일의 희생자이다"라는 말은 지난 10년 동안 자주 회자되던 말이다. 대중매체나 학술연구는 구 동독여성의 높은 실업률과 노인층·여성가장의 비참한 가난에 관한 우울한 통계를 내어놓았으며, 젊은 여성들 또한 극도로 생활이 불안정해져 아이를 낳을 엄두를 내지 못하였다. 이런 현실을 지켜보면서, 여성들은 '독일통일과 여성'의 관련성을 밝힐 필요성을 느끼기 시작하였다. 다시 말해 '통일'이라는 역사적 사건, 민족의 자연스런 욕구의 실현이라 할 수 있는 이 역사적 과제를 젠더의 관점에서 분석할 필요를 깨달았던 것이다.

이 글은 우선 독일통일 이전의 동·서독에서의 여성지위, 통일 이후의 여성인권 침해 및 그 원인, 이런 여성인권 침해에 대한 동·서독 여성들의 대응방식 등을 중심으로 해서 통일이 여성의 삶과 어떻게 연결되는지 살펴보고자 한다. 특히 동·서독 여성들의 대응방식과 관련해서는, 동·서독 여성들 사이에서도 진정한 '내적 통일'이라는 것이 얼마나 난해한 과제인가를 여성운동간의 갈등과 불화를 통해서 밝힐 것이다. 독일의 이같은 시행착오와 그 해결과정을 살펴보는 것은 남북 여성들의 만남을 모색하는 우리에게 중요한 길잡이가 되리라 생각한다.

2. 통일 전 동·서독 여성의 삶과 지위: 동질성과 차이

남녀문제에 관한 한, 구 서독과 동독은 서로 다른 이념과 경제체제 그리고 40년 이상의 서로 다른 역사성에도 불구하고, 차이 못지않게 주목할 만한 동질성이 존재함을 발견할 수 있다. 이 두 개의 독일국가에는 성별 특유의 불공평하게 분리된 노동시장이라든가 성별 특유의 가사노동분담이 비슷하게 나타나고 있다. 예컨대 남녀간의 소득격차가 엄청나고, 여성비율이 높은 산업분야의 임금은 남성비율이 높은 산업분야의 그것보다 현저하게 낮았다. 또 여성은 숙련도가 낮은 직종에 종사하거나 기업의 위계질서 하단에 존재하였다.[1]

물론 동·서독 여성들의 지위가 이처럼 유사함에도, 이들 사이에는 사회체제가 다른 만큼이나 적지 않은 차이 또한 존재했다. 특히 1945년 이후 대부분의 동독여성의 사회적 지위는 크게 변화하였고, 여기에서 중요한 역할을 한 것은 국가였다. 국가의 외피 아래에서 아동보호와 모성보호 그리고 높은 여성노동력 참여와 더불어 여성의 폭넓은 경제적 독립이 이루어졌다. 여성의 사회적 지위는 남성보다 더 빠르고 더 중요한 변화를 겪었던 것이다.[2]

우선 1945년부터 60년대 중반까지 동독은 여성을 생산과정에 편입시키고 모성보호를 위한 법적 조치를 취하는 여성정책을 실시했다. 구체적으로 헌법에 남녀평등권을 명시하고, 동일노동 동일임금, 모성보호를 위한 노동조건 확보, 여성고용 장려, 학생급식 확대, 유치

---

1) Ninon Colneric, "Wiedervereinigtes Deutschland: Haben wir die Chance genutzt?," 프리드리히 에베르트 재단 강연원고, p. 1.

2) Anneliese Braun, "Women in the New Germany," T. Lange/J. R. Shackleton eds., *The Political Economy of German Unification*, Berghahn Books 1998, pp. 106~107.

원과 탁아소 시설 건립 등을 법제화하는 조치가 이루어졌다. 그 결과 비교적 단기간에 많은 여성들이 노동시장에 편입되는 성과를 이루었지만, 직업교육이나 전문기술 부족으로 여성들은 주로 단순·저임 노동력으로 자리잡게 되었다.

이에 1965년 중반부터 동독의 통일사회당(Sozialistische Einheitspartei)은 여성정책의 역점을 여성의 직업교육 및 자격증 취득에 두기 시작하였고, 직업학교·농업학교·기술학교·대학 등에 여성특별반을 설치하여 여성들이 경제영역과 공공부문의 중간지도자나 고위지도자로 진출할 수 있는 기회를 제공하였다. 그러나 이때를 전후하여 혼인율과 출산율이 감소하고 청소년범죄가 증가하는 현상을 보이자 1971년부터 가정과 직업을 무리 없이 유지할 수 있는 여성정책을 실시하게 되는데, 구체적으로 출산지원비, 젊은 부부를 위한 대출보장, 교육중인 어머니를 위한 재정보조, 자녀간병휴가, 노동시간의 탄력적인 적용 등의 조치가 실시된다. 이로써 동독에서 여성의 지위는 크게 개선되었다.[3]

결국 국가를 통해 동독여성에게는 경제적 독립과 여성해방으로 가는 문이 열렸던 것이다. 동독에서는 출생 후 18세까지 아이에게 소요되는 비용의 75~80%가 나양한 수당과 지원금 형식으로 국가에 의해 지급된 데 비해, 서독의 경우에는 전체 비용의 약 25%만이 국가에 의해 지원되었다. 또한 동독에서는 학령 전 아동의 81~94%가 국가가 지원하는 유아원을 이용할 수 있었다. 하지만 이런 지원들은 7, 80년대로 올수록 약화되면서, 출산율을 높이기 위한 선전선동으로 대체

---

3) 전복희, 「1989년 이후 체제전환기 구 동독지역의 여성문제」, 『국제정치논총』 제40집 제1호, 2000, 186~87쪽.

되었다.

동독의 모델에서 여성은 '직업에 종사하는 어머니'로 정형화되어 있다. 기혼에다 자녀가 두세 명이고 전일 직장을 가졌으면서도 남편과 아이를 사랑으로 돌보고, 틈틈이 야간학교에 다녀 직업숙련도를 높여가는 동시에 당이나 다른 사회단체에도 참여하는 여성이 동독여성의 전범이 되었다. 강력한 모성보호조치와 더불어 '직업에 종사하는 어머니' 모델은 동독의 젊은 여성들로 하여금 아이를 낳겠다는 열망을 가지게 했고, 그리하여 '한 자녀 가정'이 늘어났다. 또한 이는 동독이 서독보다 편모가정의 비율이 높아지는 결과를 가져온바, 편모가정의 자녀가 서독의 경우 10.2%인 데 비해 동독은 17.2%나 되었다. 그리고 동독은 신생아의 1/3이 사생아라면, 서독은 그 비율이 10%에 그쳤다. 이렇듯 미혼모가 많음에도 불구하고, 이것이 사회적으로 용납되었고 미혼모의 사회적 통합에 별다른 문제가 있을 수 없었다.

그러나 서독의 경우에는 아이 갖기를 포기하는 '캐리어 우먼'의 비중이 증가하였다. 1993년 알렌스바허연구소(Allensbacher Institut)의 조사에 따르면, 14세 이상 동독여성의 77%가 자녀를 둔 데 비해 서독여성은 68%에 그쳤다. 서독여성들은 자녀를 위해 경력을 포기하는 것은 삶의 질을 하락시키는 것이라 생각하였던 것이다.[4] 서독의 경우에도 국가는 모성을 강조하여, 여성들에게 직업활동-자녀로 인한 휴지기-재취업이라는 '세 단계 모델'을 선전하면서 파트타임 근무를 권장하였다. 그러나 이런 모델은 서독여성에게 여성의 경제적 독립을 보장할 수 없는 대안으로 비쳤다.

---

4) Braun, 앞의 글, p. 108.

결과적으로 동독여성의 소득은 가계소득의 약 40%를 차지했다면, 서독은 18%에 불과하였다. 또 동독에서는 노동가능 연령 여성의 78% 가 직업(이중 27%가 파트타임)을 가졌으나, 서독의 경우에는 1987년 현재 여성의 51.9%가 취업하고 있을 뿐이다. 지난 1960~93년에 서독지역의 여성노동력 참여율이 상당히 높아졌지만, 같은 시기 파트타임 근무자가 5배 이상 증가했다는 점을 고려하면 서독의 여성노동력 참여 증대는 바로 파트타임 증가의 결과임을 알 수 있다. 또한 노동시간 측면에서 볼 때, 동독의 파트타임 여성이 서독여성에 비해 2배 이상 긴 시간을 노동한다는 사실에서도 양 지역의 파트타임 노동은 본질적으로 차이가 있음을 확인할 수 있다.[5]

동독 여성노동자의 1/3이 숙련공인 데 비해 서독 여성노동자 가운데 숙련공은 7%에 불과하였을 뿐 아니라, 기술교육 면에서도 동독여성이 서독여성들보다 높은 교육을 받았음을 아래 표에서 알 수 있다. 기술교육을 받지 않은 여성이 동독은 8.6%이지만, 서독은 27%나 되었다. 또 고위사무직에서 여성이 차지하는 비율이 동독은 34%이고 서독은 11%에 불과하였다. 동독에서도 전일제 남성노동자와 여성노동자의 임금격차가 없었던 것은 아니지만, 서독에 비해서는 훨씬 낫았다.[6]

이처럼 동·서독 여성들이 고용패턴에서 차이가 나는 것만큼이나 노년에 받는 사회보장도 차이가 있었다. 일반적으로 서독여성은 동독여성보다 연금을 적게 받았는데, 이는 대체로 남편을 통해서나 최저생계비 보조 차원에서 받은 혜택이기 때문이었다. 90년대 초의 연

---

5) 같은 글, pp. 108~109.
6) Colneric, 앞의 글, p. 1.

독일의 피고용자 기술교육[7]

(단위: %)

기술수준	서독(1989~90)		동독(1991)	
	여성	남성	여성	남성
기술 미취득[*]	27.2	17.2	8.6	7.2
중급기술	60.1	58.7	51.2	57.3
고급기술[**]	12.7	24.1	40.2	35.5

* 동독의 경우 부분적인 기술취득자 포함.
** 상업학교 · 기술학교 · 대학 졸업자의 경우임.

금실태조사를 보면, 동독여성의 월평균 연금수령액은 남성보다 500
마르크 적은 950마르크인데, 이는 서독여성보다 25% 높았다.[8]

탁아시설의 경우에도 동독은 서독보다 훨씬 포괄적인 혜택을 제공
하고 있었다. 동독정부는 여성의 가사노동을 줄이기 위하여 공동부
엌을 운영하기도 하였으나, 이에 못지않게 중요한 차이는 국가의 수
입재분배 정책이다. 동독에서는 모든 노동인구의 수입이 개별적으로
계산되었기 때문에, 기혼자의 경우 파트너의 직업 유무에 따라 어떤
특별혜택이 주어지지는 않았다. 그러나 서독의 경우에는 조세법에서
파트너에 따른 추가세율표가 적용되는데, 부부간의 수입격차가 클수
록 세율조정에서 유리하였다. 다시 말해 한 파트너가 전일제 근무를
하는 경우에는 다른 파트너의 전일제 근무에 대해서는 세금이 엄청
나게 부과되었다. 이는 결과적으로 여성이 취업을 포기하거나, 파트
타임 근무를 선택하게 하는 결과를 가져왔다.[9]

---

7) 같은 글, p. 110에서 재인용.
8) Braun, 앞의 글, p. 111.
9) Colneric, 앞의 글, p. 2.

그렇다고 동독의 경우에 문제점이 없는 것은 아니다. 우선 동독의 여성지위 개선은 여성들의 운동에 의해 아래로부터 쟁취한 것이라기보다 국가에 의해 위로부터 주어진 것이었다. 따라서 여성의 지위는 개선되었으나 대다수 여성들은 여성정책에서 소외되었고, 이는 서구와 같은 여성주의적 자의식을 발전시킬 소지를 앗아가는 결과를 초래하였다. 또한 가정 내에서 성적 역할분담이 그대로 잔존하였기에 여성은 직장과 가정이라는 이중노동의 부담을 안게 되었고, 가사노동과 육아의 분담은 남녀 사이에 이루어진 것이 아니라 '국가와 여성' 사이에 이루어졌다.

마찬가지로 남성중심적 가부장제적 노동관행이 통용되었고, 불평등한 권력 및 자원 배분구조도 그대로 온존하였다. 이에 따라 성별분업 현상도 사라지지 않았거니와, 이는 고용구조에서 드러나는 젠더 위계구조를 통해서도 입증된다. 전형적인 여성직종에 해당하는 분야에서는 기술학교 졸업 정도의 학벌이 요구되는 반면, 고등교육을 필요로 하는 고도의 기술직은 주로 남성에 의해 독점되었다.[10] 또한 1982~87년의 통계를 보면, 전체 여학생의 60%가 총 350개 직종 중 주로 28개 직종의 도제교육을 통해 직업을 얻었고, 남성이 독점한 직종의 도제교육 기회는 70년대 이후로 여성에게 더욱 감소하는 경향을 보였다.[11]

그렇더라도 총괄적으로 평가하자면, 통일 전 동독여성의 사회적·경제적 지위는 서독보다 높았다. 그러나 통일 이후 동독여성들의 지

---

10) 김경미, 「독일통일과 구 동독지역의 여성: 왜 구 동독지역의 여성들은 "통일의 잃은 자"가 되었는가?」, 국제정치학회 2000년 연례학술회의 자료집, 4쪽.

11) Braun, 앞의 글, pp. 110~11.

위는 두드러지게 약화되었으며, 여성의 인권은 더욱더 침해되기 시작
하였다.

3. 통일 이후의 여성인권: 잃은 것과 얻은 것

사회주의혁명과 여성해방을 결합코자 했던 동독여성들은 이제 '생
존'의 문제로 몸부림치고 있다. 물론 과거 공산당정부가 여성에게 제
공한 사회복지가 그리 만족스러웠던 것은 아니다. 공산권국가들의
열악한 경제사정으로 인해 탁아서비스는 질적으로 보잘것없었다. 통
일 직후 동독지역의 탁아소를 방문했던 서독지역의 여성운동가들은
그 실상에 경악하였다. 가사와 사회적 노동의 이중부담 외에도 생필
품구매를 위한 '줄서기'도 여성을 한껏 괴롭혔다. 그럼에도 불구하고
'여성의 퇴보'를 거론할 수밖에 없는 이유는 지난 10년 동안 구 동독
지역에서 여성들의 경제적 독립성과 정치적 영향력이 급격히 약화되
었기 때문이다. 즉 여성실업이 엄청나게 증가하였고, 신우익과 더불
어 이념적 보수화도 심각하였다.

이런 위기적 징후는 수치로 표현하면 더 현실감이 있을 것이다.
동부독일의 경우에 전체 취업인구에서 여성이 차지하는 비율이 1989
년 49%에서 1992년 30%로 떨어졌는데, 이 기간 동안 거의 200만 여
성이 취업전선에서 도태되었음을 의미한다. 달리 비교해 보면, 1992
년 동부독일 여성의 취업률은 통일 이전의 절반으로 감소된 약 45%
에 불과한데,[12] 이 수치는 서부독일의 여성취업률의 50%에도 미치지
못한다. 또한 1990년 옛 동독지역에서 총실업자의 54.8%가 여성이었

다면, 1992년 이후에는 2/3가, 1995년 6월에는 63.7%가 여성이었다. 옛 동독여성은 통일독일에서 내부식민지를 형성하였다. 유통부문은 1989년 말까지 여성취업자가 3/4을 차지하였는데, 1994년에는 전체 종사자의 1/2에 불과하다.[13]

여성의 높은 실업률은 여성이 비교적 많이 종사하던 직물산업·식료품업 등의 기업들이 경쟁력부족이나 낙후한 시설 때문에 문을 닫거나 감원하였고, 이 과정에서 단순노동에 종사하던 여성들이 일차적인 감원대상이 되었기 때문이다. 뿐만 아니라 이같은 고실업은 옛 동독의 고용구조 내에서 여성이 미래지향적인 부문보다는 낙후한 부문에 종사했던 성별분업의 현실을 반영하는 것이기도 하다.

특히 심각하게 위협을 당하는 집단은 45세 이상의 여성이다. 그들이 과거 동독에서 연마한 숙련기술과 직업경험이 무시되거나 평가절하되고 있기 때문이다. 숙련기술을 가진 동독여성의 경우 동독남성이나 서독여성보다 실업률이 훨씬 높았다. 이들이 재충전을 위한 기술훈련이나 교육과정에 들어가더라도, 원래 그들이 받았던 기술교육보다 몇 단계 하향조정된 것이었다. 예를 들어 대학졸업자의 경우, 이제는 숙련노동자를 위한 기술훈련과정을 선택하는 수밖에 없었다. 이는 전체적으로 옛 동독여성들의 사회적 상등을 의미하는 것이다.[14]

또한 실직여성의 대다수가 재취업을 원하지만, 실직남성보다 그 기회를 갖기가 훨씬 힘들었다. 어린 자녀를 가진 여성, 농업에 종사했

---

12) 사회주의 페미니스트 유럽포럼 7차대회 보고서, *Das Agrument* 196, 1992, p. 918.

13) Myra Marx Ferree, "The Time of Chaos was The Best," *Feminist Mobilization and Demobilization in East Germany, Gender & Society* vol. 8/no. 4, 1994 December, pp. 613~14.

14) Braun, 앞의 글, p. 11.

던 여성, 교육을 받지 못하였거나 속성교육을 받은 여성, 가족부양 때문에 일을 쉬었던 여성, 나이가 든 대졸 실직여성 등이 특히 많은 어려움을 겪었다. 그래서 1992년 장기실직 여성의 숫자가 남성보다 2배 이상이었고, 1994년 장기실직자의 87.8%가 여성이었다. 여성의 재취업을 어렵게 만드는 데는 사용자들의 여성에 대한 선입견에 못지않게 탁아소나 방과후 학교 등이 크게 줄어든 점이 한몫하고 있다. 통일 후 보육시설이 국가지원의 감소로 문을 닫거나 혹은 보육비용이 크게 올라가면서, 아동을 가정에서 돌보는 여성이 증가하였다. 이는 통일 직전 동독에서 3세 이하 어린이의 보육시설 이용률이 80%인 데 비해, 통일 후 57.1%로 감소한 데서 잘 드러난다.[15]

그러나 문제는 취업에만 있는 것이 아니다. 설령 취업을 해도 모성보호나 생계비가 보장되지 않는다. 옛 동독지역에서 실시한 설문조사에 따르면, 여성의 75%가 전일취업을 원하지만 그중 약 1/2만이 그같은 기회를 얻고 있다. 마찬가지로 많은 여성들이 더 높은 교육을 받고 싶어하지만 직업훈련의 기회는 제한되어 있고, 그들은 어쩔 수 없이 미숙련노동자의 지위를 감수해야만 했다. 그 결과 45세 이상의 여성을 대상으로 한 면담조사는 그들이 생계위협의 공포뿐 아니라 정체성의 위기까지 겪고 있음을 잘 보여준다. 결국 55세 이상의 여성들은 조기퇴직을 하고, 일찍이 연금대상자가 되는 길을 선택하게 되었다.[16]

이런 상황에서 최근에는 시간제노동이 심각한 여성실업문제에 대

---

15) 김은영, 「통일 10년과 여성 삶의 변화」, 프리드리히 에베르트 재단/한국여성평화
    연구원, 『독일통일과 여성』, 제5회 여성평화통일포럼 자료집, 14쪽.
16) 같은 글, pp. 382~83.

한 해결책으로 떠오르고 있다. 1993년 서부독일지역의 시간제노동자는 16.8%에 이르렀고, 여성이 전체의 36.4%를 차지하였다. 특히 주당 15시간 이하로 노동하는 여성을 포함하면 이 경우가 전체 여성노동의 40%를 차지하지만, 남성 시간제노동자는 4%에 불과하다. 같은 시기 동부독일의 경우에는 여성의 16.4%, 남성의 9.7%가 시간제노동에 종사하였다. 하지만 지난 몇 년 사이에도 동부독일의 시간제노동자는 급속히 증가한데다, 특히 정부의 고용촉진정책(ABM, Arbeitsbeschaffungsmassnahmen)으로 시간제 노동계약이 더 늘어나고 있다. "시간제를 선택하든지 아니면 회사를 떠나라"는 식으로 고용주들이 이미 취업한 노동자에게도 시간제노동을 강요하는 경우가 적지 않은 실정이다. 결국 동부독일에서는 전일제노동이 가능하지 않기 때문에 시간제노동이 유일한 피난처가 되고 있으며, 무엇보다 성별 위계구조에 의해 고용의 제한을 받고 있는 여성에게 적용되고 있다. 그러나 대다수 여성들은 탁아소에 자리를 얻을 수 있다면, 전일제노동을 희망하고 있다.

정치권력으로부터의 여성의 배제도 통일독일에서 나타난 또 하나의 변화이다. 우선 공적 영역에서 여성의 축출을 들 수 있는데, 새로 구성되는 의회에서 여성의원이 크게 줄어드는 현상이 그 좋은 예이다. 옛 동독의 경우에는 여타 동유럽권 국가들에 비해서는 사정이 나은 편이지만, 여성의원이 32.2%에서 20.5%로 감소하였다.[17] 그러나

---

17) 이에 비해 1991년 폴란드의회의 경우 총 460명의 의원 중 여성이 44명이었는데, 이는 페레스트로이카 이전보다 절반으로 줄어든 수치이다. 루마니아의 여성 국회의원은 34.3%에서 3.5%로, 불가리아는 21.5%에서 8.5%, 그리고 헝가리는 20.9%에서 7%로 감소하였다(Peggy Watson, "Osteuropa: Die lautlose revolution der Geschlechterverhaltnisse," *Das Argument* 202, 1993, p. 862).

옛 동독의 체제전복에 결정적인 역할을 했던 1989년 10, 11월의 가두시위에서 여성참여율은 매우 높았다. 또 1989년 가을의 급박하게 돌아가는 상황 속에서 동독 시민운동에 결정적인 역할을 하였던 조직인 '새로운 포럼'(Neues Forum)에도 여성의 참여비율이 40%에 육박하였다. 하지만 권력이 정착하기 시작하면서 여성은 정치에서 배제되기 시작하였다.

아래로부터의 여성운동이 전무하였던 동독에서 이미 70년대 말부터 환경이나 평화 문제 등을 다루는 여성단체들이 미약하나마 나타나기 시작하였다.[18] 이를 기반으로 1989년 10월 베를린장벽이 무너진 몇 주 사이에 동독지역에서는 여성들의 요구와 이해를 집약하는 여성단체가 결성되었으며, 1989년 12월 초에는 20여 개의 자율적인 여성단체를 총괄하는 연합체 '독립여성연합'(Unabhängiger Frauenverband)이 창립되었다. 독립여성연합은 "여성 없이 국가를 만들 수 없다"는 슬로건을 내걸고 통일독일의 헌법초안이나 사회헌장 작성에 여성의 입장을 대변하고자 했다. 그러나 급변하는 변혁기의 정치적 역학관계에서 영향력을 행사하기에는 이 단체에 결집된 여성은 소수였고, 대중들에게 호소력을 갖기도 어려웠다.[19] 또한 1990년 3월에는 동독지역 최초의 자유총선에 녹색당과 연합하여 후보를 내세웠지만, 단 2명의 여성의원만이 당선되었다.

이와 같이 동독에서 여성의 정치력이 약화되자, 각종 여성권리가

---

18) Tatjana Böhm, "Wo Stehen wir Frauen nach 40 Jahren getrennter Geschichte in Deutschland West und Ost," *Feministische Studien* vol. 2, 1992, p. 31 참조.

19) Ferree, 앞의 글, p. 615. 그외에도 '독립여성연합'의 등장과 이후의 발전과정에 대해서는 Anne Hampele Ulrich, *Der Unabhängige Frauenverband. Ein frauenpolitisches Experiment im deutschen Vereinigungsprozess*(Berlin 2000) 참조.

약화되고 있다. 특히 초기 통일과정에서 동독 여성유권자의 정치적 보수성은 여성운동이 조직화된 힘을 결집하는 것을 어렵게 하였다. 통일 후 첫 자유총선(1990)에서 동독여성들의 선거참여율은 남성과 비슷하였지만, 18~20세 젊은 여성들의 투표율은 같은 연령대 서독여성들보다 8% 낮았다. 1995년 설문조사에서도 옛 동독지역 여성들의 정치적 관심은 12%나 낮았다. 옛 동독지역의 젊은 여성들이 실업·취업 문제, 교육기회 감소 등으로 겪는 고통을 생각하면, 어쩌면 당연한 결과인지도 모른다.

1990년의 첫 자유총선에서 옛 동독여성들은 당시 집권당이자 보수당인 기독교민주연맹(CDU)과 자유민주당(FDP)의 연정을 각각 43.1%와 13.0%로 눈에 띄게 지지하였으며, 결국 여성유권자들의 이 같은 보수성은 통일 초기에 집권당인 기민당이 여성에게 불리한 정책을 실시하는 데 힘을 실어주는 모양새가 되고 말았다.[20]

통일독일에서 이루어진 낙태권 폐지는 여성이 정치권력의 상실과 함께 자기 신체에 대한 통제권도 상실하게 됨을 보여주고 있다. 통일 이전 동독과 서독의 낙태법은 서로 다른 성격을 지녔었다. 동독의 경우 1972년 개정된 낙태법은 임신 첫 12주 내에는 필요에 따라 자유로운 낙태를 허용하였다. 이에 비해 서독에서 1976년에 개정된 낙태법 218조는 ① 임산부의 생명이나 건강이 위태로운 의학적 사유, ② 태아의 심각한 유전적 장애의 경우, ③ 근친상간이나 강간에 의한 임신과 같은 도덕적·범죄적 사유, ④ 임산부의 사회경제적 곤란과 같은 사회적 사유에 한하여 낙태를 허용하고 여타 경우에는 형사처벌을

---

20) 전복희, 앞의 글, 197~98쪽.

받도록 하였다. 이 서독의 낙태금지법은 서독 여성운동의 가장 격렬한, 해묵은 쟁점이었다. 그러나 통일 이후 1992년 6월에 통과된 '임산부와 가족부조에 관한 법'(Schwangeren und Familiengesetz)은 임산부가 최소한 낙태 3일 전에 공인된 상담소에서 상담을 받고 그 확인서를 의사에게 제시하는 경우에만 낙태를 허용하였다. 1976년의 서독 법보다는 여성에게 낙태에 대한 최종결정권을 부여한다는 단서가 붙었지만, 여전히 낙태는 범죄로 간주되었다. 낙태법에 관한 한 동독의 진보적 법률은 거의 고려되지 않았기 때문에 동독여성은 이 변화된 현실을 수용해야 했다.[21]

동독여성에게 통일 후의 객관적인 상황변화는 통일 후의 사회가 더 성차별적이라고 느끼게 하였다. 2001년의 조사에 따르면, 동독지역 여성 중 '과거 동독에서 여성들은 남성과 평등했다'고 생각하는 비율이 75%인 데 비해, 통일 이후 '여성들이 차별대우를 받고 있다'고 느끼는 비율이 72%이었다. 이는 동독지역 여성들이 자신이 차별을 받고 있음을 명확히 인식하고 있음을 잘 보여준다.[22]

그렇다면 왜 옛 동독지역의 여성들은 서독여성이나 동독남성들보다 더 많은 것을 잃은 자가 되었는가? 여기에는 여러 가지 원인이 있을 수 있지만, 이 글에서는 대략 네 가지를 들 수 있겠다.

첫째로, 독일통일은 1989년 10월 아래로부터의 혁명을 통한 베를린

---

21) 김경미, 앞의 글, 6~7쪽. 이와 같은 낙태법의 후퇴는 동유럽의 여러 국가에서 동시적으로 나타났다. 헝가리에서는 이미 낙태법이 여성에게 불리한 방향으로 조정되었고, 체코의 여성들도 종교를 등에 업은 우익에 맞서 힘겹게 낙태권을 지켜내고 있다(정현백, 「유럽의 도메스뜨로이카와 여성운동」, 『여성과사회』 제5호, 1994, 241쪽).

22) Gunnar Winkler, *Sozialreport 2001. Daten und Fakten zur sozialen Lage in den neuen Bundesländern(Presseerklärung)*, Berlin 2001, 김은영, 앞의 글, 5쪽에서 재인용.

장벽의 붕괴와 1년 후의 자유총선이라는 형식을 거쳤지만 실질적으로
는 서독체제로의 흡수통합이라 할 수 있다는 점을 지적할 수 있다.
통일과정은 모든 분야에서 서독의 모델에 따라 새로운 정치사회체제
를 건립하는 과정으로 나타났기에, 당연히 이는 가부장적 제도를 더
많이 간직한 서독의 방식으로 진행되었다. 이 과정에서 신사회운동
같은 비관행적인 정치참여방식을 고수해 온 여성들은 배제되고, 통일
과정에서 여성정책은 제도화된 정치적 의사결정 통로를 통해 이루어
졌다.

특히 정책결정영역에서는 서독의 원내교섭단체 중심의 의회제도
가 결정적인 영향력을 행사하였다. 따라서 엄격한 위계질서에 따라
조직되어 높은 단결력을 과시하는 당지도부에 속하는 의원들로 구성
된 원내교섭단체가 법안을 제출할 수 있는 자격을 가지는 의회구조
내에서, 여성의원들이 집단적으로나 독자적으로 원내교섭단체에 반
대하는 행동을 하기란 현실적으로 불가능하였다. 여성의원들 다수가
여성들간의 초당적인 협력을 원하지만, 정당이 지배적인 권위를 행사
하는 독일 정치체제에서 여성들간의 폭넓은 연대를 형성하는 것은
거의 불가능하였다.

마찬가지로 경제정책의 경우에는 노동자-사용자-국가라는 삼두
체제를 중심으로 한 조합주의 경제체제가 결정적인 영향력을 행사하
였다. 그러나 여성들이 연대할 수 있는 노동조합의 지도력은 사실상
남성중심으로 구성되었고, 이들의 가치관은 "남성을 일차적인 생계
부양자로 상정하는 표준 노동자가족 모델"에 고착되어 있었다.

따라서 통일 이후 옛 동독여성의 대규모 실업이나 재취업의 난관
등에 대해 노동조합은 크게 저항하지 않았거니와, 노동조합에 대한

여성의 호소력은 미약하기 짝이 없었다. 노동조합은 노동시장에서 나타나는 성차별관행, 가정과 직업의 조화, 여성 재취업 등과 같은 문제를 늘 부차적으로 취급하였고, 이런 점에서 시간제노동을 통한 여성실업의 해결은 기업의 요구와 국가의 가족정책 그리고 노동조합 지도자의 이해관계간의 어정쩡한 타협이라 할 수 있다.

둘째로, 통일과 체제전환 당시의 보수주의적 사회분위기나 세계경제환경이 여성에게 불리한 방향으로 작용하였다는 점이다. 1989년 통일 당시 서독의 집권당은 기민련·기사련의 보수연합이었고, 연립정부에 참여하고 있던 자유민주당은 소수정당으로서 발언권도 약했을 뿐 아니라 기민련·기사련과의 갈등을 원하지 않았던 것 같다. 그러다 보니 보수당의 보수적인 여성관, 특히 여성은 가사노동의 전담자라는 전통적인 가부장적 사고가 여성정책 결정에 핵심적인 역할을 하였을 것이다. 또한 80년대 말 유럽을 풍미하였던 신자유주의 경향도 복지제도의 축소나 폐지 혹은 노동력 유연화에 촉진제 역할을 하였고, 이 과정에서 가장 약한 고리인 동독여성들이 가장 불행한 속죄양의 역할을 떠맡게 되었던 것이다.

셋째로, 옛 동독여성의 지위가 열악해지는 데는 옛 동독의 국가사회주의가 지닌 가부장적 관행과 사회분위기도 중요한 역할을 하였던 것 같다. 동독의 진보적인 여성정책은 국가의 노동력동원의 필요에서 나왔고, 이리하여 위로부터의 관료적이고 권위적인 여성해방이 이루어졌다. 이런 분위기의 연장선상에서 가족 내에서도 전통적인 성적 역할분담이 오히려 서독보다 더 강하게 존속하였다. 통일 이후 동독여성들은 자신들의 절망적인 실업상태에 대해 저항하기보다 대체로 조용히 순응하는 편이었다.[23]

다시 말해 '국가사회주의'로 지칭되는 공산당지배 아래서도 가부장제가 굳건히 남아 있었고, 통일 이후 시장경제의 도입과 더불어 가부장제의 잔존이 여성의 지위를 더욱 불리하게 만드는 방향으로 작동하였다는 것이다. 사실 과거 공산국가에서 가부장제는 한번도 비판적인 숙고의 대상이 되지 않았는데, 그것은 아버지와 같은 존재인 국가가 복종을 요구하였기 때문이다. 될링(I. Dölling)은 공산주의 국가의 대대적인 사회정책, 가사노동의 사회화는 임금노동과 가사노동의 갈등을 줄이는 방식으로 여성문제를 은폐시킬 뿐 아니라, 전통적인 남녀관계를 고착시키는 데 기여하였다고 주장한다. 그러나 케네디(M. Kennedy)는 오히려 임금노동과 가사노동의 이중적인 부담이 여성해방이라는 의식의 결여를 초래하였다고 주장한다. 즉 과중한 노동부담은 여성에게 자신의 상황을 돌아볼 시간적 여유를 허락하지 않았다는 것이다.[24] 그외에도 그는 자발적인 조직의 결여, 경제적인 위기, 서방의 페미니즘사상에 대한 거부감 등도 중요한 요인으로 지적한다.

한편 왓슨(P. Watson)은 국가사회주의하에서 가부장제의 존속과 관련하여 페레스트로이카 이후 여성지위의 하락을 흥미 있는 방식으로 분석한다. 우선 그는 과거 공산주의 국가에서는 공동체를 지향하는 그들의 구호와 모순되게도 가족이나 개인들간의 정체성을 기반으로 한 사적인 영역이 대단히 중요하였음을 지적한다. 정체성은 개인과 사회적 조직의 변증법적인 상호작용 속에서가 아니라, (후자에의 자발적인 참여가 차단당한 상태에서) 사적인 세계에서 형성되었다는

---

23) 김경미, 앞의 글, 2~16쪽.
24) Watson, 앞의 글, pp. 863~64.

것이다. 아래로부터의 자율적인 조직이 결여된 국가사회주의하에서 사람들은 공적인 세계에서의 박탈감을 (전통적인 남녀관계가 그대로 유지되는) 내밀한 사적인 세계에서 보상받고자 하였기 때문이다. 이로 인해 남녀 모두 국가에 대해 불만을 가졌는데, 특히 남성들은 보호자적인 국가가 만들어낸 탈남성화에 반발하였던 까닭에 페레스트로이카 이후 즉각적으로 변화를 위한 투쟁을 개시하였다. 여성보다는 남성이 공적인 영역의 제한, 자신들의 수동성과 무기력을 더 강렬하게 인식함으로 해서 새로운 저항의 지도부를 빠른 속도로 장악하였으나, 여성은 여기에서 배제되었다는 것이다.[25]

넷째로는, 옛 동독여성의 내부식민지화와 관련하여 옛 서독 여성운동의 오류를 지적할 수 있다. 옛 서독 여성운동은 상황의 변화에 신속하게 대응하지 못했을 뿐 아니라 현명하지도 못하였다. 독일통일과정에서 동독 여성운동은 미약하였고 정치적 노선 또한 분열되어 있었다. 이런 상황에서 보수당정부에 압력을 행사할 수 있는 세력은 서독 여성운동뿐이었다. 하지만 서독 여성운동 역시 분열되고 개별화되어 있었다. 게다가 서독 여성운동은 동쪽의 자매들의 차이를 깊이 이해하지 못했거니와 그들에 대한 강렬한 연대의식도 없었다. 이런 문제점들은 다음 절에서 좀더 본격적으로 논의하기로 하겠다.

---

25) 같은 글, pp. 872~73.

4. 정체성의 위기: 동·서독 여성운동의 불화 그리고 화합
　　을 위한 노력

통일 전 서독인들은 민족적 정체성이 결여되어 있었고 민족적 자부심도 약했다. 오히려 헌법과 그것이 지닌 기본적인 가치에 대한 자부심이 대단히 높았다. 흔히 체제애호심(Verfassungspatriotismus) 혹은 탈민족적 정체성(Postnationale Identität)으로 표현되는 서독인의 의식 속에는 서독이 이룩한 민주주의로의 이행, 개방사회, '사회적 시장경제에 대한 자부심'이 깔려 있었다. 서독인들의 '탈민족적 정체성'은 5, 60년대에 '상실된 민족통일의 대체물'로서의 유럽통합사상에 대한 열광이라 말할 수 있겠다. 알렌스바허연구소가 1951년부터 질문해 온 "현재 우리가 수행해야 할 가장 중요한 정치적 주제는 무엇인가"에 대해, 통일이라고 답변한 사람이 1951～53년에는 전체 응답자의 약 20%에 이르렀지만 1972년에는 1%에 불과했다. 양독간의 방문이 가능해지자 분단현실이 견딜 만하였기 때문일 테지만, 그렇더라도 서독 국민들이 통일에 관심이 없었다고 보기는 힘들다.

1987년 『디 벨트』(Die Welt)지의 조사에 따르면, 통일이 장기적으로 해결될 문제라고 생각은 했지만 서독 국민의 4/5 이상이 통일을 원하는 것으로 나타났다. 보수정당 지지자와 저소득층일수록 지지도가 높았고, 고학력자나 녹색당 지지자, 청소년층에서 지지도가 낮았다.[26] 그러나 같은 민족이라는 의식은 분단을 극복하기에는 충분하

---

26) 한운석, 「동·서독간의 인적 교류와 통일문제에 대한 청소년들의 태도」, 『역사교육』 83집, 2002, 223쪽; 「하나의 민족, 두 개의 과거: 독일인의 민족의식(1945～1994)과 '내적 통일'의 문제들」, 『해외지역연구』 1, 162～66쪽.

였지만, 통일 후의 경제적 문제를 갈등 없이 해결하는 데 필요한 '희생적인 민족적 연대의식'을 위해서는 충분하지 않았다. 1990년 2월 조사에서는 서독인의 2/3 이상이 동독인들을 위한 재정지출이 너무 많다고 응답하였다.

1989년 12월부터 서독정부의 영향력은 급속히 증가하였으며 직접적이고도 노골적이 되었다. 동독인들의 '아래로부터의 혁명'이 '밖으로부터의 혁명'과 '위로부터의 혁명'으로 탈바꿈한 것이다. 혁명은 점점 더 서독의 직업정치가와 행정관리들을 통해서 조정되어 갔다(예를 들어 브란덴부르크 관리의 52%가 서독인이었다). 경제·사회관계·문화·교육 등 모든 생활분야에서 서독의 제도와 자원, 엘리트들과 사상이 동독에 이식됨으로써 재구조화 작업이 가속적으로 전개되었던 것이다. 동독인들의 자율적인 결정이 결여된 이런 사회·문화적 통합과정은 당연히 내적 통합을 둘러싼 갈등을 낳았고, 이와 더불어 과거청산의 문제도 슬쩍 비켜가게 되었다.

1994년 여름까지 1만 4천여 개의 기업이 민영화되었는데, 이는 동독이 보유한 총 기업의 95%에 해당한다. 이런 급진적인 민영화는 엄청난 수의 실업자를 양산한바, 전체 피고용인수가 930만에서 34%나 감소하여 620만 명에 불과했다. 그러나 이런 커다란 사회적 위기를 동독인들이 참아낼 수 있었던 것은, 서독의 발전된 사회복지제도가 자신들의 기본적인 삶을 보장해 주고 고용창출사업 등으로 새로운 일자리를 계속 열어주었기 때문이다. 물론 1996년 이후 실업률은 크게 낮아져 현재 옛 동독지역의 실업률은 16%에 머무르고 있다.

그렇다 해도 동독과 서독 사람들은 경제적 이해관계를 둘러싼 문제에 관해서는 상반된 견해를 보였다. 1992년 말의 조사에서 서독인의 76%가 "동독인들의 일반적인 처지는 과거 동독에서보다 더 나아졌다"고 본 데 비해, 동독인들은 단지 41%가 그렇게 생각했다. 동독의 경제가 어느 정도 궤도에 오르기 전까지는 동독인들은 동독지역의 서독인들보다 낮은 급료와 임금을 감수하여야 했다. 1990년 9월 엠니드연구소의 조사에서 "동독시민들이 통일된 독일에서 얼마간은 '이등국민'이 될 것이라고 믿는가?"라는 질문에 동독인의 75%, 서독인의 33%가 그렇다고 대답하였다. 또 1990년 현재 빈민층이라 할 수 있는 월 1500마르크 이하의 생활자가 서독은 11%인 데 비해 동독은 28%나 되었고, 3천 마르크 이상은 서독 54%, 동독은 6%에 불과하였다. 베를린 사회과학연구센터(Sozialwissenschaftliches Forschungszentrum)의 1994년 조사에 따르면, 통일 후 4년간의 변화에서 얻은 게 더 많다고 평가하는 동독인은 18%이었다. 그래도 적어도 70% 이상의 동독인이 통일에 대해 대체로 만족스럽게 생각했다.

이처럼 대부분의 동독인들이 통일 후의 변화에 대해서 만족하고 있으며, 그 배경에는 사회복지제도의 역할이 들어 있다. 그러나 이런 물질적인 만족이 동독인들의 사회·문화적 소외를 자동적으로 해결해 주는 것은 아니다. 동독인들은 서독인들이 거만하고 돈밖에 모른다고 비판한다면, 서독인들은 동독인들이 게으르고 독립성과 자발성이 결여되어 있다면서 이들의 노동에 대한 태도를 비난한다. 하지만 동독인들은 경쟁의식 때문에 작업장의 분위기가 악화되었다고 생각했으며, 노동내용이나 노동강도에 대해서도 비판적이었다. 그래서 이들의 눈에는 서독식의 작업장이 비인간적인 전쟁터로 비쳤다. 게다가 대량실업도 쓰라린 경험이었다. 1990~93년 동독인의 시장경제에 대한 지지도는 77%에서 35%로 하락하였다.

1991년 동·서독인들간의 가장 심한 견해차는 어느 사회가 더 사회적 안전을 보장해 주었는가 하는 문제를 둘러싸고 나타났다. 서독인의 65%가 서독사회의 우위를 인정했던 반면, 동독인의 83%가 옛 동독의 우위를 인정하였다. 결국 동독인들은 옛 동독의 경제와 사회를 식민지화하는 방향으로 나아가고 있는 통일사회를 비판하였으며, 특히 동독지역에서 한시바삐 자체 엘리트가 양성되어야 한다고 주장하였다.

과도한 통일비용을 지불하기를 거부하는 서독인들의 자세와 대량실업, 사회적 안전망의 상대적인 결여, 과거 동독인의 삶에 대한 무지와 무시는 동독인들 사이에서 '반발로 인한 정체성'(Identität aus Trotz)을 강화시켰다.[27] "당신은 독일인이라 느끼는가, 아니면 동독인이라 느끼는가"라는 질문에서 후자에 답한 사람이 1990~92년에 32%에서 60%로 증가하였다. 이는 동독인으로서의 정체성의 증가를 반영하는 것이며, 이와 더불어 민주사회당(PDS)의 득표율도 1994년 10월 17.7%로 상승하였다.[28]

물론 반발로 인한 정체성은, 내부식민지로 변모하고 있는 구 동독의 남녀를 막론하고 모두가 공유하는 정서였다. 그렇다면 최소한 페미니스트 사이에는 공동의 유대감이 가능하였는가? 동·서의 국경선을 넘어서는 여성주의가 가능한가? 이는 예기치 않게 베를린장벽이 무너진 이후 동·서독 여성들이 함께 던진 질문이었다. 하지만 이

---

27) 한운석, 「독일통일의 민족통일문제와 그 원인들」, 『독일연구』 2집, 2002, 76쪽. 그 외에도 한운석, 「하나의 민족, 두 개의 과거」 참조.
28) 베르너 페니히, 「분단, 정상화 그리고 통일: 독일과 한국의 비교분석」, 아태평화재단·프리드리히 나우만 재단 편, 『독일과 한국: 분단에서 통일까지』, 서울 2000, 79쪽.

들간의 경계선을 넘어서는 여성주의는 가능하지 않았을 뿐 아니라, 두 지역의 여성운동은 오랫동안 내적 불화와 반목의 시간을 보냈다. 아니 더 정확히 말하자면, 더 정교한 페미니즘이론과 권력을 지닌 서독여성주의자 앞에서 동독 여성운동은 무력화되면서 문화적 소외를 경험하였다. 여기에서 왜 옛 동독여성들이 자신들의 땅에서 문화적으로 소외되고 경계선을 가로지르는 통합된 여성운동이 불가능하였는지를 밝힐 필요가 있다.

우선 동·서독 여성운동은 서로의 핵심 과제가 달랐다. 서독여성들에게 주된 관심은 젠더문제인 데 비해, 동독여성들에게는 전쟁, 민족주의, 경제위기, 민주주의 부재, 사회붕괴, 시민사회 건설 등이 해결해야 할 선결과제였다. 게다가 동독여성들은 자신들이 40여 년 간 의존해 온 체제가 붕괴한 상황에서 여성문제 이전에 남성과 여성의 협력관계가 필요한 시점이었다. 그들은 자유보다 생계의 안정이 필요했으며, 해결해야 할 많은 일상적인 문제들을 안고 있었다. 이에 비해 서독여성들은 여전히 남녀관계나 낙태문제 등에 관심이 집중되면서, 어떻게 페미니즘을 확산시킬 수 있을지에 골몰하였다. 뿐더러 동독여성들은 서독여성들과 다른 가치관과 목표를 가지고 있었다. 동·서독 여성들은 '해방' '평등' 등과 같은 개념을 동일하게 이해하고 있지도 않았고, 동독여성들은 '페미니즘'이라는 용어에는 더더욱 관심이 없었다.

통일 이후 서로의 접촉이 늘어나면서, 동·서독 여성운동은 종종 정체성문제와 관련하여 논쟁과 상호비판을 주고받았는데 이 과정에서 동독여성운동은 서쪽의 자매들에게 방어메커니즘, 심지어 적대감을 보이기까지 하였다. 비록 동독의 여성운동이 동독 공산당정부에 대해서는 비판적이었지만, 과거의 사고와 판단과 가치관 등을 그대로 지키고자 하는 자의식을 지니고 있었다. 특히 자신들이 그렇게 열심히 투쟁하면서 지켜온 사회주의체제와 동독의 과거가 일고의 가치가 없는 흘러간 역사의 한 장으로 치부되는 것에 동독여성들은 반발하였다.[29] 더욱이 동독인들이 통일국가 내에서 '이등국민'으로 취급당하기 시작하면서, 이런 '반발심으로 인한 정체성'(Trotzmentalität)은 오랫동안 옛 동독지역의 남녀 모두를 사로잡는 공동의 정서였다.[30]

거기에다 통일국가 내에서 동·서독 여성들은 노동시장의 부족한 자원을 둘러싸고 경쟁을 벌여야 했는데, 여기서도 연구소나 대학 등에 훨씬 막강한 연줄을 가진 서독 여성운동이 압도적으로 유리한 위치를 차지하였다. 여성프로젝트와 관련해서도 서독여성들의 경쟁력이 훨씬 높았고, 결국 이런 경쟁은 양쪽 여성운동의 단결을 깨뜨렸다. 특히 서독으로의 흡수통합이 이루어지고 서방적인 가치관이 주된 준거기준이 되면서, 서독여성은 가르치는 자로 군림하고 동독여성은 배우는 자의 역할이 강요되었다. 생활양식, 화장, 옷차림에서도 동독여성들은 서독의 기준을 배워야 했다. 뿐만 아니라 과거 동독의 엘리트여성들이 생계유지를 위해 국가에 신청하는 각종 여성 및 연구 관련 프로젝트의 심사가 서독여성들에 의해 좌지우지되고 여러 재단과 연구소의 책임자도 서독출신의 여성들이 장악함으로써, 이들 대부분은 실업자로 전락할 수밖에 없었다. 그 결과 동·서독 여성의 관계

---

29) Anette Funk, "Gibt es einen grenzüberschreitenden Feminismus zwischen Ost und West?," Christiane Lemke/Virginia Penrose/Uta Ruppert eds., *Frauenbewegung und Frauenpolitik in Osteuropa*, Frankfurt/M 1996, pp. 36~39; Ferree, 앞의 글, pp. 597~623 참조.

30) *Spiegel* 3, 1993, p. 56; J. Reich, "Das Psychodrama um die politische Einheit," *Die Zeit* 33, 1994, p. 3 참조.

는 '권력관계'로 변모하였다.[31]

마찬가지로 양측의 여성들은 서로의 문화적 차이에 대해서도 불관용의 태도를 보였다. 동·서독 여성들간의 담론에서는 '부정적인 정형'(negative streotype)이 유통되었는데, 동독여성에게 서독이나 미국여성은 남성혐오자로, 자신의 출세를 위해서는 아이마저도 거부하는 '비정한 여자'로 비쳤고, 서독여성들이 생각하는 동독여성은 성차별주의에 유혹당하고 페미니즘에는 관심도 없는 가정에 종속된 존재였다. 이런 부정적인 정형화는 특히 정치적 통일의 부담을 불평등하게 지고 있는 동독여성들에게는 견딜 수 없는 일로 받아들여졌다. 또한 서독출신의 많은 여성들이 정부프로젝트를 받아 동독연구를 하면서, 서독여성은 동독여성의 살아온 삶을 일방적으로 서술하는 저술가가 되고 동독여성은 그 대상이 됨에 따라 이런 정형화는 더욱 고착되는 경향을 보였다.

동·서독 여성운동의 10년에 걸친 불화와 갈등 이후, 최근에 와서 동·서 지역의 여성들은 서로 접근하면서 여성문제에 대한 공동작업을 모색하기 시작했다. 여성고용창출의 일환으로 정부의 지원이 이루어지면서, 과거 동독지역에 여성두서관, 여성쉼터, 여성교육센터 등과 같은 다양한 여성프로젝트를 통해 자생적인 여성운동이 활발하게 전개되고 있다. 또한 동·서의 경계선을 넘어서는 페미니즘을 위하여, 새로운 행동규칙을 만들어가고 있다. 타자와의 차이를 인정하고 타자를 비판하기보다는 먼저 이해하기, 갈등이 생겨나면 이를 고

---

31) 서독 여성운동이 동서 여성의 통합과 관련하여 어떤 성찰적 자세를 보여야 했는가에 관해서는 Ferree, "Was heisst Feminismus? Frauenfragen, Frauenbewegungen und feministische Identität von Frauen in den neuen Bundesländern"(Lemke/Penrose/Ruppert eds., 앞의 책, pp. 112~25) 참조.

백하고 가시화하기, 사용되는 개념들의 서로 다른 의미들을 구명하기, 그리고 각각은 어떤 결정과정에 대해서도 이의를 제기할 권리를 인정하기 등이 그것이다. 연구나 저술은 타자의 시각보다 당사자의 입장에서 서술하고, 동독여성들의 '스스로 드러내기'가 타자에 의한 서술이나 분석보다 선호되는 방안도 모색되고 있다. 이밖에도 서독의 페미니스트들은 서독 내에서도 페미니즘 자체가 다양다기하기 때문에 차라리 '경계를 넘어가는 페미니즘'을 주장하기보다 구체적인 공동의 활동을 통해 서로의 신뢰를 쌓아가자는 주장도 나오고 있거니와, 재정지원이나 프로젝트 선정의 결정과정에 동독여성들이 함께 참여하는 방안도 모색되고 있다. 더불어서 서로간의 대화와 의사소통의 기회 또한 높여가고 있다. 그러나 이런 노력들이 그리 성공을 거두고 있지 못하다. 동·서독의 여성들이 어떤 동질성을 찾는 데는 긴 시간이 필요할 것 같다.

5. 맺음말

동독체제가 급작스럽게 붕괴되면서 독일통일은 미처 준비도 갖추지 못한 상태에서 급격하게 이루어졌다. 통일 전 서독은 사회적 시장경제와 아래로부터의 풀뿌리 민주주의를 잘 결합시켜 평등과 자유의 문제를 비교적 성공적으로 이룩한 국가였다. 그럼에도 불구하고 통일은 많은 시행착오와 혼돈을 거치게 했다. 특히 통일독일의 여성정책은 전후 50년 동안 쌓아온 역사적 성과를 후퇴시키지 않을까 하는 우려마저 불러일으켰다. 10년이 지난 지금 통일독일 사회는 여전히 진정한 '내적 통일'이 이루어진 것은 아니지만, 서서히 안정화 단계로 들어서고 있다. 그러나 여성, 특히 옛 동독여성들의 상황은 여전히 적지 않은 문제점을 안고 있다.

통일독일의 사례는 한쪽에 의해 다른 쪽이 흡수·통합되었다는 점에서는 우리 현실과 차이가 있다. 남북관계는 장기적인 대화와 교류를 통해 평화공존체제를 정착해 나가는 과정이 될 것이라 예측되기에 무차별적인 비교는 곤란하다. 그럼에도 불구하고 각론에 해당하는 부분에서 동·서독의 시행착오는 자못 교훈적이다. 특히 '서독여성들이 통일과정에서 범했던 오류들을 우리 남한의 여성들이 어떻게 피해 갈 수 있을까'라는 측면에서 남한의 여성운동은 성찰해 보아야 할 것이다.

오늘날 통일독일에 남은 문제라면 서로 다른 역사적 경험과 그로 인해 형성된 심성과 가치관, 행동양식의 차이를 서로 이해하고 존중하려는 노력과 함께 진정한 내적 통합을 달성하는 일이고, 이 과정은 문화통합을 위한 다양한 NGO나 정부의 노력을 통해 착실히 진행되고 있다. 바로 이 부분을 우리는 독일로부터 배워야 한다.

〔『한반도의 평화와 인권』 2, 사람생각 2002. 2〕

역사교육과 평화교육의 만남
서독의 사례를 중심으로

1. 머리말

2000년 6월 15일 '남북공동선언'이 발표되면서, 한국 현대사는 새로운 국면에 접어들었다. 우리에게는 이웃국가의 국민보다도 더 낯설고 먼 존재, 아니 더 정확하게 말하자면 우리를 가장 위협하던 '적'으로 간주되던 북한사람들이 이제는 함께 공존해야 할 동포로 인식되기 시작하였다. 물론 보통의 국민들에게는 이런 급작스런 변화가 가져다준 혼란도 적지 않았다. 우선 여태까지 '뿔 달린 괴물'로 생각되었던 김정일 위원장이 별안간 브라운관의 스타로 떠오르기 시작하였고, 초등학교 학생을 둔 부모나 교사들은 어쨌든 이 급작스런 변화의 간극을 메워주어야 했다. 정부 차원이나 NGO단체들을 중심으로

'남북화해'와 '평화공존체제 실현'을 슬로건으로 해서 통일교육이 활발하게 일어나기 시작하였다. 더불어 민간단체를 중심으로 한 통일교육에는 평화교육적인 요소가 덧붙여진바, 편견의 해소, 상호존중, 다름의 수용, 상호 대화와 협력, 남북문화의 공존, 타협과 양보의 수용, 관용과 갈등해소 테크닉 등이 강조되었다.[1]

그러나 이렇게 통일과 평화 교육이 강조되는 다른 한편으로 2000년의 미·일 가이드라인 체결이라든지 최근 미국에 의한 ABM조약의 폐기나 MD체제와 같은 대규모 미사일배치계획 등이 잇따라 발표되고 있다. 북핵위기와 맞물려 MD체제가 현실화될 경우, 남한에는 다시 미사일이 배치되고 동북아에도 신냉전시대가 도래할 가능성이 크다. 이런 대규모의 군비체제 강화 시도에 대해서 소수의 통일운동이나 평화운동 단체를 제외하고는 그 심각성을 인식하는 경우는 드물다. 다시 말해 언론이나 국민의 '평화에 대한 감수성'은 거의 부재한 실정이다. 한편으로 통일의 열망과 열기는 뜨거우면서도 핵심적인 평화이슈에 대해서는 '불감증'을 드러내는 혼란상이 우리 정치의식의 현주소이다.

이 글은 1970~80년에 서독에서 활발하게 전개되었던 평화연구나 평화교육의 다양한 실험을 서독 역사학계와 역사교육학자들이 수용하면서, '역사적 평화교육'(Historische Friedenserziehung)을 이론적으

---

1) 서구적인 평화교육에 가장 가까운 프로그램을 시행하고 있는 곳은 한겨레신문 통일문화재단에서 하고 있는 '남북어린이 어깨동무' 프로그램이다. 여기에서는 시청각자료와 함께 '문화이해지'를 통한 북한 이해교육을 실시하고 있다. 이에 관해서는 이장원, 『참교육과 남북화해 시대의 통일교육, 전교조 남북화해시대 통일교육자료집』; 「통일·평화교육의 실례: 학교통일교육」(『평화를만드는여성회 21세기 한반도 평화·통일교육 방법론과 프로그램 개발을 위한 국제심포지엄 자료집』, 2000, 32~55쪽) 참조.

로 정리하고 실천으로 옮기고자 한 노력을 소개하고자 한다. 이런 시
도가 냉전기의 막바지에 일어난 평화운동의 대중적 열기에 힘입어
등장한 점에서는 우리 현실과 거리가 있지만, 그것이 전달하고자 하
는 문제의식은 우리 현실의 요구에도 절실히 부응한다는 점에서, 서
독 평화교육의 관점과 방법론을 국내에 소개하는 것은 여러모로 시
사하는 바가 있다고 생각한다. 특히 현행의 통일교육이 남북간의 화
해·통일이라는 협소한 틀에 초점이 맞추어진 채 핵무기나 생태계파
괴처럼 '인류사회가 공동으로 직면한 심각한 재앙의 극복'에 대한 문
제의식과는 거리를 두고 있다는 점에서, 평화교육의 소개 필요성은
더욱 절실해진다.

이 글에서는 첫째 서구를 중심으로 일어난 평화연구와 평화교육의
문제의식과 독일에서의 수용 및 이에 상응하는 독일 역사학계의 변
화조짐들, 둘째 역사적 평화교육의 관점과 이를 둘러싼 논쟁, 셋째 역
사적 평화교육의 구체적 내용과 방법론을 주로 소개하고자 한다.

2. 평화연구, 평화교육 그리고 역사학

평화연구는 1950년대 중반부터 미국에서 시작되었으나, 당시의 전
략은 신속하고 우수한 무기개발과 함께 위협(Abschreckung)을 통해
적의 도발을 사전에 저지하려는 전략에 기초해 있었다. 즉 군사적·
과학적 기술의 우위, 나아가서는 훨씬 큰 파괴력을 갖춘 핵무기를 통
한 평화보장론이었다. 그러나 이는 갈등을 해결하기보다 조정·통제
하는 안보전략적인 평화연구였고, 이를 통해서는 근원적인 갈등해소

가 불가능하였다. 특히 60년대 말의 베트남전쟁은 그간의 평화연구에 대한 비판을 가속화시키는 역할을 하였다.[2]

1960년대 말부터 노르웨이의 요한 갈퉁(J. Galtung), 독일의 디터 셍하스(D. Senghaas)와 프리츠 필만(F. Vilman) 그리고 덴마크의 헤르만 슈미트(H. Schmid) 같은 평화연구가들은 그간의 안보전략적 평화연구가 제국주의적 학문이라 주장하면서, '비판적 사회과학'의 관점에서 평화연구를 시작하였다. 특히 이 분야에서 발군의 역할을 한 인물은 갈퉁이다.

갈퉁이 평화연구에 끼친 중요한 공헌은 평화를 '전쟁이 일어나지 않은 상태'로 파악하는 기존의 소극적 개념에서 한걸음 더 나아가 '적극적인 평화(positive peace) 개념'을 내세운 점이다. 그에게 평화란 '폭력이 없는 상태'를 의미하는바, 여기서 폭력은 물리적·직접적 폭력 외에도 구조적인 폭력──가해자가 좀처럼 드러나지 않고 개인에 의해서 행해지기보다 사회구조 자체가 가하는 것을 지칭한다──을 포함한다. 이 '구조적 폭력' 개념에는 전쟁뿐 아니라, 핵·가난과 기아·생태계파괴·성차별·인종차별 문제 등이 포함된다.[3]

2차대전 이후 지구상에는 150여 차례의 전쟁이 일어났고, 전쟁사망자가 3천만 명이 넘는다. 또 해마다 약 4천만 명이 기아나 그와 관련된 질병으로 죽어가고 있는데, 이는 매일 점보제트기가 300대 넘게 충돌하여 모두 사망했을 때의 숫자와 같다. 미공군 단독 예산만 해도

---

2) 이삼열, 「세계평화운동의 역사적 전개와 방향」, 『평화운동의 동향과 평화연구의 과제』, 숭실대 기독교사회연구소 주최 제1차 평화학술심포지엄 자료집, 1999, 56~58쪽.
3) 갈퉁은 최근에는 직접적 폭력과 구조적 폭력을 정당화하는 문화적 폭력이 존재함을 역설하고 이를 또 다른 범주의 폭력으로 설명하고 있어, 그의 폭력에 대한 개념규정의 외연이 더 확장되고 있다(요한 갈퉁, 『평화적 수단에 의한 평화』, 강종일 외 옮김, 들녘, 1996, 19~20쪽).

일본을 제외한 아시아·아프리카·라틴아메리카의 12억 어린이를 위한 전체 교육예산을 능가한다. 바로 이런 수치들은 구조적 폭력과 군비가 얼마나 직접적으로 연결되어 있는가를 보여준다 하겠다.[4]

이와 같은 평화연구의 조류는 독일 역사교육학계에도 영향력을 끼치게 된다. 60년대 말, 70년대 초의 탈냉전정책과 군축 분위기 그리고 저항운동의 중심이 원자력발전소건설 반대운동에 두어지면서, 독일의 평화연구와 평화교육은 그리 큰 진전을 보지 못하였다. 게다가 구조적 폭력에 대한 관심도 군비문제보다는 제3세계의 빈곤으로 더 기울어져 있었다.[5]

그러나 1979년 브뤼셀에서 개최된 나토각료회의에서 중거리핵미사일 퍼싱 II와 크루즈미사일 572기가 서유럽에 추가로 배치되는 것이 결정되자, 본과 런던에 100만 명이 모인 평화시위가 열리는 등 독일과 영국 등지에서 평화운동이 거세게 일어나기 시작하였다.[6] 하지만 이런 높은 열기에도 불구하고, 서구의 평화운동은 중거리미사일 배치를 막지는 못하였다. 그럼에도 반핵이나 군축이 사회비판의 중요한 화두가 되었고, 이에 대한 국민적인 감수성이 크게 높아졌다는 점은 중요하다.

뿐만 아니라 80년대 평화운동은 군비경쟁과 핵무기 증가에 대한 비판이라는 이전의 문제의식에서 한걸음 나아가, 대대적인 '발상전

---

4) 데이비드 힉스, 『평화교육의 이론과 실천』, 고병헌 옮김, 양서원 1993, 30, 336쪽.
5) Horst-Wilhelm Jung/Gerda von Staehr, *Historische Friedensforschung und Historisches Lernen*, Marburg 1986, pp. 91~92.
6) 평화운동이 서독에서 활성화된 배경에 대해서는 Hans Jürgen Möller, "Wehrkunde oder sicherheitspolitische Öffentlichkeit und Friedenserziehung? Die Bemühungen um die Integration der Themen 'Bundeswehr und Sicherheitspolitik' in den schulischen Unterricht," *Geschichtsdidaktik* 2, 1982, p. 231 참조.

환'을 요구하였다는 점도 주목할 만하다. 소극적인 평화와 관련하여 새 평화운동이 내세우는 새로운 철학이나 대안적인 평화정책은, 첫째로 그간의 군사력 우세와 우수한 핵무기개발을 통한 평화정책은 오히려 상대방의 군사력 강화만 유도하였기에 재고되어야 하고, 둘째로 평화운동가들에 대한 반론으로 제기되는 군사균형이론 역시 폐기되어야 한다는 것이다. 즉 적이 가진 만큼의 무기를 우리도 가져야 한다는 주장은 표면적으로는 군사균형을 추구하지만, 결과적으로는 군사력의 우세를 수반한다는 것이다. 셋째로, 끊임없는 군비경쟁 속에서 인류가 살아남을 유일한 방법은 이성을 회복하고 무기를 감축하거나 없애는 방법밖에 없다는 것이다. 이와 더불어 평화운동이 제기하는 대안은 일방적 감축이다. 6천 기의 핵무기를 보유한 서독이 100기를 일방적으로 감축한다고 해서 당장 핵전쟁이 일어나지는 않을 것이다. 따라서 한편에서 일방적인 감축을 선언하는 것을 통해 종국적으로 양측이 모두 핵무기를 없애는 방향으로 나가자는 것이다.[7]

이상의 평화운동가들의 주장에는 전쟁을 정치수단으로, 폭력을 강자의 정당한 권력으로, 사회적 불평등을 역사적으로 존재하는 당연한 현상으로 간주했던 그간의 사고방식을 넘어서려는 의지가 깔려 있다. 아울러 이들은 적극적인 평화의 실현을 위해서 자본주의 사회가 불러일으킨 폐해들, 예를 들어 고도성장, 자본독점, 군수산업의 비약적 증대, 생태계파괴, 업적과 능률 우선주의, 사회적 불평등을 극복하기 위한 구조적 개혁의 필요성을 강조한다.

이와 같은 발상전환을 요구하는 단호한 목소리의 이면에는 우리가

---

7) 이삼열, 앞의 글, 64~65쪽.

살고 있는 지구의 위기에 대한 근원적인 불안이 도사리고 있다. 인류의 역사에서 오늘날처럼 폭력의 위협이 급증한 적은 없다. 무엇보다도 2차대전 이후 전쟁기술은 비약적으로 발전하였고, 핵무기가 다량배치된 현대전에서는 패자는 물론이고 승자도 살아남을 수가 없다. 전쟁은 전면전으로 발전했고, 모든 가능한 자원들이 전쟁을 위해서 동원되었기 때문이다. 게다가 이런 무시무시한 군비경쟁과 인구증가와 더불어 남북문제, 즉 배부른 자와 굶주린 자를 둘러싼 분배갈등도 복잡하게 전개되고 있기에 사태는 더욱 심각하다.

기술발전의 시대에 평화는 우리의 생존조건이 되었고, 평화는 우리의 공적·사적 삶의 영역에서 총괄적인 주제가 되고 있다. 이것은, 오랫동안 인류가 지키고자 하였던 자유나 평등의 가치가 점점 더 그 의미를 이해 못하는 사람들의 손아귀 안에 들어가게 되었고, 위협수단은 더 이상 위협수단에 그치지 않게 되었고, 의회조차도 인류가 처한 난관을 제대로 파악하거나 이에 대한 조처를 취할 수 없게 되었고, 인류라는 '종'(Gattung)의 미래는 이제 미국대통령 한 사람에 의해 결정되는 현실에 이르렀다는 것을 의미한다.[8]

그렇다면 우리 시대의 위기를 개별인간의 생존에 대한 위협 혹은 한 국가나 민족의 미래에 대한 위협이 아니라 종의 문제(Gattungs-frage)로 파악하는 평화연구의 문제의식을 역사학계에서는 어떻게 수용하였는가?

서독에서 역사가들이 평화문제에 대해 관심을 가지게 된 것은 사실 1963년 피셔(F. Fischer)의 역작 『세계열강을 향한 돌진』(*Der Griff*

---

8) Jung/Staehr, *Historische Friedensdidaktik. Konzeption und Modelle; Lernmodell Kriegsursachen; Lernmodell Die 'Stalin-Noten von 1952'*, Hamburg 1989, pp. 10~20.

nach welt macht)이 출간되면서이다. 1차대전의 전쟁원인과 전쟁목표를 둘러싸고 논쟁을 불러일으켰던 이 책은 독일사의 해묵은 논란거리였던, 전쟁의 책임이 어디에, 누구에게 있는가를 다룬다. 여기서 피셔는 빌헬름 2세에서 히틀러에 이르기까지의 시기 동안에 두 차례의 세계대전을 일으킨 제국정부의 대외정책이 얼마나 경제권력집단의 영향과 정치적 이해집단의 압력, 군사전략적인 계획 그리고 국익에 대한 고려에 의해 결정되었는가를 밝히고자 한다. 그리고 그는 독일제국의 정치·사회 체제에 내재한 군국주의 기질과 전쟁준비가 양차대전의 발발에 결정적인 역할을 하였다고 결론내린다.[9]

전쟁의 목적을 밝히는 피셔의 이같은 연구는 전쟁과 평화의 구조적 조건을 밝히는 연구로 확장되어, 군국주의와 제국주의의 관련성을 밝힌 벨러(H. U. Wehler)의 연구로 이어졌다. 사회제국주의 이론을 발전시킨 벨러에 따르면, 조직자본주의의 격화된 경쟁조건 속에서 정치엘리트와 경제엘리트는 국내시장에서는 점점 어려워지는 자본증식과 경제적 팽창의 문제를 해결하고 분배를 둘러싼 노동자와의 계급갈등의 예봉을 꺾기 위해 해외로 제국주의적 팽창을 시도한다는 것이다. 결국 국제적인 권력투쟁은 국내정치적인 계급갈등과 밀접히 연관되어 있고, 그래서 전쟁과 평화는 이런 권력관계의 접합 속에서 결정된다는 것이다.[10] 제국주의 팽창의 원인을 국내정치적 계급갈등

---

9) Bernd-Jürgen Wendt 방한강연, 「1차 세계대전 발발에 관한 토론의 현황」, 『서양사론』 26집, 121~38쪽 참조. 독일현대사에 내재한 이런 팽창주의적·공격적인 기질을 구명한 저술 때문에 함부르크대학 교수 피셔는 거의 20여 년 동안 해마다 집을 옮기고, 전화번호를 숨기며 사는 도피생활을 하였다.

10) Joachim Rohlfes, "Friedensforschung, Friedenspädagogik und Geschichtsunterricht," *Geschichte in Wissenschaft und Unterricht*, 1978, pp. 761~62. 그외에도 벨러의 역사해석을 이해하기 위해서는 한스-울리히 벨러, 『독일 제2제국』(이대헌 옮김, 신서원

에서 찾는 이 입장은, 비평화의 책임은 국제정치의 불가항력적인 압
력보다 국내정치와 그 엘리트집단에 있다고 보았다.[11]

피셔와 벨러의 연구는 서독역사학이 사회과학이론에 좀더 수용적
인 자세를 취하고 또 역사학연구가 구조적 맥락에 더욱 집중하는 계
기가 됨으로써, 이른바 '역사적 사회과학'(Historische Sozialwissen-
schaft)의 시대를 여는 데 결정적인 공헌을 하였다. 나아가 독일현대
사에서 드러나는 전쟁과 평화의 원인을 좀더 성찰적으로 구명코자
하는 역사가들의 문제의식을 자극하는 데도 기여하였다.

그러나 전체적으로 보자면 서독역사학은 60년대 이후 평화연구나
갈등연구의 문제제기를 도외시한 것은 아니었지만, 그렇다고 그로부
터 큰 자극을 받았다고 평가하기도 힘들다. 역사학에서 평화강령의
역사, 개개의 알려진 평화조약에 대한 연구, 국제연맹이나 국제연합
의 역사 등이 취급된 것은 사실이지만, 그것이 평화에 대한 문제의식
아래서 이루어지거나 평화운동이나 평화실현에 관한 보편사적인 서
술로 시도된 것은 아니었다.[12] 오히려 역사학은 정치학, 국제관계학,

1996) 참조.

11) 물론 이런 벨러의 입장에 대한 반론이 없는 것은 아니다. 마이네케도 이미 언급하
였지만, 힐그루버(A. Hilgruber)는 국제정치를 본질적으로 상호작용적인 공간으로
설정하면서 더 이상 국제정치를 국내정치적 갈등이나 사회적 긴장의 결과물로 간
주할 것이 아니라 그 특유의 다양한 수단과 함께 정치행위의 독자적인 영역으로
인정해 주어야 한다고 주장한다. 이 역사가들에게는 독일역사학에서 사회사의 헤
게모니가 국제정치에 대한 역사가의 이해를 마비시킨 것으로 비쳤다(Rohlfes, 앞
의 글, p. 762).

12) 같은 글, pp. 762~63. 독일의 역사적 평화연구의 현황에 대해서는 Wolfram Wette,
"Geschichte und Frieden. Aufgaben historischer Friedensforschung," Redaktion
Reiner Steinweg ed., *Lehren aus der Geschichte? Historische Friedensforschung*(Frankfurt/M
1990), pp. 14~60; "Friedensforschung, Militaergeschichtsforschung, Geschichts-
wissenschaft. Aspekte einer Kooperation," Manfred Funke ed., *Friedensforschung-
Entscheidungshilfe Gegem Gewalt*(Müenchen 1975) 참조.

사회학, 경제학, 사회심리학 같은 여타 사회과학 학문영역보다 훨씬 늦게 평화연구를 시작하였다고 평가할 수 있다.[13]

비판적·역사적 평화교육의 대변자 격인 쿤(A. Kuhn)에 따르면, 이런 역사학의 때늦은 대응은 역사학이 스스로를 순수 인지과학 (Erkenntniswissenschaft)으로 규정하면서 '실천으로의 전환'과 관련된 분야는 다른 사회과학분과에 일임하였기 때문이라는 것이다. 그가 생각하기에 흘러간 과거의 경험은 정치적 행위에서 중요한 방향타 역할을 할 수 있고 역사 속에서는 항시 평화와 비평화의 역동성의 교훈을 찾아낼 수 있다는 점에서, 역사학이야말로 평화연구가 필요로 하는 쓰임새 있는 학문분과였다.[14]

이런 맥락에서 쿤은 역사교육에서의 효율적인 평화교육을 위하여, 역사학을 향해 세 가지 요구를 한다. 첫째로 인문학인 교육방식에 토대를 둔 교육의 일면성(Einseitigkeit)을 극복하고, 학문이론이나 방법론상으로 인정할 만한 역사학분야의 평화연구를 평화교육과 결합하고, 나아가서는 역사수업의 비정치적인 목표설정을 극복해야 한다는 것이다.[15] 이 점에서 특히 역사교과나 정치학교과는 평화교육을 수용하여 통합된 강의를 이끌어낼 수 있어야 한다고 말한다. 역사교육

---

13) 미국에서는 1964년에 '역사평화연구회의'(Conference on Peace Research in History)가 결성된 사실을 감안하면, 다른 국가보다도 평화연구 도입이 늦었음을 알 수 있다(Anette Kuhn, *Theorie und Praxis historischer Friedensforschung*, Studien zu Friedensforschung. Hg. von Georg Picht/Heinz Eduard Tödt. Forschungsstätte der Evangelischen Studiengemeinschaft, Heidelberg, München 1971, pp. 7~9).

14) 더불어 쿤은 역사적 평화연구가 논리적 곤란을 겪지 않기 위해서는 첫째 학문 이론적으로 충분히 자리잡을 수 있는 근거를 만들어야 하고, 둘째 평화연구에 기여하기 위해서 새로운 방법론을 개발해야 하고, 셋째 과학적 평화연구 못지않게 평화를 보장하는 데도 특별한 관련을 지녀야 함을 강조하였다(같은 책, pp. 11~12).

15) 같은 책, p. 30.

학에서도 '피셔논쟁', 즉 제국주의와 파시즘을 둘러싼 이론논쟁들이 역사수업에 영향을 끼친 것은 사실이지만, 서독의 역사교육학이나 교과과정 관련 문헌에서 평화라는 주제는 70년대 말까지는 그다지 눈에 띄지 않았다. 오히려 역사교육에서 전쟁과 평화는 보편사 서술의 통합적 일부로서 상시적으로 다루어지는 주제였을 뿐, '평화실현'이라는 새로운 문제의식 아래서 취급된 것은 아니었다. 그리고 국제연맹, 유엔, 군축문제, 초국가적 기구들, 냉전, 남북문제, 개발원조, 중동의 위기, 남아연방의 흑백갈등 등 역시 역사교육에서 그리 낯선 주제는 아니었지만, 그렇다 하더라도 평화나 갈등 문제는 역사수업보다는 정치수업의 주제로 자주 등장하였다.

이미 70년대 초에 역사수업에 평화교육을 도입하려는 움직임이 있었지만, 이것이 본격적으로 시도된 것은 서독의 평화운동이 정점에 이르렀던 80년대 초이다.[16] 서독의 진보적인 역사교육 학술지『역사교육학』(*Geschichtsdidaktik*)은 1980년과 82년에 두 차례 '역사적 평화교육'을 특집으로 다루어 평화교육에 대한 관심을 크게 환기시켰으며, 마찬가지로『역사교육학』보다는 다소 보수적인 역사교육 학술지『학문과 수업에서의 역사』(*Geschichte in Wissenschaft und Unterricht*)에서도 1978년부터 역사적 평화교육에 관심을 기울이고 있다.[17] 그러나 이들 학술지의 소개에서 드러나듯이, 서독의 역사적 평화교육은 관점이나 내용구성 면에서 시각차이를 보인다. 아래에서는 이런 차이들을 분석함으로써, 우리 현실에 맞는 바람직한 역사적 평화교육의 이

---

16) Rohlfes, 앞의 글, pp. 763~64.

17) 서독에서 진행된 역사적 평화교육의 성과에 관해서는 Christoph Suer, "Friedenserziehung im Geschichtsunterricht. Ausgewählte und kommentierte Literatur" (Steinweg ed., 앞의 책, pp. 361~68) 참조.

론과 방법을 발굴하는 데 일조하고자 한다.

3. 역사적 평화교육의 관점

앞에서 밝혔듯이 70년대 말과 80년대 초 서독의 평화운동에서 결정적인 영향을 끼친 것은 '적극적인 평화'라는 개념과 더불어 구조적 폭력의 해소를 강조한 비판적 평화연구이다. 이들은 현존 세계질서의 조직화된 비평화를 비판하면서, 정의롭지 못한 질서의 근원적인 변화를 기대하였다. 즉 자본주의체제에 의한 임금노동자의 착취, 지배이데올로기의 심층적인 침투, 나아가 교사와 학생의 권위적인 관계에 이르기까지 광범한 구조적 폭력의 근원을 발본적으로 제거하는 데 일차적인 목적을 두었다.

이에 비해 좀더 실용적이고 실증적인 평화연구가도 있는데, 이들은 평화의 완전한 실현 가능성에 대해 회의적이기 때문에 비판적 평화연구가들의 이론이 지닌 이상주의를 비판하고 평화개념의 확장이 평화실현의 현실적 가능성을 축소할 수 있음을 지적하면서, 오히려 전쟁의 공포로부터 세계를 조금이라도 보호할 수 있는 현실적 방안에 관심을 두었다. '소극적인 평화'(negative peace) 개념을 선호하는 이들은 평화상태의 척도는 직접적인 폭력행사의 정도라고 보았으며, 따라서 폭력사용을 최소화하고 피할 수 없는 갈등은 최소한의 폭력조차도 사용하지 않으면서 평화적인 방법으로 해소하기를 희망하였다.

이와 같은 양대 조류의 평화연구는 평화교육의 실천에서도 서로 다른 교육학적 입장을 제시하게 된다.[18]

평화연구의 다양성과 비례하여 평화교육도, 쿤의 분류를 따르면 세 가지 단계로 나눌 수 있다. 첫번째 단계는 이상주의적-간원적(Idealistich-appelative) 평화교육이다. 주로 1965~69년에 일어난 이 교육은, 전쟁은 인간의 머릿속에서 시작되며, 따라서 평화교육은 도덕적·윤리적 문제라는 것을 전제로 했다. 두번째 단계는 1967~71년에 평화교육이 정착하는 과정인데, 여기서는 권력정치 개념의 차원에서 전쟁에 접근하고 그 해결책을 학습심리학이나 행위연구에서 찾았다. 관련영역들이 사회과학적 연구성과와 접맥되는 단계이기도 하다. 1972~75년에 형성된 세번째 단계에서는 갈퉁이나 셍하스의 영향을 받아 사회비판이론과 평화교육학이 접합하는데, 이 시기에 서독의 평화교육이 본격화되었다고 말할 수 있다.[19]

첫번째 단계는 국제평화교육종합학교를 제안하고, 만하임에 '평화교육을 위한 유치원 및 학령 전 교육프로젝트'를 기획하였던 뢰르(Heinrich Röhrs)로부터 시작된다. 그는 인간의 공격적 태도는 결코 축출될 수 있는 것이 아닌, 그래서 교화되거나 균형을 잡도록 해줄 수밖에 없는 변화무쌍한 근원적 기질에 해당한다고 생각하였다. 그러나 다른 한편으로 인간은 교육을 필요로 하고 또 교육을 통해 자신을 개발할 수 있는 존재이다. 따라서 필요한 논리적 분석이나 사실적인 지식 전달이라는 의무를 배제하지 않으면서도 관용, 공정함, 이해, 공적 태도에서의 정직성(Formale Korrektheit)을 포함한 박애의 규칙을 가르치는 것을 평화교육의 과제로 생각하였다.

---

18) Rohlfes, 앞의 글, pp. 748~49.

19) Kuhn, "10 Jahre Friedensforschung und Friedenerziehung: Ein Rückblick aus fachdidaktischen Sicht," *Geschichtsdidaktik* 1, 1980, p. 11.

그러나 그는 성찰적인 작업이 결여된 단순한 계몽은 학생들을 냉소주의로 흐르게 만든다고 충고하였다. 칸트의 역사철학, 세계시민적인 문제의식에서 출발하여 뢰르는 세계사가 지금까지 '모난 윤리학'과 그에 상응하는 전쟁이데올로기에 의해 작동되면서, 대안적인 사고를 처음부터 봉쇄하였다고 주장한다. 특히 원자핵시대에는 세계사회(Weltgesellschaft)의 평화가 필수불가결하기 때문에, 국제이해를 위한 교육이 중요하고, 청소년들을 세계시민적인 정신으로 교육시켜야 한다고 말한다. 그러기 위해서는 역사적 평화교육은 자국민에 대한 비판의 자세나 비판능력을 기르도록 자극하여야 한다는 것이다.

뢰르의 세계사회 개념에서는 전쟁억제나 핵문제 못지않게 여타의 기본욕구, 건강·기아극복·노동·교육 등의 문제가 중요시된다. 아니, 오히려 뢰르에게는 제3세계 빈곤문제가 가장 중요하게 여겨진다. 이런 뢰르의 주장은 이상주의적-간원적인 성격이 강하다고 할 수 있지만, 그렇다고 해서 그의 주장이 실천을 도외시하는 것은 아니다. 인류의 단결을 호소하는 그의 교육캠페인이 그의 실천방식이라면, 이와 관련하여 그는 구체적으로 국가간 혹은 국내정치에서 법을 평화실현의 구체적인 전제조건으로 간주한다. 마찬가지로 역사수업을 통한 역사의식의 발전도 뢰르가 제시하는 또 하나의 실천대안이다.[20]

실용주의적 입장을 대변하는 또 다른 교육학자 로트(K. F. Roth)는 원자핵시대에 살고 있는 우리에게는 '신사고'가 필요하고, 이에 근거한 특별한 학습과정이 필수불가결하다고 강조한다. 이런 맥락에서 평화교육의 요구에 잘 부응할 수 있는 과목이 역사수업이라고 보았

---

20) Jung/Staehr, *Historische Friedensforschung und Historisches Lernen*, pp. 102~108.

다. 뢰르가 제3세계 문제에 깊은 관심을 보였다면, 동서냉전을 역사적 평화교육의 핵심과제로 간주하였던 로트는 군축을 강조하고 야만적인 반공주의를 비판한다. 특히 그는 세계경제, 세계기술, 세계정치가 복잡하게 연루되면서, 그 속에서 개별인간이나 집단의 생명은 인류 전체의 운명으로부터 분리될 수 없기 때문에, 평화는 단지 전쟁이나 조직적인 폭력이 제거된 상태가 아니라 폭력 없는 공존을 위한 인간의 행동규칙 그 자체여야 한다고 보았다. 따라서 갈등은 서로간의 의사소통을 통해 조정되어야 하고, 갈등의 중재는 참여자 누구의 이해관계도 침해되지 않는 형태로 진행되어야 한다. 그러기에 로트에게 평화는 인간이 지향하고자 하는 상태가 아니라, 인간과 사회의 역사적 변혁의 영속적인 과정이다.

로트는 평화교육에서 개개인이 지닌 '정신'(Geist)의 중요성을 강조한다. 지식 못지않게 정신, 감성적으로 매개된 합리성·의식·사고의 중요성이 높아지고 있다는 것이다. 그러나 심리적인 측면 못지않게 사회적 문제의 중요성을 주목하기 때문에 새로운 윤리적·정치적 질서의 필요성을 거론한다. 기존의 관계들을 변혁하고 사회정의의 더 폭넓은 확산을 위해서 '관용'이 실천되어야 하고, 이를 위해서는 국제사회에서 기초민주주의 실현(Fundamentaldemokratisierung)이 전제되어야 한다고 역설한다. 국제법이 지켜지기 위해서는 유엔과 같은 국제기구가 활용되어야 한다는 것이다. 전쟁이 기피되고 평화가 실현되기 위해서는 종교적·도덕적 가치도 일깨워지거나 촉진되어야 한다. 여기에서 로트는 교사나 부모의 역할을 강조하기도 하고, 진정한 평화교육을 위해서는 종교도 그 역할을 담당할 수 있음을 주장한다.

한편 로트는 평화교육적인 고려로부터 역사수업을 위한 두 가지 보완할 만한 복안을 제기하고 있다. 첫째는 그간의 역사수업이 해왔던 전쟁영웅의 발굴 대신에 수업의 중심에 새로운 교육적인 이상형(Leitbilder)으로서 평화의 영웅을 부각시키는 것이고, 둘째는 '비판적-계몽적 교육관'을 통해 전쟁과 대량학살에 대한 순진무구한 혹은 은폐적인 태도에 맞서 비판적 감수성을 기르는 것이다. 이를 통해 역사수업은 평화문제에 대한 학생의 성찰성을 높일 수 있다는 것이다.[21]

뢰르나 로트의 역사적 평화교육의 관점은 우선 평화를 과정으로 파악하면서, 인간의 공격욕구는 제어 가능하다는 입론에서 출발하고 있다. 이들에게 공격적인 태도는 교육이나 학습의 결과로 간주되었기 때문이다. 즉 이들이 보기에, 비평화의 원인은 국가의 권력정치, 왜곡된 민족주의, 정부의 선전이나 대중매체에 그 책임이 주어져야 할 문제였다. 그러나 구체적인 실천방안에서 뢰르가 교육을 통한 민족주의의 극복, 민족자결권 쟁취, 국제기구를 통한 평화실현 등을 염두에 두었다면, 로트는 기초민주주의의 실현 혹은 시장경제와 능률위주 사회의 문제점을 극복하는 데 더 역점을 둔 것 같다.

평화교육의 두번째 단계는 주로 1967~71년에 시작되는데, 그 전제는 권력정치에 대한 고려에서 출발하였고, 따라서 전쟁은 권력정치의 문제로 간주되었다. 이들은 특히 평화교육을 위해서 학습심리학이나 행동연구(Verhaltensforschung)에 의미를 둔다. 이들에게 평화는 사적이고 물리적인 폭력이 없는 상태를 의미하고, 그래서 법질서를 중요시하며 개개인의 평화능력에 기대감을 보인다. 이들에 의하

면 인간은 공격욕구나 그 충동을 지니고 있으나, 이를 들어내고 완화시키는 것이 가능하다고 보았다. 이를 위해서는 비평화의 원인이 될 수 있는 개인의 관점·편견·행동방식을 교정하고, 결여된 국제이해를 증진시키고, 인간의 행동방식의 바람직한 모범을 제시해 주어야 한다는 것이다. 그래서 이들의 실천은 평화교육을 통해 대안적인 관점과 합리적인 갈등해소를 위한 행동방식을 가르치는 것이다.

평화교육학의 두번째 단계에 상응하는 역사적 평화교육의 연구자로는 롤페스(J. Rohlfes)를 들 수 있다. 그는 실용주의적인 태도를 표방하면서, 쿤의 '비판적 평화교육'에 대단히 적대적이다. 물론 그 역시 여느 평화연구자와 마찬가지로 2차대전 이후에 전쟁과 평화는 새로운 차원, 즉 더욱 위험한 단계에 들어섰고, 이는 무기기술, 동서갈등, 인구증가, 남북갈등, 선진국의 법질서 혼란 등에서 잘 드러난다고 보았다. 그러나 동시에 비평화에 대한 감수성도 고조되었기 때문에, 역사적으로 이 새로운 상황에 대한 인간의 요구수준과 새로운 척도도 중요해졌다는 것이다. 그래서 평화교육은 우선 원인과 결과의 인과관계를 역전시키는 역할을 해야 하는데, 지금까지 '잠재적인 피해자이고 피해자일 수밖에 없는 개개인'이 '책임 있는 행위자'로 전환하도록 하기 위해, 책임을 져야 할 사람들의 관심을 환기시키는 역할을 해야 한다는 것이다.

롤페스는 평화연구에서 실용주의자와 실증주의자를 구분한다. 달리 말해 비판적 평화연구의 두 가지 핵심주제는 군산복합체와 남북갈등인데, 이런 요구들은 마르크스주의적 사회주의에 토대를 둔 것이며, 바로 이같은 좌파들의 사회분석이론이 '평화'라는 특수한 문제제기를 흘려버리게 만들고 있다고 비난한다. 제3세계 문제를 평화연구의 틀 내에서 제기하는 것은 고상한 요구이지만, 이런 비판적 평화연구의 척도들은 이상주의적이거나 유토피아적이라는 것이다.

그래서 롤페스는 실용주의적 평화연구라면 소극적 평화와 관련된 것, 무엇보다도 군축문제에 관심을 집중하는 것이 효과적이라고 보았다.[22] 좀더 구체적으로 롤페스는 군비통제, 조약을 통한 안보협약, 국제적·초국가적 기구의 창출, 공격성과 편견의 메커니즘, 전쟁후유증에 대한 계몽 그리고 폭력적이지 않은 저항의 이론과 전략 등에 관심을 기울였다.

롤페스는 역사수업에서 평화교육을 실시하는 데 있어서 우선 국제관계의 중요성에 역점을 둔다. 국제정치는 정치적 현실주의에 근거를 두어야 하고, 그 안에서 독립국가들의 세력구축 노력이 국제적 행위방식의 특별한 합리성에 기초해야 하는 그런 하부 정치체계이다. 따라서 그에게 국제정치는 무엇보다도 제도적·법적 범주 내에서 이루어져야 한다.[23] 마찬가지로 그에게 독립국가의 권력정치는 반드시 경제적 이해관계로 환원되는 것이 아니라 그 자체로서의 의미를 지닌 것이므로, 그에게는 '소극적인 평화'의 개념이 더 중요하였다.

그러나 이런 제한된 관점이 승산이 없음은 국제법적 해결방식으로 제한되는 평화교육의 실천이 동시에 국제법의 무기력성을 통해 그 한계를 그대로 드러낸다는 것이다. 그래서 롤페스는 이 문제의 해결을 위하여 사회심리학으로부터 도움을 받고자 하였다. 지금까지 공

---

22) 같은 책, pp. 119~22.
23) 그렇다고 롤페스가 국내정치의 중요성을 부정하는 것은 아니고, 국내정치와 국제정치의 상호작용을 주장하였다고 할 수 있다. 오히려 그의 비판은 벨러를 둘러싼 '역사적 사회과학' 그룹에 속하는 역사가들이 국제정치를 도외시하는 것에 대한 보완적 주장이라 할 수 있다(Rohlfes, 앞의 글, p. 753).

격성, 증오심, 적 개념 그리고 편견의 원인과 조건에 대한 심리학적·인류학적·사회학적·생리학적 연구가 어떤 의견의 일치를 본 것은 아니지만, 이들 사이에서 인간에게 '학습과정이 지니는 커다란 의미'에 대해서는 논란의 여지가 없었다. 특히 개별인간의 행동방식은 사회적 환경이 제공하는 어떤 전형을 그대로 수용하기 때문에, 공격성 역시도 사회적 강제의 산물일 가능성이 크기 때문이다.

하지만 롤페스가 이런 학습효과를 전적으로 신뢰한 것은 아니다. 그는 의식화를 통해 공격성을 잘 다스리는 법을 배우거나 갈등해소를 위한 더 평화로운 수단을 통해 그 위험성을 완화할 수 있을 뿐이지, 그것을 완전히 해소할 수는 없다고 보았다. 이런 관점 때문에 롤페스의 문제의식에서 '사회적 방어', 즉 사회적 실천은 약화된다. 그에게 사회적 실천을 위한 평화주의 개념은 엘리트의, 소수의 금욕주의적인 집단의 전유물이고, 이런 이념들이 사회적 이상이나 모범으로 비칠 수는 있겠지만, 이것이 대중의 지지를 받을 수 있는 것은 아니었다. 결국 롤페스의 입론은 그것이 지닌 현실론적인 문제제기에도 불구하고, 그 속성상 자포자기적인 성향을 벗어나기가 힘들다.[24]

물론 롤페스의 평화달성(Friedfertigkeit) 방식이 정치적 침체(Immobilismus) 혹은 현상유지에의 고착과 동일시될 수는 없다. 그러나 사회적 실천에 대한 그의 태도는 명확하지도 않고 일관성이 있지도 않았다. 자신이 주장하는 체제중립성도 끝까지 견지하지 못하였다. 그는 상황에 따라서는 폭력사용이 불가피함을 지적하는데, 그의 논리를 그대로 적용하자면 이 지구상에는 여전히 폭력사용이 불가피한 사회가

---

24) Jung/Staehr, 앞의 책, pp. 123~25.

더 많은 것이 아니겠는가.

　그러나 저항·폭력사용·혁명은 정말로 착취당하거나, 횡포를 겪거나, 억압받는 곳에서만 사용되어야 한다. 우리와 같은 사회·정치적인 기본권과 사회적 안보가 실현되거나 평화적 전환이 가능한 사회에서는 비폭력은 납득할 만한, 동시에 강제적인 규범이 된다.[25]

　또한 평화교육은 적어도 국제정치의 고유한 특수성에서 출발하여야 하고, 국내정치 못지않게 국제정치를 평화교육의 학습대상으로 해야 한다는 주장도 그리 새로운 것은 아니다. 사실 그는 평화를 역사교육의 새로운 일반주제로 선전하려는 학자에 속하기는 하지만, 역사교육에 대한 그의 접근은 평화라는 큰 주제로부터 역사과목에 '의미있는, 그러나 그간 생략된 부분'을 보완하는 역할을 하였다는 것이 보다 정확한 표현일 것이다.

　역사적 평화교육의 이론과 실천에 가장 결정적인 공헌을 한 사람은 아네테 쿤이다. 그의 작업은 평화교육의 3단계에 해당하는데, 주로 1972~75년에 진행된 평화연구와 교육학의 통합적 연구의 산물이다. 3단계에서는 역사연구의 출발점은 갈퉁의 '구조적 폭력'이나 셍하스의 '조직된 비평화'(organisierte Friedlosigkeit)이고, 평화교육의 문제의식은 사회정치적·사회심리적 차원으로 확장되는데, 이런 변화의 동력으로 당시에 풍미하던 사회비판이론도 크게 작용하였다. 3단계에서는 사회이론과 교과과정상의 요구가 적절히 결합되었고, 그

---

25) Rohlfes, 앞의 글, p. 759.

런 점에서 역사적 평화교육은 이 단계에서 학문분과상으로 세 개의 접점을 가지게 된다. 첫째로는 평화교육의 사회과학적 기초와 평화이론·폭력이론, 둘째로는 역사학에서의 평화연구, 셋째로는 교육학에서의 학습과정에 대한 평화교육적인 성찰을 들 수 있다.[26]

비판적 평화교육에서 평화는 사회정의 실현과 사회구조 변혁이다. 인간의 공격성은 구조적인 원인 때문에 생겨나는바, 즉 조직된 비평화, 사회경제적 불평등 혹은 정치적 차별에서 기인하였다는 것이다. 이런 맥락에서 쿤은 기존의 교과서나 역사수업에서는 남북갈등에 대한 관심은 거의 찾아볼 수 없고, 학습내용에서도 제3세계와 식민지의 역사 및 유럽제국주의는 거의 취급되지 않았다는 것이다. 마찬가지로 평화교육에서 중요한 쟁점이 될 수 있는 군산복합체나 평화운동에 대해서도 언급되지 않았다. 기존의 역사교육을 비판하면서, 쿤은 갈등해결이 정확한 분석과 구조적 조건의 제거를 통해서 가능하다고 보았으며, 자신이 언급한 목표는 주로 정보·지식의 전달, 의식화, 실천적 행동을 통한 사회구조 변혁과 더불어 달성될 수 있다고 보았다.

쿤은 그간의 역사를 폭력과 지배의 역사로 규정하는 것과 관련하여, 군대사를 사회사적으로 해석한 피셔와 그의 전통을 계승한 빌레펠트(Bielefeld)학파, 특히 그중에서도 벨러의 역할을 높이 평가하였다. 더불어서 그는 역사적 평화교육의 커리큘럼 형성에서 역사학 전공영역의 지원을 높이 평가한다. 역사가들은 소수의 반전주의자들의 노력만을 드러낼 것이 아니라, 평화실현을 위한 개인적·집단적 노력의 총체를 발굴해 내면서, 평화와 폭력 없는 정치나 그에 기초한 국가

---

26) Kuhn, 앞의 글, p. 13.

공동체 혹은 민족공동체의 형성과정을 보여주어야 한다는 것이다.

쿤은 하버마스의 이론을 전범으로 하여 비판적·의사소통적 교육 방법론을 주장하는데, 이를 위해서는 몇 가지 전제조건이 필요하다. 우선 평화에 대한 인식론적 이해에 대해 개방적이어야 하고, 이를 통해 인식론적 이해에 대한 담론적 접근이 필요하다. 그 다음으로는, 우리 사회에 내재된 폭력의 잠재력을 평가하고 그것을 제거하는 수단을 모색하는 데서도 개방성이 필요하다. 마지막으로, 학습목표는 규범적 기준을 관철하는 것이어서는 곤란하다. 다시 말해 의사소통적인 수업에서는 학습목표는 항상 공개적으로 논쟁할 수 있고, 수정될 수 있어야 한다. 역사적 평화교육 자체가 항상 '저항의 공간'을 남겨두어야 한다는 것이다. 역사적 평화교육이 이런 방식으로 진행된다면, 당연히 일상생활과 동떨어진 역사적 지식의 제공보다는 "혼란되고 편견에 찬 정형화된 상이나 적 개념에 의해 왜곡된 학생들의 역사의식"을 성찰적인 역사의식으로 전환시킬 것이고, 이를 통해 학생들의 합리적인 정치적 행동능력의 유도가 가능해질 것이다.[27]

비판적인 평화교육은 또한 역사수업에서 학생 스스로가 역사교육의 조건을 분석하고 수업주제를 스스로 제시하는 것을 권장해야 한다. 학습하는 학생 스스로가 예를 들어 자신들이 배우는 역사교과서에 들어 있는 '적' 개념을 분석해 본다든가 혹은 사회과교과서에 나타난 안보정치관을 분석하는 작업들이 그것이다. 즉 교과서나 혹은 자신들에게 내재한 반공주의라는 '적' 개념이나 우방국에 대한 우호적인 상 등을 분석해 보는 것도 필요하다는 것이다.[28] 마찬가지로 가정

---

27) Jung/Staehr, 앞의 책, p. 138.
28) 적 개념과 반공주의의 유형론에 관해서는 같은 책(pp. 157~64) 참조.

이나 학교, 학교 바깥의 교육기관에서의 '교육의 군사화'에 대한 역사적 분석은 학생들 스스로가 자신의 사회화의 경험을 성찰할 수 있는 좋은 기회를 제공할 것이다.

결국 쿤이 제시하는 역사적 평화교육의 궁극적인 목표는 폭력에 대한 저항을 위한 감성을 기르고, 폭력을 분석할 수 있는 능력을 기르고, 폭력을 제거하는 데 참여할 태세를 길러주는 것이다. 마찬가지로 역사적 평화교육은 역사를 통해 '전쟁은 숙명이나 자연재해가 아니라 오히려 인간의 작품'이라는 점을 인식하도록 하는 것이다. 자연히 쿤의 역사적 평화교육에서는 '역사적 주체로서의 인간'의 역할이 강조된다.

쿤이 생각하기에 세부적인 부문에서 평화교육의 목표나 방법론, 학습내용 등을 분석하는 것 못지않게 중요한 점은 '관점의 전환'이다. 다시 말해 역사적 평화교육이 지니는 평화실현을 위한 수단으로서의 역할이 과대평가되어서는 안 되고, 오히려 인식론적·사회이론적 전제가 더 중요하다. 즉 평화교육 참여자의 결여나 그를 실행하는 데 필요한 제도적 장치의 한계보다는, 오히려 역사를 바라보는 시각에서의 평화이론 결여가 더 문제라는 의미에서이다.

이런 맥락에서 '전쟁은 존재해 왔고, 존재할 수밖에 없다'는 관점이 학교수업에서 역사적 관찰을 지배하는 것은 아닌지, 평화교육의 가장 적합한 주제가 될 수 있는 제1차 세계대전에 관한 언급에서 전쟁의 모험적인 장면들을 제시하고 복종·동지애·의무감·책임감 등을 남성적인 덕목으로 치켜올리고 있는 것은 아닌지 혹은 공포를 통해 상대방을 제압하는 것이 불가피하다는 논리 아래 핵미사일 배치를 정당화하고 있는 것은 아닌지를 냉정히 검토해야 한다는 것이다. 역사수업에서 전쟁과 평화를 바라보는 관점의 교정이야말로 평화교육의 가장 중요한 출발점이라 할 수 있겠다.[29]

적극적 평화의 개념이나 쿤이 주도하는 역사적 평화교육의 흐름이 7, 80년대 서독의 평화교육에서 주류를 형성하였다. 그러나 이러한 쿤의 평화교육적인 접근에 대한 비판도 없지 않다.

우선 쿤이 주장하는 역사수업에서의 평화교육은 과제설정에서 눈대중을 너무 넓게 잡았기 때문에, 기존의 정치교육이 담당하던 분야를 거의 망라하게 되었다는 것이다. 평화교육, 특히 비판적 평화교육의 목표, 사회구조의 변혁은 그 실현이 어렵고 오랜 시간이 걸리는 긴 과정인데, 이렇게 목표설정을 넓게 잡을 경우 작은 성과를 통해 힘을 얻기가 대단히 어려워진다. 이렇게 좀더 거시적인 목표를 설정함으로써 구체적으로 역사 속에 나타난 개별사건들, 평화조약 체결이나 유엔의 평화유지 활동 등은 진부한 주제로 치부되거나 도외시되기 쉽다는 것이다.

또한 평화교육이 비평화를 만들어내는 사회적·국가적인 총체적 맥락에 대한 통찰력을 함양하는 것을 지향할 경우, 평화교육은 사실상 민주주의혁명의 아류로 간주될 수 있다는 것이다. 마찬가지로 비판적 평화연구가 국내정치적인 불평등이나 자본주의 비판에 집중하면서 평화의 궁극적인 목표를 사회주의적 사회질서의 실현에 둔다면, 이와 달리 생각하는 사람들의 동의를 구할 수 있는 기회를 감소시킨다는 비판도 제기되었다. 뿐만 아니라 개혁이 가능한 곳에서 혁명을 시도하는 것은 정치적 해악이 될 수 있다는 지적도 있었다. 국제관계

---

29) Kuhn, 앞의 책, pp. 24~26.

에 비해 국내정치의 우위성을 강조하는 주장이나 국제관계의 가장 중요한 결정요인으로 사회경제적 계급관계를 강조하는 접근도 국제관계에서 갈등해소를 위한 구체적인 전략개발을 제한한다는 것이다. 게다가 인간이나 사회가 지닌 공격성을 근절하는 것은 불가능하고, 단지 약화시킬 수 있을 뿐이라는 사실에 교육학이나 심리학 이론들이 모두 동의하는 상황인데, 근원적인 치료를 하려는 쿤의 태도는 오히려 비현실적으로 들린다는 것이다.

쿤의 주된 반대자인 롤페스는 쿤의 비판적 평화교육에 대해 이상의 비판들을 제시하면서, 차라리 역사적 평화교육은 모든 국민국가의 교육이 시행하고 있는 '정치적 사회화의 구조적 메커니즘'을 분석하고 문제삼는 것이 더 현실적이라는 의견을 피력하였다.[30]

이러한 비판적 평화교육의 입장에 대한 비판을 고려한 것 외에도 80년대 들어와 서유럽의 탈냉전정치가 종식되고 중거리미사일의 배치가 현실화되면서, 쿤은 자신의 역사적 평화교육론에서 '소극적 평화'를 역사수업에서 더욱 적극적으로 다룰 것을 제안하였고, 군축을 평화실천의 중요한 축으로 간주하게 된다. 뿐만 아니라 새로운 학습목표의 지향점으로 '민족적 정체성' 문제를 제기하는데, 이는 역사적 평화교육을 통해서 군사주의에 의해 각인된 민족국가적인 정체성 모델 대신에 '비판적인 민족정체성'이라는 새로운 대안을 찾으려는 시도였다.[31]

---

30) Rohlfes, 앞의 글, pp. 749, 752, 755, 757, 765, 767.
31) Jung/Staehr, 앞의 책, pp. 144~45.

4. 역사적 평화교육의 내용과 방법

1) 내용

역사적 평화교육의 학습내용은 그리 많이 개발되어 있지 않다. 그리고 입장에 따라 학습내용에도 약간씩 차이가 드러난다. 윤리적·도덕적 입장에서 역사적 평화교육에 접근하는 뢰르의 경우 가능한 교육내용을 구성하는 데 있어서 바덴-뷔르템베르크 주에서 사용하는 교안에 토대를 두었다. 그가 지향하는 교육내용은 다음과 같다.[32]

- 인류역사 속에서 평화이념의 등장과 그것의 개념적인 발전
- 평화체결 문제. 단 여기에서는 승자가 어느 정도 정당화될 수 있는가와 새로운 전쟁의 맹아가 자라고 있는지를 질문해야 한다.
- 전쟁에 대한 이해와 해당 시기에 반대자에 의해 전쟁에 대한 관점의 전환이 있었는지 여부
- 계몽사상 이후, 특히 영국과 미국 혁명 이후 국가와 사회에 대한 시민계급의 사상
- 근대민주주의 형성과 그 특유의 평화주의 사상. 특히 루소나 칸트 등의 사례에 대한 분석
- 권력정치의 각축전과 독재로부터 '야만적인 주먹대결'로 전락한 양차 세계대전 문제
- 탈식민화와 제3세계 문제
- 국제기구들: 국제법, 국제연맹, 유엔 등

---

32) 같은 책, p. 108.

로트의 경우엔 평화교육의 내용이 더욱 구체화되면서, 평화교육의 핵심내용에 더 가까이 접근한다. 그는 학습내용을 크게 5가지 범주, 즉 전쟁위험의 가속적 증가, 과거·근대·현내의 평화를 위한 노력, 군축과 군비통제의 노력으로 분류하고, 이를 다음과 같이 구체화한다.

① 전쟁의 위험성 증가와 관련하여서 로트는 전쟁이 전면전으로 전화될 가능성, 경제와 전쟁의 관련성, 민족주의, 핵전쟁의 예견할 수 있는 결과를 가르친다.

② 과거의 평화를 위한 노력과 관련해서는 선사시대에서부터 중세를 거쳐, 최근세와 나치 시대까지를 모두 다룰 수 있다. 중세시대에서는 기독교인들의 평화를 위한 노력이나 십자군전쟁 등을 가르칠 수 있다. 전자의 경우 아시시의 성 프란시스(Franz von Assisi)의 평화적인 선교활동을 다룰 수 있고, 반면에 십자군전쟁은 비판적인 각도에서 분석할 수 있다.

③ 근대사회의 평화를 위한 노력과 관련하여서는 국제법이나 국제연맹 사상 등이 취급될 수 있는데, 특히 퀘이커교도의 활동이나 휴머니즘, 종교개혁에서부터 칸트까지 분석할 수 있다.

④ 현재의 평화노력을 드러내기 위해서는 냉전의 역사와 더불어 동맹체제의 성립·발전·변화, 탈냉전정치, 동서간의 적대관계 그리고 남북갈등을 가르쳐야 한다. 또한 동서간의 세계관이나 경제적 차이 혹은 비동맹국가에 대한 현실적 평가를 흑백사고의 이분법을 넘어선 객관적 자세로 가르쳐야 한다.

⑤ 군축과 군비통제의 노력과 그 현재적 의미가 학습되어야 한다. 이를 위해서는 다양한 평화협회, 앙리 뒤낭, 주트너(Bertha von

Suttner), 헤이그 만국평화회의, 국제연맹 그리고 유엔 등이 분석되어야 한다.[33]

롤페스는 평화교육적인 역사수업의 내용제시와 관련하여 평화의 부재를 극대화하여 과대포장하거나 좀더 일반화된 주제를 제시하는 데 거부감을 표시한다. 그는 평화교육을 위해 어떤 대주제들이 다루어져야 하는가의 문제의식에 입각하여 다섯 가지 지침을 제시하고 있다.

첫째, 역사수업은 오랜 기간에 걸친 전쟁과 평화의 변천을 명료하게 보여주어야 한다. 여기에서는 보편사적이면서도 비교사적인 시각이 유용하다. 전쟁의 정치적 가치, 군대, 군비확충과 군축, 전쟁의 성과와 전쟁의 비용 등을 학습할 수 있고, 이를 통해서 모든 전쟁이 총괄적으로 정치적 광기의 상처만은 아니라는 것을 확인할 수도 있다. 그렇더라도 전쟁은 인간에 대한 재앙이라는 것을 이해시켜야 하고, 전쟁은 자연재해와 같이 인류에게 피할 수 없는 일이라는 기존의 관점을 바꾸도록 해야 한다. 전쟁은 더 신속하고도 지속적인 이득을 얻기 원하는 사람들에 의해 시도되는 모험이라는 것도 이해되어야 한다. 마찬가지로 전쟁사의 변천에 대한 학습을 통해, 20세기에 이르러 전면전으로 변하고 또 전쟁과 비전쟁의 구분도 흐려진, 그래서 모두가 희생자가 될 수밖에 없는 전쟁의 성격을 이해시키고, 이를 통해 평화실천에 대한 의지를 높여야 한다.[34]

둘째, 역사수업은 지난 2세기 동안 진행된 국제정치의 구조변화를 학생들에게 이해시켜야 한다. 다양한 생활영역에서 점점 늘어나는

---

33) 같은 책, pp. 123~24.
34) 같은 책, pp. 127~28; Rohlfes, 앞의 글, pp. 767~70.

초국가적인 관련성은 국제정치의 규모와 성격을 심각하게 변화시켰는데, 특히 시장확대의 필요성은 격심한 경쟁의 압력과 더불어 국가간의 상호의존성을 강화하였다. 민족주의, 제국주의, 동서냉전, 남북갈등이 이런 국제적 상호관련성을 더욱 높이면서, 국제정치는 더욱 복잡해지고, 예기치 않은 교란상태에 들어갈 가능성도 높아졌다. 따라서 롤페스는 비판적 평화교육과는 달리 평화는 국내적 문제인 동시에 국제적 문제임을 강조하면서, 국제정치의 복잡한 작동논리에 좀더 관심을 가질 것을 요구한다.[35]

셋째, 역사수업에서는 전쟁의 원인과 목표에 대한 역사적이고도 실증적인 연구가 소개되어야 한다. 이를 위해서는 수업에서 거론되는 과거의 전쟁에 대한 역사적 유형론을 작성하는 것이 좋다. 예를 들어 나폴레옹과 히틀러 같은 이들의 정복전쟁, 7년전쟁(경우에 따라서는 1차대전) 같은 예방전쟁, 스페인의 왕위계승전쟁이나 러시아의 크림전쟁 같은 현상유지를 위한 전쟁, 제3세계 국가들의 수많은 민족해방전쟁, 1859년의 이탈리아전쟁과 같은 병합전쟁 등을 열거할 수 있다. 이런 전쟁의 원인은 곧 전쟁의 목표와 직결된다. 이와 같은 전쟁원인에 관한 유형론을 이해하면 할수록, 전쟁을 기피하고 평화를 실현할 수 있는 방책에 대한 통찰력이 높아지게 될 것이다. 마찬가지로 국내정치에서의 사회적 관계, 좀더 구체적으로는 어떤 정치적·사회적 집단이 전쟁을 이끌고 갔으며, 누가 전쟁에서 잃은 자가 되었고, 누가 전쟁에서 이득을 챙겼는가도 함께 분석해 보아야 한다.[36]

---

35) 같은 글, pp. 770~71; 같은 책, p. 128.
36) 같은 책, p. 129; 같은 글, pp. 771~72. 전쟁의 가혹성을 가르치기 위해 전시의 일상생활을 수업내용에 포함하려는 시도도 있었다(Joachim Radkau, "Erfahrungen aus Unterichtsprojekten 'Kriegsalltag am Heimatort 1939~1945': lokalhistorische

넷째, 역사수업은 평화체결과 평화질서를 분석해야 한다. 조약에 기초한 평화질서에 대한 질적 평가가 필요하다. 유형론상으로 살펴볼 때 초강대국의 영향력 안에서의 평화인지, 균형관계를 통한 평화인지, 병합을 통한 평화인지, 분리를 통한 평화인지 아니면 위협을 통한 평화인지도 매우 중요하다. 마찬가지로 강대국의 손 안에 평화가 놓여 있던 과거에 비해 연맹결성이나 연합을 통한 권력관계의 이동도 가능해졌다는 것을 이해할 필요도 있다.[37]

다섯째, 역사수업은 평화유지나 평화보장을 위한 여러 노력들을 토론해야 한다. 국제협약이나 국가들간의 공동체결성을 다루어야 하고, 이를 위반할 경우 제재력을 발동할 수 있는지 여부도 검토되어야 한다. 이를 위해서는 국제연맹이나 국제연합에 관한 자세한 분석이 필요하고, 유럽공동체나 나토의 경우에도 그것이 평화를 증진시키는지 아니면 그 반대인지가 분석되어야 한다. 마찬가지로 군축과 관련하여 통제 가능성, 경제적인 결과 그리고 정치적 모험 가능성에 대해서도 가르쳐야 한다. 평화주의의 기회, 특히 비폭력 저항운동에 대해서도 평가가 이루어져야 한다.[38]

뢰르나 로트, 롤페스에 비해, 쿤의 학습내용 제안이 좀더 급진적이다. 우선 쿤은 전쟁과 전쟁의 원인, 평화체결 외에도 혁명의 역사나 (여성평화운동을 포함한) 평화운동의 역사 그리고 동서냉전의 뿌리, 즉 그 근본적인 원인을 학습내용으로 제안한다. 특히 혁명의 역사와 관련해서는, 혁명을 통한 사회 내적 갈등의 극복과정도 가르칠 것을

Ansätze zu einer elementaren Friedenserziehung in Unterklassen(4. 7. Schuljahr)," 1978/12, pp. 807~32 참조).

37) Rohlfes, 앞의 글, pp. 772~74; Jung/Staehr, 앞의 책, p. 130.
38) 같은 책, p. 130; 같은 글, pp. 774~75.

요구한다. 쿤은 중거리미사일 설치 문제가 쟁점화되었던 80년대에는 전쟁의 잔혹성과 그것의 심각한 사회적·인간적 폐해를 학습내용으로 다룰 것을 주장하기도 하였다. 이는 역사적 평화연구의 목적을 실천, 무엇보다도 '해방적 관점에서의 실천'에 두는 쿤의 입장을 반영하는 것이다. 따라서 그는 역사수업은 실천을 위해서 비정치적 목표설정을 넘어서야 한다고 주장하였다. 또한 자결권·민주주의 등이 사회적으로 주어지지 않는 경우도 허다하므로, '역사수업은 비판적이고 그래서 때로는 사회적 규범의 경계를 넘어서는 그런 학습과정을 실천해야 한다'는 것이다.[39] 이런 맥락에서 쿤은 미래의 평화를 촉진하는 실천의 일환으로서의 역사수업은 역사 속에서 평화와 관련된 의사결정과정을 구명하려는 노력도 필요하다는 점을 덧붙인다.[40]

한편 7, 80년대 들어와서 쿤을 비롯한 비판적 평화교육의 입장에 근거해서 다양한 역사수업의 학습내용에 대한 연구가 이루어졌다. 가장 많이 연구되거나 거론되고 있는 것은 1, 2차 세계대전의 역사수업에의 활용이다. 이는 특히 독일의 세계대전에 대한 전쟁책임과 관련하여 독일인에게는 평화교육을 실천하고 평화심성을 성찰할 수 있는 좋은 계기가 되기 때문이다.[41] 마찬가지로 역사수업에서 평화운

---

39) Kuhn, "Forderungen an eine zeitgemässe Didaktik der historisch-politischen Friedenserziehung," Anette Kuhn/Giesela Haffmanns/Angela Genger eds., *Historisch-Politische Friedenserziehung*, München 1972, p. 17.

40) Kuhn, 앞의 책, pp. 12, 30.

41) Giesela Haffmanns, "Vorschläge zur Behandlung des Ersten Weltkrieges im historisch-politischen Unterricht," Kuhn/Haffmanns/Genger eds., 앞의 책, pp. 34~80; Klaus Bruckmann, "Erster Weltkrieg-Ursachen, Kriegsziele, Kriegsschuld: Fritz Fischers Thesen in deutschen Schulgeschichtsbücher," *Geschichte im Wissenschaft und Unterricht*, 1981, pp. 600~17; Klaus Hildebrand, "Julikrise 1914: Das europäische Sicherheitsdilemma. Betrachtungen über den Ausbruch des Ersten Weltkrieges," *Geschichte im Wissenschaft und Unterricht*, 1985, pp. 469~502; Ulrich Mayer, "Ursachen und Beginn

동의 역사적 전개과정을 다루려는 연구도 평화운동에 공감하는 역사교육학자나 교사들에 의해 시도되고 있다.[42]

그러나 이 못지않게 흥미 있는 시도는 '독일연방군과 안보정책' 혹은 '서독의 병역거부운동과 대체봉사'를 역사수업에서 다루려는 것이다.[43] 특히 청년들의 병역거부의 결과, 60년대부터 실시되고 있는 사회복지시설에서의 대체봉사제도는 중등교육과정에 있는 청소년의 현실과 직결된 문제이므로 병역거부와 대체봉사를 둘러싼 토론도 평화교육이 큰 성과를 거둘 수 있는 지점이기 때문일 것이다.

2) 방법

평화교육에서는 내용 못지않게 방법론이 매우 중요하다. 우선 평화교육에서는 피교육자들에게 다양한 대안적인 견해를 소개해 주어야 한다. 즉 피교육자들은 서로 반대되는 견해들을 균형 있게 제공받을 필요가 있고, 결과적으로 그 다양성 속에서 균형 잡힌 시각을 가지도록 해야 한다. 둘째로, 평화교육에서는 교육자가 중립을 지켜야 한다. 하습과정에서 교육자의 중립은 다양한 견해들을 보호해 주고,

---

des Ersten Weltkriegs-Ist ein Krieg unabwendwar? Unterrichtsentwurf zur Verwendung von Elementen des Planspiels im historisch-politischen Unterricht," *Geschichtsdidaktik*, 1978, pp. 206~16 참조.

42) Dieter Riesenberger, "Die Behandlung der historischen Friedensbewegung im Geschichtsunterricht. Information-Materialien-Hinweise," *Geschichtsdidaktik* 1, 1980, pp. 55~66; Guido Grünewald, "Kriegsdienstverweigerung: Grundrecht mit Numerus clausus oder: wie ein Grundrecht allmählich zu einem Ausnahmerecht degradiert wurde," *Geschichtsdidaktik* 2, 1982, pp. 193~212.

43) Möller, 앞의 글, pp. 231~41; Karl A. Otto, "Osternmarsch der Atomwaffengegner," Die Friedensbewegung der 60er Jahre, *Geschichtsdidaktik* 2, 1982, pp. 161~92.

학생들이 자율적 능동적으로 평화의 의미를 찾아갈 가능성을 열어준다. 셋째로, 인종차별이나 성폭력 혹은 극단적인 소비주의 등과 같이 쉽게 합의에 도달할 수 있는 문제에 대해서는 교육자는 분명한 자세를 취하면서, 이에 대해 날카롭게 비판해야 한다. 마찬가지로 교육과정에서 관용, 공정성, 합리성과 진리에 대한 존중 등의 가치가 적극적으로 강조되어야 한다.[44]

역사적 평화교육에서도 방법론이 중요하다. 다시 말해 역사적 평화교육에서는 수업 자체가 평화적으로 진행되는 것이 반드시 필요하다. 그래야만 평화교육의 취지가 제대로 살아날 수 있기 때문이다. 이를 위해서는 개방적인 강의와 학생 스스로 결정함으로써 만족도를 높일 수 있는 학습내용이 중요하다. 예를 들어 공동작업, 제한받지 않는 발언, 자유로운 의견개진, 주제선택에서의 공동결정, 개인적·정치적 욕구의 의식적인 개입과 함께 교사의 역할은 (왜곡된 내용에 대해서는 분명한 입장을 보이더라도) 전체적으로는 자문과 파트너 관계로 제한하고, 학교검열의 폐지, 자유로운 행동도출 등을 통하여 따분한 강의식 수업을 지양하고 경험을 풍부하게 하는 것이 중요하다는 것이다.[45]

역사적 평화교육은 또한 학교 일상에 대한 비판에서 출발해야 한다. 청소년의 평화교육은 학교 일상에서의 절망적 현실이나 '질서 잡힌 공격성'(verordnete Aggresivität)에 저항하기 위한 학생동료간의 단결에서 출발하기도 한다. 때로 학교에서 부당하게 자행되는 국가

---

44) 데이비드 힉스, 앞의 책, pp. 26~27.
45) Peter Schulz-Hageleit, "Der Beitrag des Geschichtsunterrichts zur Friedenserziehung," *Geschichtsdidaktik* 2, 1982, pp. 143~44.

폭력에 대해서는 시민적 불복종과 저항의 정신으로 대처해야 한다. 다시 말해 역사적 평화교육에서 중요한 것은 평화와 관련하여 일상적인 행동과 사고를 이해하고, 이런 연관성 속에서 평화를 체험할 수 있어야 한다는 것이다.

또한 평화교육에서는 "사악한 공격자는 우리 안에, 우리들 중에 있지 않고, 항상 타집단 속에 있다"는 정형화된 사고를 버리도록 해야 한다. 역사적 과거청산과 관련하여 여전히 '뜨거운 감자'인 히틀러와 나치체제를 비난할라치면, 스탈린의 사악함을 지적하려는 독일인의 태도, 즉 타인에게 책임을 전가하는 문제점도 역사적 평화교육이 극복해야 할 왜곡된 사고이다. 또 역사적인 내용을 통해 평화실현을 위한 문제의식을 심화시키고자 하는 경우에는 역사학은 항상 어떤 정치적 목적에 봉사하거나 그를 통해 오용되어질 위험성이 있음도 역사적 평화교육에서 함께 지적되어야 할 것이다.[46]

역사적 평화교육에서는 학생의 참여가 대단히 중요하지만, 그만큼 주관적 요인들에 대한 분석도 필요하다. 예를 들어 이미 교육기관 바깥에서 형성된 편견, 의미체계, 적 개념, 스테레오 타입의 공고화 등에 관한 구체적인 분석이 평화연구에서 이루어져야 하지만, 이 못지 않게 학생들의 수준에 상응하는 방식으로 이런 주관적 요인이 지닌 문제점을 드러내어 인식하도록 해야 한다.[47]

역사적 평화교육은 또한 인류사회가 처한 위협적인 현실을 사실적 지식으로 전달함으로써 학생들의 공포를 자극하는 결과를 초래하지 않도록 해야 한다. 오히려 평화교육은 공포를 극복하는 것을 도와주

---

46) 같은 글, pp. 150~51.
47) Kuhn, "10 Jahre Friedensforschung und Friedenerziehung," p. 18.

어야 하고, 이를 위해서는 용의주도한 커리큘럼의 개발이 필요하다. 마찬가지로 평화교육에서 일어날 수 있는 학습장애를 학생들에게 알려주거나 이를 학습내용으로 가르쳐야 하고, 이를 통해 학습과정이 진행되는 동안 학생들이 자기성찰의 과정을 거치면서 장애요인을 스스로 극복해 가는 것도 중요하다. 그러나 우리가 현실을 들여다보면 훨씬 큰 장애는 배우는 사람보다는 가르치는 사람이 가진 경우가 적지 않다. 연령이 높을수록 특정한 사고에 집착하고 그것을 바꾸는 데 대한 거부감이 강하기 때문일 것이다. 따라서 교사의 입장에서도 자기성찰의 과정을 통해 자신의 학습지도나 관점이 지닌 문제점을 포착하려는 노력이 요청된다.[48]

평화교육과 관련된 학생의 학습능력과 행동능력에 장애를 가져다주는 두 가지 중요한 요인은 첫째 공포, 둘째 적 개념, 특히 반공주의이다. 따라서 공포와 적 개념 극복에 평화교육은 중요한 역할을 담당해야 하며, 이런 맥락에서 '감성이 인식능력을 유도할 수 있는 기능'(erkenntnisleitende Funktion der Emotionalität)을 갖게 하는 교육안을 개발할 것을 주장한다. 다시 말해 타인의 고통을 함께 아파하는 감성이 현실에 대한 판단력에 작용해야 한다는 것이다. 마찬가지로 '반공주의'로 대표되는 적 개념은 현실을 왜곡하고, 더불어 핵무기 위력에 대한 자각능력을 마비시키면서 학생들의 현실감 상실을 초래할 수 있다. 반공주의 안에서는 적과 동지 개념 모두가 왜곡되어 있으므로, 역사적 평화교육은 이런 문제를 학습대상으로 삼고 토론에 부치도록 해야 한다는 것이다.[49]

---

48) Jung/Staehr, 앞의 책, 1986, pp. 155~56.
49) 같은 책, pp. 156~65.

5. 제언: 평화를 향한 감수성 회복을 위하여

지금까지 다루어온 서독의 평화교육사례는 분단국가에서 일어난 평화를 실현하려는 움직임이었다는 점에서 우리 현실과 일맥상통하는 점도 있지만, 이에 못지않게 우리 현실과 동떨어진 괴리감도 있다. 특히 서독 역사적 평화교육의 주류를 형성하고 있는 쿤의 비판적 방법론을 우리의 역사수업에 그대로 도입하는 것은 정치권력과의 충돌을 불가피하게 만들기 때문에, 현행 공교육제도의 틀 내에서 이를 실천에 옮기기란 쉽지 않다. 그렇더라도 구조적 폭력이나 문화적 폭력이 해소되지 않고서는 진정한 평화가 실현되기 어렵다는 갈퉁이나 쿤의 주장은 우리가 지향해야 할 목표로서의 정당성을 인정할 만하다. 또한 우리가 그들로부터 배워야 할 점은 꿈을 꾸려는 자세와 그것을 실현하려는 열정이다.

좀더 구체적으로 접근하자면 우리 현실에서는 장기적인 과제로 구조적 폭력이 없는 사회를 지향하되, 서독의 경우 1단계나 2단계에서 적용된 실용주의적 평화교육의 방법론을 역사수업에서 우선 활용할 필요가 있다. 특히 분단으로 인해 군사적인 긴장상태에 있는 우리의 현실에 대한 우려 못지않게 학교교육 현장에서 일상적인 평화가 심각하게 위협받고 있는 현실을 고려하자면, 평화교육은 화급을 다투는 긴급한 사안이며, 여기에서 역사학과 역사교육은 그 역할의 중요한 한 부분을 감당해야 한다고 생각한다.

분단체제하에 살고 있는 우리로서는 평화교육의 시도에서도 신중을 기해야 하겠지만, 그렇더라도 70년대 이후 활성화된 서구 평화교육의 문제의식을 공유할 필요가 있다. 서구 평화교육이 내세우는 중요한 지향점은 '현상유지와 여기에서 조금 나아간 개선'을 지향하는 것이기보다는 '대안적인 미래'를 설정하고 그 실현을 위해 구체적으로 현실사회 속에서 무엇을 할 것인가를 고민하는 데 있다. 즉 "'현재에서 시작해서 미래로' 나아가는 방식과는 정반대로, 개인이 꿈꾸는 미래, 인류가 나아가야 할 미래를 먼저 그려보고 그 꿈을 실현하기 위해서 지금 '내'가 그리고 우리 '사회'가 '무엇을 해야 하는가'를 찾아내는, '미래에서 현재로' 단계적으로 내려오는 방식"이다. 이는 피교육자에게 '평화로운 세상을 꿈꿀 수 있는 능력'과 그 '꿈을 이루어보겠다는 의지와 성실한 실천'을 가르치는 것이다.[50]

따라서 평화교육에서는 미래에 대한 연구가 매우 중요하다. 이 점에서 평화교육은 이전의 통일교육과 달라야 한다. 본질적으로는 현상유지적인 통일교육과 달리 평화교육을 꿈꾸자면, 우리는 기존의 교육학이나 교육제도가 지닌 속성을 뒤엎는 '역설의 교육'에 동의해야 한다. 폭력적이고 반인권적인 현행의 학교나 사회문화적 환경 속에서 평화, 인권, 새로운 미래를 위한 가치와 태도를 지향해야 한다는 점에서 그간의 관행을 뒤엎는 것이기 때문이다. 평화교육은 또한 기존의 교육학이 지닌 신화, 즉 '알면 행할 것이다'라는 신화에서 벗어나는 길이기도 하다. 다시 말해 우리가 지향해야 할 평화교육은 피교육자들이 어떤 사회문제에 대한 지식을 얻는 것과 올바른 판단력 그리고 그것을 실천하는 행위 사이를 연결할 수 있는 능력을 기르는 것을 도와주는 것이어야 한다.

평화교육에 참여하는 역사교육자 모두는 '전문가'가 되어야 한다.

---

50) 고병헌, 「실천적 평화교육을 위한 철학적 기초」, 『여성과평화』 1, 당대 2000, 258, 260쪽.

그러나 평화교육의 방법론상의 왕도가 있고, 모든 이들이 그 방법을 터득해야 하는 그런 의미에서의 전문성을 요구하는 것은 아니다. 이는 오히려 성찰의 자세를 통해 스스로 깨쳐가는 그런 전문성이다. 그래서 평화교육은 학문적 관심의 대상이 되기보다 교육자나 피교육자 모두의 삶과 실천이 그대로 실려야 하는 그런 분야이다. 따라서 교육자 자신이 처한 현실, 특히 학교현장이 처한 현실에 대한 숙고가 필요하고, 이에 기초하여 나름으로 역사적 평화교육의 모델을 개발할 수 있겠다.

평화교육 프로그램의 출발단계에서 느끼는 막막함은 교사나 학부모들의 용기 있는 시도와 실천을 통해서 가능하다. 우리의 역사수업에서도 앞에서 언급한 평화교육의 이상과 의욕이 활발히 일어나기를 기대하면서, 지난 9월 아프간전쟁에 반대하는 베를린 평화시위에 나온 피켓의 한 문장을 인용하는 것으로 이 글을 맺고자 한다. "한 사람이 평화를 꿈꾸면 이는 꿈일 뿐이지만, 많은 이들이 평화를 꿈꾸면 이는 현실이 된다"(Wenn einer vom Frieden träumt, ist es ein Traum. Wenn viele vom Frieden träumen, wird es Wirklichkeit).[51]

〔『역사교육』 80, 2001. 12〕

---

51) 『한겨레 21』 2001. 9. 27, 27쪽.

한 여성역사학자가 살아온 시대와 시대정신

자신의 자화상을 내보이는 것은 용기 있는 사람이 아니면, 하기 힘든 행위이다. 더구나 나처럼 지극히 평범한 삶을 살아온 사람에게는 더욱 그러하다. 나는 남들처럼 수석을 차지한 적도 없다. 찢어지게 가난한 집안에서 자란 입지전적인 스토리도 없고, 부유한 집안에서 성장한 사람이 지니는 여유도 없다. 또한 나는 감옥에 들어가서 별을 달아보지도 못하였고, 그렇다고 학생운동의 주변을 떠나지도 못하였다. 이렇게 어정쩡한 것이 나의 모습이다.

그러나 나는 삶의 여정에서 많은 좋은 사람을 만나고 영향을 받고 지나쳐왔다. 그들은 내 삶의 가장 소중한 자산이다. 우리 시대정신을 공유했던 이들과의 만남, 기억, 대화, 토론, 이런 것들을 재구성하는 것은 나 개인에게 귀중한 것이지만, 역사학적으로도 중요한 의미가 있다. 지금까지 1970~90년대에 대해 쓴 글들은 노동자나 민주화운동가의 영웅적인 삶을 다루는 일에 제한되었기 때문이다. 그래서 나는 이 지면을 통해 스스로의 자화상을 세밀하게 그려내기보다는 같은 시대를 살아온 '우리'의 모습을 보여주고 싶다. 말하자면 같은 시대를 살아온 사람들의 집단전기학(collective biography) 같은 것이다.

나는 1953년에 한국전쟁이 막바지에 이른 부산에서 태어났다. 우리 가족은 나의 출생 직후 다시 환도하여, 그때 이래 서울에서 살고 있다. 나의 친가, 외가는 모두 경상도에서 2~3천 석을 생산하는 지주집안이었지만, 내가 철든 이래 아버지의 사업실패로 집안경제는 어려웠다. 유년시절의 내게 비친 서울생활은 늘 모순에 찬 것이었다. 조금이라도 중학교 입학성적이 좋은 초등학교에 다니기 위해, 서울의 중산층 가정이 대부분 그랬듯이 어머니는 주민등록을 친지집으로 옮겼고, 나의 초등학교 입학은 매일 만원전차에 매달려 등교해야 하는 고달픔과 더불어 시작되었다. 거기에다가 학교를 한 해 일찍 입학하기 위해 나는 생일을 몇 달 앞당겼고(이를 위해서 어머니는 동회서기에게 담배 2보루를 사다주었다고 한다), 그래서 나는 늘 서류상의 생일과 진지십 주소를 정확히 외웠다기, 장학사에게 대답해야 한다는 공포에 시달렸다. 초등학교 1학년 시절 전차 타는 것이 위험하다는 이유로 나는 언니와 함께 하교해야 했다. 언니는 방과 후 자신의 교실에서 10여 명의 동급생과 함께 담임선생님의 과외를 받았고, 나는 늘 교실 뒤에서 언니를 기다려야 했다. 종종 교장선생님이 교실을 순시하러 다녔고, 이럴 경우 우리는 몸을 숨기기 위해 교실바닥에 납작 엎드리곤 하였는데, 이는 내게 큰 공포였다.

　이런 부패와 비리의 현실은 중학교에서도 예외일 수 없었다. 1965
년에 내가 진학하였던 이화여중은 장안의 명문가 딸들이 진학하는
대표적인 학교였다. 우리 동년배들이 조개탄을 때는 교실에서 공부
하는 동안, 우리는 스팀이 잘 들어오는 교실과 철철이 장미와 사루비
아 등을 갈아 심는 아름다운 정원 속에서 학창시절을 보냈다. 몇몇
고위 정치인의 딸들이 보결로 입학하여 다니고 있었고, 등교시간의
교문은 자가용으로 인산인해를 이루었다.

　5·16군사쿠데타 후의 학교는 장성의 딸들로 넘쳤고, 이들은 사병
이 운전하는 자가용으로 등교하였고, 영어시간에는 사병 가정교사를
통해 예습을 한 이 세력가의 딸들 때문에 우리는 늘 기가 죽어야 했
다. 뿐만 아니라 이화여중과 이화여고에는 당시에 교사들이 하는 과
외그룹이 유명하였는데, 그 액수는 거의 천문학적이었다. 과외비가
대략 2만~3만 5천 원이었는데, 60년대 후반 이 금액은 서울 중산층
가정의 생활비였으나, 거의 절반 이상의 학생이 이 과외를 했다고 한
다. 여기에 끼지 못하는 학생들은 중간고사나 기말고사가 시작되면
아이들 사이에 과외에서 푼 시험문제지가 오가는 것을 지켜보면서
분노를 삭였다.

중·고등학교 생활에서 내게 큰 위안은 독서였다. 나는 학교공부를 등한시하면서 문학서적을 닥치는 대로 읽었는데, 이는 어린 나에게 비리로 찬 학교현실과 우울한 집안분위기를 잊게 해주는 유일한 도피구였는지도 모른다. 나는 을유문고와 정음사에서 완역된 세계명작들을 닥치는 대로 읽어나갔다. 또 이화여고의 노천극장에서 열리는 예배도 큰 위안이 되었다. 설교에 못지않게 종종 난해한 철학적인 강연이 있었는데, 특히 조직신학을 전공하는 변선환 교수가 김은국의 『순교자』를 중심으로 인간의 존재의미를 역설하였던 강연은 나에게 종교가 인간에게 지니는 의미를 오랫동안 생각하게 하였다.

1971년에 나는 서울대학교 사범대학 역사교육과에 입학하였다. 대학은 중·고교 시절과는 다른 새로운 세계였다. 나는 모순과 비리의 온상으로 보였던 고등학교의 현실을 빠져나왔다는 안도감에 휩싸였다. 내 주변에는 가정교사를 하여 학비뿐 아니라 가족생계비를 마련해야 하는 가난한 동급생이 많았고, 더불어서 우리는 새로이 사회문제에 직면하기 시작하였다. 우리 학년은 1학년에는 위수령, 2학년에는 10월유신, 3학년에는 10월유신 반대시위, 4학년에는 민청학련을 겪으면서, 매년 꼬박꼬박 휴교를 경험하였다. 특히 4학년 초인 1974년

4월에 민청학련 사건으로 많은 동료들이 구속되었으나, 당일의 대담한 시위계획을 준비하였던 사범대학 여학생그룹은 중간연락책이 피신하는 바람에 화를 면할 수 있었다.

나의 대학생활은 공릉동의 서울대 교양과정부에서 시작되었다. 나는 교양과정부의 교지인 『향연(饗宴)』 편집부에 들어갔다. 편집기자로 활동하면서, 두 부류의 교우들을 만날 수 있었는데, 한 집단이 학생운동의 주축을 이루던 운동권 학생이었다면, 다른 집단은 부르주아적이면서 현학적인 비운동권 학생이었다. 엄밀히 말하자면 나는 전자의 집단에 더 친화력을 느끼고 있었고, 이때 어려운 시절을 함께 나누었던 동료 중 상당수가 지금 정계에서 활발히 움직이고 있다. 그러나 후자의 인물 중에서 특별히 우리의 관심을 자극하였던 인물은 경영학과의 유희수(俞熹樹)였다. 대학 2학년 여름에 수영중 익사한 그로부터 우리는 학문에 대한 열정, 지식에 대한 탐구욕을 배웠다. 그는 고교 2학년 때부터 『타임』(Time)과 『뉴스위크』(Newsweek)를 즐겨 읽었고, 재수생 시절 친구의 이름을 빌려 서울대 반공논문 응모에 당선되어 화제를 낳기도 하였다. 그와의 대화는 다양한 문학과 사회과학 이론으로 넘쳐흘렀다. 그때는 시위에 나갈 것인지를 결정하는

'성토대회'가 열렸는데, 여기에서 유희수는 후진국은 부국강병의 길을 걸을 수밖에 없다는 논지를 당당히 펴기도 하였다. 이 특이한 인물에 대한 의미부여는, 부르주아의 세계를 동경한 것은 아니지만, 살아오면서 이 땅에 진정한 자유주의적 부르주아가 존재하지 않는다는 외로움 때문일 것이다. 유희수의 죽음 이후 나와 친구들은 유고집(遺稿集)으로 남은 그에 대한 기억과 더불어 '경쟁자'를 잃었다는 '허허로움'에 빠져들었다. 그때 이래로 나는 이 땅에서 '진정한 자유주의 부르주아'를 만나고 싶어하는데, 이는 '공정한 적수'를 만나고 싶다는 욕구의 발현이었는지도 모른다.

그러나 우리의 주위에는 어용, 관변 혹은 자신의 이익을 챙기기에 급급한 수구세력, 아니면 행동하지 않으면서 관전평이나 떠드는 약삭빠른 인간으로 넘쳐났다. 이런 현실은 진보운동으로 하여금 과도한 도덕적인 우월성과 허황한 자기만족에 빠지게 하면서, 자기성찰을 소홀히 하는 데에 기여하였던 것 같다. 그러나 서양 근대사에서 귀족정에 저항하였던 시민계급이 실천한 자기훈육 과정, 그리고 그를 통해 내면화한 '체통'(respectability)의 전통이 서구 노동운동에까지 스며들었던 것에 비해, 우리 사회는 이런 시민계급의 덕목을 결여하고 있

다. 서구적인 시민계급의 가치관과 행동양식을 우리가 그대로 모방
할 필요는 없다 하더라도, 한국의 사회운동이 결핍된 시민적 도덕심
을 채우고 대중을 체통과 인간에 대한 존중심을 지닌 존재로 키워갈
임무까지도 떠맡아야 할 필요성이 요즈음 도처에서 확인되고 있다.
아마 '진정한 부르주아'에 대한 나의 연구열정은 이런 문제의식에서
기인한 것 같다.

대학시절의 사회현실과 대학생활은 나를 민주화를 위해 자신을 희
생해야 한다는 의무감과 지적 열정 사이에서 방황하게 하였다. 용두
동의 사범대학으로 진학한 이후 학생운동이 여타 단과대학에 비해
활발하지 않았던 까닭에, 나와 친구들은 여학생만의 독서클럽을 결성
하였다. 우리는 이때 이리저리 구할 수 있었던 이론서들을 닥치는 대
로 읽었는데, 2학년 시절부터 나와 우리 또래집단의 관심을 끌었던
것은 교육현실의 개조였다. 여러 번 복사를 해서 글자를 간신히 알아
볼 수 있었던 브라질의 민중교육가 파울로 프레이리나 이반 일리치
의 영어판 복사본을 가지고 열심히 세미나를 하곤 하였던 우리 동료
들은 이후 서울사대를 중심으로 시작된 교사운동과 뒤이은 전교조운
동에서 큰 몫을 감당하였다. 또한 이 서클은 후에 서울대 전체 여학

생모임으로 발전하여, 서울대 안에서 여학생운동이 조직되는 계기가 되었지만, 언제인가부터 이런 역사성이 단절되어 후배들에게 제대로 인식되지 못하고 있음은 안타까운 일이다. 성장과정의 가정에서나 혹은 사회생활에서 가슴에 와닿을 정도로 심각한 성차별에 직면하지 못했던 나에게 여성운동에의 참여는 이렇게 긴 인연의 고리 속에서 시작된 것 같다.

1977년에 해직교수로서 어려운 시절을 보내셨던 은사 노명식 선생님의 권유와 추천으로 나는 서독의 에큐메니칼 장학금을 받을 수 있었다. 제3세계에 비판적 엘리트를 양성한다는 목적에서 독일 교회에 의해 설립된 에큐메니칼 상학재단은 왕복 차비에서부터 6년 동안 장학금을 지급한 고마운 존재였다. 1977년에 감방을 드나드는 동료들에 대한 죄책감을 안고 유학길에 올랐지만, 에큐메니칼 장학금은 내게 귀중한 체험을 제공하였다. 그 하나는 이 장학재단에서 아프리카나 남미 출신의 학생들을 많이 만나 제3세계를 이해하는 기회를 가질 수 있었고, 또한 한국 장학생 중에도 당시나 지금이나 각 부문운동과 학계에서 활발히 활동하는 분들이 많아 나에게 많은 자극을 주었다. 그 다음으로 에큐메니칼 장학재단은 독일의 민주주의적 의사

결정과정을 배우고 돌아가라는 의미에서 이사회, 장학생선발위원회, 인사위원회 등에 장학생 대표를 참여시켰을 뿐 아니라, 우리에게 표결권까지 허용하였다. 막상 장학생의 학위과정 진척을 감독하였던 재단 실무자조차 누리지 못하던 표결권까지 행사하면서, 우리는 제3세계 정치와 개발원조정책의 역학관계를 배울 수 있었다. 장학재단에 이르기까지 독일 사회 곳곳에 스며든 정치교육의 정교한 방식은 오늘의 독일이 어떻게 참여시민사회를 발전시킬 수 있었던가를 보여주는 대목이다.

70년대 말, 80년대 초 독일의 유학사회는 반독재운동이 활발하였고, 이 와중에서 북한에 대한 입장을 둘러싼 운동의 분열이 일어나고 있었다. 이는 선민주화/후통일 대 선통일/후민주화 논쟁으로 이어졌고, 실제로 후자의 입장을 견지하였던 사람 중 일부가 그 시절에는 상상조차 할 수 없었던 북한방문을 단행하였다. 이러한 배경에는 당시에 유행하였던 종속이론이 한몫하였고, 특히 독일의 알려진 경제학자인 셍하스(Dieter Senghaas)와 같은 이들은 종속을 벗어난 북한모델을 긍정적인 사례로 언급하곤 하였다. 그럼에도 불구하고 나는 북한에 관한 한 제한된 자료의 범위 내에서 어떤 확신에 찬 평가를 내

리기 어려웠고, 그래서 개인적으로 선민주화/후통일의 입장에 가까
웠다고 말할 수 있다.

거기에다가 1980년의 광주민주항쟁은 우리 모두에게 큰 충격이었
다. 거의 3달여 동안 우리는 공부를 포기한 채 함께 모여서 한국에서
오는 소식을 수집하고, 번역하여 국제사회에 알리는 역할을 하였다.
이런 일들은 나를 '직업으로서의 학문'에 차분히 전념하는 것을 방해
하였다. 유학생활 동안 나는 늘 이런 격앙된 감정으로 살아왔다. 다
행히도 당시 반독재운동의 전력 때문에 귀국하기가 어려웠던 선배들
의 충고와 배려 때문에 우리는 민주화운동에 공개적으로 이름을 낼
필요가 없었다. 이 자리를 빌려 후배들을 아꼈던 이 선배들께 그간
마음에 간직하고 있던 미안함과 감사의 말씀을 전해야 할 것 같다.
이렇게 재독 한인 민주화운동으로부터 한발 물러서 있었지만, 문제의
식을 공유하는 몇몇 선배들과 함께 나누었던 토론과 대화는 역사가
에게 부족하기 쉬운 사회과학에 대한 이해를 높여주었다.

마찬가지로 독일생활이 가져다준 소중한 체험은 독일인들의 합리
적 생활양식이나 사회운동가들의 일상생활을 접하는 것이었다. 또한

당시 서독의 사회운동은 68운동의 잔재들이 여기저기에 남아 있었고, 나는 이들 중 제3세계 해방, 그중에서도 동남아시아 문제를 위해 활동하는 서클에 참여하면서, 서독의 운동문화를 경험할 수 있었다. 이들이 함께 살고 있는 생활공동체(Wohngemeinschaft), 주택점거운동, 다양한 진보적 문화행사에 참여하면서, 나는 독일의 진보적 지식인이나 사회운동가들이 자신의 이념을 생활 속에서 구체화하려 노력하는 진지함과 실험정신을 엿볼 수 있었다. 그럼에도 불구하고 독일 지식인이 지닌 이기주의나 소시민성, 안정에 대한 집착 때문에 그들과 나는 별개의 존재라는 생각을 버리지 못하였다.

1984년 6월 나는 '독일의 노동자문화운동'을 주제로 박사학위를 받았다. 공개 구두시험에서 나는 '독일 노동자문화의 소시민화 문제'로 지도교수인 몸젠(Hans Mommsen) 교수와 논쟁을 벌였고, 참관하였던 조교와 학생들까지도 내 편에 가담하여 논쟁을 벌이는 진풍경이 벌어졌다. 독일 노동운동은 애초부터 수공업 직인의 소시민적 문화와 산업프롤레타리아트로 이원화되어 있었다는 몸젠 교수의 주장과 독일 노동자문화는 많은 소시민화의 지점을 지니고 있다는 나의 주장 사이의 차이는 어쩌면 선진국 독일에서 살아가는 역사가와 제3

세계 출신의 나 사이에 놓인 역사의식의 괴리였을 것이다.

　박사학위 구두시험의 결과는 나빴고, 며칠 동안 나는 회한으로 온몸을 덜덜 떨면서 앓았다. 그 와중에 마침 우리 대학에 초빙되어 강의를 하고 있던 시카고대학의 미카엘 가이어(Michael Geyer) 교수가 구두시험의 에피소드를 전해 듣고 만나자는 연락을 해왔다. 군대사를 전공하는 가이어 교수를 만나서 나는 고교시절의 내 친구 이야기를 하였다. 몇 년간 우리나라의 피겨스케이팅에서 한번도 최우승을 놓치지 않은 이 친구는 그레노블 동계올림픽에서 32위를 하고 돌아온 적이 있다. 내가 그 이유를 묻자, 그는 자신은 한번도 그렇게 매끄러운 빙판을 본 적이 없고, 넘어질 것 같아서 제대로 춤을 출 수가 없었다고 했다. 바로 내 기분이 그러하였다. 나는 애초부터 불공평한 경기를 시작하였고, 이들의 학계는 내게는 너무 정교한 것이었다. 여기에 우리의 관점이 끼여들 여지가 없었다는 회한이 나를 엄습하였다. 이런 나를 격려하기 위해서였는지, 가이어 교수는 "나는 제3세계의 힘을 믿으니, 당신들 식으로 열심히 살아라. 그리고 나의 도움이 필요하면 언제든지 연락하라"는 당부의 말을 잊지 않았다. 이런 사려 깊은 서구인들은 냉엄한 국제현실 속에서 국제연대의 희망을 느끼게 하는 사람들이다. 지난 시절을 돌아보면, 6년간의 유학생활에서 나는 서구사회에 대해 방어적이었지만, 그곳의 경험이 귀국 후 우리 진보운동의 일정 부분에 대해서 비판적인 시각을 갖게 하였다. 그런 점에서 해외생활의 경험은 나를 '경계인'으로 만들었는지도 모른다.

1984년 귀국한 이후의 한국 현실은 엄혹하였다. 계속해서 학생들의 투신과 분신자살이 이어졌고, 군부독재는 막바지에 이르고 있었다. 귀국하여 내가 『공동체문화』에 발표한 '독일 노동자문화의 소시민화와 그 기원'은 당시 문화운동가들에게는 신선한 충격이었던 모양이다. 나는 이미 고인이 된 김도연씨가 편집하던 『공동체문화』의 편집위원으로 활동하였고, 한길사에서 발간하는 책에도 글을 자주 발표하였다. 부분적으로 나는 학술단체협의회를 위시한 진보적 지식인 운동에도 관여하였다.

이 무렵 대학시절의 서클 후배들이 도움을 요청하면서, 창작과비평사에서 발간하는 『여성과사회』 편집을 맡게 되었다. 이로부터 나와 여성운동의 인연이 시작되었다. 『여성과사회』 편집을 맡았던 후배들 중 일부가 제헌의회그룹의 지도부로 검거되자, 우리는 정치적

탄압을 피하기 위해 편집부를 공식적 조직인 '여성사연구회'로 출범
시키고, 이어 이는 '한국여성연구회', 나아가 '한국여성연구소'로 명칭
과 조직을 변경해 가면서, 『여성과사회』(초기에는 『여성』이라는 이
름으로 3호가 발간되었다)를 중심으로 연구활동을 계속하였다. 또한
우리 연구소가 한국여성단체연합에 가입하면서 우리는 실천현장과
연결된 여성이론을 개척하기 시작하였다.

　1970년대 후반 이후 한국사회 내에서 페미니즘 이론이 다양하게
등장하였는데, 『여성과사회』는 그 편집위원의 대다수가 학생운동 출
신이었던 만큼이나 표방하는 입장도 가장 시민·사회운동에 근접하
였다. 나는 첫째로 여성의 열악한 현실은 사회구조의 변혁 없이는 개
선될 수 없기 때문에 여성운동은 가부장제의 처결만큼이나 정치적
자유와 경제적 평등을 위한 싸움에 참여해야 한다는 입장을 견지하
였다. 둘째로, 우리의 관심은 우선적으로 여성노동자, 농민, 빈민여성
과 같은 기층여성이나 소외여성의 문제에 두어져야 한다고 생각하였
다. 셋째로, 우리가 표방하는 여성이론은 서구 페미니즘을 답습하기
보다는 우리 현실에 맞는 한국적인 것이어야 한다는 입장이었다.

　『여성과사회』를 통해 표현되거나 한국여성연구소 혹은 한국여성

노동자회와의 긴밀한 공동작업으로 외화된 우리의 연구활동이 앞서 천명한 입장을 충실히 이행해 내었느냐에 대해서는 비판이 있을 수 있다. 결국 '우리가 표방하였던 입장이 한국적 여성이론이라기보다는 서구의 진보적 여성이론의 수입이 아니냐'라는 주장이나 '사회구조의 변혁에 대한 강조가 결국 민족·민주운동의 구성원이 지닌 가부장성을 제대로 비판하지 못하고, 여성문제의 독자성을 제대로 살리지 못했다'는 비난 등이 그것이다. 그 와중에서 NL/PD 논쟁과 유사하게 가부장제와 자본주의의 관계를 둘러싸고 페미니스트 사이에서 진행된 이중체계론-일원론의 논쟁은 십여 년의 시간이 흐른 지금의 시점에서는 그 도식성을 비판할 수밖에 없지만, 당시에는 운동의 방향성을 둘러싼 진지한 고민이었고 시대정신의 반영이었다고 생각한다. 우리와 서구 사이에는 역사발전의 비동시성이 존재한다는 평범한 진리를 인정한다면, 이런 우리의 모습을 좀더 애정어린 눈으로 지켜볼 수 있을 것이다.

　1987년 민주화운동의 일정한 성공, 한국경제의 지속적인 발전, 그리고 사회주의권의 붕괴와 더불어 민족·계급·민주화와 같은 거대담론보다는 환경·성·문화 등에 관한 사회적 관심이 증대되었고,

진보적 여성운동은 민족·민주운동의 상대적 침체에도 불구하고 성공적인 발전의 길을 걸었다. 더불어서 여성운동과 여성이론을 바라보는 나의 입장에도 변화가 있었다. 우선 기층여성 중심의 여성운동이나 경제적 불평등에 초점을 맞추었던 그간의 경향성을 넘어서서, 좀더 다양한 집단의 여성을 끌어안으려 노력하게 되었고, 주제에 있어서도 성·환경·문화 등에서의 다양한 문제제기와 요구를 포용하려고 노력하였다. 이런 노력의 일환으로 성폭력, 가정폭력, 성매매 등도 여성운동이 더 적극적으로 포괄해야 할 주요한 과제로 받아들이게 되었다. 그러나 최근에 이르러 나는 여성운동이나 시민·사회운동이 문화나 담론에 대해 좀더 적극적으로 개입하자는 주장을 제기하고 있고, 이는 한국에서 시민사회의 발전이 진척되는 만큼이나 문화나 담론의 영역이 중요해졌기 때문이다. 그러나 이것이 과거의 운동적 이념이나 기반을 포기하자는 주장으로 이해되거나 문화나 성이 더 이상 사회문제가 아니라는 의미로 읽혀서는 곤란하다. 환언하면 이는 성과 문화에 대한 관심이 물질적 토대와 상부구조라는 과거의 구태의연한 이분법에 기초하여, 상부구조를 더 강조하는 것으로 읽혀지는 것은 곤란하다는 것이다. 여성문제는 여전히 사회문제로부터 분리될 수 없기에, 사회구조적인 관점에서 젠더를 바라보는 것은 중

요하다. 그런 점에서 나는 포스트류의 이념들이 제기하는 문제의 참
신성을 부분적으로 수용할 필요성을 제기하지만, 여전히 총체성의 견
지를 주장하는 사람이다. 즉 우리의 운동은 "다양성과 통일성의 참된
결합, 즉 다양한 요인들의 독자성을 충분히 고려하면서도 다양한 구
조들이 얽혀 만들어내는 전체의 모습을 놓치지 않으려 해야 한다"는
것이다.

내가 총체적인 사고의 중요성을 강조하는 이유는 이런 다양성을
찬미하는 목소리의 배후에 거대한 세계화(globalization)의 흐름이 전
일적으로 진행되고 있기 때문이다. 세계화는 인류의 미래에 거대한
도전으로 다가오고 있는데, 이를 얼마나 진지하게 대응하고 성찰하는
가가 우리에게도 절체절명의 과제가 되었다. 여성들이 문제삼고 있
는 성매매나 비정규직화 등의 문제가 이 세계화의 흐름과 직결되어
있기 때문에 우리 모두에게 반세계화운동은 대단히 중요해졌다. 특
히 세계화가 우리에게 초래한 충격적인 결과는 한국 여성노동자의
73%가 비정규직이라는 사실에서 잘 드러난다. 도처에서 효율성을 목
표로 과도한 신자유주의 경제정책이 실시되고 있고, 80%의 사회구성
원이 실업자가 될 수도 있는 2 대 8의 사회가 도래할 위험도 증대되

고 있다. 우리뿐 아니라 지난 10년 사이에 사회국가임을 자부하는 독일에서 일어난 체신·철도·전화국의 민영화와 그 파급효과를 지켜보면, 나는 이 세계화의 급류에 전율을 느낄 지경이다.

따라서 우리 운동에 대안사회나 대안경제체제의 모색이 중요해졌고, 나는 특히 여성운동이 대안사회 실현에 선도적으로 나서야 한다는 생각에 몰두해 있다. 왜냐하면 성평등의 실현 없이 진정한 민주주의의 실현은 불가능하기 때문이다. 그래서 2002년 한국여성단체연합 공동대표를 맡으면서, 나는 그간 이 단체가 표방해 온 ('끼여들기'가 아닌) '새판짜기'의 실천에 대해 더욱 적극적으로 사고하고 있다. 우리가 지향하는 대안사회는 '소수자의 인권까지도 보장되는 복지사회, 자연과 인간 그리고 인간간의 공존적 삶이 가능한 환경친화적 사회, 남녀모두의 정치적·사회적·경제적 권리가 보장되는 양성평등사회, 그리고 국민 모두의 참여가 보장되는 참여민주주의 사회'일 것이다.

그러나 아직 우리 시민사회운동은 화급한 개혁현안에 몰두해 있고, 국제사회에서 소개되고 있는 반세계화와 관련된 이론적 주장들은 여전히 이상주의적이고 원론적이다. 이제 진보적인 학자의 일차적인 사명은 구체적인 현실분석에 토대를 두고 대안사회의 상을 분야별로 정교하게 다듬어가는 데 두어져야 할 것이다.

　마찬가지로 지난 몇 년 사이에 내게 중요한 화두로 떠오른 것은 '평화'이슈이다. 이러한 관심의 계기는 북한의 경제적 위기와 북핵문제의 심각성 외에도 1997년이래 5년간 '평화를만드는여성회'의 공동 대표를 역임한 일이다. 이미 국제 여성운동이나 페미니즘 이론가를 중심으로 '여성과 평화'의 문제가 중요한 이슈로 제기되는 이유는 평화실현과 양성평등이 직결되어 있을 뿐 아니라, 동서 냉전체제의 붕괴가 역설적으로 지구상에서 작은 전쟁과 내란을 기하급수적으로 증대시키면서 평화가 심각하게 위협받기 때문일 것이다. 최근 한국의 여성 페미니스트들이 반전과 평화운동에 이렇게 적극적인 것은 이런 국제적인 흐름과 무관하지 않다. 한반도의 경우에도 2000년의 남북정상회담, 북한 핵문제와 함께 평화공존체제의 실현이 중요한 화두로 떠오르고 있다. 현재 통일부의 통계만으로도 1000개 이상의 통일운동 관련단체가 있을 정도로 한국민은 통일운동에 적극적이지만, 이것과 여성운동이 접근하는 방식 사이에는 차이가 있다. 우선 우리는 그간의 통일운동이 지닌 지나친 정치중심적 접근방식이 지닌 한계에 주목하고, 기왕의 민족통일이라는 대전제를 평화라는 더욱 보편적인 가치와 지향점으로 바꿀 것을 요구한다. 뿐만 아니라 나는 통일운동 내에 존재하는 권위주의, 가부장주의, 서로의 차이에 대한 불관용성에 비판적이다. 그래서 나는 '통일을 통한 평화로'보다는 '평화를 통한 통일로'를 표방한다. 이를 위해서 기왕의 통일운동 외에도 일상생활 속에 모세혈관처럼 퍼져 있는 비평화, 군사주의에 주목할 것을 주장하고, 남·북간의 평화체제 실현은 먼저 우리 내면, 우리 일상생활 속의 폭력성을 제거하고, 남남갈등을 해결해야만 비로소 가능하다고 생각한다. 그래서 '차이'를 인정하고 공존을 모색하자는 평화교육의 입론이 남남갈등과 남북갈등의 회오리 속에 있는 우리 현실에 활용될 수 있는 유용한 도구라고 생각하기에, '차이'와 '공존'이라는 문제의식을 적극적으로 수용하는 방안을 모색하고 있다. 그리고 이런 과제의 실현에 생활환경이나 노동환경이 '돌봄'이나 '배려'에 익숙한 여성들이 선도적으로 나서야 한다고 생각한다. 선악의 판단이 분명하였던 과거 군부독재 시절과는 달리 이제 한국사회에서는 다양한 주제, 예를 들면, 북핵문제·민영화·이라크 파병안·지속 가능한 개발 등을 둘러싸고 서로 상반된 견해들이 제기되고 있고, 이제 시민사회운동이 공론화과정을 통해 관용과 합의의 미덕을 실천하면서 '공공성'의 의미를 재구성해 내어야 할 상황에 놓여 있다. 평화교육에 대한 나의 관심은 이런 현실적 요구를 반영하는 것이다.

평화나 세계화에 대한 저항의 문제는 나에게 국제적 연대의 중요성에 대한 인식을 높여주고 있다. 이미 제3세계에 대한 나의 막연한 애정은 독일 지식인사회와 에큐메니칼 장학재단에서의 경험에서 출발한 것이다. 유학시절에는 여전히 68학생운동의 저변문화가 남아있었고, 그런 만치 대내적으로 표방했던 반권위주의에 못지않게 그들이 내세운 제3세계의 해방은 독일의 평범한 국민에게 그리 호소력을 지닌 것은 아니었다. 그러나 독일 지식인들이 보여준 제3세계 해방에 대한 헌신성과 주장의 일관성은 무척 인상적이었다. 19세기 지식인들이 꿈꾸었던 국제주의는 이들에게 여전히 실현되어야 할 이상으로 남아 있는 것이다.

2002년에 요하네스버그에서 열린 '지속 가능한 발전을 위한 세계정상회의'에의 참여도 환경위기의 중요성을 인식하는 것에 못지않게 아프리카를 위시한 제3세계 국가의 슬픈 현실을 다시 확인시켜 주었고, 바로 이런 국제적 흐름 속에서 한국의 지식인들이 어떤 방식으로 자기 정체성을 찾아가야 할 것인가에 대한 진지한 질문을 던져주었다. "지구적으로 사고하고, 지역 차원에서 행동하라"(Think globally, act locally)는 슬로건처럼 세계화의 현실 속에서 민족국가 차원의 대응과 국제적 시민공동체를 통한 대안사회 모색의 시도는 절묘하게 결합해야 할 것이다. 그런 점에서 나는 한국사회가 지닌 민족주의 정서를 어떻게 시민적 민족주의로 전환하고, 그 과정에서 국제주의의 이상을 어떻게 결합해 갈 것인가를 지속적인 성찰의 과제로 끌어안아야 한다고 생각한다.

지금까지의 나의 말하기는 이 책을 관통하고 있는 논지를 독자들이 좀더 객관적으로 이해할 수 있도록 니를 드러낸 것이다. 필자 자신에 대한 해부를 통해서 독자들은 이 책이 전달하는 이런저런 내용들을 좀더 정확하게 독해할 수 있을 것이라 믿기 때문이다. 아울러 나의 문제의식이 동시대를 사는 다른 이들에게도 공유되면서, 대안사회를 모색하는 공동의 노력으로 이어지기를 바란다.